LE MUSEUM DE FLORENCE,

Ou Collection des Pierres gravées, Médailles, Statues & Peintures du Cabinet du Grand Duc de Toscane, avec leurs explications françoises,

DÉDIÉ ET PRÉSENTÉ A MONSIEUR, FRERE DU ROI.

Gravée par F. A. DAVID, Graveur de la Chambre & du Cabinet de MONSIEUR, Membre de l'Académie Royale des Beaux-Arts de Berlin, &c. &c.

TOM *premier*

N° *1.*

Composé de huit Planches, imprimées sur papier vélin & Explications, Prix . . . . 6 livres.
Et *au bistre sanguin Anglois,* Prix . . . 9 livres.

A PARIS,

Chez L'AUTEUR, M. DAVID, rue des Cordeliers, au coin de celle de l'Observance.

LE MUSEUM

AVIS

A MM. LES SOUSCRIPTEURS

DU

MUSEUM DE FLORENCE.

LA distinction flatteuse que le Public a daigné faire aux premiers N^{os} qui ont déjà paru de cet Ouvrage, & le succès de cette vaste entreprise étant établi de la manière la plus assurée, M. David, pour se rendre aux desirs de plusieurs de ses Souscripteurs, & pour les faire jouir plus promptement des chefs d'œuvres dans tous les genres qui composent cette Collection, annonce, que les Cahiers qu'il mettra dorénavant au jour, seront composés de Statues, de Peintures, ou de Pierres gravées, ce qui satisfaisant différemment les yeux, variera les plaisirs en entremêlant les divers genres de richesses qui se trouvent renfermées dans la Gallerie & le Cabinet du Grand Duc de Toscane.

Nota. Comme les parties se trouveront variées dans chaque livraison, on aura soin de les numéroter selon leur genre, afin de pouvoir les placer avec leurs explications, selon l'ordre de la Table que l'on donnera à la fin de chaque Volume.

A MONSIEUR,
FRÈRE DU ROI.

MONSEIGNEUR,

La bonté avec laquelle il vous a plû de prendre sous votre Protection l'Histoire d'Angleterre, m'inspire la hardiesse de vous présenter aujourd'hui l'assemblage des Pierres, des Camées, des Statues, des Médailles & des Peintures que renferme le Muséum de Florence. Je pense qu'une Collection d'un genre qui faisoit l'amusement de César a le droit de vous plaire. Heureux si

MONSIEUR daigne m'accorder la grace de recevoir cet humble hommage, & plus heureux encore s'il peut servir à lui marquer la vénération, le zéle & le profond respect avec lesquels je suis,

MONSEIGNEUR,

DE MONSIEUR,

Le très-humble & très-obéïssant Serviteur,
DAVID.

PRÉFACE.

DANS les anciens monumens des Arts, qui, vainqueurs du tems ont duré jufqu'à nos jours, les Sçavans trouvent les moyens sûrs de réformer les erreurs de l'Hiſtoire, d'en éclaircir les doutes, ou d'en confolider les vérités ; les Artiſtes y puifent les caractères du vrai Beau & les loix du Goût : on les voit tous les jours épurer leurs principes, perfectionner leurs talens par l'étude de ces antiques modèles, au Génie des Anciens échauffer leur imagination, & tirer tout leur feu des marbres froids & de l'airain rouillé qu'ils confultent ; le riche même, en amaſſant ces vénérables débris de l'Antiquité, s'eſt créé une jouiſſance que ne peut goûter le commun des hommes, & ne fut-il fufceptible que d'en faire un trophée du luxe, il participe en quelque forte au plaifir qu'il procure à l'homme inſtruit qui vient avec enthoufiafme les baifer dans fes mains : c'eſt une diſtraction de plus que lui fourniſſent fes tréfors. A l'aide de ces monumens on rapproche les diſtances des âges, &, fans avancer le terme de fa vie, on fe vieillit de plufieurs milliers d'années. On aſſiſte, pour ainfi dire, à la formation des Empires, on admire leur fplendeur, on confidère leur décadence & leur chûte ; on fe trouve au milieu des Souverains qui ont fait le bonheur ou le tourment de l'Univers ; il femble, qu'exprès pour nous, ils revivent dans leurs images, où, fous leurs véritables traits, fe peint leur caractère ; on croit commercer avec les peuples dont on touche les monnoies : on converfe avec les Héros, & l'on contemple avec plaifir les grands Hommes & les Perfonnages célèbres de tous les pays. Leurs Divinités elles-mêmes viennent fe placer fous nos yeux : nous voyons les traits dont l'Homme les a revêtues, leurs attributs & leurs fymboles : le fecret de leurs Miniſtres ne s'oppofe plus à nos defirs, les voiles qui cachoient leurs myſtères font déchirés, & nous devenons témoins de leurs cérémonies ; rien donc n'eſt plus naturel que cet amour & ce refpect pour les Antiquités, & rien de moins furprenant que de voir

PRÉFACE.

chez prefque toutes les Nations amies des Lettres & des Sciences de ces Cabinets curieux où comme dans des Temples fe recueillent & fe confervent avec vénération ces précieufes dépouilles échappées au naufrage des fiècles, & des Sçavans qui, fecondés par des Artiftes habiles, fe communiquent mutuellement ces poffeffions, qu'ils ne peuvent déplacer, par de doctes explications & des imitations fidèles.

Entre toutes les productions de ce genre, il n'en eft pas fans doute de plus précieufe, de plus intéreffante & de plus confidérable que la publication des richeffes qui fe trouvent à Florence, principalement dans le Cabinet du grand Duc de Tofcane. On fçait que ce Cabinet eft le fruit de l'Amour qu'a toujours eu pour les Arts la Maifon des Médicis que Spanheim appelle énergiquement, *l'immortelle Hôteffe & la Nourrice des Mufes*. Ses plus illuftres Héros, qui, comme Alexandre & Céfar, fe faifoient un noble délaffement de l'étude de l'Antiquité, n'épargnèrent ni les foins ni l'or pour fe procurer ce qu'ils pouvoient découvrir de plus rare, & recueillirent un fi grand nombre de ces objets précieux, que leur collection ne cède qu'à celle de nos Rois (1).

Tant pour faire connoître aux autres Nations ce que ce dépôt renfermoit, que par zèle pour le progrès des Arts & par gloire pour leur pays, de nobles Florentins formèrent le projet d'en faire graver toutes les Antiquités, & avec elles ce que confervoient encore quelques particuliers de Florence. Cette entreprife étoit vafte, mais elle ne rebuta point; le célèbre *Gori* prit la plume, & fous le titre de *Mufeum Florentinum* parurent en 1731 deux Volumes qui renferment fous différentes claffes habilement divifées, les Pierres gravées & les Camées. Plufieurs années après, les Médailles & les Statues furent auffi publiées: puis une fociété nouvelle de Sçavans termina cet Ouvrage, par les portraits des Peintres les plus célèbres qui s'étoient peints eux-mêmes.

Ces Volumes, exécutés avec foin, répondent bien fans doute aux vues de leurs Auteurs, qui ont avec honneur rempli la tâche pénible qu'ils s'étoient impofée. Les richeffes de leur pays font devenues communes à toutes les Nations; mais, pour l'intérêt général, leur

---

(1) *Spanheim de ufu numifm.* 1. *p. diff.* 32.

PRÉFACE.

ouvrage, tout précieux qu'il est, n'est pas assez répandu ; le prix auquel on se le procure est tel que peu de personnes peuvent l'acquérir, &, par une suite nécessaire, les Sçavans & les Artistes sont encore forcés de solliciter la complaisance des Riches qui le possèdent, ou d'aller, pendant quelques heures bien fugitives, le consulter dans nos Bibliothèqees publiques.

Pour l'avantage des Sciences & des Arts, ainsi que de ceux qui les cultivent, nous avons donc cru pouvoir tenter de reproduire cet utile Ouvrage : en changeant son format, en diminuant le faste de l'édition, il nous sera facile d'en faire baisser le prix. Le soin que nous mettons à reproduire exactement les Gravures publiées par *Gori* nous fait affirmer que l'on pourra recourir à notre Ouvrage comme à l'original même dont nous nous efforçons de conserver le beau style qui le caractérise. Alors on étudiera dans l'un ainsi que dans l'autre ces formes sévères & belles que l'on semble négliger de nos jours, pour s'attacher à un fini qui trop souvent sert de masque à l'ignorance. Si l'œil est flatté par la vue des objets que nous lui offrons au moyen de la Gravure, l'imagination avoit besoin d'être fixée par des explications instructives : *Gori* nous les offroit ; mais, ayant écrit en Latin, & notre intention étant principalement de nous rendre utiles à notre Patrie dont la Langue, d'ailleurs est devenue universelle, nous avons préféré de donner nos explications en François, & nous avons chargé de cette Partie un Homme de Lettres déjà connu par des ouvrages intéressans. Il ne s'astreint point à une traduction littérale & servile ; il ne se sert, pour ainsi dire, de l'Ouvrage original que comme d'un but d'où il part pour courir d'une autre manière la même carrière que *Gori*. Toujours remontant aux sources & lisant avec soin les meilleurs Ouvrages écrits sur les Antiquités, il retranche, il ajoute, il relève les erreurs de l'Auteur même qu'il reproduit & celles qu'il peut découvrir dans les autres écrits qu'il consulte ; mais, quand il se permet de le faire, il ne le fait qu'appuyé sur les autorités les plus graves & sans manquer aux égards dûs aux Sçavans qu'il croit devoir contredire. Enfin on peut dire qu'autant nous sommes serviles à rendre traits pour traits les

PRÉFACE.

Gravures du *Museum de Florence*, autant il s'éloigne facilement de son modèle pour l'avantage de nos Lecteurs.

Le premier Volume de ce grand Ouvrage que nous publions en ce moment contient quatre-vingt-seize Planches tant de Pierres gravées que de Camées & de bustes, nous les avons ainsi que *Gori* divisées en plusieurs Classes. La première, contient en XXIX Plan. les portraits des Empereurs, des Césars, des Personnages augustes, de leurs femmes & des plus illustres Romains. La seconde, en XXIX Plan. renferme des portraits de Rois, de Reines & de Héros. La troisième, est composée de portraits de Philosophes, d'Orateurs, de Poëtes & de quelques figures des Muses : elle est partagée en XXIII Planch. Comme la quatrième eut été trop nombreuse pour entrer entièrement dans ce Volume, nous nous sommes déterminés à n'en publier que XV Plan. qui représentent des images de Dieux, de Déesses & de leurs symboles. A chaque explication, nous avons eu soin d'indiquer en italique le nom de chacune des Pierres, sur lesquelles les sujets sont gravés.

Il ne nous reste plus qu'à souhaiter que nos travaux ne déplaisent point au Public, au jugement du quel nous les soumettons. L'hommage que nous en avons fait à un Prince, ami des Lettres & des Arts, qui n'a pas dédaigné l'accueillir, devient la base de nos espérances, & si nos Lecteurs les réalisent, en applaudissant à nos efforts, nous aurons reçu la plus douce récompense de nos peines.

LE MUSEUM
DE FLORENCE.
PIERRES GRAVÉES,
PREMIÈRE CLASSE.

PLANCHE I.
NUMA POMPILIUS.

Ces deux *Cornalines* artiftement gravées nous offrent la figure de Numa Pompilius Roi des Romains. On voudroit envain le méconnaître, parce qu'il n'a point la tête ceinte du diadême Royal, & parce que fon nom ne fe trouve point écrit au bas ainfi que dans certaines médailles : le voici, tête voilée comme les Sacrificateurs, & tel que Tite-Live, Plutarque & d'autres Auteurs le repréfentent au moment de fon inauguration, lorfque d'un fuffrage unanime les Romains le défignèrent fucceffeur de Romulus. Léonard Auguftinius & Paul Alexandre Maffei donnent des raifons de ce coftume, que le Lecteur pourra péfer dans leurs écrits. N°. I & II.

LUCRÈCE.

Nous pouvons admirer fur cette *Prime* le portrait de Lucrèce cette Romaine fi célèbre moins par fa beauté que par la févérité de fes mœurs. Ses cheveux négligemment attachés font arrangés fans art, & la trifteffe que l'Artifte a fçu fi bien répandre fur fon vifage annonce la douleur que fon ame pure reffentit de l'attentat de Tarquin & de la violence que lui fit ce Prince. On doit diftinguer cette figure de celles que Maffei défigne pour être les images de cette femme vertueufe, & dont l'une eft une Nymphe, qui, après s'être donné la mort, a été métamorphofée en oifeau, tandis que l'autre eft une Reine que l'on peut facilement reconnaître au diadême qui ceint fon front. N°. III.

L. JUNIUS BRUTUS.

Cette *Cornaline* porte l'empreinte de L. Junius Brutus. On ne peut nier la reffemblance de cette figure avec celle que Fulvius Urfinus nous trace d'après les médailles de la famille *Junia*, & qui diffère, ainfi que notre Pierre, de la N°. IV.

Tome I. A

Cornaline citée par Maffei où l'on reconnoîtroit plutôt le portrait de Brutus meurtrier de César. L. Junius Brutus eut pour père M. Junius, & sa mère s'appelloit Tarquinie. Né avec de l'esprit & le germe des talens, dans la crainte d'exciter la jalousie de Tarquin qui avoit fait périr son père & son frère, il contrefit si parfaitement le stupide & l'insensé, qu'on lui donna le surnom de Brutus qu'il honora tant par la suite. Ce fut lui, qui, tirant du sein de Lucrèce expirante le poignard dont elle s'étoit frappée, jura le premier sur lui de la venger; & son serment ne fut pas vain. Il chassa les Tarquins de Rome & les dépouilla de la royauté. La liberté du peuple fut assurée par ses soins, & la République Romaine qui lui doit sa naissance, s'honore de le compter pour le premier de ses Consuls.

C. SULPICIUS.

N°. V. Le portrait de C. Sulpicius est gravé sur cette *Prime*. Il fut Consul vers l'an de la fondation de Rome CCLIV, avec M. Tullius. Au rapport de Tite-Live, il ne se passa rien de mémorable sous leur Consulat. Près de la tête on voit gravées ces Lettres C. SVLP. qui tiennent des anciens caractères des Latins. Plusieurs Auteurs donnent à ce Consul le nom de *Sergius*; mais c'est par erreur : ce seroit plutôt *Servius* qu'il faudroit le nommer, avec les Écrivains qui ont traité des médailles de la famille *Sulpicia*.

SEXT. POMPÉE.

N°. VI. Si l'on compare le portrait habilement gravé sur cette *Cornaline* avec la médaille d'or de Sext. Pompée conservée dans le Muséum des Médicis, on ne peut point douter qu'elle ne nous offre aussi les traits du fils du grand Pompée. Ce Romain célèbre plus par le nom de son père que par ses qualités personnelles joua néanmoins l'un des plus grands rôles de son siècle. Après avoir joint son frère dans la fuite de Pharsale, il accompagna Cornélie. Brigand dans les montagnes de la Celtibérie où il s'étoit retiré lorsqu'il eut appris la mort de Cnéius son frère, défait à Munda, il y vécut long-tems de Pyrateries. Mais, du consentement d'Antoine, quand César n'exista plus, il rentra dans tous ses droits suivant le desir du Sénat qui lui fit compter plus de quatre-vingt sept millions pour le dédommager de la perte de ses biens patrimoniaux, & lui confia le commandement des Mers. Jamais la fortune ne fut constante pour lui. Tantôt il en recevoit des caresses, tantôt il en éprouvoit des revers. Compris dans la condamnation des assassins de César, sans avoir eu part à la conspiration, il devient ensuite l'asyle & le défenseur des Proscripts. Seul ennemi du parti de César, il fait avec ses défenseurs une paix qui l'honore, la rompt enfuite; enfin, après avoir vaincu Octavien dans plufieurs combats fur Mer, vaincu lui-même, & mis entre les mains de fes ennemis, lorfqu'il fuyoit en Afie, il fut tué à Milet par les ordres d'Antoine, qu'on voudroit envain difculper de cette cruauté. Suivant Patercule Sext. Pompée joignoit *à une ignorance groffière des lettres & à un langage barbare une bravoure fougueufe, une humeur colère & emportée, un efprit vif & ardent & une foi bien différente de celle de fon père: lâchement afservi à fes affranchis & jufqu'à fes efclaves, jaloux de tout mérite éclatant, il fe foumettoit à des hommes vils & méprifables.*

PLANCHE II.

C. JULIUS CÉSAR.

Ce beau *Jafpe bleu* & la *Cornaline* qui l'accompagne, nous repréfentent le bufte de C. Julius Céfar. Ses tempes font ceintes du laurier que le peuple & le Sénat lui permirent de porter toujours, ornement bien flatteur pour fon orgueil & bien agréable pour fon amour-propre qui fouffroit avec peine de voir fon front dépouillé de fa chevelure. On voit derrière fa tête le bâton augural qui défigne le fouverain Pontificat qu'il avoit, au rapport de Suétone, acheté par fes immenfes libéralités, au grand regret de fes illuftres & vénérables rivaux. L'étoile placée devant le bufte fait allufion à la fameufe comète qui parut pendant fept jours, tandis qu'à fes funérailles Octavien faifoit célébrer des jeux en l'honneur de Vénus mère. Cette comète fut regardée par le vulgaire ignorant & fuperftitieux comme le fiége de l'ame de Céfar. On l'avoit mis au rang des Dieux pendant fa vie, & l'on aimoit à le revoir dans l'aftre de Vénus de qui l'on prétendoit qu'il avoit tiré fon origine. Suétone donne à Céfar une belle figure, contre laquelle reclament prefque toutes les médailles antiques qui, cependant, comme le remarquent fort bien les fçavans Auteurs de la defcription des Pierres gravées du Cabinet de M. le Duc d'Orléans, doivent, fuivant les années où elles ont été frappées, nous prouver feulement l'altération que la fatigue & la vieilleffe peuvent caufer aux formes les plus belles. Nos deux Pierres & la Cornaline du Cabinet d'Orléans fuffifent pour appuyer le témoignage de Suétone (1).

No. I & II.

---

(1) Les Auteurs des Pierres gravées d'Orléans difent au même endroit, que le droit de faire graver fon portrait fur la monnoie étoit un honneur qui flattoit beaucoup Céfar, honneur qui d'ailleurs, avant lui, n'avoit été accordé à aucun des Romains, ce qui contredit Charles Patin qui attribue cette prérogative à Pompée. *Nulli Romanorum conceffum fuit effigiem fuam monetæ imprimere ante Pompeïum.* Note fur Suétone. *cæf. vit.* p. 2.

M. JUNIUS BRUTUS.

Nº. III.
Ce *Jaspe* mêlé de *Calcédoine*, dont un habile Graveur a fait un superbe Camée, nous rend parfaitement la figure inquiète & pensive que Porcia reconnut dans Brutus son époux, lorsqu'il méditoit la fameuse Conjuration dont il fut Chef. Défenseur de la liberté publique, Brutus en fit graver l'emblême sur la monnoie frappée par ses ordres. Il avoit une telle réputation de vertus, qu'il fut regardé par les amis de Cassius comme le seul qui put légitimer aux yeux du peuple leur attentat à la vie de César. L'un des meurtriers de ce Dictateur, il le frappa lui-même d'un poignard en plein Sénat avec les autres Conjurés. Ce Romain, n'ayant encore que trente-sept ans, se donna la mort, à son tour, en se perçant le cœur de son épée que Strabon d'Égée tenoit ferme entre ses mains, service bien déplorable d'un ami qui ne voulut pas dans cet instant fatal que Brutus, sur son refus, eut recours à un esclave. Antoine lui fit rendre les derniers honneurs. Ses cendres furent recueillies dans une urne & portées à Servilie sa mère. Sa tête, qu'Octavien, moins généreux qu'Antoine, destinoit à être placée à Rome au bas de la statue de César, périt, dit-on, dans le trajet de Dyrrachium en Italie.

AUGUSTE.

Nous réunissons sous le même titre d'Auguste cinq de nos Pierres, parce elles représentent cet Empereur.

Nº. IV.
La première, qui est une *Hyachinte*, nous offre la tête de ce Prince dépouillée de tout ornement, ce qui n'est pas sans exemple: la superbe Agathe noire du Cabinet d'Orléans, beaucoup d'autres Pierres gravées & de médailles en font la preuve.

Nº. V.
Sur le *saphir* qui suit, la tête d'Auguste porte la couronne Radiale. Quoique cet ornement ne soit consacré qu'aux Déités, d'après l'air de jeunesse de la tête, il paroît vraisemblable que ce Prince en fut décoré pendant sa vie, ce qui contrediroit les Auteurs du Dictionnaire de Trévoux qui pensent qu'aucun Empereur vivant ne l'a portée avant Néron: ou bien il faut supposer que l'Artiste en choisissant cette figure d'Auguste & lui donnant cette couronne, a voulu faire allusion à la perpétuelle jeunesse des immortels. Les Romains empruntèrent l'usage de la couronne Radiale des Etrusques qui la donnoient à leurs Rois, comme le prouvent leurs plus anciens monumens.

Nº. VI.
Le Graveur du *Jaspe* mêlé de *Calcédoine* que nous voyons ensuite a sçu rendre habilement les traits du même Prince & de la manière la plus conforme à ce

qu'en décrit Suétone; on y remarque une beauté pleine de graces, qui distingua sa figure dans tous les âges de sa vie: ces sourcils qui se rejoignent: ces yeux clairs & brillans aux regards desquels ce Prince aimoit à voir baisser ceux des personnes qui le fixoient, comme à l'aspect du soleil. Ses oreilles sont d'une grandeur médiocre: son nez un peu élevé dans la partie supérieure est courbé par le bas, & ses cheveux, qui étoient d'un chatain blond, sont à demi bouclés.

PLANCHE III.

La *Calcédoine* suivante dont le travail est exquis, nous présente ce même Auguste le front ceint d'une couronne de laurier qu'attachent des rubans qui retombent. Il n'est point d'Empereur à qui cet attribut convienne plus qu'à ce Prince. Le Sénat, après la victoire qu'il remporta sur Sext. Pompée dans un combat naval, lui accorda l'honneur de porter toujours cette couronne, &, par la suite quand il fut tranquille possesseur de l'Empire, fit planter devant son Palais des lauriers que l'on surmonta d'une couronne de chêne. Ce fut à l'occasion de cette même victoire navale qu'on lui éleva une statue, un arc de triomphe, & que l'on institua une fête annuelle. Au rapport de Dion, il lui fut permis de faire au jour de cette solemnité un festin avec sa femme & ses enfans dans le temple de Jupiter Capitolin.

N°. I.

Enfin la *Cornaline* qui nous présente encore le portrait d'Auguste, ouvrage digne de la main sçavante de Dioscorides, ne cède en rien à la beauté des Pierres précédentes. Ce Prince y porte la chlamyde vêtement militaire des Patriciens, qu'une agraphe retient sur l'épaule. La figure est embellie de la fleur de la jeunesse & porte ce caractère de sérénité que chante si bien Horace.

N°. II.

Auguste mourut le 14 des Calendes de Septembre, âgé de soixante-seize ans, après en avoir régné quarante-cinq. Sa mort fut douce, ainsi qu'il l'avoit toujours desiré, & il expira en embrassant sa chère Livie.

LIVIE.

Cette *Cornaline*, assez élégamment gravée, offre l'image de Livie qui fut aussi nommée Julie après la mort d'Auguste son époux. Les caractères LIB. AUG. (1) paroissent gravés postérieurement par une main moins habile que celle qui a tracé la figure dont les traits d'ailleurs sont trop frappans pour qu'on puisse méconnoître cette Princesse.

N°. III.

---

(1) Les Planches étant gravées du même sens de l'*in-folio*, les caractères se trouvent écrits à gauche dans notre Gravure. C'est un léger inconvénient, qui cesse même d'en être un, dès que l'on est prévenu.

Nº. IV. Rien de plus beau que le Camée qui accompagne cette Pierre. Gravé finement sur un *Jaspe* mêlé de *Calcédoine*, il nous représente cette même Livie fille de Livius Drusus, de l'illustre famille des Claudes, l'une des Romaines les plus célèbres par sa beauté qui subjugua le Vainqueur du monde. Cette Princesse pleine de génie & dont l'esprit étoit embelli par l'étude des Lettres & par beaucoup de connoissances dans les Arts, mariée d'abord à Tibère-Claude-Néron, devint ensuite l'épouse d'Octavien Auguste, qui, pour elle, répudia Scribonia, & la prit quoiqu'enceinte de six mois. Je n'oserois la donner pour aussi vertueuse que *Gori*; & si Tacite nous la représente comme amie de la Décence, du consentement du Sénat placée au théâtre parmi les Vestales, Suétone l'accuse d'avoir été complaisante à l'égard d'Auguste jusqu'à favoriser ses débauches secrètes. Ce qu'il y a de certain, c'est que, pleine d'ambition & plus artificieuse qu'Ulysse dont Caïus lui donna le nom, elle commit froidement tous les crimes qu'elle crut nécessaires pour conduire Tibère à l'Empire, & fut soupçonnée d'avoir empoisonné son époux qui l'aimoit, & qui lui rappelloit d'une manière si tendre en expirant, de se souvenir de leur union. Après la mort d'Auguste que l'on avoit mis au rang des Dieux, elle fut consacrée Prêtresse de Junon; c'est sous le vêtement analogue aux fonctions de cette dignité qu'elle est ici représentée. Le voile de consécration couvre sa tête, & son front porte le diadème, ornement que nous pouvons croire emprunté des Étrusques. Elle reçut de Claude les honneurs divins, auxquels l'ingrat Tibère s'étoit opposé. On plaça son image dans le temple d'Auguste, les Vestales lui offrirent un sacrifice, & il fut enjoint aux femmes de jurer par son nom.

M. CLAUDIUS MARCELLUS.

Nº. V. De sçavans Antiquaires croyent retrouver dans cette Pierre habilement gravée le portrait du jeune M. C. Marcellus, fils du Consul C. Marcellus & d'Octavie sœur d'Auguste. Certaine ressemblance avec ce Prince, l'art avec lequel les cheveux sont rendus, (caractère qui distingue les Artifes de son tems): cet air de tristesse répandu sur toute la figure sans en voiler la beauté: tout cet ensemble, si bien & si adroitement décrit par Virgile, nous porte à adopter leur opinion. Tacite nous apprend que ce jeune homme fut élevé aux plus hautes dignités de l'Empire par Auguste son oncle qui l'avoit adopté & qui eut la douleur de le perdre lorsqu'il étoit à peine à la vingtième année de son âge. Il avoit accompagné son oncle dans un de ses triomphes monté sur le cheval qui étoit à la droite de son char. On soupçonna Livie d'avoir hâté ses jours.

Il mourut à Baïes, ville de Campanie, célèbre par ses bains. Auguste lui fit rendre les honneurs funèbres. Son corps fut porté dans le champ de Mars. Solemnellement on prononça ses louanges, & un tombeau que l'on terminoit en ce moment reçut ses dépouilles. Auguste ordonna que son buste en or, décoré d'une couronne de même métal, fut placé au milieu des jeux publics, &, pour rendre plus durable sa mémoire, il donna son nom au théâtre commencé par César. Pline fait mention d'une Collection de Pierres précieuses que Marcellus consacra à Apollon dans son temple du Mont-Palatin.

PLANCHE IV.

M. AGRIPPA.

Le Camée que nous offre la *Chalcédoine* N°. VI de la Planche III, & le *Jaspe* mêlé de *Chalcédoine* N°. I de la Planche IV se rapportent parfaitement à des médailles & à une figure de marbre que conserve le tréfor des Médicis, & qui repréfentent la tête de M. Agrippa ceinte de la couronne Rostrale. Ce grand homme passe pour être le premier qui fut décoré de cette marque de distinction, si l'on en croit Patercule; mais, au rapport de Pline, le Docte Varron obtint cet honneur dans la guerre des Pirates. Ce fut Octave Auguste qui lui donna cette décoration après sa victoire sur Sext. Pompée. Commandant la flotte à la bataille d'Actium, il prouva par son sçavoir, son courage, la défaite d'Antoine & la fuite de Cléopâtre, qu'il étoit bien digne de la porter. Après un Consulat honorable, il ne dédaigna pas la charge inférieure de l'Édilité qui étoit tombée dans une espèce d'aviliffement. Déja, par la jonction des Lacs Lucrin & Averne, il avoit formé le Port Jule qu'Horace qualifie d'ouvrage Royal, & que Virgile a vanté. Sa nouvelle Place, dont les fonctions se rapportoient aux embelliffemens & aux commodités de la Ville, convenoit singulièrement à son goût. Il seroit trop long de donner le détail de tout ce qu'il fit, & nous nous contenterons de dire qu'entre les différens édifices qu'il construisit, on doit distinguer le Panthéon fameux & les bains qui portent son nom. Les fêtes qu'il dirigea ne furent jamais égalées pour la somptuosité. Ami de Mécène, il contribua ainsi que cet homme célèbre à la grandeur & à la gloire d'Auguste.

N°. VI.
N°. I.

CAIUS CÉSAR.

Ce superbe *Jaspe-Héliotrope* nous représente la figure de Caïus César artistement gravée. Né d'Agrippa & de Julie fille d'Auguste, il fut adopté par son

N°. II.

ayeul qui le combla d'honneurs. Il n'avoit point encore quitté la robe Prétexte, que le peuple & le Sénat le défignèrent Conful pour entrer en charge cinq ans après, & les Chevaliers Romains, en lui offrant des lances d'argent, lui conférèrent le titre inconnu jufqu'alors de *Prince de la jeuneſſe*, diftinctions qu'Augufte feignoit de trouver prématurées ; mais qui fecondoient fes defirs. Ce fut même pour donner plus d'éclat à la cérémonie qu'il préparoit au Capitole, où, fuivant l'ufage, le jeune Caïus alloit prendre la robe Virile, qu'Augufte voulut, après dix-fept ans d'intervalle, être pour la douzième fois Conful. A l'âge de quatorze ans, on créa Caïus Pontife, honneur dont on retrouve des traces dans les Pierres & les anciennes médailles, & il obtint le droit d'affifter au Sénat & de prendre rang parmi les Sénateurs, foit au fpectacle, foit dans les repas publics. N'ayant encore que dix-neuf ans, il fut envoyé comme Proconful en Arménie : il marcha contre les Parthes en traverfant la lifière de l'Arabie, eut avec Phraates leur Roi une entrevue qui fe termina par la paix : enfin, entrant hoftilement en Arménie, il y eut d'abord d'affez heureux fuccès ; mais, dans une conférence qu'il engagea témérairement avec des ennemis perfides, il reçut une bleſſure des fuites de laquelle il mourut à Limyre en Lycie, lorfqu'il revenoit à Rome, où le rappelloit Augufte, pour s'y faire foigner.

LUCIUS CÉSAR.

Nº. III.   Ce fut fous le Confulat de C. Furnius & de C. Junius Silanus que naquit Lucius Céfar, & fa naiſſance fut l'époque de l'adoption que fit Augufte de lui & de fon frère Caïus. Cette adoption fe fit avec les formalités les plus folemnelles du droit Romain. A l'âge où il dut prendre la robe Virile, Augufte fe fit revêtir pour la treizième fois du Confulat, & le jeune Lucius reçut comme fon frère le titre de *Prince de la jeuneſſe*. Défigné Conful, mis au Collége des Augures, on l'envoya avec le titre de Proconful en Efpagne, pour y vifiter ces Colonies de foldats vétérans que Jules-Céfar & depuis Augufte y avoient conduites ; mais, furpris par une maladie fubite, il mourut à Marfeille, dix-huit mois avant Caïus, fon frère. L'habileté du Graveur le difpute à la beauté de la Pierre, qui eft un *Jafpe* mêlé de *Calcédoine*.

Nº. IV. & V.   Caïus & Lucius nous font encore offerts en regard fur la *Cornaline* Nº. IV, ils portent tous les deux la Chlamyde. Sur le revers Nº. V, on voit Remus & Romulus allaités par la louve fous le figuier Ruminal. (1) On voulut donner

(1) C'eft le nom que l'on donnoit au figuier fous lequel la louve allaitoit Remus & Romulus, par la même étymologie que *Rumia*.

par

par cette Gravure une idée de l'espérance que l'on avoit de la paix & de la durée éternelle de l'Empire. Près d'eux assis le Berger *Faustule* veille à leur conservation appuyé sur son bâton Pastoral. Il porte une tunique avec un capuchon, habit dont les Pasteurs se servoient pour se garantir du froid, de la pluie, des injures de l'air & des ardeurs du soleil. C'est cet habit qui a servi de modèle à celui que les Moines ont pris par la suite.

PLANCHE V.

TIBÈRE CÉSAR.

Ce beau *Jaspe-bleu* offre aux yeux des Sçavans le portrait de Tibère César. Le travail de cette figure est exquis. On peut y remarquer tous les traits que Suétone a donnés à ce Prince dans le tableau qu'il en a tracé. Son air est honnête, ses yeux sont grands : ils avoient, dit-on, la faculté de voir au milieu des ténèbres de la nuit. Son menton est saillant & sa tête tout à la fois roide & penchée. Son extérieur est rêveur & pensant : il le composoit avec adresse & lui donnoit à son gré le caractère de toute espèce de vertus, ce qu'exprime parfaitement l'ouvrage qui nous occupe. Il est étonnant que quelques Sçavans, dans la description de leurs voyages, l'ayent indiqué sous le nom de Jules-César ; la ressemblance de Tibère est frappante. Le voilà tel que les Auteurs nous le peignent à la fleur de l'âge, embelli des graces de cette modestie à l'aide de laquelle il vouloit plaire à Auguste. Ce sont d'ailleurs les mêmes traits que nous présente une médaille en bronze de ce Prince que l'on conserve dans le Museum des Médicis.

Après la mort de Caïus & de Lucius César, Auguste adopta Tibère, Sextus Ælius & Caïus Sentius étant Consuls. Le commencement de son Empire annonçoit des vertus qui rendirent encore plus affreux les crimes dont par la suite il se souilla. On retrouve des vestiges de son libertinage sur les médailles & sur les Pierres *Spintriennes* (1).

---

(1) Les Doctes Auteurs de la description des Pierres gravées du Cabinet d'Orléans ont donné à l'article de Tibère une note assez étendue sur les médailles *Spintriennes*. Charles Patin, dans son édition de Suétone, cite des Peintures de ce genre, & des lampes de terre outre les médailles & même des Pierres précieuses. Quant aux Peintures il paroît certain, d'après Suétone, que Tibère en avoit orné les lieux qu'il avoit construits à Caprée pour servir de théâtres à ses sales plaisirs, comme nos riches libertins en couvrent les murs de leurs boudoirs lascifs ; mais ces Peintures ont péri. Pour les vases de terre en forme de lampes, Charles Patin

PLANCHE VI.

N°. I. Dans ce beau *Camée* l'on peut admirer la valeur de la Pierre, qui est un *Jaspe* mêlé de *Calcédoine* de deux couleurs & l'habileté de l'Artiste. Tous les Sçavans Antiquaires conviennent que de ces deux têtes accouplées, la première est celle de Tibère ; mais on est incertain si l'autre qui représente une femme offre le portrait de Livie, mère de Tibère, ou celui de Julie, fille d'Auguste, d'abord épouse de Marcellus, puis d'Agrippa, puis de Tibère. La forme élégante de sa parure & ses traits qui s'accordent assez avec quelques médailles où l'on voit son empreinte, quoique sous le nom de Vénus, sembloient indiquer cette dernière Princesse; mais nous ne pouvons donner cette explication que comme une conjecture.

PLANCHE VII.

N°. I. Dans la *Cornaline*, N°. II, & dans le *Camée* N°. III de la Planche précédente ainsi que dans le *Jaspe* mêlé de *Calcédoine* N°. I de celle-ci l'on voit encore le portrait de Tibère. Les deux dernières têtes sont ceintes de laurier. Ce Prince pouvoit le porter comme César & comme Triomphateur, & il ne manquoit jamais d'en ceindre son front lorsque les orages s'annonçoient, pour chasser le tonnerre qu'il redoutoit, propriété que, d'après l'opinion, il regardoit comme particulière au laurier.

NÉRON CLAUDE DRUSUS.

N°. II. On voit sur cette *Calcédoine* la tête parfaitement gravée de Néron Claude Drusus, frère de Tibère César, dont les Historiens & les Poëtes même les plus célèbres se sont accordés à chanter les louanges. Au rapport de Patercule, *c'étoit un jeune homme qui avoit toutes les vertus que donne la Nature & que perfectionne l'éducation. Il eut été difficile de décider à quoi il étoit plus propre des travaux de la guerre ou de la conduite des affaires.* Ce qui est

en avoit vu ainsi que des médailles de différens modules, & il nous apprend enfin que le fameux Peiresc, ce grand Amateur de l'Antiquité, avoit ramassé quelques Pierres de ce genre dont, par héritage, devint propriétaire ainsi que d'un assez grand nombre de médailles antiques & d'inscriptions, une dame entre les mains de laquelle le tout a péri par les conseils d'un homme pieux, vraisemblablement d'une conscience scrupuleusement timide, ou peut être même jaloux d'une réputation extraordinaire de pudeur. Charles Patin les eut conservées, tant à cause de la Nature des Pierres, que de la beauté de la Sculpture de ces tems, & il les regrette beaucoup. Ce même Sçavant avoit encore vu dans un riche Cabinet un rond d'yvoire en forme de médaille sur laquelle étoit gravée une scène des plus infâmes plaisirs de Tibère que Suétone peint si vivement dans son Chap. XLIV & il ajoute que l'Auteur, crainte qu'on ne reconnut pas le sujet qu'il avoit traité, l'avoit indiqué sur le revers. *Charles Patin, ed. de Suétone, page* 175, 176.

certain, c'est qu'outre les agrémens de la figure presqu'aussi distinguée que celle de son frère, il étoit d'une douceur de mœurs sans égale, & s'attachoit à tous ses amis qu'il regardoit comme ses égaux. Il avoit dompté par des victoires sanglantes & multipliées plusieurs peuples de la Germanie, lorsqu'à l'âge de trente ans & pendant son Consulat il mourut. Dion attribue sa mort simplement à une maladie, l'Épitôme de Tite-Live à une chûte de cheval, & Suétone au poison. Le sentiment de Tite-Live paroît préférable, & l'on peut regarder comme une histoire controuvée l'empoisonnement de Drusus. A ses funérailles rien ne fut omis de ce que la magnificence & une juste douleur peuvent mettre en usage pour honorer un Héros. Deux éloges funèbres furent prononcés, l'un par Tibère dans la place publique, l'autre par Auguste, hors de la Ville, dans le Cirque Flaminien. Ses cendres furent recueillies & placées dans les tombeaux des Jules. Le Sénat honora la mémoire de Drusus par les décrets les plus glorieux. Il le décora, lui, ses enfans & ses descendans, du surnom de Germanicus : ordonna qu'on lui éléveroit des statues, un arc de triomphe en marbre avec des trophées sur la voie Appienne & un cénotaphe près du Rhin illustré par ses exploits. Tacite fait mention d'un autel qui lui fut érigé dans le pays où il avoit signalé sa valeur.

Nous n'avons dans cette explication suivi que celle de *Gori ;* mais s'il nous est permis de hasarder notre sentiment, nous croyons avec fondement que cette tête est celle du fils & non pas du frère de Tibère. Qu'on la compare en effet avec celle de cet Empereur qui se trouve sur la même ligne dans notre Planche & l'on reconnoîtra certain air général de ressemblance que n'a point avec son frère Néron Claude Drusus. Que l'on rapproche ensuite notre Pierre des médailles de moyen bronze & de la belle agathe-onyx du Cabinet d'Orléans, & l'on n'aura plus de doute sur notre conjecture. *Gori* semble lui-même avoir hésité, puisque dans sa table qui est à la tête du Volume de ses Explications, il indique cette Pierre sous ce titre: *Drusus Tiberii filius non vero Claudius Drusus.*

Ce Drusus étoit né de Vipsanie Agrippine avant que Tibère qui l'aimoit l'eut répudiée par l'ordre exprès d'Auguste qui lui fit épouser Julie. On lui accorda lorsqu'il étoit tout jeune encore le droit de séance dans le Sénat, quoiqu'il ne fut pas Sénateur, & le rang avant tous les anciens Préteurs dès qu'il auroit exercé la questure. Il fut questeur cinq ans avant l'âge prescrit par les Loix ; Auguste le fit ensuite désigner Consul pour entrer en charge trois ans après sans passer par les degrés intermédiaires de l'Édilité & de la Préture. Envoyé dans la Pannonie pour appaiser des troubles, il sçut habilement profiter d'une éclipse de Lune qui jetta l'effroi parmi les soldats séditieux pour arrêter leurs entreprises, &, joignant la ruse à l'adresse, il fit égorger dans sa tente les principaux moteurs des troubles qu'il y avoit fait venir sous des prétextes étrangers. Il obtint les honneurs de l'ovation avec Germanicus son frère adoptif qu'il aima toujours tendrement malgré les sentimens contraires de l'Empereur & la division des partis dans Rome. Deux fois il fut Consul, & la seconde il eut son père pour Collègue. Le Sénat lui conféra l'année suivante la puissance tribunicienne qu'avoit demandée pour lui Tibère; mais il ne jouit pas long-tems de ces titres, &, succombant au poison que lui présenta Lygdus & que sa femme Liville, Séjan son séducteur & le Médecin Eudémus avoient préparé, il mourut sous le Consulat de C. Asinius Pollio & de C. Antistius Vétus.

Son amour pour le vin & ses autres débauches firent d'abord croire à Tibère qu'il en étoit victime; mais ce Prince découvrit ensuite & fit punir tous ceux qui avoient eu part à sa mort. Le Sénat accorda à la mémoire de Drusus les mêmes honneurs qui avoient été décernés à Germanicus, & la flatterie même sçut y en ajouter encore.

ANTONIE AUGUSTE.

N°. III.   Antonie Auguste, fille de M. Antoine Triumvir & d'Octavie, sœur d'Auguste, femme de Drusus César, & mère de l'Empereur Tibère Claude, est rendue avec tout l'art possible sur cette précieuse *Cornaline*. Son visage est plein de charmes: elle est à la fleur de l'âge, & ses cheveux ne semblent être arrangés sans art que pour faire briller davantage les belles formes de la nature. Elle a obtenu tous les éloges que l'Antiquité donnoit aux femmes célèbres par leurs mœurs, & Valère Maxime atteste qu'elle a répandu le plus beau lustre sur sa famille par l'éclat de ses vertus & son amour conjugal. Caïus César s'est fait gloire de l'avoir eue pour aïeule. D'abord il lui avoit fait accorder tous les privilèges des Vestales, & il avoit amassé sur sa tête tous les honneurs & toutes les dignités que l'on avoit conférées à Livie Auguste, ainsi que le prouvent les médailles & les marbres antiques; mais ce Prince, devenu capable des plus affreux excès, eut ensuite pour elle les plus mauvais procédés: il lui fit souffrir mille affronts, &, par ses indignes traitemens, hâta sa mort, si toutesfois même il n'employa pas le poison pour l'accélérer.

GERMANICUS CÉSAR.

N°. IV. & V.   Sur cette *Cornaline* & ce *Jaspe* mêlé de *Calcédoine* on est flatté de retrouver la ressemblance parfaite de Germanicus César. Toutes les vertus que l'on peut souhaiter dans un bon Prince, il les posséda. Les qualités de l'ame, les perfections du corps lui avoient été pleinement accordées par l'Auteur de la Nature.

Son éloquence & sa science le rendirent recommandable, & ce ne fut pas sans succès qu'il cultiva la Poésie. Doux avec ses amis : modéré avec ses ennemis : ne trouvant de charmes aux plaisirs que dans les bras d'une épouse chérie, plus grand qu'Alexandre qu'il avoit surpassé par sa clémence, sa tempérance & ses autres vertus, il eut, dit Tacite, égalé sa gloire s'il eut été revêtu de l'autorité Royale. L'éclat de ses vertus avoit frappé tellement Auguste, qu'après avoir hésité long-tems s'il se le donneroit pour successeur, il le recommanda à Tibère pour qu'il en fut adopté.

Cette adoption eut coûté cher à cet Empereur, si Germanicus eut eu l'ame moins grande; mais celui ci, qui, bien facilement, l'eut dépouillé de l'Empire, regarda comme un outrage l'offre qu'on lui en fit, & dit fièrement qu'il mourroit plutôt que de fausser un serment & de violer la fidélité promise à Tibère. Plusieurs fois il donna des preuves de ses talens militaires. Vainqueur des Germains, il triompha sous le Consulat de C. Cælius Rufus & de L. Pomponius Flaccus. Les Arméniens reçurent un Roi de ses mains, & le Sénat lui décerna les honneurs de l'Ovation. Il réduisit en forme de Provinces la Cappadoce & la Commagêne. Enfin, après deux Consulats glorieux, dans la trente-quatrième année de son âge, il mourut à Antioche regretté de Rome & des Nations étrangères. Il a soupçonné lui-même qu'il succomboit victime du poison que lui avoient préparé Pison & Plancine. D'autres attribuent sa mort à Tibère ; mais on n'a rien de certain sur ces faits.

La nouvelle de la mort de Germanicus causa la plus grande sensation dans Rome. Sans attendre l'ordre des Magistrats, ni l'arrêt du Sénat, on ferma les maisons, on abandonna les tribunaux; profond silence par-tout, profonds soupirs, rien d'étudié, rien d'affecté, & quoique dans les habits on portât les marques d'un grand deuil on en portoit encore un plus grand dans le cœur.

Le Sénat ensuite décerna à sa mémoire toutes sortes d'honneurs; il fut ordonné que son nom seroit chanté par les Prêtres Saliens ; que dans les cérémonies des Prêtres d'Auguste on lui poseroit le siége d'yvoire & la couronne de chêne par-dessus; que dans les jeux du Cirque, son effigie faite d'yvoire seroit portée la première ; que nul ne succéderoit à sa dignité d'augure, qui ne fut de la maison des Césars ; qu'à Rome, en Allemagne, sur le bord du Rhin & en Syrie, sur le Mont-Amanus, on lui érigeroit des arcs de triomphe avec des inscriptions, qui feroient mention de ses exploits & de sa mort; qu'on lui élèveroit un tombeau à Antioche où son corps avoit été brûlé, & un tribunal à Epydafné, fauxbourg d'Antioche, où il étoit mort. Il seroit difficile de compter toutes les statues & les autels qui lui furent dédiés. Son buste & un bouclier furent placés parmi ceux des Pères de l'éloquence.

CAIUS CÉSAR CALIGULA.

N°. VI. Le fils de Germanicus Caïus Céfar devint le fléau de l'Empire dont son père avoit fait les délices. Bien digne de l'adoption que fit de lui Tibère, il parvint à le furpaffer encore par ses crimes, & fit regretter son règne. Du nom de la chauffure qu'il avoit coutume de porter au camp dans son enfance, les foldats lui avoient donné celui de Caligula, fous lequel il est plus connu parmi nous. D'abord, par honneur pour la mémoire de son père, il pratiqua quelques vertus, & les commencemens de son règne fembloient devoir donner de douces efpérances; mais il fe livra bientôt à tous les vices. On peut juger de la corruption de ses mœurs privées par son commerce incestueux avec ses trois fœurs Agrippine, Drufille & Julie. Son mépris pour les mœurs publiques éclatte dans sa conduite à l'égard de ces femmes criminelles auxquelles il fit accorder les priviléges des Veftales, & fur-tout dans les honneurs divins qu'il fit rendre à Drufille. Sa cruauté perçoit jufqu'au fein des plaifirs de l'amour, & fouvent il interrompit ses careffes pour dire à Céfonie ou à quelqu'autre amie : *Cette belle tête fera pourtant coupée dès que j'en aurai donné l'ordre.* On voit son orgueil dans les déguifemens habituels à l'aide defquels il vouloit fe faire honnorer fucceffivement comme les Divinités dont il ufurpoit les dehors & les attributs : dans le titre de *Dieu*, qu'il ofa prendre : dans ses rivalités avec Jupiter dont il bravoit quelquefois le foudre : dans le temple qu'il se fit bâtir : dans les autels qu'il se fit élever : dans le Collége des Prêtres qu'il se confacra, & dans son audace à vouloir faire placer au milieu du fanctuaire du temple de Jérufalem fa propre image, facrilége dont la prudente Lenteur de Petronius, les requêtes des Juifs, les follicitations d'Agrippa leur Roi, & plus encore sa mort empêchèrent l'exécution. On connoît, entre ses folies, le choix qu'il fit pour l'un de ses Prêtres de son cheval *Incitatus*: les fermens qu'il faifoit par son falut & par sa fortune, & le projet conçu de le défigner Conful. A vingt-neuf ans, après en avoir régné trois, une mort forcée fut le falaire de ses crimes ; il périt par le fer de plufieurs Conjurés, ainfi que Céfonie son époufe, & fa fille fut broyée contre un mur. Sur la *Chryfolite* que nous examinons, la tête de cet Empereur est ceinte de laurier. Au rapport de Suétone, il le prit même avant son expédition Germanique. C'eft avec le plus grand Art que cette Pierre est gravée. La main fçavante de l'Artiste a exprimé sur la figure de ce Prince le caractère de cruauté qu'il aimoit à se donner & qu'il s'étudioit devant une glace à rendre plus formidable.

PLANCHE VIII.
TIB. CLAUDE CÉSAR.

Tandis que les Sénateurs assemblés au Capitole vouloient éteindre le nom des Césars & faire renaître la liberté de Rome, des soldats de la Garde Prétorienne tirèrent, d'un des coins obscurs du Palais, Tib. Claude César pour l'élever au faîte de l'Empire, quoiqu'il n'eut d'autres titres pour y parvenir que le Consulat; quoiqu'il fut à peine capable de gouverner sa maison : & le Sénat se vit forcé de le reconnoître. Sur *l'Améthiste* du N°. I, sa tête habilement gravée est ceinte d'une couronne triomphale. On sçait qu'après la victoire qu'il prétendoit avoir remporté sur l'Angleterre, il s'est fait rendre dans le plus grand appareil les honneurs du triomphe ; ce fut en cette occasion qu'on lui éleva ce bel arc triomphal que l'on décora de sa statue équestre. On peut dire beaucoup de bien de ce Prince : on en peut dire encore plus de mal. Il avoit reçu de la Nature avec une santé foible, un esprit plus foible encore. Son cœur naturellement bon s'il eut été bien conduit, eut pu l'en dédommager un peu ; mais outragé par sa mère, mis entre les mains d'un ancien cocher qu'on lui donna pour précepteur, méprisé par Tibère, forcé de se retirer dans ses jardins près de Rome ou dans sa maison de plaisance en Campanie, le vin, le jeu & les femmes le rendirent encore plus méprisable qu'il ne l'étoit par sa stupidité. Élevé à l'Empire par une faction tumultueuse, il fit des actions dignes des meilleurs Princes, & l'on sçait qu'en supprimant les remercimens qu'avoient coutume de faire aux Empereurs, dans le Sénat, les Lieutenans qu'ils envoyoient gouverner les Provinces & commander les armées, il proféra cette sentence admirable : « Ils ne doivent pas m'avoir obligation comme si je satisfaisois » leur désir de se voir en place : c'est moi qui leur suis obligé de ce qu'ils » m'aident à porter le fardeau du Gouvernement : & s'ils s'acquittent bien de » leur charge, je leur donnerai beaucoup de louanges ». Mille traits de modération, la suppression de l'action de lèze Majesté, son respect pour le Sénat, sa déférence pour les Magistrats, sa modestie personnelle, une conduite toute opposée à celle de Caïus, lui attirèrent l'amour du peuple dans les commencemens de son règne ; mais les meilleures inclinations dans un esprit foible ne tiennent pas long-tems contre les pièges des méchans qui les environnent & les obsèdent. Claude qui toujours avoit été gouverné, le fut encore étant

N°. I. & II.

Empereur, & malheureusement son règne, devenu par ce moyen celui de Messaline, d'Aggripine & des plus misérables affranchis, lui attira la haine publique,
& il est au nombre des Princes odieux qui ont déshonoré le trône.

Malgré la foiblesse de son esprit il aimoit les lettres: au fond il ne manquoit
pas d'intelligence: il s'étoit rendu passablement habile dans les lettres Grecque
& Latine. Par le conseil de Tite-Live il écrivit l'Histoire de son tems d'un style
qui ne manquoit d'élégance, & la diction de ses discours étoit pure & correcte.
Quant à son amour pour les Arts; les Auteurs de la description des Pierres
d'Orléans rapportent, pour en faire juger, l'espèce de sacrilége dont il s'est rendu
coupable en faisant mettre la tête d'Auguste à la place de celle d'Alexandre
sur deux tableaux d'Appelle; mais on peut citer beaucoup de monumens qui
servirent d'ornemens à la Ville & dont l'objet principal étoit l'utilité publique, ainsi
qu'il le remarquent eux-mêmes. On peut rappeller le fameux Port qu'il bâtit à
l'embouchure du Tibre pour recevoir le grain qui venoit de l'Étranger, afin d'en
prévenir ainsi dans Rome la disette & de ne point exposer le peuple à la famine.
Les travaux nécessaires pour cette entreprise ne l'effrayèrent point, &, à sa gloire,
se termina cet ouvrage que Dion regarde comme digne du courage & de la
grandeur de Rome. Pline vante beaucoup encore celui que le même Prince entre-
prit pour faire écouler les eaux du Lac Fucin, & auquel trente mille hommes
travaillèrent pendant onze ans. Le même Auteur cite comme le plus beau de
tous les acqueducs construits pour l'usage de la Ville, celui que Claude termina
& que Caïus avoit commencé. La dépense en monta à plus de six millions deux
cents cinquante mille livres de notre monnoie.

N°. II.   Le *Jaspe* mêlé de *Calcédoine* que nous indiquons par le N°. II, représente bien
habilement ce même Prince; à la seule inspection de ce portrait qui s'accorde
parfaitement avec les médailles de cet Empereur, on reconnoît ce que disoit
de lui sa mère Antonie, qu'il n'étoit qu'une ébauche que la Nature avoit dédaigné
de terminer, & en effet quoiqu'il eut un certain air de dignité, son extérieur
avoit empêché Auguste de l'élever aux mêmes honneurs que Germanicus son
frère. Il se tenoit mal: ne marchoit qu'en chancellant indécemment: la tête & les
mains lui trembloient: il avoit un ris niais, la bouche écumante dès qu'il se
mettoit en colère, la voix sourde & la parole mal articulée.

N°. III.   La *Cornaline* qui suit nous représente les têtes accouplées de Tib. Claude
César & de Val. Messaline Auguste sa troisième épouse, fille de Valerius Messala
Barbatus, son cousin-germain. Il n'est personne qui ne connoisse cette Princesse
horriblement décriée par ses désordres affreux. On n'auroit pas cependant une
idée

idée complette de cette femme odieufe fi à l'impudicité l'on ne joignoit la cruauté qui lui fit verfer le fang le plus illuftre pour fatisfaire fes jaloufies & fes vengeances. Au milieu de la pompe triomphale de Claude, Meffaline montée fur une voiture fuperbe fuivoit le char de fon époux; mais peu après elle reçut, pour prix de fes débauches, la mort qu'elle eut peut-être évitée fi Narciffe l'affranchi n'eut pas été au-devant d'une réconciliation en la faifant égorger entre les bras de fa mère. Le motif de fa mort fut fon mariage avec C. Silius.

Tib. Claude Céfar mourut le trois des Ides d'Octobre pendant le Confulat d'Afinius Marcellus & d'Acilius Aviola, âgé de foixante quatre ans, dans la quatorzième année de fon règne, d'un champignon qu'avoit empoifonné, dit-on, Agrippine qu'il avoit époufée après la mort de Meffaline.

CL. BRITANNICUS CÉSAR.

N°. IV.

Ce beau Camée de *Jafpe* mêlé de *Calcédoine*, ouvrage précieux d'un excellent Graveur, nous préfente l'image de Claude Britannicus Céfar avec toute la fineffe des traits du jeune âge. Il naquit de Meffaline le vingt-huitième jour de l'Empire de Claude & pendant fon fecond Confulat. La prétendue conquête de fon père fur la Grande-Bretagne, fit donner à l'un & à l'autre par le Sénat le nom de Britannicus. Quelques perfonnes pourroient confondre la figure réprefentée fur ce Camée avec celle de Néron Céfar encore jeune; mais l'accord de fes traits avec ceux de Britannicus gravés fur des médailles du Mufeum des Médicis ne nous permet fur ce point aucune erreur. C'eft ce Britannicus que Claude prenoit entre fes bras dans la première enfance pour le préfenter aux foldats, & que tout le monde fuivoit avec des acclamations & des fouhaits ardens de profpérités, parce qu'on le regardoit comme un rejetton digne de foutenir un jour l'Empire, & que fon heureux caractère fembloit annoncer un digne appui de la maifon Impériale; mais il mourut, avant quatorze ans, victime des fureurs imprudentes d'Agrippine, de la crainte & de la haine injufte de Néron, empoifonné par les mains de Jul. Pollion avec un breuvage qu'avoit préparé Locufte, au milieu d'un repas où Néron lui-même, âgé feulement de dix-huit ans, vit fans pâlir fe confommer fon crime. En lui s'éteignit la maifon des Claudes, qui, après avoir brillé dans la République avec un très-grand éclat, avoit donné trois Empereurs à Rome. Rien ne fut plus fimple que fes funérailles; mais par la fuite l'Empereur Tite, en mémoire de fes naiffantes vertus dont il avoit été le témoin & l'admirateur, lui fit élever dans le Palais une ftatue d'or & lui en fit faire une équeftre d'yvoire qui fut portée aux jeux & aux folemnités du Cirque. Sur notre Pierre Britannicus porte la chlamyde, & ce n'eft pas fans raifon que l'Artifte

Tome I.   C

lui a donné cet ornement par lequel il a voulu défigner le rôle que ce jeune Prince avoit joué dans la courfe Troyenne qu'il avoit exécutée pendant les jeux féculaires avec L. Domitius & les enfans de la première Nobleffe de Rome.

JULIE AGRIPPINE.

N°. V. Sur cette *Cornaline* on voit artifiement gravé le portrait d'Agrippine, fille de Germanicus & de Julie Agrippine. Cette femme que fon ambition & fes vices rendirent fi fameufe, eut plufieurs époux, Paffiénus Crifpus deux fois Conful qu'elle empoifonna, Cn. Domitius Ahénobardus qui la rendit mère de Claud. Domitius Néron, & Claude Céfar fon oncle. Fille, fœur, femme & mère d'Empereurs, elle obtint le privilége d'entrer au Capitole fur un char femblable à ceux dont fe fervoient les Prêtres, & fur lefquels on plaçoit les chofes Saintes: elle partagea depuis avec Claude les honneurs de la puiffance Impériale. On regarde comme un trait précieux de la prudence de Sénèque, d'avoir, par une apparence de refpect, fauvé l'acte indécent d'Agrippine qui vouloit fiéger fur le trône dans l'affemblée du Sénat que l'on tenoit exprès pour elle dans une des falles du Palais. Pour faire Néron Empereur, elle eut recours à la fameufe Locufte, utile inftrument de la tyrannie. Cette empoifonneufe célèbre remit à Halotus Eunuque de Claude la préparation mortelle qu'elle lui deftinoit & que receloient des champignons, mets chéri du Prince; mais ce poifon fut trop lent au gré de la fcélérate Princeffe, & le Médecin Xénophon, employé plus heureufement, fous prétexte d'aider Claude à vomir, lui enfonça dans la gorge une plume frottée du poifon le plus violent, fçachant bien, dit Tacite, que les grands crimes ne s'exécutent pas fans danger; mais qu'achevés un fois, ils font couronnés par la récompenfe. L'ingrat Néron poffeffeur de l'Empire voulut bientôt faire périr fa mère à laquelle il le devoit. Envain il lui fait ménager un naufrage, elle échappe à ce danger. Ce n'étoit, il eft vrai, que pour être victime d'un coup plus funefte. Par les ordres de fon fils, Aniclet, Héraclius & Oléarius la mettent à mort; mais, l'efprit toujours préfent, même en cette circonftance fatale, elle dit à ce dernier qui le perce, en fe découvrant, « frappe ce fein qui a porté Néron ».

Ses funérailles fe firent fans aucune pompe: on ne lui donna pas même un lit funèbre. Néron, fuivant plufieurs Auteurs, avoit voulu voir fon corps nud, & tant que ce Prince vécut, Agrippine n'eut pas de tombeau.

Cette Princeffe fi criminelle aimoit cependant les lettres qu'elle avoit cultivées. Tacite & Pline l'ancien citent les mémoires de fa vie qu'elle-même elle avoit écrits.

NÉRON CLAUDE CÉSAR.

Si l'on doit pardonner à des Artiftes le talent avec lequel ils fçavent rendre les monftres, on peut excufer, à raifon de leur habileté, ceux qui ont gravé cette *Cornaline* qui repréfente Néron & les *Calcédoines* dont nous allons parler. N°. VI.

PLANCHE IX.

Ces Pierres nous offrent l'image de Néron Claude Céfar, le front ceint d'une couronne de laurier; mais c'eft particulièrement dans la figure annoncée fous le N°. II que l'on peut remarquer les traits que Suétone donne à ce Prince plus beau qu'agréable, dont les yeux bleus étoient foibles & dont les cheveux blonds rouffâtres étoient bouclés. A l'âge de dix-fept ans porté fur le trône de l'Empire par les artifices d'Agrippine, élève de Sénèque, il fe diftingua tellement pendant les cinq premières années de fon règne, qu'il parut, au rapport de Trajan même, furpaffer tous les Princes par fa libéralité, fa clémence, fa douceur & fa bienveillance. Admis comme furnuméraire dans le Collége des Prêtres par un décret du Sénat, après avoir été quatre fois Conful, il eft infenfiblement devenu le plus exécrable des hommes : fon cœur s'eft ouvert à tous les vices : il n'a femblé vivre que pour la perte de la République & fon nom eft devenu l'injure des tyrans. N°. I. & II.

Dans fon cœur pervers habitoit pourtant le remord ; mais gardons-nous de le regarder comme un refte de vertu ; le fouvenir toujours préfent de fes crimes, des meurtres de fa mère, de fa tante, de fes femmes, de fes parens, des plus nobles citoyens & des hommes les plus illuftres qui lui enlevoit le fommeil, n'étoit qu'un tourment vengeur.

Si nous le jugions entièrement d'après Suétone, nous croirions qu'il avoit du goût pour les lettres & les Arts ; mais c'eft un fait trop connu que les Mufes fuyent les hommes cruels & fanguinaires. Croyons avec les Auteurs de la defcription des Pierres gravées d'Orléans, qu'il avoit plutôt des goûts que du goût : que fa paffion pour la mufique ne faifoit qu'ajouter un ridicule à fes vices : que fa Poéfie, comme le peint Juvénal, n'étoit qu'un amas de métaphores enchaînées par les règles de l'hémiftiche & dépourvues de toute harmonie : que fes travaux en Sculpture étoient vraifemblablement des efpèces de grotefques vantées par des flatteurs. Son amour paffionné pour les fpectacles décèle toute la baffeffe de fon cœur, & les couronnes théâtrales qu'il remporta montrent combien il étoit indigne de porter celle d'Empereur.

Ce monstre périt enfin de ses propres mains : la vue de ceux qui venoient l'immoler au justes ressentimens de la République, le détermina; mais, aux yeux des payens même, cet acte ne fut point une preuve de son courage, & son secrétaire Épaphrodite fut obligé d'enfoncer le poignard, sa main ayant été trop molle en se frappant. En lui s'éteignit la famille d'Auguste qui méritoit si peu d'avoir de pareils successeurs. Que doit-on penser de l'esprit humain, quand on réfléchit qu'en plein Sénat, de son vivant, on osa proposer d'élever un temple au Dieu Néron; & qu'après sa mort, dont la nouvelle avoit fait arborer, en signe de joie, par tous les bons citoyens le bonnet emblême de la liberté, il eut encore des partisans zélés pour honorer sa mémoire?

OCTAVIE AUGUSTE.

N°. III.   Cette superbe *Cornaline*, gravée avec art, nous présente la tête d'Octavie, sœur de Britannicus, fille de Claude & de Val. Messaline. Cette Princesse fut célèbre par ses malheurs. Elle sortoit à peine du berceau qu'on la promit à L. Silanus presque aussi jeune qu'elle. Issu du sang d'Auguste, & fêté du peuple à cause de sa magnificence & des spectacles de Gladiateurs qu'il lui donnoit, ce jeune homme avoit été décoré des ornemens du triomphe dans celui de Claude après sa prétendue conquête de la Grande-Bretagne, & l'Empereur lui avoit accordé le privilége de demander les charges cinq ans avant l'âge prescrit par les Loix; mais par les conseils & les artifices d'Agrippine, Silanus n'eut pas l'avantage de consommer son union avec cette Princesse. Claude la fit épouser à Néron sous le consulat de D. Junius & de Q. Hatérius. Néron n'avoit alors que seize ans, &, afin qu'il ne parût pas avoir sa sœur en mariage, on prit la précaution de faire passer Octavie dans une autre famille par l'adoption. Agrippine avoit été secondée dans cette entreprise par Vitellius qui couvrit ses ruses serviles du voile respectable des fonctions de la censure qu'il exerçoit. La sœur de Silanus n'étoit pas aussi sage qu'elle étoit belle : le Censeur rendit suspecte l'amitié de son frère pour elle, & déja fort de la tendresse de Claude pour Octavie sa fille, il fit naître des soupçons dans l'esprit trop foible du père: puis il publia contre l'innocent Silanus une ordonnance qui l'exclut du Sénat, le força d'abdiquer la Préture dont il étoit revêtu, & fournit à Claude un moyen de rompre l'alliance qui lui étoit destinée. Silanus ne put soutenir ce double coup, &, le jour même des nôces de Claude & d'Agrippine, il se donna la mort. Peut-être y fut-il forcé, comme le laisse croire Suétone; mais peut-être aussi, comme le croit Tacite, choisit-il librement ce jour, fut-ce pour rendre plus odieuse l'injustice de l'Empereur à son égard. Octavie étoit jeune & vertueuse; mais soit par une

malheureuse fatalité , dit Tacite : soit que ce qui est illicite ait plus d'attraits, l'affranchie Acté fit naître dans le cœur de Néron une flamme qui bannit de lui tout amour pour son estimable épouse. Plus d'amour, plus de plaisirs : Octavie perdit ses charmes aux yeux de son infidèle : bientôt suivit le dégoût : le dégoût amène la haine : il tenta de l'étrangler ; mais enfin il la répudia, & comme le crime cherche toujours des excuses, la prétendue stérilité de cette Princesse fut le prétexe dont on colora celui-ci. Burrhus, quoique très-tolérant à l'égard des amours illicites de Néron, s'étoit cependant opposé fortement à la répudiation d'Octavie. « Si vous la renvoyez, lui avoit-il dit, rendez-
» lui donc sa dot, rendez-lui donc l'Empire qu'elle vous a apportés ». Mais que peut la raison contre des passions effrenées ? Douze jours après qu'il eut répudié son épouse, Néron prit pour femme la fameuse Sabina Poppéa. Peu s'en fallut qu'elle n'eut été prévenue par Acté ; car le Prince avoit eu le dessein de l'épouser, afin même de préparer les voies à ce mariage, il avoit entrepris de la faire passer pour issue d'un sang Royal, & avoit trouvé des Consulaires disposés à se parjurer pour certifier vraie cette fausse généalogie. Poppéa ne pouvoit pas être épouse de Néron & voir sous ses yeux Octavie : elle obtint facilement qu'elle seroit exilée en Campanie : une accusation d'adultère attestée par quelques esclaves au milieu des tourmens, rejettée par d'autres, & reconnue pour frivole par Rome entière, servit de motif à cette cruauté. Un traitement aussi injuste excita l'indignation publique. Les Grands murmurèrent, le peuple qui n'a rien à perdre éclata : Néron tremblant révoqua ses ordres & fit rappeller Octavie. Sur la première nouvelle qui s'en répandit, la joie s'empara de tous les cœurs : on courut au Capitole rendre aux Dieux des actions de graces : les uns renversèrent les statues de Poppéa : les autres portèrent en triomphe celles d'Octavie que l'on couronna de fleurs & qu'on plaça avec honneur dans les temples & dans la place publique : tous rendoient témoignage à sa probité, à sa modestie & à sa chasteté conjugale. Les soldats, l'épée à la main, tempérèrent cette fougueuse allégresse, & l'infortunée Octavie ne jouit de ces honneurs momentanés que pour se voir peu après plus malheureuse encore. A la vue de ces transports, la jalousie de Poppéa s'allume : elle se jette aux pieds de Néron : elle se plaint avec toute l'éloquence de la colère de l'injure que le peuple lui fait, & sçait adroitement insinuer à l'Empereur que si *les factieux désespèrent qu'Octavie redevienne l'épouse de Néron, ils donneront un mari à Octavie*. Là terreur, l'amour, tout agit sur le cœur de ce Prince : à l'instant la mort d'Octavie est résolue : il ne s'agit plus que de lui trouver un crime. L'adultère prétendu

avec le Muficien Eucérus qui avoit fervi de motif à l'exil, étoit publiquement regardé comme une invention de la haine: il falloit un homme affez lâche & affez vil pour fe laiffer extérieurement convaincre d'avoir été le complice de la Princeffe; mais quand un Prince defire de ces hommes, il ne s'en trouve que trop près de lui obéir. Le meurtrier d'Agrippine fut choifi, & ce fcélérat accepta. Il fit une déclaration par laquelle il avouoit le crime d'adultère commis avec Octavie. Son aveu fut pour lui fuivi d'un exil, qui, loin d'être une peine, améliora fon fort; mais la malheureufe Princeffe, d'après cet infâme aveu, fut accufée par Néron & d'adultère & de crime d'État: oubliant même l'imputation de ftérilité qui avoit fervi de motif à fon premier exil, il lui reprocha d'avoir fait périr fon fruit pour cacher fes défordres, & en conféquence il la fit enfermer dans l'Ifle *Pandataria* (1).

Les Romains pleurèrent fon exil comme ils euffent pleuré fa mort, & fa mort le fuivit de bien près. Il ne s'étoit écoulé que quelques jours lorfqu'elle fe vit entourée de fes meurtriers. Envain elle protefta qu'elle ne prétendoit plus au titre d'époufe de l'Empereur, qu'elle n'étoit plus que fa fœur: envain elle invoqua les Mânes des Germanicus, leurs communs ancêtres: elle parloit à des barbares: on la lie: on lui ouvre les veines, & comme le fang arrêté par le faififfement & la peur couloit trop lentement, on la porte dans un bain très-chaud, dont la vapeur l'étouffe. Octavie n'avoit pas encore parcouru fa vingtième année lorfque fon cruel époux trancha le fil de fes jours. Poppéa ne fut pas fatis-faite qu'elle n'eut vû la tête de fa rivale. On la lui préfenta, digne fpectacle d'une ufurpatrice adultère.

SABINA POPPÉA AUGUSTE.

N°. IV. Entre les femmes qui cauferent le plus de maux à l'Empire Romain, on peut compter la fameufe Poppéa, fille de T. Ollius: elle eut dû fe nommer Ollia; mais le nom de fon ayeul maternel, Poppéus Sabinus, qui avoit été décoré du Confulat & des ornemens du triomphe lui plût davantage. Cette femme étoit amplement pourvue des dons de la Nature; mais elle méconnut la vertu. Héri-tière de la beauté de fa mère & d'une grande fortune, elle avoit un efprit agréable, un langage doux, & fur-tout une apparente modeftie qui rendoit plus piquante la licence de fes mœurs. Sortant peu, toujours un voile couvroit fon vifage, rufe adroite pour ne pas raffafier la vue, pour exciter les regards curieux & pour ajouter à fes graces naturelles. Faut-il qu'elle ait ainfi caché

(1) Petite Ifle déferte entre les Ifles de *Ponza* & d'*Ifchia*.

ses traits pour plaire, sans penser à voiler ses défauts? Jamais, dit Tacite, de qui nous tenons tous ces détails, jamais elle ne ménagea sa réputation, ne mit de différence entre ses maris & ses amans, &, n'écoutant ni sa passion ni celle des autres, l'intérêt seul décidoit de ses inclinations.

Elle étoit mariée à Rufus Crispinus, Chevalier Romain, dont elle avoit eu un enfant, lorsqu'Othon lia connoissance avec elle, & la conduisit, sans peine, de l'adultère au mariage. La jeunesse, le luxe d'Othon & sa faveur auprès de Néron l'avoient facilement séduite. Othon orgueilleux de la posséder & trop indiscret, vantoit son bonheur devant Néron, que quelques Historiens & Tacite même avoient cru d'abord, mais faussement, l'auteur de ce mariage. Néron s'enflamma bientôt & Poppéa, femme consommée, par une passion feinte, sçut aiguiser encore celle de l'Empereur. L'amour & la jalousie se touchent de près: Néron jaloux rélégua son rival dans la Lusitanie où celui-ci prouva de combien de vertus étoit susceptible un cœur débarrassé des chaînes de l'amour & délivré de l'oisiveté. Agrippine & Octavie arrétoient cependant les projets de Poppéa. La mort de l'une & l'exil de l'autre furent résolus & consommés par cette femme ambitieuse. Enfin triomphante elle monta comme épouse sur la couche Impériale qu'elle souilloit depuis long-tems. Cette Princesse rendit père l'Empereur qui put à peine mettre des bornes à sa joie. Il donna à la mère & à la fille qu'elle avoit mise au jour le titre d'*Augustes*. Rome guidée par la flatterie rendit de solemnelles actions de graces aux Dieux: on consacra un temple à la fécondité: on institua des jeux sur le modèle de ceux d'*Antium* Patrie de Néron & de sa fille. La Fortune, Déesse tutélaire de cette Ville, reçut aussi des honneurs: on lui décerna des statues que l'on plaça sur le trône de Jupiter Capitolin; enfin l'on ordonna l'établissement annuel des courses du Cirque pour les maisons *Claudia* & *Domitia*, semblables à celles que l'on célébroit à Bovilles pour la maison des Jules. Toutes ces fêtes ne purent empêcher l'enfant de mourir quelques mois après sa naissance; mais on en fit une Déesse sous le nom de Vénus: on lui éleva des autels votifs, un temple, & elle reçut les mêmes honneurs que les Divinités du premier ordre. Ainsi que Tigellin, conseil intime de Néron dans ses fureurs, Poppéa en fut par la suite la victime: elle mourut, étant grosse, d'un coup de pied que l'Empereur lui donna, dans un mouvement de colère, à son retour des jeux publics. Le corps de cette Princesse ne fut pas brûlé suivant l'usage des Romains, &, comme si l'on eut voulut le traiter, après son trépas, avec autant de prédilection qu'elle le traitoit elle-même pendant sa vie (1), on l'embauma à la manière des Orientaux, & il fut porté dans le tombeau des Jules. Ses obsèques furent célébrés par tous les ordres de l'État. L'Empereur prononça lui-même publiquement son éloge, exaltant sur-tout sa beauté, l'honneur d'avoir été la mère d'une Déesse, & les autres dons de la fortune qui remplaçoient en elle toute espèce de vertus, & Pline nous rapporte qu'il consuma dans la pompe de ses funérailles plus de parfums que l'Arabie, suivant le témoignage des gens les plus instruits, n'en produit en toute une année.

Après la mort de Néron les statues de Poppéa furent renversées & même brisées ; mais Othon, par un retour inconcevable de tendresse, les fit, par la suite, rétablir.

Le Graveur a rendu avec succès sur cette *Cornaline* la beauté de cette Princesse.

SER. SULPICIUS GALBA.

N°. V. Sur cette *Cornaline* est gravée avec beaucoup d'art la figure de l'Empereur Galba, que l'on reconnoît facilement aux rides de son front chauve, à son nez recourbé, à son air aussi mâle que sévère. Né sous le Consulat de M. Valerius Messala & de Cn. Lentulus, parent de l'Impératrice Livie femme d'Auguste, il dût à cette Princesse les premiers honneurs qu'il reçut avant l'âge prescrit par les Loix. Chargé d'abord de la Préture, Gouverneur ensuite de l'Aquitaine, puis Consul par une Élection ordinaire, sa conduite à la tête des armées de Germanie, dont Caligula lui avoit confié le Commandement, lui attira tellement l'estime des Troupes, qu'à la mort de cet Empereur elles voulurent l'élire pour lui succéder ; mais il préféra son repos à l'Empire. Son désintéressement plut à Claude qui le nomma Proconsul d'Afrique, où il l'envoya pour appaiser le tumulte des barbares & les dissentions intestines qui désoloient cette Province. Ses hauts faits en Germanie & en Afrique lui méritèrent les ornemens du triomphe & un triple Sacerdoce. Chargé par Néron du Gouvernement de l'Espagne Tarragonnoise, il remplissoit depuis huit ans les fonctions de cet important emploi, quand Vindex, Gouverneur de la Gaule Celtique, le pressa de s'unir à lui pour purger l'empire du monstre qui le gouvernoit : la nouvelle seule que Néron le vouloit faire périr put le déterminer à s'élever contre son Prince, &, tandis que les soldats le proclamoient *Empereur* il

---

(1) On tiroit tous les jours le lait de cinq cens ânesses pour en faire un bain qui entretint la fraîcheur & la blancheur de sa peau...... *Dio. Lib. XII. Hist. Rom. p.* 714.

prit

prit modestement le titre de *Lieutenant du Sénat & du peuple Romain*. Le Sénat peu de tems après, malgré les efforts de Néron, contre lequel il prononça la peine de mort, lui décerna le titre d'Auguste qu'il ne prit cependant qu'après la mort de Néron. A son avènement à l'Empire on vit les plus douces espérances renaître dans tous les cœurs. On le regardoit comme le Libérateur de la République & le Vengeur de sa liberté; mais Galba ne sçut pas profiter de ces heureuses circonstances. Sa cruauté éloigna les esprits, l'injustice de ses Ministres acheva de le rendre odieux, & le choix qu'il fit du noble Pison pour l'adopter, en aigrissant Othon dont il détruisoit les espérances, excita la révolte de ce dernier, qui, secondé par les Prétoriens, parvint enfin à faire égorger son Prince. *Au jugement de tous digne de l'Empire s'il n'eut pas été Empereur*, Galba avoit soixante treize ans & n'avoit régné que sept mois lorsqu'il fut la victime de ce malheureux sort. On croiroit à peine aux outrages que les soldats firent à son corps après son trépas, si des Historiens fidèles ne nous en avoient pas conservé les détails. Vitellius, par la suite, punit ses assassins & les complices de tant d'horreurs. On vit alors porter dans les temples les images de ce Prince ornées de fleurs, & on lui fit avec des branches & des couronnes de laurier une espèce de tombeau près du lac Curtius, à l'endroit où il avoit été massacré.

Dans la *Cornaline* qui suit & qui est d'une grande beauté, se voit encore le portrait du même Prince; il est dans la force de l'âge & décoré des ornemens triomphaux.

N°. VI.

PLANCHE X.

M. S. OTHON CÉSAR.

Othon, dont ce rare *Grenat* nous offre la tête, s'ouvrit lui-même la route du trône. Les traits que sa figure nous offre sur cette Pierre sont entièrement semblables à ceux que l'on retrouve sur le petit nombre de médailles d'or & d'argent qui nous restent de ce Prince. Né sous le Consulat de Camillus Arruntius & de Domitius Ænobardus, il eut une jeunesse fougueuse qu'il seconda loin de la réprimer. Complice des débauches de Néron, confident de ses plaisirs, il en devint le rival, & l'amour du Prince pour Poppéa, femme d'Othon, fit envoyer celui-ci par Néron en Lusitanie. Sa conduite dans ce pays est le beau côté de sa vie; mais la gloire qu'il y moissonna ne fait qu'obscurcir le reste de ses actions. Aigrie par l'adoption que fit Galba de Pison, son ambition, qui se vit trompée, ne connut plus de frein. N'espérant plus hériter de la

N°. I.

couronne, Othon l'enleva lui-même à l'aide des Prétoriens. Monté fur le trône par un assaffinat, il agréa, il prit même quelquefois le furnom de Néron, bien digne de lui. Dans le court espace de son règne il fit quelque bien & autant de mal. Le fouvenir du meurtre de Galba fuffifoit feul pour le rendre malheureux; mais la Providence voulut qu'il eut à combattre un rébelle. Obligé de prendre les armes contre Vitellius qu'avoit nommé Empereur l'armée de Germanie, trois fois il fut Vainqueur des Troupes ennemies; mais enfin vaincu lui-même il ne put survivre à fa défaite, & ne mit entre elle & fa mort que le tems néceffaire pour écrire quelques lettres, en brûler d'autres, & l'intervalle d'une nuit qu'il vouloit, difoit-il, *ajouter à fa vie*. A fon réveil il fe poignarda de fa propre main acte héroïque aux yeux de Tacite étonné, fans doute, de ce courage dans un Prince aufli efféminé qu'Othon. On peut juger de fa molleffe par ce que nous rapporte Suétone qu'il prenoit foin d'arracher les poils de fa barbe, de fe couvrir le front d'une efpèce de perruque qui l'empêchât de paroître chauve, & de s'appliquer tous les jours fur le vifage de la mie de pain détrempée avec du lait d'anneffe pour fe conferver le teint frais & la peau liffe. Avant de mourir, craignant qu'on ne le traitât comme il avoit traité Galba, Othon avoit demandé qu'on l'enfevelit auffi-tôt. Suivant fon defir on célébra promptement fes funé- railles. Des foldats Prétoriens portèrent fon corps en le comblant d'éloges & verfant des larmes fur lui. On en vit même qui fe tuèrent près du bûcher par tendreffe & pour honorer fon genre de mort. Près de Brixellum on lui éleva un petit monument dont la fimplicité affuroit la durée, & que Plutarque vit plufieurs années après ne portant d'autre infcription que le nom d'Othon. Cet Empereur termina fa carrière dans la trente-huitième année de fon âge, n'ayant régné que trois mois.

A. VITELLIUS GERMANICUS, EMPEREUR.

N°. II & III.   La main d'un habile Graveur a tracé fur la *Cornaline* & l'*Onyx* qui fuivent le portrait de Vitellius. Dès que ce Prince eut appris la mort d'Othon, il revint auffi-tôt de la Germanie où l'armée l'avoit nommé Empereur, & fit à Rome une entrée triomphante. Il avoit eu l'envie d'y entrer comme dans une Ville prife, fuivant ce qu'il avoit pratiqué dans toutes les Villes qu'il avoit trouvées fur fon paffage; mais il fut heureufement détourné par fes amis d'une démarche auffi folle & auffi odieufe. La marche fut pompeufe; elle s'ouvroit par les aigles des quatre Légions accompagnées de plufieurs drapeaux & de divers étendarts. L'Infanterie, la Cavalerie Romaine & trente-quatre cohortes auxiliaires diftinguées par leurs armures venoient enfuite; fpectacle admirable, dit Tacite, armée magnifique;

mais digne d'un autre chef que Vitellius. Le Sénat, auſſi-tôt qu'il avoit ſçu que les Troupes lui avoient prêté le ſerment de fidélité, lui avoit déféré par un ſeul décret tous les honneurs que les Empereurs précédens avoient ſucceſſivement acquis dans un règne de pluſieurs années. Trop ſemblable à Néron, dont il avoit pris le goût pour la débauche à Caprée où il avoit paſſé ſa jeuneſſe, il l'imita auſſi par ſa cruauté, & l'on ne peut ſe rappeller, ſans frémir, ce qu'il dit en contemplant les cadavres qui couvroient les plaines de Bédriac, & dont pluſieurs ſouffroient avec peine la mauvaiſe odeur, *qu'un ennemi tué eſt un parfum pour l'odorat & encore plus un citoyen.* Dans l'adminiſtration de l'Empire il ne prenoit conſeil que d'Hiſtrions, de Conducteurs de chars, & d'affranchis entre leſquels on doit diſtinguer Aſiaticus qui, tiré de la baſſeſſe, abuſa de ſon crédit, & fut un des principaux inſtrumens de la miſère publique. De tous les vices de ce vil Empereur le plus marqué fut la gourmandiſe. C'étoit ſa paſſion favorite qu'il portoit juſqu'aux excès les plus honteux. Toute l'Italie étoit tributaire de ſa bouche & lui fourniſſoit les mets les plus exquis : il mettoit à contribution pour ſa table la terre & les mers : les Chefs des Villes & les Villes elles-mêmes étoient ruinés pour la ſervir, & Dion porte à cent douze millions cinq cents mille livres de notre monnoie la dépenſe de ſa nourriture pour les huit mois de ſon règne. Sa faim, qu'il ſçavoit renouveller en ſe faiſant vomir, renaiſſoit ſans ceſſe, & chez lui la gloutonnerie ſe montroit autant que la ſenſualité : ſouvent il enlevoit ſur les charbons les parties des animaux que l'on brûloit dans les ſacrifices, &, dans les rues, il prenoit & mangeoit en marchant des reſtes de viandes qu'il trouvoit expoſées en vente. De pareilles paſſions, jointes à l'indolence & à la pareſſe, ne pouvoient pas pour long-tems lui aſſurer l'Empire ; auſſi dès le huitième mois de ſon règne, il vit s'élever contre lui toutes les Légions d'Orient qui proclamèrent Veſpaſien Empereur & qui furent bientôt imitées par celles de l'Illyrie. Envain, & toujours lentement, met-il en campagne les Légions Germaniques, il eſt trahi par Cécina, & voit la plus grande partie de l'Italie & toutes les Provinces de l'Occident reconnoître ſon rival. La guerre s'échauffe alors de plus en plus. Dans une extrême détreſſe, Vitellius, ce lâche Empereur en habit de deuil, veut publiquement abdiquer l'Empire ; mais ſes ſoldats s'y oppoſent. Peu digne d'avoir de pareils Défenſeurs, il remporte ſur ſes ennemis quelques avantages ; mais enfin le camp des Prétoriens eſt forcé, & tantôt fuyant le Palais ſuivi d'un Boulanger & d'un Cuiſinier fidèles, tantôt y retournant accompagné de la peur, il ſe cache enfin dans l'étroite retraite de celui qui gardoit la porte ; mais, tiré de ce honteux afyle, il s'abaiffe jufqu'aux prières & aux larmes pour demander la vie. Il avoit été trop cruel pour l'obtenir. Ses larmes furent méprifées, fes prières rejettées : par l'ordre du Tribun Junius Placidus, on lui lia les mains derrière le dos, on lui mit une corde au col, on lui déchira fes habits & on le traîna vers la place publique comme un criminel condamné : trifte & affreux fpectacle, dit Tacite, qui n'attiroit pourtant que des infultes & non des larmes, tant fa lâcheté & fa baffeffe étouffoient la compaffion. Le peuple jettoit fur lui des ordures & de la boue : on l'appelloit incendiaire à caufe de l'incendie du Capitole qu'il avoit occafionné dans fa défenfe : on lui reprochoit fa gourmandife : on lui reprochoit même fes défauts corporels, fa taille épaiffe, la rougeur de fon vifage enluminé par le vin, fon ventre énorme & la foibleffe de fes cuiffes froiffées autrefois par un char de Caligula. Ainfi mené le long de la rue facrée, un foldat lui tenoit une épée fous le menton pour qu'il ne put pas cacher fa confufion, & pour lui faire voir & fes ftatues renverfées & le lieu du meurtre de Galba. Enfin on le conduifit aux Gémonies, où les foldats qui l'avoient pris, fe firent un plaifir de le découper, pour ainfi dire, avec leurs épées, pour qu'il fentît les douleurs d'une mort lente; fon corps fut traîné avec un croc dans le Tibre, & la multitude, ajoute Tacite, l'accabla d'autant d'outrages après fa mort qu'elle lui avoit prodigué de flatteries pendant fon règne. Ce Prince, par les foins de Galeria, fon époufe, reçut néanmoins les honneurs de la fépulture. Il n'avoit que cinquante-cinq ans lorfqu'il périt, & il n'en avoit pas régné un entier.

FL. VESPASIEN, EMPEREUR.

N°. IV. On ne fçauroit trop admirer le beau *Camée* que nous offre cette *Calcédoine*. Au jugement des hommes les plus inftruits, c'eft un chef-d'œuvre de l'Art, & l'habile Graveur qui l'a fait ne pouvoit pas exprimer d'une manière plus parfaite la tête de l'Empereur Vefpafien. Ce n'eft point un fimple profil, elle eft de face. Ce Prince fe montre tout entier à nos yeux, & femble développer, à deffein, l'embonpoint brillant de fa figure. Son front, chauve fur le devant, eft ridé : il a les yeux enfoncés : les fourcils fe rejoignent : fon nez aquilin domine des joues quarrément deffinées : le menton faillant s'avance au-deffus d'un col fort gras : fa tête eft très-forte, &, pour en faire voir la largeur, l'Artifte a eu grand foin de ne pas la ceindre d'une couronne de laurier. Né dans une petite bourgade près de Riéti, d'une famille qui ne comptoit pas fes ayeux; mais élevé par un père, qui, dans les fonctions délicates de Receveur d'un droit de péage, sçut par son intégrité, par sa douceur obtenir une statue avec cette inscription, *au Publicain honnête homme*; (inscription d'autant plus flatteuse que les qualités qu'elle exprime furent toujours très-rares dans cet emploi), Vepasien par lui-même devint digne de l'Empire. Son ambition ne l'y portoit pas, & naturellement il n'aimoit pas les dignités; mais sa mère l'aiguillonna par des reproches & par l'exemple de Sabinus son frère qui s'étoit ouvert lui-même la route des honneurs. Édile d'abord, avec beaucoup de peine, il parvint ensuite à la Préture. Attribuons quelques traits de flatterie basse qu'il se permit sous Caligula, à cette nécessité malheureuse d'être presque toujours rampant à la Cour pour parvenir. Par les nœuds du mariage il s'associa Domitia, libre d'origine, quoique soupçonnée alors de n'être que simple affranchie; mais plus assortie à sa naissance qu'au rang où il étoit parvenu. Domitia le rendit père de Tite, de Domitien & de Domitille. Vespasien perdit son épouse & sa fille avant d'être Empereur, & demeurant veuf le reste de sa vie, il ne vécut plus qu'avec l'affranchie Cénis & quelques autres concubines qui lui succédèrent. Sous Claude, fait Commandant d'une Légion, d'abord en Germanie, puis dans la Grande-Bretagne, sa conduite lui mérita les ornemens du triomphe, un double Sacerdoce & enfin le Consulat. Sous Néron, devenu Proconsul d'Afrique, Vespasien acquit une réputation bien incertaine, & Suétone, contredit par Tacite, malgré l'éloge qu'il fait de lui, ne laisse pas d'avouer que, dans une sédition qui s'éleva à Adrumète, la multitude lui jetta des raves à la tête, insulte à l'abri de laquelle doit se trouver tout Chef irréprochable. Il accompagna Néron dans son voyage de Grèce : son indifférence pour la voix & les chants de ce Prince pensa lui coûter la vie. Banni de la présence de l'Empereur, retiré dans une petite Ville écartée, il y reçut cependant les provisions de Lieutenant pour la guerre contre les Juifs, & cette guerre devenue considérable, conduite par Vespasien avec honneur, fut le signe, pour ainsi dire, de son élévation future : signe bien plus certain que ces présages merveilleux rapportés par Suétone, & sur lesquels Tacite avoue avec franchise que l'évènement seul l'a rendu bien sçavant. Après la mort de Néron, de Galba en l'honneur duquel il avoit fait faire le serment de ses Troupes, & celle d'Othon, ce furent cependant ces présages, les prédictions d'un Prêtre de Paphos, les prophéties de Basilide au Carmel, & la profanation des Oracles divins concernant le Messie, appliqués à ce Prince par l'aveugle Josephe, qui le déterminèrent à consentir aux vues de Mucien & à profiter des dispositions favorables des Troupes pour attaquer Vitellius & s'emparer de l'Empire. Ce fut d'abord en Mœsie que les

Légions proclamèrent Vespasien Empereur & écrivirent son nom sur les enseignes. A Alexandrie, Tibère Alexandre lui prêta le serment à la tête de ses Légions le premier de Juillet, que ce Prince regarda toujours par la suite comme le premier jour de son règne. Le onze du même mois il fut salué Empereur par ses propres Légions qui accumulèrent sur sa tête tous les titres de la souveraine puissance ; Mucien le fit reconnoître par les Troupes qu'il commandoit, &, avant le quinze, il le fut par toute la Syrie. Cet exemple fut bientôt suivi de tout l'Orient. Le zèle d'Antonius Primus & de Cornélius Fuscus lui assurèrent les armées d'Illyrie. Enfin reconnu par tout l'Occident, & Vitellius massacré malgré la magnifique défense de sa Garde, il devint le possesseur tranquille du trône. Après cinquante-six ans de tyrannie, le peuple Romain commença à goûter les douceurs d'une bonne & sage administration. Sachant le métier de la guerre, Vespasien aimoit la paix; laborieux, sobre, zélateur de la simplicité, respectant les Loix & les mettant en vigueur, porté à la clémence & ne connoissant point ces défiances ombrageuses sources ordinaires des injustices & des cruautés ; c'est le seul Prince, dit Tacite, qui sous le dais soit devenu meilleur. La République lui dût un nouveau lustre & une nouvelle splendeur. Ami des mœurs publiques il renouvella le Senatus-Consulte rendu sous Claude contre les femmes libres qui se prostitueroient à des esclaves. Il remit en vigueur les anciens réglemens contre les usuriers qui prêtoient aux fils de famille, & les priva du droit d'exiger jamais leur payement, même après que le débiteur par la mort de son père seroit devenu maître de sa personne & de ses biens. Il répara les ruines de Rome, l'embellit par de nouveaux édifices; on lui dût le temple de la paix, celui de Claude, & ce fut lui qui commença le superbe amphithéâtre connu sous le nom de *Colisée* dont les débris nous étonnent encore. Il protégeoit les Lettres & les Arts. Il est le premier qui sur le fisc ait assigné des honoraires aux Professeurs d'éloquence Grecque & Latine: les Poëtes reçurent aussi des récompenses : & Suétone publia celles que ce Prince donna à des Architectes, à des Méchaniciens & à des Musiciens. Les hommes les meilleurs ont des défauts, autrement ils ne seroient pas hommes: celui de Vespasien étoit l'amour de l'argent : Tacite l'excuse: l'Empereur tâchoit de le couvrir lui-même par des railleries souvent assez heureuses, &, lorsqu'on se rappelle que les prodigalités de ses prédécesseurs avoient épuisé les finances publiques ; que pour pouvoir subsister la République avoit besoin de cinq mille millions de livres de notre monnoie; lorsqu'on pense à la splendeur de ses dépenses publiques, à ses grandes libéralités, au bien qu'il faifoit des Confulaires pauvres, aux dédommagemens envoyés à des Villes que des tremblemens de terre ou des incendies avoient endommagées, aux frais confidérables des grands chemins qu'il faifoit conftruire fans vexer les habitans des pays par lefquels ils paffoient, on eft porté naturellement à trouver moins méprifable fa paffion pour l'argent. L'orgueil philofophique lui pardonnera peut-être moins encore la févérité avec laquelle il bannit, ou punit même corporellement quelques Stoïques effrontés qui, fous le nom de Philofophes qu'ils fouilloient, frondoient le pouvoir du Prince; mais cet exemple eft une preuve qu'il eft permis d'être quelquefois intolérant à l'égard de ces hommes fauffement fages qui prêchent l'indépendance & déclament contre les Souverains qu'ils ne toléreroient pas eux-mêmes s'ils étoient affez puiffans. Enfin couvert d'honneur, eftimé de tous, vainqueur des Juifs dont il avoit triomphé folemnellement, pendant fon neuvième Confulat, après un Gouvernement glorieux, il vit tranquillement venir la mort, &, fe fentant défaillir, il dit avec cette gaîté naturelle qu'il avoit : *je penfe que je deviens Dieu*, fine allufion à l'apothéofe accoutumée des Empereurs, & il expira en voulant fe lever pour accomplir fa maxime, *qu'un Empereur devoit mourir debout*; ce Prince avoit foixante-neuf ans un mois & fept jours, & finiffoit la dixième année de fon règne.

La figure de Vefpafien fur le beau *Camée* dont nous venons de nous occuper, reffemble parfaitement à un autre portrait de marbre où cet Empereur femble refpirer & que l'on conferve avec vénération dans le Mufeum des Médicis.

JULIE AUGUSTE, FILLE DE TITE CÉSAR.

Sur ce *Jafpe bleu*, fe voit la tête bien rendue de Julie Augufte, fille de Tite Céfar, dont nous allons parler article fuivant, & de Marcia Furnilla. Domitien, fon oncle, eut beaucoup de paffion pour elle. D'abord il avoit refufé de l'époufer, à caufe de l'ardent amour dont il brûloit pour Domitia; mais, depuis que Julie fut mariée à Flavius Sabinus, il parvint à la corrompre du vivant même de Tite. Enfin, lorfqu'elle fut reftée fans père & fans époux, il ne cacha plus fa paffion inceftueufe pour elle; & cependant, il lui caufa la mort, en la forçant de fe procurer un avortement. Elle fut mife au rang des Dieux par les foins de fon corrupteur; & Charles Patin, dans une de fes notes fur Suétone, a fait graver une médaille de grand bronze, où l'on voit le char que l'Empereur fon Amant lui confacra.

N°. V.

La figure de Julie étoit décente & gracieuse; on en peut juger, tant par notre pierre, que par celles que cite Maffei. Martial parle avec plaifir de fa Statue, dont il vante l'Ouvrage. Suivant l'ufage de fon tems, Julie porte ici les cheveux élevés fur le front, & formant un cercle foigneufement fait, orné de petites boucles. C'étoit la coëffure ordinaire, comme on peut le conjecturer d'après fes médailles, les pierres qui la repréfente, & le beau bufte de marbre confervé dans le Muféum des Médicis dont la reffemblance avec cette Pierre eft frappante.

TITE CÉSAR VESPASIEN AUGUSTE.

N°. VI.   Cette *Calcédoine* nous offre la tête de Tite, fils de Vefpafien, ceinte de laurier, & rendue avec toutes les graces que la main de la nature avoit données à fes traits.

PLANCHE XI.

N°. I.   Le même Empereur, qui, pour parler le langage de fes Hiftoriens, fut l'amour & les délices du genre humain, reparoît encore dans ce bufte d'*Agathe-Sardoine*; & le travail avec lequel il eft fait, honorable pour l'Artifte, eft digne du Prince qu'il a repréfenté. Nous pourrions nous occuper ici de tout ce que Tite fit avant d'être Empereur; mais comme, malgré fes bonnes qualités naturelles, il ne fut pas exempt de cruauté, nous nous contenterons de citer fon habileté dans la guerre qu'il prouva fi bien par la prife de Jérufalem, de fon Temple, & la défaite des Juifs dont on voit encore les dépouilles fur le magnifique arc triomphal que le Sénat lui fit élever: fon amour & fon aptitude pour les Sciences, les Lettres & les Arts, qu'il cultivoit avec fuccès: & mille talens divers, que nous recherchons tant de nos jours: Orateur, Poëte, même Improvifateur; Muficien profond, chantant avec goût, il écrivoit encore auffi vîte que la parole.

    Devenu Empereur, il fembla faire divorce avec les moindres paffions. Le grand Pontificat dont il fut revêtu, nefut à fes yeux qu'un état faint qui le forçoit de garder fes mains pures du fang de tout Citoyen; les charmes de Bérénice furent facrifiées au bon exemple qu'il devoit;. & l'Empereur immola, pour ainfi dire, fon cœur à l'État, en renvoyant cette Reine qu'il chériffoit. Plein de douceur, populaire par inclination, il étoit familier fans rien perdre de fa dignité; & un commerce doux lui mérita le bonheur, fi rare pour un Souverain, d'avoir des amis. Clément, il fupporta les rébellions de Domitien fon frère, & pardonna à des Patriciens qui avoient conjuré contre lui. Généreux, il fit oublier les exactions de

fon

fon père. L'éruption du Mont Véfuve, l'enfeveliſſement d'Herculanum, l'incendie de Rome, causèrent à fon ame tendre des douleurs bien aigues, & manifeſtèrent fes foins paternels. Enfin, après deux ans & deux mois d'un règne qui peut fervir de modèle à tous les Rois, dans la quarante-deuxième année de fon âge, mourut au même lieu que fon Père, ce Prince univerſellement regretté, & qui méritoit à tant de titres de l'être.

(1) L'EMPEREUR NERVA CÉSAR AUGUSTE.

Nº. II.

Après la mort de Domitien, Nerva Coccéius déjà vieux, Sénateur diſtingué, honoré même des ornemens du triomphe & d'une Statue, reçut les rênes de l'Empire des mains des conjurés qui firent périr fon prédéceſſeur. Son règne, qui ne dura qu'un an & quelques mois, fut vertueux & pacifique. Il ne fit aucune guerre; & c'eſt pour cette raifon, que dans ce bufte d'*Agathe blanche*, le Sculpteur a décoré fa tête d'une couronne de Chêne. Entre fes vertus, on vante fur-tout fa libéralité, fon équité, fa prudence & fa bonté qui, quelquefois cependant, tint un peu de la foibleſſe. Attentif à combler d'honneurs les premiers de Rome, il ne fouffrit pas qu'on lui élevât des ſtatues d'or ou d'argent.

L'Artiſte habile qui a fait ce portrait de Nerva, l'a pris à l'âge de foixante-fix ans, auquel il monta fur le Trône; & a rendu avec habileté, fa face oblongue, fes fourcils froncés, fes yeux creux, fon nez aquilin, & fon col qui, par fa longueur, annonce une grande taille. Trajan lui fit rendre les honneurs divins.

L'EMPEREUR TRAJAN AUGUSTE.

Nº. III.

On ne peut voir fans une certaine volupté, ce beau portrait de l'Empereur Trajan. L'Artiſte a fçu rendre, avec l'*Agathe-Sardoine*, qu'il a employée, cette févérité tempérée par la douceur qui caractériſoit la belle figure de ce Prince. Sa vue nous rappelle agréablement fes grandes actions, fes triomphes remportés fur les Barbares, qui furent fuivis des furnoms glorieux, fignes de fes conquêtes, & fes vertus, qui lui méritèrent celui d'*Optimus*, que perfonne avant lui n'avoit obtenu. Né dans la Bétique, il appartenoit à l'Italie par fes ancêtres : fon père étoit cependant le premier de fa famille qui fût parvenu aux honneurs dans Rome. Adopté par Nerva, pour le feul bien de l'Empire, il ignoroit ce qui fe paſſoit à Rome, tandis qu'on l'aſſocioit à la fouveraine Puiſſance; fes vertus feules l'avoient fait préférer aux proches & aux amis de l'Em-

---

(1) Domitien devroit naturellement fuivre fon frère ; mais à raifon de la difpofition des Planches, nous n'en parlerons qu'après Nerva & Trajan.

pereur. Son règne lui a valu des éloges qui se répètent encore de nos jours. Les détails de sa vie sont trop connus pour que nous les rappellions ici. Ce Prince n'avoit aucun des vices qui nuisent directement à la Société : même il posséda les vertus contraires, la modestie, la clémence, une noble familiarité, l'amour de la justice & la libéralité que secondoient sa frugalité, son éloignement pour le faste, & la plus sage économie. La reconnoissance du genre humain pour lui, se perpétue d'âge en âge. Laissons proposer ses vertus à l'imitation des Souverains, & sa gloire couvrir ses vices particuliers. N'allons pas, Censeurs sévères, lui reprocher ses excès pour le vin, dont il affoiblit la honte par les précautions qu'il prit pour n'être pas obéi après ses repas : ensevelissons sa persécution contre les Chrétiens, qu'il ne vouloit pas néanmoins que l'on fît mourir sur des dépositions anonymes, & ses amours pervers dans les ombres de son tombeau. Toujours amis de l'impartialité, admirons ses bonnes qualités, taisons ses défauts; rions du Dominicain Ciaconius, qui rêve que les prières de saint Grégoire Pape obtiennent de notre Dieu, pour cet Empereur, une éternelle possession des Cieux; mais croyons franchement, contre l'avis de Montesquieu, que pour avoir été l'un des meilleurs Empereurs de Rome, Trajan n'a pas été cependant l'homme *le plus propre à honorer la nature humaine, & à représenter la Divine.*

Cet Empereur étoit à Sélinontes, quand une réunion de maladies termina ses jours. Ses funérailles furent dignes de ses exploits, & de ses vertus publiques. Adrien, qu'il adopta sur la fin de sa vie, lui fit de magnifiques obsèques dans la Ville où il mourut, & qui, de son nom fut nommé Trajanople. Ses cendres, enfermées dans une urne d'or, furent portées à Rome, où elles furent reçues en pompe sur un char triomphal, & placées ensuite sous la fameuse colonne qu'il avoit élevée dans le *Forum* construit par ses soins. On le mit au rang des Dieux, & les jeux Parthiques furent institués en son honneur. Trajan a vécu près de soixante-quatre ans, & en a régné dix-neuf, six mois & quelques jours.

PLANCHE XII.
DOMITIEN.

Nº. I & II. Cette *Agathe* & ce *Jaspe* mêlé *de Calcédoine*, nous présentent la tête de Domitien, Empereur. Sur la première de ces pierres, ce Prince est déjà dans l'âge mûr, son air est fâcheux & cruel; son front est ceint d'une couronne de laurier que noue simplement un fil, à la manière des Etrusques. Sur la seconde, ce même Empereur est jeune encore, & l'on peut y reconnoître les traits que lui donne Suétone; un visage modeste, que coloroit d'abord une espèce de pudeur, mais qui, par la suite, haut en couleur, sembloit le dispenser de rougir;

des yeux grands, mais foibles; un air décent; un front paré de ses cheveux, dont la perte, dans un tems postérieur, fut si sensible à ce Prince vain.

Fils de Vespasien, successeur & frère de Tite, il n'eut pas leurs vertus. Par Nature semblable à Caligula, & à Néron par étude, il approcha plus de Tibère. Dans sa conduite, il réunit tout ce qui peut rendre odieux ou méprisable un Souverain. Insatiable de titres, il se fit appeller Maître, Seigneur, Dieu, & traitoit de lit sacré, de Temple même, la couche impure où il rappelloit l'adultère Domitia, après l'avoir répudiée. Curieux de toute espèce de monumens & d'éloges flatteurs, il remplit encore le monde entier de ses Statues, suivant l'expression de Dion; & il ne souffroit pas qu'on lui en élevât dans la Capitale, qui ne fussent d'argent ou même d'or, & d'un certain poids. Pline assure que l'on versoit autant de sang des animaux, pour honorer l'image de cet atroce Dominateur, qu'il versoit lui-même de sang humain pour assouvir sa cruauté. Cette cruauté prenoit, chez Domitien, sa source dans plusieurs autres passions; jaloux de quiconque se distinguoit, tout mérite étoit un crime auprès de lui; sombre de caractère, il se défioit de tous ceux qui l'approchoient, le moindre soupçon excitoit sa colère; ombrageux & lâche, il immoloit à ses craintes & à ses défiances injustes, les têtes les plus illustres. La fourberie & l'artifice accompagnoient ses violences tyranniques; & souvent il combloit de caresses l'infortuné qu'il alloit faire périr. Cruel de sang froid, il vouloit être témoin du supplice qu'il commandoit. On l'a vu tremper son bras dans le sang, & c'étoit un bain digne d'un tyran. Tout-à-la-fois superbe & craintif, il vouloit des adulateurs, & s'offensoit de l'adulation. L'indolence faisoit une de ses plaisirs, &, sans rougir, il employoit des heures entières à chasser aux mouches. Sa mollesse étoit si grande, qu'il se faisoit toujours porter en litière; &, s'il voyageoit par eau, redoutant le bruit des rames, il ordonnoit que la manœuvre se fît dans d'autres bateaux auxquels on attachoit le sien. Dans la guerre, ce Prince n'avoit ni courage, ni capacité; &, s'il obtint des triomphes, des arcs, des statues, il les dut à la seule flatterie & à son orgueil; ces triomphes même, au rapport de Pline, sont autant de preuves de ses défaites. Une jeunesse corrompue ne fit pas éclore en lui la sagesse dans un âge plus avancé, ses adultères & ses incestes sont ses moindres crimes. Ennemi de toute vertu, les Chrétiens ne pouvoient que lui déplaire, il les persécuta, & cette persécution est une des plus terribles qu'ils ayent essuyées. Les leçons des sages étoient à ses oreilles des cris séditieux: les Philosophes ne furent donc pas à l'abri de ses coups: & si Vespasien peut être loué d'avoir puni ceux qui, par leurs déclamations, troubloient le repos de l'Empire, on ne peut que blâmer Domitien d'avoir, par un Senatus-Consulte banni tous les Profeſſeurs de ſageſſe de Rome & de l'Italie. Ses yeux, dit Tacite, ne pouvoient ſupporter l'éclat de la vertu, & il ſuffit, pour apprécier ce forfait, de penſer que Dion Chyſoſtôme, Epiétète & Artémidore étoient du nombre des bannis, eux qui étoient ſages autant que le Paganiſme pouvoit le permettre. Tandis qu'il vouloit effacer par ces exils injuſtes juſqu'aux moindres traces de l'honneur, il étouffoit juſqu'au germe des Arts. La mort qu'il redoutoit vint enfin mettre un terme à tous ſes crimes, & digne ouvrage de Domitia qu'il vouloit faire périr, il la reçut d'Etienne & de pluſieurs autres Conjurés, n'ayant pas encore quarante-cinq ans & dans la ſeixième année de ſon règne. Son corps ne reçut aucuns honneurs : peut-être eut-il été traité avec ignominie, ſans les ſoins de Phyllis, nourrice de ce Prince, qui, dans ſa maiſon de campagne, lui célébra des funérailles, & porta furtivement enſuite ſes cendres dans le temple de la maiſon Flavia, où elle les mêla avec celles de Julie fille de Tite, de l'enfance de laquelle elle avoit auſſi été chargée. Dès que le maſſacre de Domitien fut connu du Sénat, on témoigna publiquement la joie la plus grande. La haine prit enſuite ſon eſſor : les Sénateurs s'élevèrent contre ſa mémoire par les acclamations les plus infamantes : ils firent arracher ſes boucliers & ſes images, renverſer & briſer ſes ſtatues, effacer ſon nom des faſtes & des monumens publics. Tandis qu'ils le dévouoient ainſi à l'exécration de la poſtérité, le peuple étoit aſſez indifférent, & les ſoldats en euſſent fait un Dieu s'ils en euſſent été les maîtres. Tout occupés de ſes crimes, n'oublions cependant pas que, ſans aimer les lettres, il travailla pour elles en réparant les bibliothèques conſumées par différens incendies, en raſſemblant des exemplaires de toutes parts, & en envoyant à Alexandrie des copiſtes habiles pour tranſcrire les ouvrages qu'il deſiroit, ou pour rendre plus corrects ceux qu'il poſſédoit. Domitien avoit inſtitué trois prix qui devoient ſe diſtribuer de cinq ans en cinq ans en l'honneur de Jupiter Capitolin, l'un de Muſique, l'autre d'exercice à cheval, & le dernier de courſe & de lutte. Au Capitole qu'il avoit fait rebâtir, on avoit auſſi élevé par ſes ordres un temple à Jupiter Conſervateur.

PLOTINE AUGUSTE.

Nos. III, IV & V. A la ſuite de deux têtes de Trajan que nous offrent le *Saphir* & le *Jaſpe* mêlé de *Calcédoine* N°. III & IV de cette Planche, ſe voit, ſur une *Cornaline* le portrait fort rare de Plotine, ſon épouſe, cette femme ſi célèbre par ſa modeſtie, ſa ſageſſe & ſa prudence. En faiſant ſon entrée dans le Palais

Impérial, elle fe tourna vers la multitude & lui adreſſa ces paroles mémorables, *telle j'entre ici, telle je veux en ſortir*, & ſa promeſſe ne fut pas vaine. Réſervée dans ſa conduite, ſa fortune ne changea point ſes mœurs : elle voulut épargner auſſi la moindre tache à la gloire de Trajan. Ne ſe mêlant jamais de l'adminiſtration de l'Empire que pour contribuer à ſon bonheur, elle avertit ſon auguſte époux des rapines que ſes Intendans exerçoient dans les Provinces, & bientôt elle les vit reprimées. Pline fait l'éloge le plus étendu de cette Princeſſe. Crevier croit qu'il eſt ſuſceptible de quelques reſtrictions, les Auteurs de la deſcription des Pierres gravées d'Orléans voyent avec peine que Dion l'affoibliſſe. Nous ne prononcerons pas entre ces Sçavans ; mais jaloux d'être toujours les échos de la vérité, ſi nous ne diſons pas avec Dion, qu'un amour criminel a porté Plotine à uſer de ſupercheries pour conduire Adrien au trône, quoique cet Auteur paroiſſe bien inſtruit (1) ; d'accord avec Eutrope (2), nous conviendrons que c'eſt Plotine, elle ſeule, qui a fait Adrien Empereur ; elle ſeule a ſigné la lettre écrite au Sénat pour lui faire part de la prétendue adoption de ce Prince, &, ſuivant une opinion reçue du tems d'Ælius Spartien, Trajan étoit mort lorſqu'elle conduiſit cette intrigue (3). Pourquoi n'avouerions-nous pas une foibleſſe dans une Princeſſe en qui l'on trouve tant à louer ? Miſe au rang des Dieux après ſa mort, elle eut à Nîmes un temple que lui fit élever Adrien, & dans les inſcriptions conſervées par Grutter on fait mention des Prêtreſſes conſacrées à cette Divinité.

---

(1) Voici la traduction latine du paſſage de Dion.

Hadrianus à Trajano adoptatus non eſt.... ſed cum defuncto Trajano ſine liberis, attianus, qui municeps ejus erat, curatorque fuerat, & Plotina quæ amore ipſius capta erat, Imperatorem deſignaverunt, quod non procul abeſſet, quod que magnas copias haberet. Apronianus enim pater meus, qui Ciliciæ præfuit, qui que res ejus omnes certo cognovit, mihi ſingula recenſuit, atque illud imprimis, mortem Trajani per aliquot dies in occulto fuiſſe, ut adoptio procederet : id que ex litteris ejus ad ſenatum cognitum fuiſſe, quibus litteris non ipſe ſed Plotina ſuſcripſit, quod in alio factum fuerat nunquam. Dio. Hiſt. Rom. Lib. 69. In principio.

(2) *Defuncto Trajano, Ælius Adrianus creatus eſt princeps, ſine aliquâ quidem Trajani voluntate ; ſed operam dante Plotinâ Trajani uxore. Nam eum Trajanus, quamquam conſobrinæ filium, vivens noluerat adoptare.* Eutrop. Hiſt. Rom. Lib. 8.

(3) *Nec deſunt qui factione Plotinæ, mortuo jam Trajano, Adrianum in adoptionem adſcitum eſſe prodiderint, ſuppoſito qui pro Trajano feſſâ voce loqueretur.* Æli. Spar. in Adr. C. 4.

MARCIANE AUGUSTE.

N°. VI. Sur cette *Cornaline*, Marciane, sœur de Trajan porte un collier de perles que l'on pouvoit regarder comme un symbole de ses vertus. Cette Princesse avoit perdu son époux avant que son frère montât sur le trône, & son élévation ne la fit pas renoncer à la viduité. Retirée dans le Palais elle y passa ses jours avec Plotine. Vivant avec elle dans l'union & la concorde la plus parfaite, elle obtint aussi de Pline des éloges. Le Sénat lui décerna le titre d'Auguste & la mit après sa mort au nombre des Divinités.

PLANCHE XIII.

MATIDIE AUGUSTE.

N°. I. L'Histoire ne fournit aucune lumière sur la vie de Matidie, nièce de Trajan. Elle porta à Rome les cendres de son oncle qu'Adrien lui confia ainsi qu'à Plotine & à Tatien ; elle est est mère de Sabine, épouse d'Adrien & de Matidie, qui devint tante maternelle d'Antonin. Revêtue par le Sénat du titre d'Auguste, elle fut aussi déifiée après sa mort. Son portrait est gravé sur cette *Cornaline*.

MATIDIE AUGUSTE, FILLE DE MATIDIE.

N°. II. Une autre *Cornaline* nous offre le portrait bien plus rare de la Matidie, fille de celle dont nous venons de parler, nièce de Marciane & sœur de Sabine épouse d'Adrien. Les anciennes inscriptions nous apprennent qu'elle eut le titre d'Auguste. Comme on ne connoît aucune médaille de cette Princesse, plusieurs Sçavans ont pensé que notre Pierre pouvoit fort bien ne représenter que Matidie sa mère, & ils croyent même avoir le droit d'appuyer leur opinion sur la ressemblance des traits, sur l'arrangement des cheveux & l'ornement de la tête qui dans les deux se trouvent être, pour ainsi dire, les mêmes ; mais plus on examine ces deux ouvrages, plus on les compare avec les médailles de la mère, moins il nous semble que l'on doive confondre ces deux Princesses : nous laissons nos Lecteurs juges de notre conjecture.

ANTINOÜS.

N°. V & VI. La disposition des gravures de nos Pierres nous force de parler de l'objet des plaisirs honteux & criminels d'Adrien avant de parler de cet Empereur lui-même. Faut-il que des monumens précieux nous rappellent de semblables horreurs? Antinoüs qui éternife ainfi la honte d'Adrien, fe voit fur ce *Jafpe rouge* & la *Calcédoine* qui l'accompagne. On affure qu'il ne trouva de fon tems aucun rival de fa beauté. La révolution qu'Adrien opéra dans les Arts, a produit le beau travail que nous admirons dans ces Pierres. Sur la *Calcédoine* la figure fe développe davantage ; le *Jafpe* a cependant paru toujours aux yeux des Amateurs offrir une tête élégante. Les plus célèbres Villes de la Grèce, de l'Afie & de l'Égypte, pour flatter l'Empereur, rendirent à ce jeune homme un culte folemnel, comme au Dieu de la Patrie, & lui confacrèrent toutes fortes de monumens. Antinoüs, né dans la Bithynie, mourut en Égypte vers la fixième année du règne d'Adrien, & fut victime de la fuperftition barbare de celui dont il avoit fait les criminelles délices. Envain Adrien fit-il courir le bruit qu'il s'étoit noyé dans le Nil, on ne doute plus qu'il n'ait été une hoftie pacifique & volontaire immolée pour le bonheur de ce Prince dévoué malheureufement à toutes les efpèces de Divination & à la Magie. Suivant le langage d'un Hiftorien, Adrien pleura comme une femme la mort de fon favori : & n'appaifa la douleur qu'il en reffentit que par des folies moins pardonnables encore. A Befa, lieu de la mort d'Antinoüs, il fit une Ville plus confidérable qu'il nomma Antinople : il y conftruifit un Temple, y confacra des Prêtres, voulut qu'il s'y rendit des Oracles, inftitua des jeux & des fêtes à fon honneur. Il profita de la découverte d'un aftre pour en faire la réfidence de fon ame. Enfin on vit l'Univers rempli des ftatues de ce jeune débauché expofées à la vénération des peuples.

L'EMPEREUR CÉSAR ADRIEN AUGUSTE.

Nous réuniffons ce *Jafpe rouge*, qui repréfente l'Empereur Adrien, au bufte que nous offre la Planche fuivante, & nous ferons enfuite la même chofe à l'égard de la *Cornaline* N°. IV, où fe voit le portrait de Sabine, époufe de cet Empereur.

N°. III.

N°. IV.

PLANCHE XIV.

Ce bufte fuperbe de *Calcédoine* nous rappelle tous les traits que les médailles & les Pierres gravées donnent à l'Empereur Adrien : cette douceur mêlée de gravité, cette févérité que tempère un air de bonté : ces cheveux, fuivant l'ufage de ce Prince, peignés avec foin, & qui, bouclés par l'extrémité, forment un cercle agréable fur fon front. On remarque de plus fur le *Jafpe* de la Planche précédente une barbe affez épaiffe & crépue dont il aimoit à ombrager fon menton. Les Empereurs qui l'ont fuivi portèrent

N°. I.

la leur à son exemple. Heureux les Princes qui consacrent une partie de leurs jours au bien public ! Leurs défauts s'éclipsent, pour ainsi dire, aux yeux de la postérité qui se livre volontiers aux sentimens qu'inspire la reconnoissance; il semble que les hommes jaloux de n'obéir qu'à des maîtres qui les aiment, s'efforcent de ne conserver que les traits de bontés des anciens Souverains, pour les offrir, comme autant de modèles & d'aiguillons, à ceux qui les gouvernent. Adrien en est la preuve. Mélange inconcevable de vertus & de vices, nous nous plaisons à l'arracher au mépris que ces derniers lui méritent, pour n'admirer que ses belles qualités. Et certes ! si nous ne lui reprochons pas son ambition, sa vanité, sa dissimulation, sa superstition, ses honteuses débauches & ses basses rivalités à l'égard des grands Hommes, des Sçavans & des Artistes les plus célèbres : si, nous taisant sur ses défauts, nous célébrons sa douceur, sa clémence & son équité : si nous vantons les réformes qu'il fit des abus, les traits multipliés de sa sagesse, les Loix dictées par sa bienfaisance, son amour pour la paix que ne lui conseilla jamais de rompre son courage naturel & ses connoissances profondes de l'art militaire, sa protection accordée aux Sciences qu'il aimoit, aux Lettres qu'il cultivoit, aux Arts qu'il exerçoit, & ses épargnes énormes que sa libéralité dispersoit ensuite dans le sein de ses Sujets, comme ces nuages nombreux que la main de la Providence rassemble pour les faire retomber en pluie sur les champs qu'elle veut féconder; si nous faisons admirer enfin les voyages utiles que fit Adrien dans toutes ses Provinces où sa présence sembloit amener le bonheur, & ces monumens de sa magnificence dont il enrichit Rome & tout l'Empire : n'est-ce pas pour former de tout cet ensemble ces leçons puissantes que les morts seuls, ou des amis bien rares, peuvent donner aux Rois. Ne semble-t-on pas leur dire « : Fuyez ces passions qui cherchent à vous séduire, & qui, si vous y
» livrez entièrement vos cœurs, vous rendront odieux comme Tibère, Claude
» ou Néron : ou que vous serez trop heureux que l'on oublie si vous les
» balancés par de belles actions. Ne faites rien qui ne doive compter pour
» votre gloire : & que toute votre conduite vous rende un jour le modèle &
» l'exemple de tous les Souverains ». Originaire d'Italie, fils d'Ælius Adrianus Afer & de Domitia Paulina, né à Rome sous le septième Consulat de Vespasien & sous le cinquième de Tite, l'an 827, Adrien mourut à Baies en 889, âgé de soixante-deux ans, & dans la vingt-unième année de son règne. Antonin obtint du Sénat qu'il fut mis au rang des Dieux. *Gori* attribue, comme nous l'avons fait, l'adoption de ce Prince aux intrigues de Plotine;

mais

mais il fixe cette adoption deux ans avant la mort de Trajan, ce qui n'eſt pas juſte; ce qu'il y a de plus extraordinaire, c'eſt que, pour étayer ſon ſentiment, il s'appuie dans ſa note de l'autorité de Dion & d'Eutrope, qui préciſément diſent le contraire. On peut conſulter le texte de ces Auteurs dans nos notes ſur Plotine.

SABINE AUGUSTE.

Sur la *Cornaline* N°. IV de la Planche précédente & dans les buſtes de Criſtal N°. II & d'*Agathe* mêlée de *Sardoine* N°. III de celle-ci, ſe voit le portrait de Sabine Auguſte, petite nièce de Trajan, fille d'une Matidie, ſœur de l'autre & l'épouſe d'Adrien. Sabine, quoique belle, n'étoit point aimée de l'Empereur. Un caractère dur, une humeur fâcheuſe éloignoient d'elle le cœur de ſon époux, dont les duretés, à ſon égard, étoient extrêmes. Sabine payoit de retour l'Empereur, & ſa haine pour lui étoit ſi grande, que, par des artifices criminels elle le priva de Succeſſeurs; c'étoit, diſoit-elle, pour ne point produire un nouveau monſtre, qu'elle ne vouloit pas devenir mère. Adrien eut répudié Sabine, s'il n'eut été que particulier; mais Empereur, des raiſons politiques ne lui permirent pas de le faire. Les chagrins domeſtiques qu'il lui cauſa, les mortifications qu'elle reçut des courtiſans, par ſes ordres, firent enfin prendre à cette Princeſſe le parti violent d'une mort volontaire. Adrien, toujours fidèle aux principes d'une politique raffinée, fit mettre au rang des Dieux cette femme qu'il mépriſoit. On trouve dans le buſte N°. III des veſtiges de ces honneurs divins: le voile qui recouvre la tête de cette Princeſſe eſt un ſigne de cette conſécration ſur laquelle ſe taiſent les anciens Hiſtoriens; mais dont ne laiſſent aucun doute pluſieurs médailles connues. Vaillant penſe que l'autel qu'il retrouve ſur les médailles de cette Princeſſe lui a été conſacré en reconnoiſſance de ſa libéralité qui lui fit laiſſer des fonds pour nourrir de jeunes filles & de jeunes garçons: cette conjecture ne ſeroit-elle pas détruite par l'autorité de Spartien, qui dans la vie d'Adrien attribue à cet Empereur ce trait de bienfaiſance (1)?

N°. II & III.

PLANCHE XV.
L. ÆLIUS VÉRUS CÉSAR.

Cette *Cornaline* gravée avec beaucoup d'art offre à nos yeux la tête d'Ælius Vérus Céſar. On y reconnoît la beauté de ſon viſage & le ſoin qu'il prenoit

No. I.

---

(1) *Pueris ac puellis, quibus etiam Trajanus alimenta detulerat, incrementum liberalitatis adjecit.* Spart. in Adr. C, 7.

de fa figure. Ce Prince ajouta à la fplendeur de fa naiffance celle que procure l'amour pour les Arts, le goût des Lettres & le talent eftimable de l'éloquence. Il s'appelloit L. Ceionius Verus; adopté par Adrien il joignit à ces noms ceux d'Ælius Céfar. D'une fanté fragile & du caractère le plus frivole, il ne paroiffoit pas devoir être deftiné à l'Empire; mais on croit que les charmes de fa figure avoient aveuglé l'Empereur. Plus efféminé que les femmes les plus adonnées à la molleffe, il fe couchoit, environné de concubines, fur un lit à quatre chevets jonché des feuilles choifies & les plus douces de la rofe, le corps parfumé d'aromates les plus précieux & couvert d'un vêtement tiffu de lys. Le licentieux Ovide, le fale Martial faifoient fes Lectures chéries. Il adaptoit des aîles à fes coureurs & leur donnoit les furnoms de Borée & de Zéphir. Les plaifirs de la table étoient au nombre de fes délices, & il a eu le méprifable honneur de perfectionner ou d'inventer un mets fenfuel. Adrien fe repentit de l'avoir adopté : fur-tout il regretta les cinquante millions qu'il avoit à cette occafion diftribués au peuple & aux foldats. La foibleffe du tempérament ufé de ce fils adoptif lui faifoit dire qu'il s'étoit appuyé fur un mûr prêt à s'écrouler, & qu'il avoit ajouté un nouveau Dieu à l'Olympe plutôt qu'il ne s'étoit donné un fils. Vérus, au moment où il préparoit un difcours pour rendre graces à Adrien dans le Sénat, mourut fubitement d'un vomiffement de fang qu'un breuvage deftiné à lui procurer la fanté, avoit peut-être excité; tant étoit débile fa complexion. L'Empereur afin de ne point troubler la fête que l'on célébroit alors pour fa profpérité & celle de l'Empire, défendit que l'on portât le deuil de Vérus; mais il fit rendre à fa mémoire tous les honneurs que l'on avoit coutume de rendre aux Empereurs. Il le mit au rang des Dieux, & voulut qu'on lui érigeât des ftatues coloffalles dans tout l'Empire, & des temples même en plufieurs Villes. Vérus avoit été revêtu par Adrien de la Préture, du Confulat, & comblé de faveurs extraordinaires.

L'EMPEREUR ANTONIN.

Nº. II & III. La mort de Vérus fut un évènement heureux pour l'Empire : elle procura l'adoption d'Antonin. Ce Prince, l'un des meilleurs que l'on ait vu fur le trône, naquit à Lanuvium, fous le Confulat de Domitien & de Cornelius Dofabella, d'une famille Noble & vénérable. Titus Aurelius Fulvius, fon ayeul paternel, & le fage Arrius Antoninus, fon ayeul maternel, lui donnèrent une éducation vertueufe & fimple la meilleure que puiffe recevoir tout homme, celui fur-tout qui doit, un jour gouverner les autres; & il goûta, pour prélude de l'amour de l'Univers, l'amitié tendre de ses moindres parens, de ses cousins, de ses alliés, qui ne crurent pouvoir mieux faire que de l'instituer héritier de leurs biens. Bientôt Antonin fut forcé de quitter la retraite qu'il chérissoit pour rendre ses vertus utiles à sa Patrie. Chargé de la Questure, il prouva sa libéralité : Préteur, il fit paroître une noble magnificence : enfin il fut revêtu du Consulat. Une plus haute destinée l'attendoit encore : & ce fut après son adoption que ses excellentes qualités brillèrent de tout leur éclat. Son obéissance respectueuse pour Adrien : sa vigilance soigneuse qui empêcha cet Empereur d'exécuter les conseils d'un désespoir occasionné par la maladie : sa bonté qui lui fit négliger des ordres de mort donnés par ce père adoptif que le mal avoit aigri : & son zèle à lui faire rendre après sa mort les honneurs divins, lui ont fait donner le surnom glorieux de *Pius*. Devenu maître de l'Empire, il commença son règne par des traits de clémence rares parmi les meilleurs Souverains, il fit grace à des Conjurés, & par cette noble vengeance épargna pour jamais à ses Sujets tout crime de cette nature. Ami de la paix, il la sçut maintenir dans tout l'Empire, & les légères expéditions qu'il eut à faire, soit contre les Juifs, soit en Achaïe & en Égypte : soit contre les Maures, les Daces & quelques peuples Germains : soit enfin contre les Alaïns du côté de la haute Asie, & dans la Grande-Bretagne contre les Brigantes, n'ont pas empêché qu'on ne regardât son règne comme pacifique. Eh ! la paix ne devoit-elle pas, en effet, être la compagne fidelle d'un Souverain qui *aimoit mieux*, disoit-il, d'après Scipion, *conserver un citoyen que tuer mille ennemis*. Occupé tout entier du bonheur de ses peuples, il disoit à Faustine son épouse, *que du moment où il étoit parvenu à l'Empire il avoit perdu tout ce qu'il possédoit*, & son patrimoine se confondoit avec les revenus de l'Empereur pour le bien public. Toute exaction étoit sévèrement punie : les Intendans des Provinces ne les fouloient pas impunément, & c'étoit dans l'esprit d'Antonin une cruauté de laisser paisiblement dans leurs emplois des gens oisifs qui ne faisoient qu'en recevoir le salaire. Son économie, la vraie richesse des Rois, sembloit, pour ainsi dire, doubler ses ressources, & facilitoit de justes libéralités : c'étoit dans ce fond inépuisable qu'il prenoit les gages & les honoraires dont il gratifioit les maîtres d'éloquence & de Philosophie dans toutes les Provinces de l'Empire : les distributions qu'il faisoit aux Troupes : les sommes nécessaires pour fonder l'éducation gratuite d'un certain nombre de jeunes filles nommées Faustiniennes, en l'honneur de son épouse, & des pensions pour les Sénateurs pauvres ; c'étoit à l'aide de cette économie qu'il avoit pu exempter l'Italie entièrement & les Provinces, pour la moitié, d'une redevance qui lui étoit due, lors de son avènement à la suprême puissance, & refuser les successions testamentaires de ceux qui laissoient après eux des enfans. Cette même économie lui fournissoit encore les moyens de remédier aux calamités publiques, soit dans Rome, soit dans plusieurs autres Villes de l'Empire : de donner des fêtes & des jeux au peuple, sensible à ce genre de plaisirs : & de construire, pour l'embellissement de Rome, de superbes édifices. Ennemi de l'orgueil, s'il permet les jeux du Cirque au jour de sa naissance, il refuse tous les autres honneurs qu'on veut lui rendre & que l'usage avoit consacrés : veut-on lui donner le surnom si cher de Père de la Patrie ? Il ne veut le recevoir qu'après l'avoir mérité. Affable & populaire, il honore sa dignité en se rapprochant de ses Sujets. Prudent, il n'agit jamais sans conseil, &, les motifs de ses actions étant toujours purs, il aime à les dévoiler publiquement. Bon, sans être foible, il souffre en punissant ; mais il punit, & sa clémence tempère sa sévérité. Naturellement doux, il ferme les oreilles aux injures & pardonne même les railleries. Enfin, aussi sage que beau, aussi remarquable par son esprit que par sa simplicité, singulièrement éloquent, Littérateur brillant, il rehaussoit ses vertus & ses talens par son humilité. On le compara plus d'une fois à Numa Pompilius, & après sa mort, qui causa la plus grande douleur au peuple Romain dont il fut autant regretté que s'il eut été moissonné à la fleur de l'âge, on lui déféra tous les honneurs imaginables. Ce ne fut qu'un cri dans le Sénat pour le mettre au rang des Dieux ; on lui consacra, Temples, Statues, Prêtres, Collége d'Antoniniens dévoués à son culte, fêtes anniversaires pour célébrer sa mémoire, &, il faut l'avouer, malgré quelques taches (1) que Marc-Aurèle (2) & Capitolin nous font découvrir dans ses mœurs, les siècles de superstition

---

(1) Nous nous garderons bien de faire d'Antonin un défenseur du suicide, comme l'ont imprudemment écrit des Littérateurs, d'ailleurs estimables ; nous ne perdrons pas même cette occasion de venger cet Empereur d'une pareille inculpation, & d'ôter aux Apologistes de ce crime, malheureusement trop commun, l'autorité de ce grand homme ; pour ne pas cependant redire ce que d'autres ont dit avant nous, nous nous contenterons de renvoyer au Discours Préliminaire que le docte M. le Febvre de Villeprune a mis à la tête de sa Traduction du Manuel d'*Epictète*, p. 25 & *suiv.*

(2) Capitolin parle d'une concubine qui passoit pour avoir quelque empire sur Antonin. *Repentinus famosâ voce percussus est, quod per concubinam Principis ad præfecturam venisset* (C. 9). &, Marc-Aurèle en disant que ce Prince se retira promptement d'un genre de désordre plus criminel encore, atteste qu'il s'en rendit coupable.

où l'homme facrilége fe faifoit des Dieux de fes femblables, n'ont pas déifié de Prince qui ait, autant qu'Antonin, mérité cette prérogative. Le monument le plus durable élevé à fa mémoire eft la célèbre colonne Antonine qui fait encore un des ornemens de la Capitale du monde Chrétien : l'amour des Arts la fit relever par des Souverains Pontifes qui fçavoient les chérir, la reconnoiffance eut pu le confeiller : les Chrétiens devoient de la gratitude à un Prince qui, dans un tems où ils étoient perfécutés, avoit fait plufieurs refcripts en leur faveur.

Antonin eft mort âgé de foixante-treize ans, cinq mois & dix-fept jours, après vingt-deux années du règne le plus heureux. Marc-Aurèle & L. Vérus prononcèrent tous les deux fon éloge funèbre, à la tribune aux harangues. On peut admirer fur le beau *Jafpe* & fur l'*Agathe* qui nous font retracer l'abrégé de fa vie, fes traits qui infpirent de la vénération.

FAUSTINE AUGUSTE.

Falloit-il que le Prince le plus fait pour honorer le trône eut pour compagne une époufe qui le dèshonnorât? Tel fut cependant fon fort & le motif N°. IV & V. trop jufte d'une douleur fecrete qu'il fçut diffimuler. Fille d'Annius Vérus, fœur d'Ælius Céfar, Fauftine unit à la fplendeur de fon origine & la beauté du corps & les charmes de l'efprit; la *Calcédoine* & le *Jafpe rouge* que nous avons fous les yeux nous confervent parfaitement fes traits. Son tempérament bouillant & voluptueux la plongea dans la débauche, & fes excès furent fi violens que l'amour des Romains pour leur Prince ne put arrêter les railleries qu'attiroit fur elle fon impudique époufe. On peut reprocher à Antonin trop de modération à fon égard. Ce qu'il devoit à l'exemple public, ce qu'il devoit à fa fille auroit dû le forcer de réprimer ces fcandales; mais ce qui furprend bien davantage, c'eft que la troifième année de fon règne, la mort feule ayant mis fin aux déréglemens de Fauftine, il ait permis que le Sénat la plaçât parmi les Dieux, qu'on lui confacrât des Prêtreffes, qu'on lui élevât un temple, des ftatues & qu'on portât fon image dans les jeux du Cirque. Sans fe rendre coupable, peut-on décerner au vice & des autels & des honneurs que peut feule réclamer la vertu? Fauftine n'avoit que vingt-fept ans lorfqu'elle mourut.

MARC-AURÈLE.

Platon a dit, *heureufes les Cités fi les Philofophes régnoient, ou fi les* N°. VI. *Souverains étoient Philofophes?* Marc-Aurèle répétoit fréquemment cette sentence & s'appliquoit à la prouver. Né vertueux, ce Prince ne connut jamais le trouble des grandes passions, & dès son enfance la joie ni la tristesse n'altérèrent la sérénité de son visage. Adopté par Antonin d'après l'ordre d'Adrien, les honneurs n'enflèrent point son cœur. Toujours modeste, toujours simple, il regardoit comme importunes les marques de sa dignité & ne s'en revêtoit que dans les occasions où publiquement il devoit accompagner l'Empereur. Parvenu à l'Empire, il s'associa Vérus; trait singulier, qui, s'il annonce sa générosité, montre aussi peut-être son imprudence, & l'expérience lui prouva que son Collégue avoit aumoins nui plus d'une fois au bien de la République. Quoiqu'il en soit, leur règne commun eut des commencemens heureux & tranquilles, qui permirent à Marc-Aurèle de suivre son goût pour l'étude de la Philosophie. Un évènement naturellement flatteur vint même exciter la joie publique: Faustine donna deux fils jumeaux à son époux, Commode & Antoninus Géminus. Britannicus jusqu'alors étoit le seul qui fut né l'héritier d'un Empereur vivant. Ne disons pas avec quelques Cyniques que la naissance des Princes ne doit pas être une source de joie : toujours un bon Sujet doit partager celle de son Souverain; mais avouons que très-souvent ces joies passagères sont démenties par la suite; témoin celle-ci, puisque la mort enleva Antoninus Géminus encore enfant, & que Commode ne vécut plus long-tems que pour être le fléau du genre-humain: Marc-Aurèle ne respiroit que pour le bonheur de ses peuples, qui jouirent sous lui de leur liberté, & il ne les gênoit que pour les empêcher de mal faire : encore employoit-il pour réussir les invitations plutôt que les menaces & les récompenses plus volontiers que les châtimens. Plein de déférence pour le Sénat, il exaltoit son autorité & s'y soumettoit lui-même ; jaloux d'en entretenir la splendeur, il n'y faisoit entrer que des hommes éprouvés & connus par une bonne réputation : aussi, dans les affaires prenoit-il toujours leur avis; *il est plus juste*, disoit cet Empereur, *que je suive le sentiment de ces illustres amis, que de prétendre leur faire suivre aveuglément ma seule volonté.* L'économie fut sa ressource pour ne pas fouler ses Sujets. Dans une crise violente où se trouvoient ses finances, loin de charger ses Provinces de nouveaux impôts, il fit vendre publiquement les meubles les plus précieux de son Palais : il étoit beau, sans doute, de voir les statues, les tableaux, la vaisselle d'or & d'argent d'un Empereur, & jusqu'aux étoffes d'or & aux vêtemens splendides de son épouse, vendus pour épargner les sueurs de leurs peuples. Avec un pareil Prince on ne craignoit pas les concussionnaires, les Intendans infidèles, les exacteurs. Resserré dans les plus justes bornes, son économie ne se rapprochoit point de l'avarice, &, quoiqu'elle ne lui permît aucune largesse inconsidérée, quoiqu'elle lui ait fait, même après une victoire, refuser aux soldats une gratification qu'ils demandoient impérieusement, il ne regardoit pas les plaisirs du peuple comme une dépense superflue. Ennemi des spectacles & des jeux dont il sentoit la frivolité, il sçavoit en procurer à la multitude qui en étoit avide; mais il en employoit le tems à des choses utiles, & purifioit ainsi sa complaisance aux yeux de la Philosophie. La bonté étoit, pour ainsi dire, l'essence du caractère de ce Prince, & il la chérissoit tant, qu'il en fit une Divinité à laquelle il construisit un temple dans le Capitole. Peut-être poussa-t-il à l'excès cette aimable vertu ; mais s'il fut trop enclin à pardonner, même à de coupables imposteurs, (ce qui est un vice dans un Souverain) : s'il fut trop facile à se laisser tromper par les dehors de la Philosophie que l'on empruntoit pour le séduire : si sa conduite fut si molle à l'égard de son épouse scandaleuse : n'est-il pas beau de n'avoir aux yeux d'un peuple qui adore son Souverain d'autre crime qu'une trop grande bienfaisance ? Et de combien de malheurs publics sa douceur fut-elle le remède ! *Il étoit né*, dit Aurélius Victor, *pour le bonheur de l'Empire, qui se fut écroulé s'il n'eut été soutenu par ses mains. Les Troupes n'avoient point de repos, le feu de la guerre embrâsoit l'Orient, l'Illyrie, l'Italie, la Gaule : des tremblemens de terre renversèrent des Villes, les Fleuves débordés en inondèrent d'autres, les pestes furent fréquentes, des nuées de sauterelles enlevoient aux Laboureurs le fruit de leurs travaux, & à l'État, sa plus solide nourriture : ce ne pouvoit être que par un bienfait des Dieux que le Souverain sage & bon, qui gouvernoit le genre-humain, lui avoit été donné pour tempérer ces fléaux.* Cependant Marc-Aurèle eut une révolte à essuyer : Avidius Cassius voulut usurper l'Empire ; mais il eut le sort que méritoit sa témérité. Déclaré par le Sénat ennemi public, ses biens furent confisqués, & il fut tué par deux de ses Officiers. L'Empereur ne put pas même alors se venger : il rendit aux enfans de Cassius la moitié de la confiscation, & fit porter l'autre au trésor de l'État; il brûla, sans les avoir lûs, les papiers de l'Usurpateur, pour ne pas trouver de complices, & il pardonna aux Villes & aux peuples qui avoient suivi son parti. Enfin après avoir fait mettre Antonin son prédécesseur, Vérus son Collègue, & Faustine son épouse au rang des Dieux, il y fut mis lui-même. Cette apothéose annonce sa mort, arrivée le 17 Mai de l'an de Rome 931, à Vindobona en Pannonie ; elle causa la douleur la plus vive dans l'Empire, & l'on ne put s'en confoler qu'en penfant à l'accueil qu'il devoit avoir reçu dans l'Olympe. Les éloges fuccédèrent aux larmes, & fans flatterie on lui décerna tous les honneurs divins, arc de triomphe, ftatues d'or dans le Sénat, temple, autels, Prêtres. Ce bon Empereur avoit vécu près de cinquante-neuf ans dont il en avoit régné dix-neuf & quelques jours. Faut-il que néceffairement véridiques nous révélions quelques-uns de fes défauts? Les circonftances l'exigent. Prince Philofophe, nos Philofophes le déifieroient peut-être comme les idolâtres qu'il gouverna; nous devons donc leur prouver que, s'il mérite nos hommages comme homme célèbre & comme l'un des plus vertueux Souverains, la Philofophie feule n'a pu le rendre parfait. Nous ne nous arrêterons pas aux foupçons qu'il fit naître d'avoir fuivi les règles de la vertu plus par affectation que par goût; la réfutation de cette injure s'appuye fur une égalité de conduite pendant vingt ans, &, quoique cette affectation foit le vice ordinaire des Philofophes, nous aimons à voir dans les écrits de Dion cette tache difparoître du cœur de Marc-Aurèle. Mais nous ne pouvons pas de même excufer fon défaut de franchife, qui pourtant eft une vertu des Souverains; comment concilier ce qu'il dit dans fes écrits de Vérus fon Collègue, & ce qu'il en dit au Sénat? La contradiction eft frappante. Remercier les Dieux de lui avoir donné un frère qui par fes mœurs devenoit pour lui un aiguillon de vigilance & une fource de confolation, & dire à des Sénateurs que le jour de la mort de ce même frère eft le commencement de fon empire : que la négligence de ce frère avoit nui plus d'une fois aux affaires de la République qui n'étoit redevable de fes fuccès qu'à fes propres confeils; où eft la fincérité? Sa foibleffe pour les affranchis *Géminas* & *Agaclytus* n'eft pas plus excufable. Sa complaifance pour Fauftine tant qu'elle vécut : le choix d'une concubine après fa mort : & ce refpect humain qui, crainte de paffer pour trop auftère, lui fit permettre le fpectacle des Pantomimes ennemi des bonnes mœurs & profcrit par quelques-uns de fes prédéceffeurs, moins vertueux que lui; trouveront-ils des défenfeurs? Soyons juftes, c'eft le devoir de l'Hiftorien. Admirons fes vertus, foyons pleins de vénération pour elles; mais ne nous aveuglons pas fur fes défauts.

Sur le *Jafpe* que nous examinons, Marc-Aurèle eft encore à la fleur de l'âge.

PLANCHE XVI.

DE FLORENCE. 49

PLANCHE XVI.

La *Cornaline*, qui la première se présente sur cette Planche, offre aussi le N°. I.
portrait de Marc-Aurèle; mais dans un âge plus avancé. Sa barbe est longue &
épaisse, ses yeux sont grands & son visage sévère.

On reconnoît encore ce Prince sous les mêmes mêmes traits & au même
âge dans le Camée de *Jaspe* mêlé de *Calcédoine* N°. IV, où il se trouve en
regard avec Faustine son épouse dont nous allons parler.

FAUSTINE AUGUSTE, FILLE D'ANTONIN.

Les deux *Cornalines* qui suivent nous offrent la tête de Faustine fille d'Anto- N°. II & III.
nin, épouse de Marc-Aurèle. Elle avoit apporté l'Empire pour dot à son époux.
Il n'y a qu'une voix sur la dépravation de ses mœurs, & plus d'une fois elle
fut comparée à Messaline dont elle ne suivit que trop les exemples. On peut
voir dans Capitolin tous les excès auxquels se livroit cette Princesse avec de
vils Gladiateurs, & les horreurs qui ont accompagné la naissance de Commode,
son fils, dont on ne soupçonna pas sans fondement l'illégitimité.

Les désordres de Faustine, comme nous l'avons déja dit, n'étoient point
inconnus de son trop complaisant époux, qui les toléroit avec une patience
inexcusable, trop heureux que sa vertu le mit à l'abri de partager le dès-
honneur de son épouse. Cependant cet Empereur dissimuloit sur ce point &
combloit sans cesse de nouveaux honneurs sa criminelle compagne. Il inventa
pour elle un titre jusqu'alors inusité, & la nomma *Mère des Armées & des
Camps*. Après la mort de Faustine il ne s'écarta point du même plan de dissimulation. Par ses soins & sur ses demandes, le Sénat décerna sans pudeur à cette
impure Princesse les honneurs divins. On lui consacra un temple. Digne d'être
associée à la mère de l'impudicité, on lui érigea, dans celui de Vénus, des
statues d'argent devant lesquelles toutes les filles qui se marioient devoient,
avec leurs futurs époux, offrir un sacrifice. Une image d'or de la même
Princesse se portoit au théâtre toutes les fois que l'Empereur y assistoit, & les
premières Dames Romaines prenoient séance autour d'elle pour lui faire cor-
tége. En son honneur Marc-Aurèle augmenta le nombre des filles Faustiniennes, &, comme si cet Empereur eut été curieux d'immortaliser un nom
trop digne de l'oubli, il établit une Colonie au Bourg où Faustine étoit
morte, & il en fit une Ville qui fut appellée *Faustinopolis*.

Tome I.   G

Le Camée de *Jafpe* mêlé de *Calcédoine*, dont nous avons déja parlé au fujet de Marc-Aurèle, préfente, en regard de cet Empereur, la tête de Fauftine. *Gori* penfe qu'il fut gravé en témoignage de leur union, & de la concorde qui régnoit entre eux. Cette conjecture, qui paroîtroit d'abord incroyable en ne confidérant que la vie libertine de l'Impératrice, ceffe de l'être quand on voit l'Empereur, dans fes écrits, fe féliciter & remercier les Dieux de ce qu'ils lui ont donné une époufe pleine de douceur & tendrement attachée à fon mari : & fur-tout lorfque l'on peut rapprocher de ce Camée des médailles dont le fujet eft le même. *Gori* d'après *Vaillant* en cite une dont il donne la defcription, & qui, frappée en mémoire de l'étonnante concorde de ces deux époux, portoit pour infcription, *Veneri felici*, à *Vénus heureufe*, Divinité qu'a toujours fingulièrement honorée Fauftine.

PLANCHE XVII.

L. VERUS CÉSAR.

No. I. On a vu Marc-Aurèle affocier Vérus à l'Empire, & ce dernier Prince, heureufement pour fon indulgent Collègue & pour le bien de la République, mourir encore jeune. Il avoit tous les vices que l'on peut redouter dans un Souverain, l'amour exceffif des plaifirs & de la dépenfe, la paffion pour la table & les fpectacles, & fi l'on juge des difpofitions de fon cœur par la fatisfaction que lui caufoient les combats de Gladiateurs, il n'étoit pas exempt de cruauté. Proclamé *Empereur* par les Troupes, après avoir reçu d'elles les furnoms d'Arméniaque, de Parthique & de Médique; après un triomphe folemnel où il communiqua tous fes titres à Marc-Aurèle, & où il reçut avec lui celui de Père de la Patrie, ne croiroit-on pas qu'au moins il fe feroit diftingué dans les combats, qu'il auroit rendu des fervices éclatans à la République, & confommé, par lui-même, une paix honorable avec les Parthes ? L'Hiftoire cependant nous apprend qu'il n'eut aucune part, ni à la guerre, ni aux victoires, ni aux traités. Deux fois feulement il s'approcha des bords de l'Euphrate vivement follicité par ceux que Marc-Aurèle lui avoit donnés pour miniftres & pour confeils. Mais tout le refte du tems il le paffa, changeant à chaque faifon, foit à Laodicée de Syrie, foit à Daphné, fauxbourg d'Antioche, l'un des endroits le plus décrié de l'Univers, foit même à Antioche : & les fpectacles, la chaffe & les débauches les plus exceffives occupoient tous fes momens. De retour à Rome, fous les yeux d'un Collègue dont les beaux exemples auroient dû le toucher, sa conduite ne fut pas plus régulière, accoutumé même à passer les nuits en plaisirs, il imitoit les passe-tems criminels de Néron, &, favorisé par des déguisemens qui voiloient ses traits, il couroit tous les mauvais lieux, entroit dans les tavernes, se querelloit avec les hommes les plus vils qu'il y rencontroit & remportoit fort souvent au Palais les marques ou les cicatrices honteuses qu'il avoit reçues dans ces combats indécens. Enfin une apoplexie termina sa vie déréglée qui n'empêcha point cependant qu'on ne le mît au rang des Dieux.

On peut reconnoître sur cette *Cornaline*, assez bien gravée, les traits que Capitolin donne à ce Prince & qui se rapportent parfaitement à ceux de la *Cornaline* du Cabinet d'Orléans qui représente ce même Empereur.

LUCILLE AUGUSTE.

On voit sur cette *Cornaline*, sçavamment gravée, la tête de Lucille fille de Marc-Aurèle & de Faustine la jeune, d'abord épouse de L. Vérus César, ensuite, Vérus étant mort, avant la fin même de son deuil, mariée par son père à Claude Pompéien qui fut deux fois Consul. Lucille n'avoit pas les mœurs beaucoup plus réglées que sa mère. Par une concession expresse de son père, elle avoit conservé tous les honneurs de la dignité Impériale ; mais, forcée par le mariage de Commode de céder le pas à Crispine, Impératrice régnante, la jalousie s'empara de son cœur & fut la cause de sa mort. Cette Princesse aigrie contre Crispine, voulut, pour se venger d'elle, lui enlever son époux, &, secondée par le mécontentement général, elle n'eut pas de peine à trouver des mains prêtes à consommer le crime qu'elle méditoit. Les Historiens, d'accord sur cette conspiration, varient sur le nom des principaux complices ; mais il n'est que trop certain qu'ils furent, ainsi que Lucille, victimes de leur attentat. Cette Princesse reléguée à Caprée, y fut peu après mise à mort. Crevier, dans son Histoire des Empereurs, dit qu'il ne paroît point que Vérus ait eu d'enfans de sa femme Lucille ; mais cette assertion de Crevier est détruite par Vaillant dans l'explication d'une médaille où cette Princesse est représentée, sous les dehors de la Fécondité, accompagnée de ses enfans (1).

N°. II.

M. AUREL. COMMODE CÉSAR.

La force du naturel est si puissante, où la méthode d'élever les Princes tellement imparfaite, dit Lampride, que les meilleurs instituteurs, malgré

N°. III & IV.

---

(1) Vaillant, *Numismata Imperatorum Romanorum præstantiora*, in-4°. T. II. Romæ 1743, p. 180.

tous leurs foins, ne purent ployer le caractère de Commode, redreffer fes penchans honteux & le porter à l'amour de la juftice & du devoir. Son enfance annonça tous les vices dont il devoit un jour fouiller le trône. Ses goûts les moins criminels étoient indignes du rang où le deftin l'appelloit. Il n'avoit pas encore douze ans quand, pour prélude de fes cruautés futures, il donna l'ordre de jetter dans une fournaife ardente un de fes efclaves qui n'avoit pas affez chauffé fon bain : ordre barbare qu'un adroit Précepteur ne put éluder qu'en faifant brûler dans cette même fournaife une peau de mouton dont l'odeur, trompant fes fens, fatisfit l'ame du jeune tyran.

Revêtu du fouverain pouvoir il développa toutes fes inclinations affreufes & le fage Marc-Aurèle fut remplacé par un monftre. Ennemi de la guerre par lâcheté, s'il a la paix avec les ennemis de la République, il l'achete baffement : ami des plaifirs, il fe livre à tous ceux que fon rang où la nature lui défend : Gladiateur : inceftueux : pervers dans fes amours, il méconnoît encore, jufqu'aux fexe des victimes de fes débauches, dont, fans rougir, on ne peut fixer le tableau qu'en a tracé fon Hiftorien. La volupté ne put pas amollir fon ame féroce : le fang le plus noble fut répandu par fes ordres : de tous côtés on vit périr par le fer ou par le poifon les perfonnages les plus illuftres, ou les plus riches dont les biens devenoient néceffaires à fes énormes & folles dépenfes, & fouvent lui-même il mit fon amufement à tuer & à mutiler des hommes. Orgueilleux autant que bas, il prit des furnoms fans nombre : ofa nommer Rome, qu'il dépeuploit par fes meurtres, *la Colonie Commodienne*, &, ne pouvant borner fes titres à ceux qui peuvent décorer les humains, il fe fit appeler l'*Hercule Romain*, fe qualifia de *fils de Jupiter*, fe défigna des Prêtres & reçut des facrifices. Jaloux de tout pouvoir capable de lui réfifter, il porta au Sénat, & conféquemment à la conftitution même de la République, des coups dont elle ne put jamais fe relever, &, donnant aux foldats, pour en être foutenu, toute licence, il prouva combien, pour les Sujets, eft pernicieux un Gouvernement dont la bâfe eft l'épée plutôt que la Loi. Enfin la mort vint mettre des bornes à fes cruautés, & dans le moment même où il fe préparoit à faire périr le Sénat tout entier, en brûlant toute la Ville, il fut étranglé de la main du Gladiateur dont il prenoit des leçons ; le poifon que Quintus Ælius Lætus, fon Préfet du Prétoire, & Marcia fa concubine favorite lui avoient donné, ne produifant pas, à leurs yeux, affez promptement fon effet. Chargé de l'exécration & de la haine publique, le Sénat fit contre lui les acclamations les plus horribles, &

fon corps feroit demeuré fans fépulture, fi Pertinax, furtivement pendant la nuit, ne l'eut pas fait enfevelir dans le tombeau d'Adrien. Il n'avoit quand il mourut que trente-un ans, dont il en avoit régné douze & quelques mois.

L'*Hyacinthe* N°. III repréfente parfaitement les traits que Lampride donne à fa figure mâle & belle tout à la fois. Ses cheveux étoient roux & crépus, & il les couvroit de poudre d'or pour les rendre plus brillans.

Dans la *Prime* N°. IV on voit cet Empereur couvert d'une peau de lion à la manière d'Hercule dont il avoit ufurpé le nom.

CRISPINE AUGUSTE.

La *Cornaline* qui fuit repréfente Crifpine Augufte, époufe de Commode, fille de Bruttius Præfens, perfonnage Confulaire. Commode l'avoit reçue des mains de Marc-Aurèle, lors de fon départ pour la guerre contre les Marcomans; mais enfuite, pour caufe d'adultère, il la relégua à Caprée, où bientôt après il la fit mourir.

N°. V.

L'EMPER. M. DIDIUS SEVER. JULI.

Cette fuperbe *Cornaline* nous offre le portrait de l'Empereur Didius, perfonnage très-Noble & qui avoit rempli les premières places de la République. Sa tête eft nue : il porte la chlamyde militaire : & fa figure annonce un âge avancé. Cet Empereur avoit acheté l'Empire des foldats Prétoriens; reconnu par le Sénat il avoit ofé prendre le titre de *Gouverneur de l'Univers*; mais bientôt il fut dépouillé de ce furnom faftueux & de l'Empire. Son règne ne fut que de foixante-fix jours, & tandis que le Sénat lui enlevoit la fouveraine Puiffance, un fimple foldat lui enleva la vie dans fon propre Palais où il fe cachoit. On lui reproche beaucoup de vices & de crimes, d'autant plus repréhenfibles en lui, dit Spartien, qu'il ne s'en étoit point fouillé pendant fa jeuneffe. Cette figure tracée fur la Pierre que nous examinons, reffemble parfaitement à un bufte de marbre du même Empereur conférvé dans le Muféum des Médicis.

N°. VI.

PLANCHE XVIII.

MANLIA SCANTILLA AUG.

Didius avoit pris le nom de *Gouverneur & de Maître de l'Univers* qui n'appartenoit qu'à Jupiter : époufe de Didius, Manlia Scantilla prit celui de Junon, comme le prouve une médaille que Vaillant a fait graver. Le Sénat

N°. I.

en confirmant l'élection que les Troupes avoient faite de son époux pour Empereur, lui conféra le titre d'Auguste ainsi qu'à sa fille Didia Clara. On prétend que ce fut elle qui conseilla à Didius de s'emparer du trône. Sévère lui remit le corps de son époux pour qu'elle le déposât dans le tombeau de son bisayeul. Cette Princesse n'étoit point belle, & cette *Cornaline* la représente parfaitement.

PESCENNIUS NIGER, EMPEREUR.

No. II. Les Histoires parlent peu, dit Spartien, des hommes qui ne furent pas au rang des Princes, que le Sénat n'a point nommé Empereurs, ou qui, morts trop promptement, n'ont pu forcer la Renommée de s'occuper d'eux, & telle est l'excuse dont se sert cet Historien, en offrant à Dioclétien une vie bien succincte de Pescennius Niger. On ignore si cet Empereur est né de parens Nobles ou d'une famille médiocre. Il s'étoit fait connoître de bonne heure par sa bravoure; ce fut lui qui délivra Commode des dangers dont il étoit menacé par Maternus, chef de brigands, & qui combattit les Sarrazins lorsqu'il commandoit en Orient. Appellé à l'Empire par-tout le peuple, après avoir été Consul par la voie la plus honorable, (sur la recommandation des Officiers qui servoient sous ses ordres, & tandis qu'il étoit chargé du Gouvernement de la Syrie), il fut un Empereur malheureux. Cependant ce n'étoit pas sans raison que le peuple l'avoit désiré pour maître. Jamais la discipline militaire n'avoit été maintenue plus soigneusement que par lui. Il préservoit les citoyens du moindre pillage de la part des soldats, & bannissoit le luxe & la mollesse de ses armées. Sévère à l'égard du soldat, il ne souffroit pas non plus qu'il fut foulé par les Officiers, & donnoit lui-même l'exemple du désintéressement le plus parfait en ce genre. Quant à ses mœurs, nous ne sçavons quel endroit de Spartien choisir, ou celui qui le représente comme livré à toutes sortes de passions, ou celui qui nous le montre présidant à des mystères réservés par la Loi & par l'usage à ceux dont la vie étoit exempte de souillures. Le témoignage de Sévère est celui d'un ennemi, & nous ne sçaurions conséquemment nous en servir pour appuyer notre jugement. Pescennius préparoit d'utiles réformes dans le Gouvernement, & Spartien rapporte quelques-uns de ses plans judicieusement combinés. Tels étoient ses vues en acceptant l'Empire. Mais, quoique salué Empereur par ses soldats & par les citoyens nombreux d'Antioche, après avoir remercié les Dieux de son élévation, une fausse sécurité le perdit; attaqué & vaincu par Sévère il se vit arracher & la

vie & l'Empire. Pefcennius, fuivant le temoignage de Spartien, fut bon foldat, excellent Officier & grand Général. Plein de refpect pour les Grands &
bons Empereurs, Augufte, Vefpafien, Trajan, Antonin, Marc-Aurèle, &
regardant les autres comme efféminés & pernicieux, il eut fans doute été
avantageux pour la République que la victoire fe décidât en fa faveur. Eloigné
de la flatterie, jufte par goût, on lui reproche cependant un trait de dureté
qui ne peut pas trouver d'excufe; c'eft la réponfe qu'il fit aux habitans de la
Paleftine qui fe plaignoient du poids des impôts : *Vous voudriez*, leur dit-il,
*que l'on diminuât les impofitions dont vos terres font chargées, & moi je
fouhaiterois pouvoir y foumettre l'air même que vous refpirez.*

Cet Empereur eft très-bien repréfenté fur cette précieufe *Cornaline*.

L. SEPTIM. SÉVÈRE, EMP.

L. Septim. Sévère, dont ce *Saphir* nous offre la tête ceinte de laurier, N_o. III.
naquit dans la ville de Neptis en Afrique. Son père fe nommoit M. Septimius Geta, Chevalier Romain : fes deux oncles Paternels, M. Agrippa &
Septim. Sèvère furent Confuls. Son éducation fut foignée. Il avoit beaucoup
d'amour pour les Belles-Lettres; mais les goûts changent avec l'âge, & bientôt l'amour des Lettres céda dans fon cœur la place à celui du plaifir & à
l'ambition. Sa jeuneffe fut licentieufe, & dans une accufation d'adultère il eut
fuccombé fans les foins de Didius Julianus, auquel dans la fuite il arracha
l'Empire & la vie. Succeffivement Quefteur, Tribun du peuple & Préteur, fon
activité lui fit facilement & avec diftinction remplir les devoirs de ces places.
Lieutenant du Proconful d'Afrique après fa Quefture, il fut après fa Préture
envoyé en Efpagne & chargé de commander une Légion. Enfin après avoir
été Gouverneur de la Lyonoife, il parvint au Confulat, puis par le crédit du
Préfet Lætus, il obtint un des plus beaux Commandemens de l'Empire. A la
mort de Commode il reconnut Pertinax; mais, jaloux de poffèder le trône, il
commença bientôt à manifefter fes defirs. L'horofcope de la fameufe Julie
promettoit à cette femme le rang fuprême; veuf de Mania qu'il avoit époufée d'abord, Sévère alla jufques dans la Syrie s'unir à Julie. Plein d'efpérances il fe dévoile alors, avec quelques précautions cependant; &, fous le
prétexte de venger la mort de Pertinax & de punir l'ufurpateur Didius, il
gagne fon armée qui le fait Empereur. Les Troupes des Provinces voifines
jufques au Rhin imitent celles de l'Illyrie. Auffi-tôt il part pour Rome & il n'étoit
encore qu'à *Intéramna* lorfque les Députés du Sénat lui apportèrent le décret

de son élection à l'Empire : enfin il arrive à Rome, casse les Prétoriens, fait au Sénat des promesses flatteuses, &, pour donner à son prétendu zèle de venger Pertinax, toute l'apparence de la sincérité, il prend son nom, lui fait célébrer des funérailles, & le met au rang des Dieux. Empereur, quel rang mérite Sévère parmi ceux qui, couverts de la pourpre, sont montés sur le trône? Ses cruautés & ses rapines, qui furent portées à l'excès : ses vengeances & ses fourberies l'excluent de la liste des bons Princes ; plus attaché à ses intérêts qu'au bien public, sans noblesse, sans franchise, sans générosité dans ses actions, se souciant peu de sa réputation, il n'est pas permis de le mettre parmi les plus grands Princes : il n'a rien fait pour être au nombre des grands Guerriers; si le succès général de ses guerres répondit à ses desirs, on ne doit l'attribuer qu'aux généraux qui combattoient en son nom, ou près de lui, & peut-être plus encore à la supériorité de ses forces. Le considererons-nous comme homme? Époux trop complaisant, il se laissa couvrir de déshonneur par son épouse: père mou, ses enfans lui donnèrent la loi : bon ami ; mais facile à l'excès, il porta la confiance jusqu'à l'aveuglement. Amateur des Lettres & de la Philosophie, il n'acquit d'elles que des connoissances médiocres, & quand Aurélius Victor loue la fidélité de ses mémoires dont il vante encore les graces du style, il est moins croyable que Dion qui dit tout le contraire, suffrage appuyé sur les faits connus de sa vie, dont, comme écrivain, Sévère vouloit affoiblir la laideur. Concluons donc que, quoiqu'estimable par certains endroits, & sur-tout par son activité, par sa vigilance, par sa fermeté, il ne dut les regrets que le Sénat manifesta après sa mort qu'à la comparaison, favorable pour lui, de son règne avec celui de ses Successeurs. On voit encore à Rome l'arc de triomphe qui lui fut décerné la onzième année de sa puissance Tribunicienne. Tourmenté depuis long-tems de la goutte, les chagrins que lui causa son fils aigrirent son mal. Ses douleurs furent cruelles, & suivant l'épitôme de Victor il les voulut abréger par le poison ; mais, n'en étant pas le maître, il chargea son estomac de nourriture & mourut à Yorck de l'indigestion qu'il se donna. La durée de sa vie fut de soixante-cinq ans, neuf mois, vingt-cinq jours, & celle de son règne fut de près de dix-huit ans. Ses cendres recueillies dans une urne sur la matière de laquelle ne s'accordent pas les Écrivains, furent portées à Rome.

✕

JULIE,

JULIE, ÉPOUSE DE SÉVÈRE.

N°. IV.

Sur ce rare *Béril* est fort bien gravée la tête de Julie, épouse de Sévère, que l'on ne sçauroit méconnoître, tant est grande sa ressemblance avec les bustes & les médailles conservés soit au Muséum des Médicis, soit dans d'autres Cabinets. Cette femme, d'une origine noble & vénérable, née en Syrie, ne fut point répudiée par Sévère, malgré sa conduite obscène; & le soupçon même d'une Conjuration tramée par elle contre cet Empereur ne put le déterminer à cette acte de sévérité. Julie reçut pendant sa vie les titres les plus brillants. On lui donna le surnom de *Pia* qu'elle avoit si peu mérité, celui de Mère du Sénat & de la Patrie. La naissance de Bassien, plus connu sous le nom de *Caracalla*, & celle de Septim. Géta, la firent nommer *Mère des Augustes* : &, pour avoir suivi son époux dans l'expédition de la Bretagne, on l'appella *Mère des Camps*. La persécution qu'elle essuya de la part de Plautien, favori de Sévère, la força de se livrer à la Philosophie & de s'éloigner des affaires. Elle tenoit chez elle une assemblée à laquelle se rendoient les Philosophes & les Sçavans les plus estimés de son tems. La flatterie multiplia les emblêmes pour célébrer cette Princesse ; on la grava sur les médailles sous les dehors de Cibèle, de Junon, de Vénus, de Diane, de Cérès & de Vesta. Après la mort de Sévère, ses enfans que l'on avoit cru nés pour la gloire, la paix & le bonheur de l'Empire, le déchirèrent par leurs dissentions. Leur mère Julie, malgré ses efforts, ne put jamais les accorder, & Géta fut immolé sur le propre sein qui lui avoit donné la vie, dans l'instant où son perfide frère feignoit une réconciliation. Cette Princesse, que l'on comparoit à Jocaste, en faisant allusion de la haine de ses fils à celle d'Étéocle & de Polynice, se fit mourir de faim à Antioche, soit pour obéir aux ordres de Macrin, soit pour se soustraire aux douleurs d'un cancer qui la dévoroit depuis long-tems. Elle fut, à ce que l'on croit, mise aux rang des Dieux sous le règne d'Héliogabale.

M. AUREL. BASSIEN ANTON. CARACALLA.

N°. V.

Fions-nous à l'enfance des Princes ! Le monstre dont la tête souille le beau *Jaspe* mêlé de *Calcédoine* que nous examinons, étoit peut-être le plus fait pour donner de douces espérances ; affable, ingénieux, caressant, sensible, il avoit concilié l'esprit de ses parens & de leurs amis, les cœurs du

Tome I.   H

Sénat & du peuple. Plein de bienveillance, généreux, prompt à la clémence, il pleuroit en voyant des criminels condamnés aux bêtes, &, le premier mouvement de haine qu'éprouva son ame, la cruauté de Plautien le fit naître; mais il n'avoit que sept ans.

Au sortir de l'enfance, il devint méconnoissable; son visage, qu'une beauté douce décoroit, prit le caractère de la cruauté de son cœur : le meurtre de Géta sur le sein de sa mère en fut le premier trait public; mais il fut suivi de bien d'autres, & Dion compte jusqu'à vingt mille personnes dont le seul prétexte de leurs liaisons avec ce frère infortuné causa la mort. *Un parricide se commet plus facilement qu'il ne s'excuse : accuser un innocent mis à mort, c'est être parricide soi-même* : Papinien osa le dire à l'Empereur, & sa tête tomba sous le fer des soldats qui accompagnoient le tyran. Une fille de Marc-Aurèle, Pompéien petit-fils de ce même Empereur, Sévère son propre cousin, le fils de Pertinax, Thraséa Priscus, Sérénus Sammonicus, furent de nobles victimes immolées par le cruel Bassien. Ce Prince renversa toutes les statues élevées à Géta, & s'il consentit aux honneurs divins que le Sénat lui décerna, ce ne fut que par une complaisance intéressée, & en accompagnant son consentement de cette phrase barbare : *Qu'il soit Dieu, il ne vit plus*. Le poison lui étoit aussi familier que le fer, & si le témoignage de Macrin, son meurtrier, n'étoit pas suspect, nous pourrions répéter d'après lui, comme Dion, qu'à sa mort, on en trouva, dans le Palais, pour la somme de trois millions sept cents vingt-cinq mille livres de notre monnoie. Son inhumanité étoit alimentée par les délations qu'il favorisoit. Ses extorsions & ses rapines : son aversion pour les Lettres & son ignorance : ses débauches affreuses & son hypocrisie en ont fait un des plus méprisables Empereurs. La présence des bons Souverains dans les Provinces de l'Empire y portoit la joie & le bonheur, celle de *Bassien* n'etoit que le signal de nouvelles cruautés. C'étoit un bourreau plutôt qu'un Empereur, & son passage ne laissoit par-tout que des traces de sang. Apologiste de Tibère & de Sylla & leur trop fidèle imitateur dans sa conduite, il voulut imiter Antonin & Marc-Aurèle dans son extérieur. Sacrilége, il usurpa leurs noms & laissa croître sa barbe, comme si la barbe seule étoit la source de la vénération & du respect des peuples. C'est à cette folle prétention que l'on doit attribuer l'origine de cette barbe épaisse que l'on remarque, soit dans les Pierres gravées, soit dans les médailles qui nous représentent cet Empereur, & que les Graveurs avoient grand soin de ne pas oublier plus que les cheveux touffus que ce Prince affectoit d'avoir en grande quantité, quoiqu'au rapport d'Hérodien il en eut très-peu. Haï de tout le monde, excepté d'une partie des foldats qu'il combloit de largeſſes, pendant fon féjour à Édeſſe, fur le chemin de Carrhés, lorfqu'il alloit offrir un facrifice *au Dieu Lune*, il fut tué par Martialis que Macrin avoit porté à cet attentat. Après fa mort, cet homme indigne de fon rang, détestable par fes mœurs & fa cruauté, fut cependant mis au rang des Dieux ; il eut un temple & des Prêtres.

Le nom de Caracalla, fous lequel cet Empereur eſt plus connu, lui fut donné parce qu'il aimoit un vêtement Gaulois appellé *Caracalla*, & qu'il en avoit fait plufieurs fois diftribution aux foldats & aux habitans de Rome : jamais il ne le prit lui-même ; mais comme il n'étoit pas juſte qu'il put être confondu avec les Princes dont il avoit deshonoré les noms, on s'eſt toujours fervi de ce furnom pour le diſtinguer fans équivoque.

P. SEPTIM. GÉTA.

A vingt-deux ans neuf mois périt, victime de fon frère Baſſien, P. Septim. Géta dont nous voyons le portrait fur ce *Jaſpe* mêlé de *Calcédoine*. Le Graveur a rendu ce Prince dans ce jeune âge, où, du vivant de fon père, il fut nommé Céfar. Baſſien, fon aſſaſſin, confentit, malgré fa haine, à ce qu'il fut mis au rang des Dieux, & plus d'une fois, fa confcience, le vrai tourment des fcélérats, lui reprocha vivement fon parricide.

Nº. VI.

PLANCHE XIX.

M. OPEL. MACRIN ET DIADUMÈNE SON FILS.

Le *Jaſpe* mêlé de *Calcédoine* & la *Prime* qui le fuit, nous offrent la tête de Macrin ceinte de laurier, dans un âge avancé, avec une barbe longue & des traits agréables. Macrin, quatre jours après la mort de Baſſien, obtint de fes Troupes & de celles qui étoient cantonnées en divers endroits de la Méfopotamie le titre d'Empereur. Quoiqu'ayant follicité l'Empire il feignit de réſiſter à des vœux qu'il avoit fait naître : puis il accepta : puis il répandit une gratification pour payer les fuffrages qu'il avoit obtenus. Il falloit plaire aux foldats : il étoit bon de fe faire bien venir du peuple ; ce Prince prit donc les noms d'Antonin & de Sévère, révoqua toutes les condamnations prononcées fous le règne précédent pour caufe de lèze-Majeſté, abolit plufieurs ordonnances vexatoires, & défendit qu'on lui dreſſât aucune ſtatue qui

Nº. I & II.

paſsât le poids de cinq livres en argent, ou de trois en or. Auſſi le Sénat, auquel modeſtement il écrivit pour avoir la confirmation de ſon élection, accueillit-il à l'inſtant ſa demande & lui accorda-t-il tout ce qui pouvoit ſatisfaire ſon orgueil & ſon ambition. On l'aggrégea au nombre des Patriciens : on lui déféra tous les titres de la puiſſance Impériale : on voulut que ſon avènement à l'Empire fut célébré par des fêtes qu'il refuſa, &, des deux ſurnoms de *Pius* & de *Félix* qui lui furent offerts, il ne prit que le dernier. Cependant la ſuite des évènemens lui prouva qu'il ne le méritoit pas plus que l'autre ; en effet, après avoir ſoutenu la guerre contre les Parthes & contre l'Arménie avec peu de ſuccès ; après avoir acheté la paix, s'étant livré au luxe & aux plaiſirs, il vit ſon armée ſe révolter contre lui, les Troupes, qu'il envoyoit contre Varius, devenu ſon rival à peine au ſortir de l'enfance, ſe liguer pour lui enlever l'Empire ; enfin vaincu par l'armée de ce jeune Prince, qu'il avoit envain fait déclarer ennemi de l'État, ayant appris la mort de Diadumène ſon fils, il ſe précipita de ſa voiture, & l'épée d'un de ſes ſoldats termina ſa vie.

Ce Diadumène, fils de Macrin, eſt repréſenté en regard avec ſon père ſur le *Jaſpe* dont nous venons de parler, & l'on ne ſçauroit méconnoître en lui ce que Lampride dit de ſon extérieur ; *c'étoit le plus beau des enfans*, rapporte cet Écrivain ; *ſa taille étoit allongée ; ſes cheveux étoient blonds & ſes yeux noirs ; ſon nez, courbé avec délicateſſe, ajoutoit à ſes graces : ſon menton ne ſailloit pas trop, & ſa bouche ſembloit faite pour inviter au plaiſir. Enfin*, continue le même Auteur, *dès qu'on le vit revêtu de la pourpre & des ornemens Impériaux, il parut comme un envoyé des Cieux aux yeux de la multitude dont ſa beauté ravit le cœur* (1).

Déclaré Prince de la jeuneſſe & décoré du nom de Céſar le jour même où le Sénat confirma l'élection de ſon père à l'Empire : il fut enſuite, par une fine politique de Macrin, ſurnommé Antonin ; on mit ſon nom ſur la monnoie, & il n'avoit que dix ans lorſque les Troupes le nommèrent Auguſte. Mais il ne jouit pas long-tems de ces honneurs : bientôt il fut tué par les envoyés d'Héliogabale, & il vit avec ſa vie s'évanouir toutes les eſpérances qu'il avoit conçues & données dans le beau jour où le Sénat lui

---

(1) *Puer fuit omnium ſpecioſiſſimus, ſtatura longiuſcula, crine flavo, nigris oculis, naſo deducto ad omnem decorem, mento compoſito, ore ad oſcula parato.... Hic ubi primum indumenta coccea & purpurea cætera que caſtrenſia Imperii inſignia accepit quaſi ſidereus & cæleſtis emicuit, ut amaretur ab omnibus gratiâ venuſtatis.*

conférant le nom sacré d'Antonin, faisoit, en sa faveur, des acclamations brillantes.

M. AUR. ANTONIN HÉLIOGABALE.

N°. III & IV.

Pour l'honneur du Trône, Lampride n'eut point écrit la vie d'Héliogabale, si l'Empire, avant lui, n'eut pas eu des Chefs tels que Caligula, Néron & Vitellius : il ne s'enhardit même à prendre la plume qu'en se flattant de la compensation que le Lecteur intelligent sçauroit faire de la vie de ces monstres avec celle de Vespasien, de Trajan, d'Antonin & de Marc-Aurèle. On nous pardonnera, sans doute, de passer rapidement sur l'histoire d'un Prince qui n'offre que des crimes. Syrien d'origine, à l'âge de quatorze ans, l'élection des soldats le plaça sur le Trône des Césars. Il portoit d'abord le nom de *Varius*, que l'incertitude sur son vrai père lui avoit fait donner, tant étoit dissolue la conduite de sa mère ! Devenu Prêtre du Soleil, il prit celui d'*Héliogabale* : & il se fit appeller *Antonin* en prenant les rênes de l'Empire auquel il n'avoit aucun droit que par l'adultère de Soœmias & de Caracalla dont on le croyoit fils. Sans attendre les décrets du Sénat ni l'ordonnance du peuple, il se donna tous les titres de la souveraine Puissance, & s'appropria ridiculement le Consulat de Macrin. Le Sénat étoit alors dans un tel état de servitude, que, loin de lui disputer ces titres, il osa, par flatterie, souhaiter encore à ce Prince qu'il ressemblât à celui qu'il se donnoit pour père. Mais si ses souhaits étoient feints, ils ne furent malheureusement que trop accomplis. Héliogabale surpassa tous ses prédécesseurs en infamie ; il peut tenir le premier rang entre tant de Princes décriés pour leurs mœurs abominables. Enfin, réunissant en lui toute espèce de débauche, tous les excès du luxe, tout le mépris pour les Loix, toutes les extravagances de la folie, il couronna tant de vices par la cruauté qui lui fit verser le sang le plus noble, & égorger, de sa propre main, *Gannys*, son bienfaiteur. La superstition accumula sur lui les ridicules : il voulut faire des Dieux des Romains les esclaves du sien, qu'il prétendoit devoir être seul honoré dans Rome. Dans son Temple, qu'il construisit sur le Mont-Palatin, il rassembla les objets les plus sacrés de la vénération des Romains ; mais il ne put voir les Juifs, les Samaritains & les Chrétiens se prêter à ses vues & prostituer leur culte & leurs cérémonies à son Dieu chéri. Marier ce Dieu, fut un projet digne de ce Prince ; Pallas étoit trop sévère pour devenir son épouse : Vénus céleste, qui passoit d'ailleurs pour être la même Divinité que la Lune, faisoit beaucoup mieux l'affaire du Soleil ; ce fut donc elle qu'il lui destina. Sa statue fut apportée de Chartage, & les richesses de son Temple servirent de dot, que, bien entendu, le grand Prêtre s'appropria ainsi que les présens de nôces qu'il força toutes les Villes de l'Empire de faire aux nouveaux mariés. Nous ne parlerons pas de l'indécence des mariages de ce Prince, ni du Sénat des femmes qu'il établit sur le Mont-Quirinal, & dont il nomma Présidente l'impure Socmias, ni des puériles questions agitées dans ses Assemblées. Rappellons plutôt promptement à nos Lecteurs, qu'ayant enfin lassé l'Univers par ses crimes, les soldats révoltés le firent périr avec sa mère trop digne de lui avoir donné le jour : on sépara leur tête de leurs corps ; ils furent traînés par la Ville avec toute sorte d'ignominie, & le cadavre d'Héliogabale que la populace ne pût pas, suivant ses desirs, enfermer dans un égoût, fut jetté dans le Tibre ; ce qui, par une allusion insultante, fit appeller ce Prince *Tiberinus* ; le Sénat effaça son nom des fastes : & l'opprobre & le mépris sont à jamais le partage de cet abominable Souverain.

Sur la *Cornaline* & la *Prime* qui sont sous nos yeux, on voit la tête de ce Prince couronné de lauriers ; sa figure, assez habilement rendue, exprime un rire mêlé de sévérité. Il n'étoit âgé que de dix-huit ans lorsqu'il périt, & il fut le dernier qui porta le nom d'Antonin qu'il avoit si peu mérité.

AQUILIA SEVERA AUG.

N°. V. Aquilia Sévéra dont ce *Jaspe* mêlé de *Calcédoine* nous offre la tête, étoit remarquable par sa beauté. Héliogabale, qui, d'abord avoit épousé Cornélie Paule, après l'avoir répudiée, pour un motif frivole, alla lui-même arracher par force du temple de Vesta la belle Sévéra pour laquelle il conçut une passion effrénée, &, ne pouvant pas se nier à lui-même l'illégitimité & l'impiété de son action, il osa néanmoins, pour la couvrir, écrire au Sénat, que d'un grand *Prêtre* tel qu'il étoit, & d'une *Prêtresse* la première des *Vestales*, naîtroient des enfans tout divins. Ce Prince libidineux ne garda pas longtems cette Vestale dèshonorée, il prit bientôt une troisième femme, puis une quatrième, puis une autre encore ; ensuite il revint à Sévéra. Les traits que ce *Jaspe* donne à cette Vestale se retrouvent dans les médailles & bustes que l'on conserve à Florence.

DE FLORENCE.

PLANCHE XX.

MAXIMIN, EMPEREUR ET JUL. VERUS MAXIME SON FILS.

Sur le beau *Camée* de *Calcédoine* N°. I de cette Planche, femble refpirer Maximin Céfar. Né dans une Bourgade de Thrace voifine des barbares, barbare lui-même, cet Empereur avoit un père de la Nation des Goths & fa mère étoit de celle des Alains. Dans fa première jeuneffe il garda les troupeaux & défit plufieurs fois des bandes de voleurs. En croiffant il devint d'une taille énorme : il étoit gros à proportion : fa vigueur répondoit à fa taille, & on raconte de fa force des traits qui tiennent du prodige ; enfin pour en avoir une idée il fuffit de penfer qu'on le comparoit à Milon de Crotone, à Hercule & à Anthée. Il buvoit beaucoup & mangeoit encore plus. Dur, altier & féroce, les avantages de fon corps étoient accompagnés de la brutalité que le défaut de culture avoit laiffé s'enraciner dans fon ame. Des vertus, il ne connut que les Guerrieres, qui le conduifirent fous le règne de Caracalla jufqu'au Grade du Centurion : fous Héliogabale il devint Tribun : enfin il eut un des premiers emplois dans l'armée. Son ambition lui fit defirer le trône, & il ne put y monter qu'en immolant fon bienfaiteur. L'armée l'élut Empereur : le Sénat, qui redoutoit fes armes, confirma cette élection. Le fouvenir de la baffeffe de fa naiffance lui fit craindre le mépris & il fut l'ennemi déclaré de tout ce qui étoit grand dans l'État. La cruauté fuivit la haine : une confpiration prétendue fit couler le fang le plus noble. Les témoins de fon origine, des amis, qui dans le befoin mille fois lui avoient donné des fecours, étoient fufpects à fon orgueil, il les fit périr : c'étoit étouffer un reproche vivant de fon premier état. Enfin il excite la haine générale : on le compare aux monftres de l'antiquité fabuleufe : on lui prodigue les noms de Cyclope, de Bufiris, de Phalaris : on lui donne Gordien pour rival : il lui furvit ; mais, tandis qu'il fe prépare à ravager l'Italie, il eft maffacré avec fon fils, à l'entrée de la tente Impériale, par les foldats Prétoriens, dans un jour accordé aux Troupes pour leur repos.

N°. I.

Sur la *Cornaline* & fur la *Hyacinthe* N°^{s}. II & III, la tête de ce même Empereur eft ceinte de lauriers. On y reconnoît, ainfi que dans le *Camée* dont nous venons de parler, les traits qui le caractérifent : la beauté des formes : des yeux grands : un nez aquilin oblong : un menton avancé & pointu.

N°^{s}. II & III.

N°. IV. Son fils Jul. Vérus Maxime, dont la tête est gravée sur la *Cornaline* N°. IV, n'avoit que vingt-un ans lorsqu'il partagea le sort de son père: on ne sçait si l'on doit regretter sa mort prématurée, & Capitolin, qui dans un endroit de sa vie l'accuse de la plus insolente fierté, dit dans un autre, d'après Ælius Sabinus, que l'on fut autant affligée de la mort du fils que l'on étoit satisfait de celle du père; mais peut-être aussi, comme semble l'insinuer cet Auteur, cité par Capitolin, la seule beauté du jeune Maxime inspira-t-elle ces regrets : sa tête meurtrie, salie, ensanglantée, étoit comme une ombre transparente de la plus belle figure. Avec tous ces avantages du corps on est moins surpris que ce Prince soit devenu très-amateur de sa personne, & que les femmes ayent été sensibles à ses attraits.

M. ANT. GORDIEN, LE PIEUX AUGUSTE.

N°. V. Petit fils & neveu d'Empereur, Gordien fut nommé César par le peuple & par les soldats. Aussi-tôt après le meurtre de Maxime & de Balbin, on lui conféra le titre d'Auguste. Les Historiens varient sur l'âge auquel ce Prince monta sur le Trône; mais il touchoit au plus à seize ans. Ce jeune Empereur recueilloit l'amour que la République avoit destiné à son ayeul & à son oncle. Tout en lui, d'ailleurs, étoit fait pour captiver les esprits; naturellement gai, d'une belle figure, d'un caractère aimable, agréable dans ses manières, du commerce le plus facile, il se distinguoit encore dans les Lettres. Sa jeunesse fut exempte des vices qu'ordinairement elle fait naître; mais, dans le Gouvernement des peuples, elle ne fut pas à l'abri des dangers dont est environné le Trône. Les Eunuques du Palais & des courtisans avides régnèrent d'abord sous son nom, &, sans s'occuper de l'honneur de leur Prince, ils vendirent les Dignités & les Places : les Gouvernemens militaires n'étoient plus donnés au mérite; mais à la seule faveur : les services demeuroient sans récompense : le caprice ou l'argent décidoit des graces ou des condamnations : le trésor public étoit pillé par des imposteurs qui trompoient le trop facile Empereur; enfin, éclairé par l'estimable Mysithée, ce modèle des Ministres que doivent choisir les Rois, il chasse, d'auprès de sa personne, ceux qui abusoient de sa confiance, il abjure ses erreurs involontaires, cherche à s'instruire, veut tout connoître & se prête le premier à des réformes nécessaires. On ne peut, sans attendrissement, lire ce qu'il écrit à son Ministre sur le malheur des Princes, que leur place semble éloigner de la vérité. Tant que ce vertueux Préfet du Prétoire, qui ne la lui déguisoit pas, pût être son conseil, on vit, par-tout, régner avec

Gordien

Gordien la Justice & les Loix : & la destruction des abus amena le bonheur des peuples, qui seul peut faire celui des Souverains. Secondé par les soins & la vigilance de ce véritable homme d'État, il remporta sur les Germains, les Goths, les Sarmates, & principalement sur les Perses, des victoires éclatantes dont il sçut lui attribuer modestement la gloire en plein Sénat, ce qui doubla la sienne. Peu de tems avant ces exploits, Gordien avoit épousé Furia Sabinia Tranquillina, dont on vante avec raison la pudeur, & qui étoit fille de ce même Mysithée. Heureux cet Empereur s'il eut pu posséder long-tems & la fille & le père ! Déjà, dans les commencemens de son règne, il avoit étouffé la révolte de Sabinien ; mais il ne put éviter les piéges de Philippe. Fils d'un chef de brigands, ce coupable Usurpateur fit secrettement périr le Préfet : puis, revêtu de sa place, il parvint à enlever d'abord l'amitié des soldats, & enfin la vie à son bienfaiteur Gordien.

Ce Prince mourut dans la sixième année de son règne, au plus tard dans la vingt-deuxième de son âge. La nouvelle de sa mort jetta Rome dans la tristesse : elle voyoit sa félicité s'évanouir. Philippe, fourbe adroit, affecta d'honorer la mémoire de celui dont il avoit causé la mort : il lui célébra de magnifiques obsèques, envoya ses cendres à Rome, consentit que les soldats lui dressassent un tombeau à Zaïthe, lieu de sa mort, près de Circésium, ville bâtie au Confluent du Chaboras & de l'Euphrate. Il laissa subsister ses images, ses statues, les inscriptions faites en son honneur, & le Sénat le mit au rang des Dieux. On accorda même à sa famille des prérogatives particulières.

La figure de ce Prince que nous offre cette belle *Cornaline* (1) est singulièrement ressemblante à celle de Scipion l'Asiatique.

DIOCLÉTIEN.

Les Auteurs de la description des Pierres gravées du Cabinet d'Orléans donnent la médaille de Gordien III comme le dernier exemple qu'ils ayent à produire de l'état de la Gravure sous les Empereurs ; & ils se sont arrêtés

N°. VI.

---

(1) *Gori* ne se seroit-il pas trompé en donnant pour la tête de Gordien, le pieux, celle qui se trouve sur cette Pierre ? Si nous en jugeons par comparaison avec les médailles & d'autres Pierres connues, il paroîtroit que ce Sçavant seroit dans l'erreur ; en effet, sur les médailles de ce Prince que Vaillant a fait graver dans le T. I. *in-4°*. p. 160, dans le T. II. p. 307, & dans le T. III. p. 181 de ses *Numismata præstantiora*, &c. Édit. 1re. Rom. 1743 ; & sur l'*Agate-Onyx* du Cabinet d'Orléans p. 143 du T. II. de la description de ses Pierres, nous ne retrouvons pas les mêmes traits que sur notre *Cornaline*. Le nez seul offre une différence entière, puisqu'il y est extrêmement saillant.

Tome I.   I

à cette époque, parce qu'elle peut être regardée comme celle de la Barbarie & du mauvais goût. *Gori*, plus hardi, continue de nous offrir encore quelques Pierres gravées dans ces tems malheureux; mais héfitant fur les objets précis que la main moins habile des Artiftes a tracés, il laiffe aux Sçavans à réformer fes conjectures. C'eft fous ce titre qu'il attribue à Dioclétien la tête gravée fur cet *Onyx*: il croit y reconnoître les traits qu'il a obfervés fur les médailles de ce Prince confervées dans le Muféum des Médicis.

PLANCHE XXI.

N°. I. Le Camée qui fuit, peu faillant fur une *Calcédoine* remarquable par fa grandeur, pourroit peut-être repréfenter la tête de Conftantin-le-Grand, ceinte de laurier. Sa poitrine eft couverte d'une cuiraffe ornée d'une tête de Gorgone, & fa main droite porte un bâton furmonté d'un aigle. Ce qui engage *Gori* à attribuer ce portrait à Conftantin-le-Grand, c'eft la reffemblance qui fe trouve entre fes traits & ceux que donnent à ce Prince fes médailles confervées au Muféum des Médicis. Il en eft une fur-tout où Conftantin, Vainqueur des Barbares, a la couronne de laurier & les mêmes attributs que fur cette Pierre.

N°. II. Le Muféum des Strozi nous fournit le beau Camée que l'on voit N°. II de cette Planche. Sa matière eft une *Agathe-Sardoine*. Il n'y a point de doute qu'il ait été fait dans un tems malheureux pour les Arts: cependant l'Artifte a employé tous fes efforts pour lutter contre leur décadence, & fes peines n'ont pas été totalement infructueufes. Le contour de la figure eft affez élégant & pur: il y a beaucoup d'enfemble & d'accord dans toutes les parties du vifage: & l'on peut reconnoître à la manière dont les cheveux font difpofés & taillés, que celui qui les a faits s'eft propofé pour modèles les ouvrages des plus célèbres Graveurs en Pierres qui ayent brillé pendant les fiècles les plus floriffans des Arts.

Tous les Antiquaires qui ont examiné ce Camée croyent qu'il repréfente Conftantin le jeune, que fa victoire remportée fur les Goths rend digne d'éloges. En effet, les traits de cette figure reffemblent parfaitement à ceux de ce Prince fur les médailles de grand module confervés au Muféum des Médicis. D'ailleurs, plufieurs raifons concourent à confirmer cette conjecture: l'efpèce d'Égide & la lance défigne un Empereur. C'eft un des attributs que l'on retrouve fur les plus belles médailles de Caracalla & fur celles de plufieurs autres Empereurs: la couronne d'or enrichie de pierreries fut particulièrement portée par Conftantin-le-Grand & par Conftantin fon fils. Le Graveur intelligent s'est bien gardé de l'omettre : le tems ne l'avoit pas respectée ; mais l'illustre Léon Strozzi, Amateur éclairé de toutes sortes d'Antiquités, qui a enrichi son Muséum de cette belle Pierre que nous examinons, l'a fait réparer avec soin & a fait remettre des Pierres ou diamans aux endroits où ils pouvoient manquer.

PLANCHE XXII.

Voici un Camée, fait d'un superbe *Onyx*, vraiment antique, &, quoique la production d'un siècle où les Arts avoient perdu leur splendeur, digne cependant de nos regards, & honorable pour l'Artiste qui l'a travaillé. Sa grandeur seule, parfaitement égale à notre Gravure, lui donneroit un grand prix; mais ce qu'il représente doit le rendre encore plus précieux. Sur cette Pierre magnifique on voit un Empereur portant sa barbe, debout, nuds pieds, n'ayant que le gras de la jambe orné, vêtu militairement, & décoré de la chlamyde. Sa tête est couverte d'un casque surmonté d'un dragon, qui se termine par une queue de cheval. De son épaule pend une espèce de baudrier garni d'une épée; son bras gauche est couvert d'un bouclier rond, sur lequel est sculptée une tête de Gorgone: son bras droit est étendu, & sa main tient une coupe semblable à celle des Sacrificateurs. En face est une femme que nous croyons être une Déesse ; elle regarde avec complaisance l'Empereur prêt à faire des libations. Elle a la tête ornée d'un diadême, des pendans d'oreille, & ses cheveux se séparent en boucles qui retombent sur son col. Sa main droite rassemble les plis de sa longue robe, tandis que de la gauche elle tient un sceptre sur lequel elle semble s'appuyer ; au-dessus de ce sceptre & détachée de lui, se voit une étoile. Entre ces deux personnages est un petit enfant aîlé qui, debout devant un autel, tient de la main droite une coupe avec laquelle il fait une offrande, & supporte de la gauche une cassolette.

Plus on examine la tête de l'Empereur & chaque trait de son visage, moins on peut douter que ce soit le portrait de Julien l'Apostat. Et comment pourroit-on hésiter, d'après la Peinture que Marcellin nous trace de ce Prince ? Tel étoit son portrait, nous dit-il, sa taille étoit médiocre; ses cheveux mollement arrangés comme avec un peigne : sa barbe hérissée se terminoit en pointe : ses yeux, que surmontoient de beaux sourcils, brilloient d'un vif éclat sans perdre leur agrément, c'étoit le fidèle miroir de son ame : son nez étoit droit & sa bouche un peu fendue : sa tête étoit forte & courbée : il avoit les épaules larges; & sa force se peignoit sur ses muscles. Cette Peinture de Julien, comme l'on voit, feroit abfolument fidelle dans notre Camée fi fa barbe étoit moins ronde & qu'elle fe terminât plus en pointe.

Si l'Empereur fe trouvoit feul fur notre *Onyx* il ne feroit pas difficile de rendre raifon du motif qui auroit déterminé l'Artifte à repréfenter Julien au moment d'un facrifice. On fçait que depuis fon Apoftafie il a donné dans toutes les folies de la fuperftition ; depuis cette époque il fut très-adonné au culte des idoles ; il immoloit tant de victimes qu'on le furnommoit *Victimarius*, & les hécatombes de bœufs étoient fi fréquentes que, publiquement, on difoit que, s'il revenoit victorieux de la guerre des Perfes, il n'y auroit pas affez de troupeaux dans l'Empire pour fatisfaire fa fuperftition. On fçait de même que Julien étoit très-dévot aux Divinités d'Égypte; fes médailles en font foi. Il avoit près de lui des Augures Étrufques qu'il confultoit fans ceffe fur les entrailles des victimes qu'il offroit & fur le vol des oifeaux. C'eft même fans doute d'après l'opinion généralement reçue par les Payens que l'on a placé près de l'Empereur le petit Génie ailé qui facrifie fur un autel. Il repréfente le Génie du Prince. On croyoit alors, non-feulement que les Villes, les Provinces; mais que les Empereurs & chaque homme avoit fon Génie particulier. On trouve des traces d'offrandes ordonnées aux Génies des Empereurs.

Mais l'Empereur n'eft pas feul: une femme eft en face de lui. Eft-ce une mortelle? Eft-ce une Divinité? Font-ils enfemble un facrifice, où l'Empereur feul l'offre-t-il? D'abord il n'eft point vraifemblable que ce foit une mortelle: ce n'eft pas fon époufe: Hélène avoit quitté la vie lorfque Julien parvint au Trône. Quelle eft donc cette Divinité qui reçoit ainfi de préférence les honneurs de ce Prince? *Gori* balance: il croit d'abord entrevoir la repréfentation d'un facrifice fait autrefois par Julien à la Lune dans la ville de Carrhés. Cette première conjecture il l'appuie fur un paffage d'Ammien Marcellin, qui décrit à la vérité ce facrifice: & comme cet Auteur affure que Julien donna fa chlamyde à Procope, il réfute fort bien l'objection que l'on pourroit tirer, contre fon explication, de ce même vêtement dont l'Empereur eft couvert dans notre Camée. Il donne auffi des raifons fuffifantes pour faire croire, qu'effectivement c'eft la Lune ou la chafte Diane que repréfente la femme couverte d'une grande robe, comme on le voit dans plufieurs monumens. Quelqu'ingénieufe que foit fon explication, nous croyons qu'il n'eft pas facile de s'y fixer: car, fi Ammien Marcellin parle de ce facrifice fait à Carrhés par Julien, Théodoret en parle auffi, &, dans fa narration l'on remarque certain trait qui éloigne l'explication de *Gori* : on voit le fuperftitieux Empereur immoler une Femme, & dans fes entrailles palpitantes tâcher de lire l'annonce de la profpérité de fes armes (1). Voltaire, nous ne l'ignorons pas, met ce fait au nombre des Fables. Défenfeur zélé de tous les ennemis du Chriftianifme, & fpécialement de Julien, il prétend qu'on ne doit pas croire cet Empereur coupable de cette fuperftitieufe inhumanité, parce que, dit-il, Théodoret eft le feul qui rapporte ce conte infâme ; mais comme Théodoret, habitant plus près de Carrhés que Marcellin, fut plus à portée que lui d'être inftruit de ce fait ; comme Marcellin, de fon propre aveu, fupprime ce qui eft principalement dèshonorant pour fon Héros ; comme ce même Marcellin dit que le facrifice de Julien fut très-fecret ; (ce qui n'eut pas été néceffaire fi ce Prince n'eut fait que les libations accoutumées & les offrandes d'ufage ;) comme d'ailleurs cet Hiftorien ne dit rien qui puiffe nuire au récit de Théodoret, & que tout homme fuperftitieux eft capable, pour fatisfaire fa curieufe fuperftition, de commettre les plus grandes cruautés (2), nous ne pouvons nous décider à nous réunir avec Voltaire pour crier à l'impofture contre Théodoret, & conféquemment à reconnoître dans notre Camée le facrifice de Julien dans le temple des Carrhés.

Des deux autres conjectures que *Gori* joint à celle que nous venons d'examiner, nous n'admettrons pas la feconde, fuivant laquelle l'Auteur de notre Camée, auroit fait allufion à un autre facrifice de Julien à Peffinonte ; car dans ce facrifice, au rapport de Marcellin, il y eut des victimes, & fur notre *Onyx*, on n'en voit pas le moindre veftige.

Nous nous arrêterons donc à l'autre hypothèfe, comme à la plus vraifemblable, & nous croirons que notre Pierre repréfente Ifis pour laquelle on

---

(1) *Cæterum poft ejus cædem, magicæ ipfius artes ac machinationes detectæ funt. Carræ enim civitas impietatis ejus relliquias adhuc fervat..... Viderunt enim mulierem capillis fufpenfam, manufque extentas habentem. Cujus diffecto ventre, fceleratus ille victoriam Perficam jecoris infpectione didicerat. Et Carris quidem hujufmodi deprehenfum eft maleficium.* Traduction Latine du Grec de *Théodoret*, Henri Valois. Paris 1673, fo. Hift. Eccléfiaft. Lib. III. C. XXVI. p. 147.

(2) Le facrifice humain que nous venons de citer ci-deffus ne feroit pas, d'après Théodoret, le feul trait de cruauté auquel la fuperftition auroit porté Julien : cet Hiftorien en donne d'autres preuves au troifième Liv. de fon Hift. Eccléfiaft. Chap. XXVII. Voici ce qu'il raconte fuivant la traduction déja citée. *Antiochiæ vero, plurimas arcas in palatio repertas effe ferunt, plenas capitibus humanis ; multos item puteos cadaveribus refertos. Ejufmodi enim eft difciplina abominandorum Deorum.* p. 147.

connoît toute la dévotion de Julien, & que souvent l'on retrouve sur les médailles de ce Prince. L'Astre qui se voit au-dessus du sceptre convient singulièrement à cette Divinité, ainsi que le sceptre lui-même. C'est avec ces attributs qu'elle est représentée sur la table Isiaque qu'explique favorablement pour cette opinion le sçavant Laurent Pignorius.

PLANCHE XXIII.

Nous avons produit jusqu'à présent les portraits des Empereurs & des Femmes Augustes, après les avoir comparés avec leurs médailles ou leurs bustes; nous allons, dans les quatre Planches suivantes, offrir aux Amateurs d'autres Pierres remarquables, ou par la beauté de leur travail ou par leur rareté. Toutes ces Pierres sont vraiment antiques. Les portraits dont elles sont ornées sont en partie trop reconnoissables pour qu'on puisse s'y méprendre: quant à ceux qui ne sont pas assez caractérisés, nous laissons aux Sçavans la liberté de les désigner.

N°. I. La tête d'Auguste, très-ressemblante aux Pierres que nous avons déja produites & au buste de marbre conservé dans le Muséum des Médicis, est représentée sur le Camée de *Cristal* N°. I. Elle n'a pas été faite du tems d'Auguste; mais dans un siècle bien moins célèbre. L'Artiste qui l'a tracée n'est point cependant sans mérite & son ouvrage peut encore flatter les yeux difficiles des connoisseurs.

N°. II. La *Calcédoine* N°. II, fort bien travaillée, pourroit offrir la tête de Nerva ceinte de laurier.

N°. III. On reconnoît sur le Camée de *Jaspe* mêlé de *Calcédoine* N°. III le portrait de Trajan. Son front est orné de laurier.

N°. IV. Le Camée de *Calcédoine* N°. IV nous offre-t-il la tête nue du même Trajan, ou celle du père de cet Empereur? Nous laissons aux Sçavans à prononcer.

N°. V. L'*Amethyste* N°. V nous présente une tête de Femme ornée du diadême. A son inspection on est tenté de croire que c'est le portrait de Livie Auguste. La main qui a fait ce Camée étoit habile.

N°. VI. C'est encore un sçavant Artiste qui a fait du *Topaze* N°. VI un très-beau Camée qui pourroit, fort bien, représenter la tête de Faustine la jeune.

PLANCHE XXIV.

N°. I. Ce beau Camée, l'un des ornemens du Muséum des Strozzi, nous offre sur une *Agathe Orientale* un très-beau portrait. Ses traits annoncent la douceur & la gaité. Quelques personnages habiles croyent reconnoître Néron

DE FLORENCE.

jeune encore, ou Drufus fils de Germanicus Céfar. On peut croire que c'eſt un des parens d'Auguſte. Le travail qui annonce le ſiècle de ce Prince : la manière de l'Artiſte qui eſt la même que celle des plus habiles Sculpteurs de ce tems : l'arrangement des cheveux ne nous permettent pas d'en douter, & ſi les médailles frappées par les Colonies d'Eſpagne en l'honneur de tous ces Céſars, n'étoient pas ſi imparfaites, nous pourrions certainement indiquer préciſément quel eſt le portrait que nous examinons.

C'eſt avec beaucoup d'art que ce *Béril* N°. II eſt gravé. Nous croirions volontiers qu'il repréſente Matidie, fille de Marciane, plutôt que Fauſtine l'ancienne.   N°. II.

On ne peut douter que cette *Agathe-Sardoine* N°. III repréſente la tête de Marc-Aurèle, Prince de la Jeuneſſe.   N°. III.

Le Camée d'*Onyx* N°. IV nous offre le portrait d'Adrien. Son front eſt orné d'une couronne de laurier.   N°. IV.

Les deux dernières Pierres de cette Planche travaillées dans un ſiècle de décadence, comparées aux médailles, nous ſemblent offrir les têtes des deux Poſtumes père & fils ceintes l'une & l'autre de la couronne radiale. Ce ſont deux *Cornalines*.   N°. V & VI.

PLANCHE XXV.

Nous avons déja parlé d'Antinoüs en donnant l'explication de la Planche XXIII N°. V & VI; cette Pierre repréſente encore la tête de ce favori d'Adrien. C'eſt une *Cornaline* dont le travail eſt exquis. Quelques Sçavans croyent y reconnoître Théſée plutôt qu'Antinoüs.   N°. I.

On voit ſur l'*Agathe* qui ſuit une tête faite avec le plus grand Art, ſans aucun ornement. Nous ne ſçavons de qui elle pourroit offrir la reſſemblance.   N°. II.

Une tête nue de jeune homme, dont les cheveux ſont aſſez épais, & friſés naturellement, s'offre ſur ce *Jaſpe* mêlé de *Calcédoine*. On remarque beaucoup de modeſtie & de douceur ſur ſon viſage. Nous ſoupçonnerions que ce ſeroit le portrait d'un des neveux d'Auguſte; mais nous ne l'affirmerions point.   N°. III.

L'Artiſte qui a travaillé ce *Jaſpe* mêlé de *Calcédoine* a voulu vraiſemblablement rendre les traits d'Antonin Baſſien Céſar, Prince de la Jeuneſſe. Les médailles de ce Prince conſervées au Muſéum des Médicis ſervent de baſe à notre conjecture.   N°. IV.

LE MUSEUM

Nº. V. Sur ce *Saphir*, artiſtement gravé, nous croyons reconnoître la figure de Criſpine. La diſpoſition de ſes cheveux & ſes traits confirment notre opinion. Il y a trop de reſſemblance entre cette Pierre & celles que nous avons déjà produites, Planche XVI, ainſi qu'avec les médailles de cette Princeſſe, pour que nous puiſſions héſiter.

Nº. VI. Héliogabale avoit eu pour première épouſe Julie Paule qu'il répudia pour un motif bien léger. Nous croirions volontiers que ce *Jaſpe* mêlé de *Calcédoine* nous conſerve le Portrait de cette Princeſſe. A la vérité ſa tête n'eſt point ornée du diadême; mais ſes cheveux ſont diſpoſés comme dans la plûpart de ſes médailles.

PLANCHE XXVI.

Nº. I. L'*Onyx* qui nous offre cette tête âgée, garnie de barbe, nous conſerve peut être le portrait de l'Empereur Albin.

Nº. II. Gordien-le-pieux pourroit avoir ſervi de modèle à l'Artiſte qui a gravé cette *Cornaline*. La tête eſt jeune, ceinte de laurier & ſe rapproche plus des médailles de ce Prince que la Pierre que nous avons produite Planche XX, Nº. V.

Nº. III. Voici ſur une *Cornaline* deux têtes d'Empereurs accomplies. Nous croyons reconnoître en elles le portrait d'Adrien & celui d'Ælius Vérus.

Nº. IV. Le portrait de Julie fille de Tite eſt gravée ſur ce *Topaze*.

Nº. V & VI. Sur ces deux *Jaſpes* mêlés de *Calcédoine* on voit deux têtes de Céſars, qui nous ſont inconnues. La gravure en eſt très-belle.

PLANCHE XXVII.

Sur le *Jaſpe* mêlé de *Calcédoine*, l'*Agathe noire*, l'*Améthyſte*, la *Calcédoine* & la *Cornaline* qui compoſent cette Planche entière, on voit les portraits de ſix hommes illuſtres & vraiſemblablement Conſulaires. Nous nous garderons bien de haſarder ſur ces têtes des conjectures vagues, dont, peut-être, avec fondement, appelleroient les ſçavans Antiquaires. Nous nous contenterons donc de faire remarquer que la Gravure de ces Pierres eſt belle. C'étoit anciennement un uſage fort commun de porter des anneaux ſur le chaton deſquels on avoit la tête de quelque grand homme, pour ſe rappeller, à ſa vue, ſes belles actions & s'exciter par ſes exemples à la vertu. On multiplioit ſouvent ces anneaux pour varier les objets, & l'on en faiſoit de précieuſes Collections.

DE FLORENCE.

PLANCHE XXVIII.

N°. I.

La tête de *Quirinus Romulus*, au lieu de se trouver en cet endroit, auroit du précéder celle de *Numa Pompilius*, par laquelle nous avons ouvert la première Classe des Pierres gravées que nous avons consacrée au Rois & aux Empereurs Romains, ainsi qu'à leurs épouses & aux femmes *Augustes*. Mais, après la gravure d'une grande partie des Planches, on s'est apperçu de celles que *Gori* avoit données, pour ainsi dire, comme supplément (1) à son grand ouvrage des Pierres gravées du Muséum des Médicis que nous reproduisons; nous sommes donc forcés de les publier après coup; nous tâcherons cependant en divisant de nouveau ces Planches, suppléées par *Gori*, de terminer au moins chaque Classe par celles des Pierres qui leur appartiennent, si nous ne pouvons pas toutefois les mettre à leur place dans chacune de ces Classes.

C'est une *Cornaline* qui nous présente ici Quirinus. Elle est fort bien gravée & singulièrement ressemblante à des médailles de la famille *Memmia* & à une médaille d'argent publiée par *Fulvius Ursinus*, où la tête de Quirinus est couronnée.

Quirinus, que l'on regarde comme premier Roi des Romains, a-t-il existé ? Cette question n'est pas facile à résoudre, & tant de Sçavans sont d'accord pour regarder son histoire comme fabuleuse, que nous nous garderons bien de donner pour vrai tout ce que nous allons en dire.

Suivant les Auteurs les plus suivis, *Rhéa Sylvia*, que l'ambitieux *Amulius*, sous le prétexte de lui faire honneur, avoit mise au nombre des Vestales, fut la mère de *Romulus* qu'elle mit au monde avec *Remus*. Mars, dit-elle, pour couvrir son sacrilége, en étoit le père. Ce n'étoit point des faveurs indiscrettes qu'elle lui avoit accordées, la violence seule du Dieu lui avoit pu faire enfreindre les Loix sacrées des Vestales. Cette excuse, ridicule pour tout autre que pour ces premiers Romains, ne la mit pourtant pas à l'abri de la cruauté d'Amulius, qui, par usurpation & au mépris des dernières volontés de *Proca* son père, possesseur du Trône, ayant fait même périr *Egestus* son neveu, ne voyoit pas sans fureur troubler la jouissance paisible de la souveraineté par la naissance de ces deux enfans de Rhéa; on l'enferma donc chargée de chaînes dans une étroite prison, & ses enfans devoient, d'après l'ordre barbare de leur oncle, être

---

(1) Voyez *Muséum Florentinum. gemmæ antiquæ*. Gori, Tom. II. 155.

précipités dans le Tibre. Le Tibre étoit débordé ; ils furent exposés dans leur berceau sur les eaux qui baignoient les bords de ce fleuve ; mais les eaux se retirent, le berceau demeure à sec : attirée par les cris des enfans, une louve descend des montagnes : plus tendre que leur oncle, elle leur donne le lait de ses mammelles, & bientôt le Berger *Fauflule*, admirateur de cette généreuse compaffion, les fait nourrir par *Larentia*, son épouse, à laquelle il les apporte. Élevés par un Berger, ils furent eux-mêmes Pasteurs. Pourquoi tous les Monarques de l'Univers, ignorant leur naiffance, loin du Trône & des flatteurs, ne sont-ils pas tous élevés à l'école de la Nature ? Ils sçauroient du moins qu'ils sont hommes. Romulus & son frère, à leurs exercices champêtres, joignirent ceux de la chaffe : puis ils devinrent le fléau des voleurs : ils les pourfuivoient, fondoient sur eux, leur enlevoient leur butin qu'ils diftribuoient aux Bergers. Leurs occupations nouvelles échaufioient l'imagination des jeunes gens de la contrée : infenfiblement la jeuneffe qui s'unit à eux, devint nombreufe : ils tinrent alors des affemblées & célébrèrent des jeux : la fête établie par *Évandre*, & connue fous le nom de Lupercales, fut folemnifée. Cependant les voleurs qu'ils dépouilloient ordinairement de leur butin cherchoient à se venger: l'occafion de cette fête leur parut belle : ils tombent sur eux & les furprennent : Romulus leur échappe; mais Remus eft conduit au tribunal du Souverain : Amulius le renvoie devant Numitor, sur les domaines duquel on l'accufoit d'avoir commis des brigandages. Numitor fait des recherches fur l'origine du prétendu coupable. Dans ces tems éloignés, les violens exercices étoient des fignes de grandeur : il foupçonne qu'un fang noble coule en leurs veines : la nouvelle qu'il apprend que Remus a un frère jumeau, le fouvenir des enfans de Rhéa expofés au moment de leur naiffance, les interrogations dont la folution le fatisfait, tout lui fait reconnoître en eux fon propre fang & des Princes innocens échappés à la mort qu'avoit prononcée contre eux un oncle barbare. Ah ! fi l'on pouvoit détrôner ce tyran ! Le projet en eft conçu, le projet s'en exécute. Romulus de son côté, fecondé par fes compagnons ordinaires, Remus & tous ceux qui fervoient Numitor d'un autre, par des chemins détournés, pour n'être pas découverts, arrivent à la demeure d'Amulius, & le tyran ufurpateur eft maffacré.

 Le bruit de la multitude armée caufa dans Albe le plus grand effroi: Numitor accourt, & au milieu des Albains raffemblés pour fe défendre, il annonce la mort d'Amulius, s'en dit l'auteur, juftifie fon meurtre, fait valoir fes droits à la Courònne dont fon frère l'avoit injuftement dépouillé, &

dévoile les soins miraculeux des Dieux pour ses petits-fils Remus & Romulus dont il revèle l'éducation myftérieufe. Ceux-ci s'avancent auffi-tôt près de lui, le couronnent & toute Albe le proclame Roi. Funefte paffion de régner! Quels crimes ne fais-tu pas commettre! Fortifiée par un double exemple, cette paffion devient funefte à Remus. Romulus & lui reconnus pour fils de Rois, voulurent fonder une Ville. Le lieu même où la main cruelle d'un oncle les avoit expofés, parut devoir être le fiége de leur puiffance : ils infultoient ainfi aux vains efforts du tyran qui les avoit voulu facrifier, & c'étoit un hommage de reconnoiffance qu'ils rendoient aux Dieux. Mais qui des deux frères portera la Couronne? Tous deux jumeaux, il n'y a pas de droits d'aîneffe à réclamer. Partageront-ils l'Empire? L'ambition ne connoît point de partage. La Ville eft fondée, il lui faut un nom : les Dieux défigneront le Souverain qui la nommera, & le vol des oifeaux fera leur langage. Ah! les hommes laifferont-ils parler les Dieux? Non, ce fera l'ambition qui parlera. Remus, du Mont Aventin voit paffer dix Vautours : placé fur le Mont Palatin, Romulus, prefque auffi-tôt en découvre le double : aux armes, il faut interpréter le langage des Dieux : la querelle s'échauffe : Remus eft frappé, Remus expire, & Romulus règne. Moins cruelle & plus naturelle eft cette manière de raconter fa mort. Il eft néanmoins des Auteurs qui veulent que Romulus même, piqué d'une plaifanterie de Remus qui fe mocquant de la petiteffe des foffés qu'il faifoit creufer, les fautoit par mépris, ait immolé de fa propre main fon rival : & c'eft ainfi que Cicéron peint ce meurtre, que, Romain lui-même, il condamne avec autant de zèle que d'équité.

C'eft un art ufé peut-être maintenant, mais qui ne l'étoit pas alors, de paroître ne vouloir tenir que de fes Sujets une Couronne que l'on ne céderoit pas même à leurs armes. Romulus le connoiffoit & en fit ufage; après avoir donné fes premiers foins à la conftruction des murs & des maifons de la Ville naiffante, il affembla le peuple; il vouloit, lui dit-il, prendre fon avis fur la nature du Gouvernement que l'on établiroit. « Un feul commandera-t-il ? Aimez-
» vous mieux que des Magiftrats gouvernent? Ou préférez-vous un Gouver-
» nement purement populaire? J'ai régné fur vous, vous m'avez comblé de
» l'honneur le plus fenfible en me regardant comme Chef de la Colonie, la
» Ville a mon nom, je fuis maintenant prêt d'obéir, fi vous l'ordonnez ».
On délibère à peine, & loin de lui ôter le diadème, on l'affermit fur fa tête :
Vous ferez notre Roi, lui répond-on; *qui mieux que vous merite la Royauté?*
« Mais il faut que les Dieux confirment votre choix, reprit Romulus » : & le

jour est pris où ils seront consultés. Le Ciel, heureusement, fut orageux au jour assigné : comme Romulus finissoit sa prière, un éclair brillant sembla circuler autour de lui, & tout le peule le reconnut pour Roi.

Romulus, par son génie, méritoit cet honneur : & les premières Loix qu'il établit, l'ordre qu'il mit dans son État naissant, furent la base solide de toute la gloire que Rome acquit ensuite.

L'appareil du Trône en impose, & cet appareil est nécessaire : il faut que l'éclat & la pompe environnent un Roi. Chef de la Religion & revêtu de la Puissance Suprême, douze Licteurs précédoient ce nouveau Souverain, annonçoient sa présence, exécutoient ses arrêts. Tout le peuple fut classé par *Tribus* & par *Curies* : puis il distingua les Nobles des *Plébéiens*. Par-tout où sont rassemblés des hommes il faut un Conseil public, il faut des Juges. Toutes les Tribus offrirent pour ce noble emploi ce qu'elles avoient de plus prudent, de plus mûr, de plus vertueux & de plus distingué, & de cette élite fut formé le premier Sénat de Rome. La Noblesse est la compagnie naturelle du Prince : elle est sa garde & la première défense de l'État ; Romulus prit donc encore trois cens hommes choisis par les *Curies* elles-mêmes, &, qui, nommés *Célères*, pour désigner leurs fonctions, composèrent une compagnie militaire, l'origine des Chevaliers Romains.

Que le peuple soit bien divisé, cela est nécessaire pour le bon ordre ; mais pour l'harmonie, il faut que toutes les classes de citoyens, quoique distinguées, soient unies par des liens peu faciles à rompre. Le nœud qui parut au sage Romulus le plus propre à former cette union, fut la mutuelle dépendance du Souverain, du Sénat & du peuple, qui, mettant l'équilibre dans toute l'autorité, conservoit le pouvoir des Grands, sans blesser la liberté du peuple. Malheur à la Nation chez laquelle le Noble est insolent & le peuple méprisé. Romulus, pour éloigner ce fléau, les rapprocha l'un de l'autre par le plus puissant des moyens, l'intérêt, non ce vil intérêt qui ne sert que trop souvent de mobile aux actions humaines ; mais cet intérêt né des besoins mutuels qu'autorise & nécessite la Nature. Sous le nom de *Patrons*, il voulut que les Grands fussent les Protecteurs du peuple : ils devoient instruire leurs concitoyens des Loix, prendre soin de leurs affaires & les défendre comme les leurs propres, les préserver des moindres attaques injustes, veiller à la légitimité de leurs contrats & les soutenir dans leurs contestations ou dans leurs procès. Enfin le repos, la fortune, la gloire, le bonheur du peuple devenoit par cette institution l'ouvrage des Grands, qui, trop ordinairement, l'accablent & l'humilient. Sous le nom de *Cliens*, le peuple devenoit un appui néceſſaire aux Grands. Les *Cliens* ſuppléoient au défaut de fortune de leurs Patrons : ils complétoient ou donnoient la dot de leurs filles : rachetoient leurs fils enlevés par l'ennemi : les dédommageoient des frais qu'entraînoient leurs procédures quand ils ſuccomboient dans leurs conteſtations. Les Patrons & les Cliens ne pouvoient pas, s'entr'accuſer, ſervir de témoins l'un contre l'autre, & la ſévérité des punitions maintenoit ces Réglemens.

La population des États en eſt la force : Romulus fit conſéquemment des Loix pour la conſervation des enfans : & ſi ces Loix tenoient, en quelque point, à la barbarie de celles de Lycurgue, il les avoit du moins adoucies par le tems auquel il avoit permis d'expoſer les enfans : ce n'étoit que trois années ſeulement après leur naiſſance, quand la tendreſſe fortifiée par l'habitude étoit plus difficile à vaincre, & d'après une difformité conſtatée par cinq des plus proches parens, que pouvoit ſe faire un pareil outrage à la Nature : encore tous les mâles & les filles aînées n'étoient-elles pas compriſes dans cette fatale permiſſion.

Rome, par ſes ſoins, devint une ville d'aſyle, & cette reſſource, en diminuant les forces voiſines, augmenta de beaucoup & ſa population & ſa puiſſance. Son adroit Souverain ſçut mieux faire encore : des Villes ennemies que ſes armes lui faiſoient conquérir, il ſçut faire des Colonies Romaines, où la jeuneſſe conquiſe n'étoit pas miſe en captivité, mais faiſoit partie des citoyens : & toutes ces peuplades réunies formèrent bientôt un peuple redoutable.

La diſſolution eut détruit ce que la ſageſſe établiſſoit, ſans les précautions que prit Romulus pour entretenir les mœurs : il en fit le fondement du culte des Dieux ; les ames pures ſeules devoient leur plaire, & les premières offrandes qu'il leur préſenta, ſimples comme leurs ames, recevoient toute leur valeur des cœurs qui leur en faiſoient hommage. Une ſeule Loi ſur les femmes entretenoit parmi elles la modeſtie, la pudeur. Le mari étoit leur juge : il puniſſoit les coupables, & les crimes ſoumis à ſes arrêts étoient la violation de la foi conjugale, ou l'yvreſſe mère trop féconde de l'adultère. Les proches parens de la femme formoient le tribunal auquel le mari préſidoit : & par cette précaution, la jalouſie, le dégoût, l'injuſtice ne pouvoient point dicter les ſentences des époux : auſſi ne compta-t-on pas un divorce à Rome avant la première guerre Punique, & Sp. *Carvilius*, que le motif ſpécieux de ſtérilité fit le premier quitter ſon épouſe, s'attira-t-il l'indignation des Romains. Les pères avoient par les Loix plus de pouvoir encore ſur les enfans que les maris ſur leurs femmes : la Nature avoit apparemment plus d'action ſur les cœurs qu'elle n'en a de nos jours, & cela devoit être dans une Nation naissante, si éloignée encore des atteintes d'un luxe corrupteur. Ils n'eussent pas, dans ces premiers tems, pu s'y abandonner, les heureux sujets de Romulus. Ce Roi prudent, autant qu'habile, ne délassoit ses soldats que par le travail des champs, & la culture honorable des terres qui enrichissoit l'État, qui, par l'attachement qu'elle inspire pour un sol que l'on arrose de ses sueurs, doubloit l'amour de la Patrie & le zèle pour sa défense, éloignoit encore toutes ces passions qui alimentent la cupidité, le libertinage, énervent les corps, abrutissent les esprits, affoiblissent les ames & détruisent les Héros.

Nous avons sous un même point de vue rassemblé toute la Législation de Romulus, citons maintenant quelques-uns des faits les plus remarquables de son régne; mais comme tant d'histoires les conservent, nous ne ferons que les indiquer rapidement. L'un des premiers traits de ce Souverain, & l'un des plus remarquables est sans doute l'enlèvement des Sabines. Rome accrue en citoyens, avoit besoin de femmes: les Villes voisines pouvoient en fournir, & les alliances des Villes pouvoient résulter de ces alliances particulières; mais tous les voisins méprisoient Rome, à raison de ce nombre étonnant d'Aventuriers, auxquels elle avoit ouvert ses portes. Que faire? Romulus tente d'abord les voies honnêtes, il envoie des Députés à ses voisins pour leur demander & leur amitié & leurs filles: refus de toutes parts, & refus mêlés des railleries les plus sanglantes. La nécessité est la mère des ressources: la ruse jointe à la force va suppléer à de nouvelles demandes. On feint d'oublier l'insulte: on prépare une fête: Romulus, qui ordonnoit tout, fait inviter ses voisins: ceux-ci portés par la curiosité accourent. On voyoit réunis par le seul attrait du plaisir des Céniniens, des Crustuminiens & des Antemnates & les Sabins de Cures avec leurs femmes & leurs enfans. Les protestations d'amitié les plus tendres séduisirent les Hôtes, &, la joie bannissant jusqu'à la moindre inquiétude, ils se livrèrent à tous les amusemens que Romulus avoit eu soin de leur préparer; mais le soir tandis que tout occupés des fêtes qu'on leur donnoit, ils s'enyvrent de plaisir, au signal convenu, les Romains enlèvent toutes les filles des Étrangers, & se les réservent pour épouses. Les pères outragés se retirent pleins de colère, attestant les Dieux du crime qui les privoit de qu'ils avoient de plus cher, appellant leur vengeance sur des coupables violateurs de l'hospitalité. Ce ne fut pas sans peine que Romulus appaisa les filles restées entre les mains de ses sujets. Raisonnemens, promesses, protestations de tendresse & d'amour, & sur-tout les caresses de leurs ravisseurs, tout fut employé. On vouloit obtenir leur confentement & leurs mains, leur difoit-on, &, fans l'injuftice des refus de leurs pères, leurs alliances auroient été formées par la paix & par l'amitié : pour éloigner même jufqu'à l'apparence d'un rapt & d'une violence, qui n'étoient que trop réels, Romulus voulut que les mariages fuflent célébrés avec les cérémonies d'ufage dans les Villes d'où étoient les époufes. Dans le fein des plaifirs, adoucies par les charmes de l'Hymen, continuellement l'objet des complaifances de leurs époux, ces femmes oublièrent bientôt l'injure qu'on leur avoit faite ; mais elle étoit toujours préfente à leurs pères, ils ne refpiroient que guerre & que vengeance. Romulus les attendoit avec intrépidité. En vain les Céniniens viennent-ils attaquer les Romains, ils font repouflés, ils font vaincus, & Acron leur Souverain périt de la main même de Romulus, qui, triomphant, chargé des dépouilles du Roi, bâtit un temple fur le Capitole à Jupiter que l'on furnomma *Férétrien*, & y dépofa ces dépouilles *opimes*. Les Antemnates éprouvèrent le même fort : ils furent repouflés avec vigueur : leur Ville fut prife : & les Cruftumniens partagèrent avec eux leur défaite. Nous avons dit quelle étoit la politique admirable de Romulus à l'égard des Villes fubjuguées : il en fit un merveilleux ufage dans ces circonftances, & l'on vit mutuellement émigrer des Romains pour habiter chez eux, & eux-mêmes venir en grand nombre demeurer chez les Romains qui les affocioient à tous leurs droits. Les Sabins furent plus difficiles à vaincre, ils furent même acheter de la fille de Tarpéius une entrée dans la citadelle, ce qui feconda leurs forces. Les Romains eflayèrent quelques échecs ; mais, par un ftratagème digne de Romulus qui les commanda au nom de Jupiter, rappellés à leur courage, ils mirent en déroute l'armée des Sabins qui, déjà, les infultoient en Vainqueurs : ceux-ci revinrent cependant à la charge : la mêlée fut meurtrière ; mais par les confeils d'Herfilie, les femmes Sabines portant leurs enfans, accoururent au milieu des foldats,& réconcilièrent les deux partis acharnés à un combat entrepris à caufe d'elles. Romulus termina cette action par un traité digne de lui : il partagea fon Trône avec Tatius, Roi des Sabins : les deux peuples n'en firent plus qu'un : le Sénat fut doublé, la Ville s'agrandit, ont éleva plufieurs temples aux Dieux, & la plus douce harmonie régna entre les deux Rois.

 Leur union les rendit plus formidables à leurs voifins. Les Camériens fentirent tout le poids de leurs armes, & leur Ville ne fut bientôt qu'une Colonie Romaine. Tatius n'avoit encore régné que fix ans avec Romulus, quand de mauvais traitemens faits à des Laviniens furent l'origine d'une conteftation entre les deux Rois. Romulus vouloit que les auteurs de ces injures fussent renvoyés aux Laviniens, Tatius ne le voulut pas, & il enleva les coupables aux Députés de Lavinium; mais ceux-ci quelques tems après s'en vengèrent, en l'immolant avec les mêmes couteaux qui avoient égorgé les victimes d'un sacrifice auquel ils l'avoient invité avec Romulus. Ce Prince, seul possesseur du Trône, fit rendre à son Collègue les honneurs qui lui étoient dûs, & son corps apporté à Rome y fut enseveli avec la pompe la plus solemnelle. Jamais jusqu'alors Romulus n'avoit, pour ainsi dire, cessé d'être en guerre : la fin de son règne ne fut pas plus paisible ; mais il fut toujours victorieux. Les Camériens se révoltèrent, & furent sévèrement punis de leur rebellion. Les Fidenates & les Véiens furent soumis à ses Loix. Enfin, après avoir régné glorieusement sur une Ville qu'il avoit fondée, nommée & couverte de gloire, il mourut, & suivant l'opinion la plus commune, disparut aux yeux de ses Sujets, dont sa législation assuroit le bonheur, au milieu d'un orage affreux, pendant la revue qu'il faisoit de son armée. On dit alors qu'il avoit été enlevé aux Cieux : Proculus Julius atesta même l'avoir vu disparoître après qu'il eut annoncé aux Romains que leur Ville deviendroit un jour la Capitale de l'Univers. Une opinion moins fabuleuse attribue la mort de Romulus aux Sénateurs mécontens de n'avoir pas assez de part aux affaires. Quoiqu'il en soit, il fut mis au rang des Dieux, & nous pouvons, en supposant la réalité de son existence, le mettre au rang des grands hommes.

Court de Gebelin veut que l'histoire de Remus & de Romulus ne soit qu'une allégorie des Romains sur le double Soleil de l'année. On peut consulter la tournure ingénieuse qu'il donne à ce systême dans son *Histoire Religieuse du Calendrier*.

C'est ici le lieu, sans doute, de dire, avant de terminer, quelques mots sur le nom de *Quirinus*, qui sert à désigner Romulus, & sous lequel on lui rendoit les honneurs divins. Les étymologies que l'on donne à ce nom sont bien différentes entre elles. Quelques-uns le tirent du nom de *Cures*, principale Ville des Sabins, qui en dérivèrent eux-mêmes celui de *Quirites* que, lors de leur alliance avec Romulus, ils firent donner au peuple Romain. D'autres le font descendre de *Curis*, qui, chez les Sabins, signifioit une pique, & dès-lors on reconnoîtroit que comme vaillant Guerrier, Romulus auroit pu recevoir naturellement ce surnom, que le docte Servius remarque avoir été de même celui de Mars, dont Romulus passoit pour être le fils. *Court de Gebelin*, pour être d'accord avec lui-même, dit que le nom de

Quirinus

DE FLORENCE.

Quirinus signifie *Dieu de la Ville*, & *Quirites*, *habitans*, *citoyens* : il veut que ce nom ne soit qu'une traduction littérale de celui de *Malcarthe* ou de *Mélicarte*, que portoit Hercule chez les Tyriens, &., comme ce surnom de *Quirinus* étoit aussi donné à *Janus*, il conclue qu'il est hors de doute que Romulus ne fut le Soleil regardé comme divinité tutélaire de Rome, ainsi qu'il étoit celui de la plûpart des Villes anciennes.

L'*Agathe* mêlée de *Calcédoine* qui suit offre le portrait de C. César Caligula, le front ceint d'une couronne de laurier. On peut voir ce que nous avons dit de ce Prince, page 14 de ce Volume.   N°. II.

Sur la *Cornaline* N°. III, on voit l'Empereur Claude & Agrippine, dont nous avons déjà parlé, pag. 15 & 18.   N°. III.

La *Prime d'Émeraude* du N°. IV représente *Claude-César* & *Antonie Augusse*, gravés avec beaucoup d'art.   N°. IV.

PLANCHE XXIX.

Le *Camée* N°. 1, fait d'un *Onyx* d'une grandeur remarquable présente en regard les têtes de *Néron* & de *Poppea*. Nous avons donné l'abrégé de leur vie criminelle pag. 19, 21, 22 & 23 de ce Volume.   N°. I.

On peut, pages 51, 52 & 53, consulter ce que nous avons dit sur l'Empereur *Commode* & *Crispine* son épouse, dont la *Cornaline* N°. II offre, en regard, les têtes précieusement faites.   N°. II.

Le portrait de *Plautille*, fille de *Plautien* Consul, l'un des Romains les plus riches, se voit sur le *Jaspe rouge* N°. III. L'élévation de cette femme fut la cause de sa perte. Quoiqu'épouse de Caracalla, jamais elle ne partagea sa table ni son lit. Sévère, qui avoit fait ce mariage, ne pouvoit soupçonner la haine de son fils pour la fille opulente de son favori. Les dépenses énormes qu'il fit en cette occasion sont une preuve du plaisir qu'il ressentoit en formant cette union qu'il regardoit comme avantageuse, & il faut avouer que les richesses immenses, dont Plautille rendoit maître Caracalla, auroient dû lui mériter au moins de meilleurs traitemens de la part de son époux. Elles étoient si considérables, que les cadeaux seuls en bijoux, ornemens & équipages, nous dit son Historien, eussent été suffisans pour cinquante Impératrices. Les dédains de Caracalla portèrent Plautille à se dédommager ailleurs des privations que lui faisoit éprouver son époux, & sa conduite devint publiquement scandaleuse ; mais elle en fut punie par l'exil le plus dur   N°. III.

Tome I.   L

dans l'Isle de Lipari, ou enfin après la mort de Sévère, son barbare époux la fit égorger.

Cette tête ressemble parfaitement au buste de marbre que conserve le Muséum des Médicis, & le diadème qui la couvre est tissu à la manière des Phrygiens.

N°. IV. Le beau siècle d'Auguste a fait éclore la gravure de cette *Cornaline*, où l'on voit la tête de ce Prince dans un âge avancé. Nous avons déjà parlé de plusieurs Pierres qui le représentoient, pages 4 & 5.

PIERRES GRAVÉES.
SECONDE CLASSE.
PLANCHE XXX.
ALEXANDRE.

N°. I.

EN réunissant, dans une même Classe, les portraits des Rois & des Héros, peut-on mieux faire que de mettre à leur tête celui d'*Alexandre-le-Grand* ? Cet homme célèbre, dont l'Esprit-Saint n'a pas dédaigné de tracer le caractère & d'annoncer les conquêtes dans les Prophéties de Daniel, cet homme étonnant à qui la terre a manqué, dit un Écrivain connu, plutôt que le courage & les succès, Alexandre III est représenté sur cette *Agathe* d'un travail exquis, la tête couverte d'un mufle de lion dont la peau lui descend sur les épaules : c'étoit l'ornement ordinaire dont se décoroient les Rois de Macédoine, pour montrer qu'ils descendoient d'Hercule par Caranus, &, au rapport de Constantin Porphyrogénète, ces Princes le regardoient comme plus honorable que les diadêmes, les couronnes, les perles & les Pierres les plus précieuses. On reconnoît sur cette Pierre les traits que le divin Homère donne aux Rois, & qui conviennent, sans doute, à l'intrépide & invincible Guerrier, dont on ne peut comparer les travaux qu'à ceux d'Hercule, & dont les triomphes nous retracent ceux de Bacchus vainqueur de tout l'Orient. Quelle dignité dans son ensemble ! Quelle majesté dans son visage qu'anime encore une vigueur guerrière. La fleur, les grâces de la jeunesse sont répandues sur son front, & tout annonce en lui la force de l'âge. Ses yeux ne regardent pas le Ciel comme dans le portrait de ce Prince, fait par Lysippe, & dont parle l'Anthologie : ils n'ont pas non plus ce regard doux que Plutarque leur attribue ; mais ils semblent lancer des feux & jetter la frayeur parmi les ennemis. Ses sourcils sont un peu froncés : son front est court, & au-dessus de lui retombent en deux rangs ses cheveux tant soit peu recourbés par l'extrémité : enfin le Graveur habile auquel nous devons ce bel ouvrage, dans l'exécution de ce portrait, se rencontre parfaitement avec la Peinture qu'Élien fait du Héros qu'il représente. *On assure,* dit cet Auteur, qu'*Alexandre, fils de Philippe, étoit beau sans aucune parure, sans aucun soin superflu de sa personne: ses cheveux étoient roux & recourbés: on rapporte aussi qu'une certaine frayeur s'emparoit de ceux qui osoient exposer leurs regards aux siens.*

N°. II.

La *Cornaline* qui suit nous offre encore le portrait du même Prince. Sa tête est ornée comme l'autre, des dépouilles d'un lion dont la peau est retenue au col par un nœud, ainsi que très-souvent cela se rencontre dans les médailles Grecques. Si les traits du visage ne sont pas entièrement d'accord, on ne doit point en être étonné: les Sçavans connoissent la différence que nous offrent entre ses portraits les médailles d'or, d'argent ou de bronze frappées sous Antonin Caracalla.

On doit encore être moins surpris de la beauté de tous les portraits que nous avons d'Alexandre: la crainte de lui déplaire, nous dit Pline, en est cause. Par un Édit solemnel, ce Prince avoit défendu qu'aucun autre qu'Appelles ne le peignît, qu'aucun autre que Pyrgotèle ne gravât sa figure en Pierre, & qu'aucun autre que Lysippe ne la gravât sur l'airain.

Alexandre est trop connu, & ses hauts faits sont trop abondans pour que nous voulions entrer dans tous les détails de sa vie. Mais nous croyons que l'on auroit des reproches à nous faire si nous ne donnions pas ici un abrégé d'après lequel on pût d'un coup-d'œil se rappeller quel fut ce Héros.

Né d'Olympias, épouse de Philippe, le jour même où le trop fameux Érostrate brûla le temple d'Éphèse, ce Prince montra, dès sa plus tendre jeunesse la plus vive ardeur pour toute espèce de gloire, & l'ambition la plus forte; *il n'eut voulu concourir aux jeux que s'il eut eu des Rois pour antagonistes*, & les conquêtes de son père, quoique glorieuses, excitoient en lui la *crainte de n'avoir plus rien à faire*: les Ambassadeurs s'en retournoient d'auprès de lui, surpris du genre de l'âge ses questions, plus dignes de l'âge mûr que de la jeunesse.

Les plus heureux génies ont besoin d'être secondés par des maîtres distingués, & le choix de ceux qui doivent former les Souverains doit être fait avec l'attention la plus scrupuleuse. Aristote vivoit sous Philippe, & Philippe fut assez sage pour l'attacher à son fils. Si Philippe sçavoit apprécier Aristote, Alexandre de son côté lui payoit ce tribut d'estime si bien acquis & si souvent négligé par les Grands, qui ne voyent dans ceux qui les instruisent que des personnages importuns, ou qui les méprisent comme des hommes à gage. Aristote étoit aux yeux d'Alexandre ce qu'il devoit être, c'étoit pour lui un second père auquel il donnoit la moitié d'un cœur, dont la nature lui faisoit offrir l'autre à Philippe. *Je suis redevable à l'un de vivre*, disoit-il, &

à *l'autre de vivre bien*. Les difpofitions du difciple, l'habileté du maître fe répondoient trop bien, pour qu'en peu de tems Alexandre n'étonnât point par fes progrès & ne doublât point ainfi l'honneur de fon docte inftituteur. Il connut bientôt les règles fûres qui fervent de bâfe aux raifonnemens, & fous les fleurs fouvent trompeufes de l'éloquence il fçut diftinguer la qualité du fond qu'elles couvroient. La Métaphyfique fous la direction d'Ariftote lui dévoila fes myftères, & lui fit connoître fes éternelles vérités. Les Mathématiques donnèrent à fon efprit cette juftefie fans laquelle il n'eft qu'une flâmme qui pétille, féduit, égare & difparoît : ce font elles qui fourniffent au génie cette bride néceffaire qui le retient & lui épargne fes nobles, mais trop ordinairement nuifibles emportemens. Auroit-on oublié dans l'éducation de ce Prince l'étude de la Nature ? Non, certes ! Cette étude aggrandit l'ame & fur l'échelle des Êtres, la fait s'elever jufqu'à la Divinité. Chaque jour, à l'aide de fon maître, le jeune Alexandre découvroit des merveilles de la Nature qui lui ouvroit fes tréfors & lui confioit fes fecrets. Mais ce jeune Prince étoit deftiné pour le Trône : la principale fcience des Rois eft la connoiffance des hommes, & cette fcience c'eft la morale qui en eft la mère. Auffi, combien Ariftote la fit-elle aimer à fon Élève ! Et comme ce royal Élève répondoit aux foins paternels d'Ariftote ! S'il eft effentiel aux Souverains de connoître les hommes, il eft bien intéreffant pour eux de fçavoir avec art haranguer leurs peuples, manifefter leurs volontés, parler aux Ambaffadeurs des Rois Étrangers, & l'éloquence eft dans la bouche d'un Prince ce que la fageffe eft dans fon cœur. Heureux le maître qui fe voit demander par fon élève les principes de cet art fublime : heureux l'élève que forme à l'éloquence le Prince de tous les Rhéteurs ! Les arts méchaniques eux-mêmes firent partie des études de ce Monarque futur. En les exerçant il apprit à en connoître les difficultés, les reffources, la valeur, & il n'eft pas furprenant qu'on les ait vu fleurir fous fon règne, puifqu'il fçavoit les apprécier. C'étoit cette jufte appréciation qui avoit été le motif de l'étude qu'il en avoit faite. Quelques permis que foient les délaffemens qu'ils procurent, ce n'étoit pas en eux que ce Prince puifoit les fiens. Tout devoit être noble dans Alexandre, & les momens que lui laiffoit le Gouvernement de fes États, il les donnoit aux Lettres ; *il aimoit,* dit Plutarque, *à converfer avec les Gens de Lettres, à s'inftruire avec eux, à lire leurs ouvrages.* De combien d'honneurs ne combla-t-il pas ceux d'Homère ! il les lifoit toujours avec un nouvel intérêt ; fon cœur plein d'eftime pour ce Poëte le chériffoit comme s'il eut été l'un de fes maîtres, & quand il lifoit l'Iliade, il croyoit entendre les Dieux lui dicter dans leur langage divin des leçons de courage, de prudence, de magnanimité; enfin lui manifefter toutes les vertus & les devoirs des Rois. De-là cet empreffement avec lequel, après la bataille d'Arbelles, il fit mettre dans l'inappréciable caffette d'or de Darius les Œuvres d'Homère, revues par Ariftote, & qui du nom du Dépôt furent appellées l'*Édition de la Caffette*. Les exercices du corps étoient familiers à Alexandre, & par la manière tout-à-la-fois adroite & hardie avec laquelle il dompta le fameux Bucéphale, on peut juger que la Nature l'avoit pourvu de toute efpèce de talens.

Ainfi le grand Alexandre paffa le tems fugitif de fa première jeuneffe. Formé par l'éducation la plus foignée, à feize ans il étoit déjà mûr pour le Trône, & pendant l'abfence de Philippe, revêtu de toute fon autorité, l'on fçait avec quelle prudence & quel courage il gouverna les États de fon père; mais il n'étoit pas Souverain encore.

A vingt ans il le fut: & c'est à commencer de cette époque que l'Univers étonné vit en lui le Héros, le Guerrier intrépide & le plus redoutable conquérant. Philippe avoit conquis des Nations barbares qu'il avoit unies à fa Couronne; mais elles le regardoient comme Ufurpateur. La Grèce avoit été foumife elle-même; mais elle n'étoit point encore accoutumée à la fervitude. L'arrivée d'un jeune Roi au Trône paroît à tous une époque favorable pour reprendre leur liberté: tous fe trompent. Alexandre fe met en marche, les Triballiens font défaits, les Gètes mis en fuite, les Thébains égorgés, leur Ville renverfée; le nom feul du Héros, le bruit de fes triomphes, ou, s'il le faut, fes armes fubjuguent ou font rentrer dans le devoir les rebelles, & Démofthène eft forcé de reconnoître que l'*Enfant* qu'il méprifoit dans fes difcours eft le maître de fa Patrie. Alexandre étoit jeune; comme un lion qui court au carnage, le fang qu'il fit couler l'altéra, & les premières palmes que lui fournit la victoire furent plus d'une fois cueillies par la barbarie qui, pourtant, au faccage de Thèbes refpecta la liberté des Prêtres, ceux qui avoient droit d'hofpitalité chez les Macédoniens, ainfi que les defcendans du Poëte Pindare: &, du moins cette fois, dans Alexandre le guerrier feul fut coupable. On vit alors à Corinthe une de ces affemblées formidables où le fort de l'Univers eft mis dans la balance: on vit l'Occident délibérer fur la ruine de l'Orient, Alexandre par fon éloquence réveiller des haines endormies contre les Perfes, & fe faire nommer Commandant-Général d'une Confédération qu'il fufcitoit. Avec ce titre & fon ambition, que ne va pas faire un Prince qui ne trouve pas de milieu entre le dénument de l'orgueilleux Diogène & la poffeffion de la terre qu'il defire?

Un hymen conseillé par Antipater & Parménion n'aura pas même d'attraits pour son cœur : il assemble les Chefs de son armée, nomme Antipater Vice-Roi de la Macédoine, fait des sacrifices aux Dieux, & comme pour se faire pardonner par les Muses paisibles le sang qu'il va répandre, pendant neuf jours il leur fait des fêtes : puis, sçavant dans l'art de régner, assez habile pour unir tous les intérêts aux siens, il distribue des terres, répand ses largesses, & ne gardant pour lui que l'espérance que le généreux Perdiccas aime mieux partager que d'accepter ses dons, il part de Macédoine à la tête d'une armée consommée dans l'art de la guerre & dont tous les Officiers réunis ou rangés à la tête du Camp, ressembloient, comme le dit *Justin*, au Sénat vénérable de quelqu'antique République. En peu de tems il arrive en Asie, lance un javelot contre la terre comme pour en prendre possession, & sautant le premier hors du navire, il dresse sur le rivage des Autels, pour sacrifier à Jupiter, à Minerve & à Hercule.

Le poids de sa caisse militaire n'arrêtoit pas la marche de ses Troupes. Soixante-dix mille écus en composoient le fonds, & les richesses des peuples qu'il alloit vaincre devoient les renouveller. Ses pas sont par-tout tracés par la victoire, & de tems en tems son amour pour les Lettres lui fait épargner le sang. A Lampsaque un heureux détour d'*Anaximène* l'empêche de ruiner cette Ville. A Ilion les cendres d'Achille sont honorées par notre Héros qui lui envie le double bonheur d'avoir eu Patrocle pour ami & Homère pour hérault de son courage. Le Granique sembloit devoir arrêter Alexandre ; mais à ses yeux le Granique n'est qu'un ruisseau, qu'après avoir traversé l'Hélespont il rougiroit de ne pas franchir. Envain les Perses en garnissent-ils l'autre bord, à la tête de ses Troupes l'intrépide Roi de Macédoine sçaura les braver, &, s'il reçoit un échec, ce sera pour doubler son courage : il passe, attaque les Perses, & de sa main immole le Satrape de l'Ionie Spithobrate, la terreur de ses ennemis ordinaires : puis, secondé par Clitus, il évite la vengeance de Rosacés, frère du Satrape : enfin après avoir mis en fuite les barbares, il soigne les blessés, fait élever par Lysippe à vingt cinq Cavaliers des Compagnies Royales qu'il avoit perdus, des Statues de bronze que Q. Métellus fit long-tems après porter à Rome : il voulut partager les dépouilles des vaincus avec les Grecs, tant il connoissoit l'art de s'attacher les peuples, & la plus grande partie de la vaisselle & des meubles qu'il avoit enlevés au luxe des barbares, il l'envoya à sa mère.

Le succès de la bataille du Granique lui fit ouvrir les portes de bien des

Villes: Sardes fut la première. A Éphèse, Alexandre fit célébrer avec la plus grande solemnité les fêtes de Diane dont on rebâtissoit le temple pour la construction duquel les femmes faisoient le sacrifice de ce qu'elles avoient de plus rare en bijoux, zèle que l'on ne trouveroit pas dans la vraie religion pour un édifice pieux.

Milet avoit fermé ses portes; mais cette Ville fut bientôt forcée de capituler. Memnon ajoute aux forces d'Halicarnasse celles d'une habileté consommée: Halicarnasse n'en est pas moins renversée & ses murs sont rasés. Plusieurs Rois de l'Asie Mineure se soumettent volontairement à Alexandre, & le plus remarquable d'entre eux est Mithridate, Roi de Pont.

Mais c'est Darius qu'il faut attaquer. Le défilé de Phasélis n'arrête pas Alexandre, & sans que les eaux se fussent entr'ouvertes, comme le raconte l'ingrat & infidèle Historien Josephe, il les traverse avec toute son armée: arrive à Célènes, Ville célèbre, dont les habitans se rendent: de-là il passe dans la Phrygie, &, dans sa Capitale dont il s'empare, il coupe le fameux nœud gordien en éludant ainsi l'Oracle qui promettoit l'empire de l'Asie à celui qui le dénouroit. Sans la mort de Memnon arrivée devant Mytilène, Alexandre eut été, sans doute, forcé de faire faire diversion à ses Troupes pour se défendre contre celles qui, conduites par ce Général, alloient porter le feu de la guerre dans la Macédoine; mais autant heureux que Grand, délivré de cet ennemi, il s'avance vers la Cilicie, & fait passer son armée jusqu'à Tarse. Parménion qui le précédoit préserva cette Ville du feu que les Perses eux-mêmes vouloient y mettre. Ce fut dans ces lieux que la mort pensa ravir Alexandre au milieu de ses prospérités. Une maladie, qu'une imprudence avoit causée, alloit le faire périr lorsque Philippe se chargea de le rappeller à la vie, & devint tout-à-la-fois vainqueur & des calomnies dont on le rendoit l'objet & du mal qui menaçoit les jours du Prince; celui-ci méritoit, sans doute, une guérison parfaite par la noble confiance avec laquelle il avoit reçu des mains de Philippe, le remède qu'on lui avoit écrit n'être que le voile du poison.

Pendant la maladie d'Alexandre, Darius étoit en marche. Tout ce que le luxe des Perses pouvoit déployer, ce Prince l'étalloit, & l'on eut cru voir plutôt une marche triomphale que celle d'une armée qui alloit à l'ennemi. Candème, Athénien trop franc, avoit osé en faire la remarque à Darius, & fut puni de mort; son sang, il est vrai, eut bientôt, comme il le disoit lui-même avant d'expirer, un vengeur dans la personne d'Alexandre, & l'inhumanité de Darius fut l'augure fatal de sa défaite. Près d'Issus se livra cette bataille célèbre, où

des

des Troupes du Roi de Perse, une grande partie fut taillée en pièces, & le reste mis en fuite. C'est dans cet endroit encore qu'Alexandre donna à tous les Guerriers, par sa conduite envers la famille de son ennemi, le plus bel exemple de générosité : & ce que son cœur lui dicta pour elle sembla réparer l'outrage que ses armes venoient de faire à l'humanité, outrage cruel, le premier des malheurs de la guerre.

Alexandre, Vainqueur, tourne ses pas vers Damas, dont on lui remet les tréfors. A Marathe, il reçoit une lettre de Darius, & lui répond en Roi, avec fierté, nobleffe & clémence. Tout à son approche se soumettoit à son obéiffance. Biblos lui ouvrit ses portes : les Sidoniens doublement satisfaits, de se souftraire aux Perses, dont l'ancienne barbarie étoit toujours présente à leur ame, & de préserver leur Patrie d'un sort funeste, se soumirent au Vainqueur, malgré Straton leur Roi. Straton fut dépouillé de la Royauté, & l'on vit alors le noble & rare exemple de deux frères refusant la Couronne, & le sage Abdolonyme, tiré de son jardin pour être placé sur le Trone, craindre en en montant les degrés de n'avoir pas autant de force pour porter le diadème qu'il avoit eu de patience pour supporter la misère.

Tyr, surnommée la Reine de la Mer, étoit trop puiffante pour se courber ainsi sous le joug, elle vouloit bien être l'amie d'Alexandre ; mais son orgueil ne pouvoit pas se prêter à l'idée de lui être soumise. Aux yeux d'un Prince moins ambitieux, cette amitié seule eut pu paroître honorable ; mais un Guerrier a toujours des raisons pour vouloir conquérir. Celles d'Alexandre étoient la position & la force de Tyr : il ne pourra sûrement attaquer l'Égypte ni pourfuivre Darius tant qu'ils auront pour eux les maîtres de la Mer, & la prudence ne lui permet pas de laiffer derrière lui des pays ennemis & suspects. L'affaut de Tyr est donc décidé : il étoit difficile ; mais, secondé par les forces navales de la Phénicie, accompagné de son bonheur & protégé par un invisible Dieu, dont lui-même exécutoit les desseins, il vint enfin à bout de vaincre les Tyriens sur Mer, & de forcer leur Ville que la nature & l'art sembloient rendre imprenable. La vengeance & la barbarie succédèrent alors au courage dans le cœur d'Alexandre, & l'on frémit en pensant que, malgré le carnage que l'ordre de faire main-baffe avoit occasionné, malgré la vue de fix mille soldats taillés en pièces sur les remparts, le cruel Conquérant fit élever en croix, sur le rivage, deux mille hommes que les mains des Vainqueurs, lasses de massacres, n'avoient pu mettre à mort.

Tandis qu'Alexandre étoit devant Tyr, Darius lui avoit écrit : sa lettre étoit plus modérée que la première ; mais Alexandre lui avoit répondu en Vainqueur, & Tyr étoit à peine réduite qu'il s'avança vers Jérusalem : il vouloit punir les Juifs d'avoir été trop fideles au serment qu'ils en avoient fait à son ennemi ; mais le grand Prêtre Jaddaf vint au devant du Conquérant, & le ramena jusques dans le temple du vrai Dieu, dont il étoit le Sacrificateur. Alexandre reconnut que c'étoit à ce Dieu qu'il devoit ses victoires, lui fit des offrandes & des sacrifices, accorda aux Juifs la liberté de leur culte & de vivre suivant leurs loix, puis il marcha vers Gaza. Bétis, l'un des Eunuques de Darius, défendoit cette Ville : le courage des habitans en rendoit la prise, pour ainsi dire, impossible ; mais, enfin, après deux mois de siége, Alexandre l'emporta, & plus cruel encore qu'à Tyr, il fit passer dix mille hommes au fil de l'épée, vendre les autres avec leurs femmes & leurs enfans, &, trop fidèle imitateur d'Achille, plus barbare même, il fit attacher Bétis vivant à un char, & le fit traîner autour de Gaza, jusqu'à ce qu'avec son sang il eut perdu la vie. De Gaza, passant à Péluse, Alexandre vit accourir les Égyptiens pour se soumettre à ses loix. Les Perses avoient violé leur religion, & la haine que les Égyptiens avoient contre eux étoit l'arme la plus puissante des Vainqueurs. Mazée qui commandoit à Memphis lui en fit ouvrir les portes, & sans opposition, Alexandre se vit ainsi maître de toute l'Égypte.

Semblable à ces globes que les enfans font avec la neige & qu'ils grossissent en roulant, l'orgueil tout aussi fragile a la même progression dans ses accroissemens : la qualité d'homme s'étoit éclipsée dans le cœur d'Alexandre sous celle de Conquérant, il lui falloit un Dieu pour père. A Memphis cette idée s'empara de son ame, & Jupiter Ammon, dont le temple étoit au milieu des déserts de la Lybie, obtint de lui un regard filial. Un voyage aussi-tôt est décidé, c'est bien le moins que l'on rende quelques honneurs à son père. Les Prêtres du Dieu sont prudemment avertis de la visite qu'ils vont recevoir, & du rôle qu'ils doivent jouer : ils eurent le tems de se disposer, l'éloignement & les difficultés du chemin favorisoient tous préparatifs, enfin, après une marche longue & fatiguante, après des périls réels, Alexandre arrive, & les Prêtres endoctrinés le déclarent fils de leur Dieu qui reçoit, ainsi qu'eux, des présens dignes d'êcres offerts par le Conquérant du monde. Enflé de ce nouveau titre, Alexandre ne manquoit pas d'en décorer ses moindres lettres, & la plaisanterie fine de sa mère Olympias, qui le prioit ingénieusement de ne pas le brouiller avec Junon, ne put le faire renoncer à cette fabuleuse origine.

Ce fut vers ce tems, que, suivant Varron, ce Prince bâtit Alexandrie, & que de retour à Memphis il régla les affaires d'Égypte; mais Darius occupoit toujours son esprit; il part donc de l'Égypte pour aller à sa poursuite, ne néglige pas cependant de rendre à la femme de son ennemi, dont on lui annonce la mort, les honneurs les plus distingués, & de lui faire les obsèques les plus magnifiques, puis s'avance vers Thapsaque, y passe l'Euphrate sur un pont & continue sa route jusqu'au Tygre. Darius, dont Alexandre avoit deux fois rejetté les propositions de paix, de son côté prépare sa défense, il avoit envoyé l'un de ses Généraux pour arrêter le passage du Tigre; mais malgré la rapidité du fleuve, Alexandre le traverse, & les Troupes de Darius n'arrivent que lorsque les siennes sont rangées en bataille. Un évènement naturel faillit lui nuire plus que les armes ennemies: la Lune souffroit une éclipse, & son disque rougissant paroissoit teint du sang le plus épais. La frayeur s'empare aussi-tôt des esprits; mais Alexandre sçut bientôt la dissiper: un mensonge souvent suffit pour en imposer à l'erreur. « Que les devins » soient consultés, dit Alexandre, » les devins avoient le mot: *le Soleil est pour les Grecs & la Lune pour les Perses*, disent-ils, *& jamais elle ne souffre ainsi sans que les Perses n'éprouvent les plus grands malheurs*. A ces mots, le courage & l'espérance renaissent, Alexandre profite de l'ardeur de ses Troupes, & s'avance vers Darius: celui-ci a beau lui faire présenter des conditions de paix, yvre de son bonheur & de sa prospérité, plein de l'orgueil le plus inconcevable, *le monde*, répond-il, *ne peut avoir ni deux Soleils ni deux maîtres*, &, dans les transports de son yvresse il se dispose à la bataille: jamais il ne parut si tranquille qu'à ce moment décisif, & même il avoit dormi plus tard que de coutume, quoique la veille il eut immolé des victimes à la Peur: enfin les deux armées sont en présence. Le courage, dans celle d'Alexandre, suppléoit au nombre. Les deux masses s'ébranlent, les chariots armés de faux sont envain dirigés vers les Phalanges Macédoniennes. Le seul bruit des Boucliers frappés de lances effarouche les chevaux qui retournent sur leurs pas massacrer les Guerriers qu'ils devoient aider à vaincre. Le combat fut opiniâtre & sanglant: Darius mis en fuite fut poursuivi par Alexandre: cependant le sort des armes parut vouloir changer; mais le bonheur d'Alexandre l'accompagnoit toujours. Il revient, charge de nouveau l'ennemi qui est entièrement défait, & cette fameuse bataille qui décida de l'Empire, du nom de la Ville la plus prochaine, fut appellée la bataille d'Arbelles. Grâces rendues aux Dieux, Alexandre alla s'emparer d'Arbelles, de Babylone, de Suze & de toutes leurs richesses : puis, après avoir comblé de biens la mère de Darius qu'il respectoit comme la sienne, il s'avance vers la contrée des Uxiens, & défait complétement Madate qui commandoit cette Province Averti que l'on vouloit piller les tréfors de Darius à Perfépolis, il hâte sa marche vers cette Ville; un pont qu'il fait construire lui facilite le paffage de l'Araxe. A quelques pas de Perfépolis, un spectacle affreux tire de ses yeux des larmes qui honorent l'humanité, & ce Conquérant qui, chaque jour, immoloit à son orgueil des milliers d'hommes, fond en pleurs à la vue de huit cent prisonniers Grecs, que la barbarie de leurs Vainqueurs avoit mutilés : tant est puiffante la force de la Nature ! Hélas ! pour vanger cette infulte faite à l'humanité, il va l'outrager encore; le maffacre de Perfépolis eft résolu, ce maffacre eft exécuté, & le feul ordre qui puiffe faire honneur à ce Conquérant fanguinaire, eft celui de ne pas attenter à la pudicité des femmes. Sous les monceaux des victimes immolées à fa rage guerrière, Alexandre trouva trois cent foixante millions d'argent, & tout ce que l'on avoit pu ramaffer de précieux. La prife de Pafargade lui procura dix huit millions encore. Faut il que le séjour d'Alexandre à Perfépolis réveille une idée bien trifte en tout tems, & fur-tout lorfqu'on ne parle de ce Prince qu'en travaillant pour les Arts ? Le confeil de Thaïs, Courtifanne célèbre, de brûler le Palais de Xerxès, trop légèrement fuivi, laiffe une tache à ce Conquérant moins facile à faire difparoître que le regret momentané qu'il témoigna de fa folie. Pour éloigner ce fouvenir, rappellons-en un plus gracieux. Le refpect pour fa mère, la belle réponfe faite à Antipater, & ce cachet mis de la main même d'Alexandre fur les lèvres d'Éphestion, pour lui imprimer le fecret au fujet d'une lettre très-vive d'Olympias, font à jamais honneur à fa mémoire.

La mauvaife fortune de Darius le pourfuivoit avec autant d'opiniâtreté qu'Alexandre. Réfugié à Ecbatane, il la fuit fur la nouvelle que fon ennemi l'approche; mais les propres armes de fes Sujets lui font plus funeftes que celles d'Alexandre : *Nabarçanne & Beffus*, deux de fes Généraux, & deux traîtres le chargent de chaînes, que leur métal, qui étoit l'or, rendoit plus infultantes; ils vouloient avoir ou leur rançon en vendant leur Roi au Vainqueur, ou le tuer s'ils échappoient à Alexandre, pour régner à fa place & recommencer la guerre. Il ne réuffit de leurs projets que ceux qui tenoient à leur trahifon; car Alexandre à cette nouvelle précipita fa marche, & au feul bruit de fon arrivée les traîtres difparurent après avoir percé de traits le corps de leur Souverain. Darius expirant chargea Polyftrate de fouhaits, de remercimens, e vœux pour Alexandre, & lui légua la vengeance de sa mort comme une charge de sa Couronne. Les derniers sentimens de ce Monarque de la Perse ttestent mieux son caractère que ne feroient nos réflexions. Voyons maintenant Alexandre après avoir rendu à son rival les honneurs qu'il lui devoit, & avoir fait remettre son corps à sa mère Sysigambis, poursuivre ses victoires.

Tandis qu'au loin il accumuloit conquêtes sur conquêtes, Lacédémone & presque tout le Péloponèse se révoltoit contre les Macédoniens. Tout sembloit seconder leur attaque, le Monarque conquérant étoit trop éloigné pour secourir son propre Royaume, & Memnon soulevé dans la Thrace retenoit le Général le plus capable de réprimer leur audace; mais leur espoir est rompé. Antipater accommode avec adresse les troubles de la Thrace, & après avoir envoyé un courier à Alexandre, il s'avance lui-même contre les Lacédémoniens, résolu de les attaquer. La résistance fut égale à l'attaque; mais enfin les Lacédémoniens ployèrent, & couvert de gloire & de blessure, Agis, leur Roi, perdit & la bataille & la vie. Une victoire est toujours une nouvelle flatteuse à annoncer; mais Alexandre n'en avoit pas partagé la gloire, &, quoique dans Antipater son ombre eut semblé vaincre, celui-ci crut ne devoir ni faire connoître cet avantage que par la bouche même des vaincus. Alexandre alors poursuivoit Bessus, & la route qu'il parcouroit étoit comme un vaste champ où il cueilloit à chaque pas les lauriers qui croissoient exprès pour lui. L'Hyrcanie se soumet : il subjugue les Mardes, les Arriens, les Draugiens, les Aracausiens & plusieurs autres Nations, &, fidèle copie du modèle tracé par les Prophètes Juifs, il est plus rapide dans ses victoires que la panthère & le léopard ne sont prompts à se procurer leur proie. Le complice de Bessus, Nabarzane, se rend au vainqueur de Darius sur sa parole; & l'on raconte qu'une Reine des Amazones, Thalestris, sortit exprès de ses États pour venir à la rencontre de ce Guerrier dont elle vouloit contempler la gloire & remporter dans son sein un germe de postérité.

Cruels effets de la fortune sur l'ame humaine! Nous avons déjà vu quelquefois le grand Alexandre, yvre de ses faveurs, en abuser. Quel cruel spectacle nous offre de ce grand homme l'impartiale histoire dans ces instans de sa vie que nous avons à peindre! Les passions succèdent aux vertus qui ne reparoissent que comme des lueurs moins faites pour être admirées que pour faire regretter le feu pur dont elles embrâsoient autrefois le cœur de ce Conquérant. Le repos énerve celui que la fatigue ne pouvoit vaincre.

Les voluptés le corrompent, un ferail entoure un homme qui craignoit qu'un nœud légitime n'affoiblît fon ame. Cet homme, auquel les cris de guerre feuls pouvoient plaire, fe laiffe charmer par les accens efféminés des Chanteufes qu'il raffemble. S'il fait chercher Hifiapfe, parent de Darius, pour lui rendre la petite fille d'Ochus fon époufe qu'il retrouve parmi fes efclaves, s'il refufe généreufement de boire quelques goutes d'eau que des Macédoniens viennent lui offrir, lorfqu'accablé par la chaleur du jour, il eft confumé d'une foif ardente, parce qu'il ne peut pas les partager avec fon armée, on le voit pardonner à Philotas fon filence fur une Conjuration de Dymnus, & par la force des tourmens, reffource injufte de la tyrannie qui veut pallier fes forfaits fous le voile des aveux qui ne font pas libres, forcer le même Philotas à fe déclarer coupable, & le faire périr fous le poids des Pierres de fes envieux : eh ! Philotas ne périt pas feul. Son père, le fage Parmenion, ce General auquel Alexandre devoit tant, ce grand homme, illuftre dans la paix & dans la guerre, périt auffi : on va, par les ordres d'Alexandre, le furprendre dans un Parc paifible où il fe promène fur la foi de fa confcience & de fa vertu, &, en lui préfentant une lettre de fon fils, une lettre de fon Roi, au milieu des proteftations de la tendreffe & de la joie, on le perce d'un poignard ennemi, on l'en refrappe encore lorfqu'il n'exifte déjà plus.

Cependant ces exécutions fanglantes foulèvent les foldats : Alexandre s'en apperçoit, il pourfuit promptement fa courfe contre Neffus : celui-ci, pour fe défendre, met la difette & la mifère entre lui & fon ennemi en ravageant les terres qu'il doit parcourir pour l'atteindre ; mais, abandonné par les Bactriens, trahi par fon confident Spitamène, dépouillé de tout ornement Royal & de la tyare de Darius qu'il avoit ofé porter, lié, nud, dans l'état d'un efclave, on l'amene devant Alexandre : celui-ci, après lui avoir reproché fon parricide, le remet à Oxane frère de Darius, & ne diffère fon fupplice que pour le faire juger par l'affemblée générale des Perfes.

Alexandre ne fembloit finir de dompter un peuple, que pour en attaquer un autre, & toute la terre, à fes yeux, n'étoit qu'un feul empire dont il fe regardoit comme le maître. Quiconque fe refufoit de le reconnoître fous ce titre éprouvoit les effets de la fureur ; c'eft ainfi qu'après avoir pris beaucoup de Villes dans la Bactriane, après avoir conftruit une nouvelle Alexandrie, pour mettre en fureté la poffeffion de fes conquêtes, il attaqua les Scythes, dont les Ambaffadeurs, dans une harangue auffi noble que vraie, au nom de leur Nation, s'offroient à lui pour amis, mais non pas pour

Sujets. Ces barbares suivoient les loix sublimes de la Nature, & tout Conquérant les méconnoît. Alexandre les combat donc au mépris de leurs offres, & les Scythes, qui passoient pour indomptables, sont vaincus par cet heureux Guerrier. Sa victoire pouvoit les soumettre, l'estime & l'amour seuls pouvoient lui assurer la victoire & sa clémence à leur égard, en leur rendant tous leurs prisonniers, fit naître ces sentimens; les Saces, quoique puissans, ne voulurent pas courir les mêmes risques que les Scythes, & firent demander à Alexandre son amitié. Tandis qu'il en serroit les nœuds, le traître Spitamène le força de se porter du côté de Maracande où il s'étoit enfermé. Au seul bruit de son approche, il prit la fuite. Alexandre dédaigna de le poursuivre & préféra d'aller attaquer la Sogdiane. Ce fut en ces lieux que de jeunes Sogdiens lui donnèrent des preuves admirables du courage de leur Nation qui regardoit comme une injustice d'attaquer ceux qui ne les offensoit pas, comme une lâcheté de ne pas se défendre, & comme une véritable grandeur de supporter avec force les revers & la mort même, qui, à leurs yeux, en étoit moins le complément que la récompense de leur valeur. De tels hommes étoient dignes, sans doute, d'être plutôt les Gardes que les ennemis d'Alexandre, aussi en prit-il plusieurs auprès de lui qui le disputèrent en zèle & en fidélité aux Macédoniens eux-mêmes.

A Bactres, Alexandre fit deux actes remarquables de justice & d'humanité. Le premier concerne le perfide Bessus; conduit en sa présence, au milieu de ses Généraux, il eut le nez & les oreilles coupés, ensuite il fut envoyé par ses ordres à Ecbatane pour y subir la peine de son régicide, & sous les yeux de la mère de Darius, attaché par tous les membres à des arbres qui, courbés d'abord avec effort, puis se redressant avec violence écartelèrent son corps, il subit son supplice, modèle, sans doute, de celui que l'on réserve encore aux criminels qui se rendent coupables du même attentat. La coutume d'exposer à des chiens, ceux que la vieillesse ou toute maladie mortelle privoient de l'espérance de vivre, fut le second objet des soins d'Alexandre, & son cœur naturellement humain supprima cette barbarie.

Ce n'étoit pas assez pour ce Prince de vaincre les hommes, il aimoit à vaincre la Nature elle-même, &, plus elle lui opposoit de difficultés, plus il trouvoit d'appas à lutter contre elle. Oxus, sans son rocher, eut certainement moins tenté son cœur; mais le rocher sembloit le rendre imprenable, & cette impossibilité lui servit d'aiguillon. Arimaze, qui commandoit cette Place forte, se croyant en sûreté, bravoit par ses insultes le courage d'Alexandre ; mais il éprouva bientôt que rien ne réſiſte à la valeur quand on ſçait l'unir à l'art, &, au pied même du rocher qu'il regardoit comme ſa défenſe, battu de verges avec ſes parens & la principale Nobleſſe du pays qui étoit deſcendue pour demander grace, il ſe vit mettre en croix avec eux : trait horrible qui ſouille la mémoire d'Alexandre, & qui prouve bien que l'orgueil & la ſoif de la gloire tariſſent dans le cœur des hommes & la bonne-foi & juſqu'aux premiers ſentimens de l'humanité. Mais ſuivons notre récit auſſi rapidement qu'Alexandre ſes conquêtes. Les Maſſagètes, les Dahes ſont ſubjugués : leur Vainqueur entre dans la Bazarie &, dans une partie de chaſſe, lutte contre un lion qu'il tue. De-là il revient à Maracande, en appaiſe les nouveaux troubles, & donne à Clitus le Gouvernement de cette Province, que lui remet Artabaze qui en avoit été pourvu après la défaite & la mort d'Arimaze. Clitus ne jouit pas de cette Place que tant de titres lui méritoient. Invité à un feſtin que ſon Roi voulut lui donner avant ſon départ, il oſa démentir indiſcrettement Alexandre qui, échauffé par le vin, s'étoit mis à chanter ſes exploits, & qui, ſans ménagement, avoit déprimé les actions éclatantes de ſon père Philippe. La vérité trop nue déplut au Monarque, & frappé d'un coup de javeline, Clitus, qui lui avoit ſauvé la vie, expira de ſa main & ſous ſes yeux. Mort cruelle, & leçon terrible pour les Rois & les courtiſans. Qu'elle apprenne à ceux-ci que jamais ils ne doivent inſulter leurs maîtres : que le ſilence doit être le ſigne de leur improbation : que leur bouche, qui cependant ne doit dire que des vérités, doit ſçavoir n'en jamais dire de choquantes, & que l'art de les préſenter à un Souverain eſt auſſi néceſſaire que la vérité même. Que ce même crime apprenne aux Rois à bannir de leurs cœurs la colère, qui, jointe à la puiſſance, ne peut être comparée qu'à la foudre, & à ne jamais s'addonner au vin qui, aviliſſant & abrutiſſant tous les hommes, eſt conſéquemment plus indigne des Souverains qui doivent être les images de la Divinité. Alexandre expia par ſes pleurs, & voulut même effacer par ſon ſang cet horrible homicide. C'étoit vouloir réparer un forfait par un autre ; mais faut-il que pour le lui épargner, la flatterie ait dicté aux Macédoniens un décret ſolemnel qui l'innocentât !

Alexandre juſtifié par ſes Sujets d'un crime que ſon cœur lui reprochoit, ſéjourna quelques jours à Maracande, pour combattre s'il étoit poſſible cet invincible Accuſateur ; mais ſans parvenir à le faire taire, il s'accoutuma à ne point l'écouter, & pour ſe diſtraire paſſa dans la Xenippe, frontière de Scythie, où il ſoumit des rebelles auxquels il eut la généroſité de pardonner.

Au

Au roc Choriène, secondé par Oxarte, il vit Syfimethre se rendre, & lui conserva son Gouvernement, grace qu'il accompagna de promesses auxquelles il ne mit d'autres conditions que la fidélité. La femme de Spitamène lui évita la peine d'attaquer les Dahes en lui apportant elle-même la tête sanglante de son époux qu'elle égorgea, forfait qui la fit chasser honteusement du camp du Vainqueur.

Malgré les difficultés des chemins, malgré la contrariété des saisons, malgré les vents & les orages les plus effroyables, cet intrépide Conquérant prit la route de la contrée de Gabaza, passa dans le pays des Saces, le parcourut & le ravagea, rien jusqu'alors n'avoit pu lui résister; mais il devint à son tour la conquête de Roxane, fille d'Oxyarte, qui joignoit aux graces du corps toutes celles de l'esprit: reçu avec toute la magnificence des barbares par son père, sous le spécieux prétexte de rendre par une alliance respectable l'union des peuples plus solide & de confondre leurs intérêts, il la prit solemnellement pour épouse, mariage désapprouvé par la sagesse, qui déplut aux Macédoniens; mais qu'ils ne blâmèrent pas publiquement, tant leur en avoit imposé la mort de Clitus qu'ils regardoient comme l'époque de la perte de leur liberté.

Si l'amour avoit subjugué le cœur d'Alexandre, il n'avoit pu cependant éteindre en lui le desir de la conquête des Indes; mais il ne voulut pas paroître dans cette région simplement comme un Conquérant, il fut jaloux d'y paroître comme un Dieu. Tous ne secondèrent pas également cette folie : & cette époque de la vie d'Alexandre fut souillée de la mort de Califthène, Philosophe intègre, parent d'Aristote, qui plein de respect pour son Souverain vouloit bien qu'on lui accordât les honneurs dûs aux mortels; mais vouloit aussi qu'on le distinguât des Dieux. Un crime supposé devint le motif des tourmens qu'on lui fit souffrir, & servit de voile à la vengeance de l'orgueilleux Monarque.

Une mort aussi injuste souleva tous les cœurs, les murmures commençoient à se faire entendre. Alexandre précipita dès-lors son départ pour les Indes. A peine y fut-il entré, que tous les petits Rois de la contrée se rangèrent sous son obéissance. Les habitans de Nyse, après un long blocus, furent forcés de se rendre : ceux de Dédale furent battus : la ville de Bazica se vit assiégée par Cœnus qu'Alexandre en avoit chargé. La Reine de Mazargues s'estima trop heureuse de recevoir des mains de ce Conquérant des États qu'elle tenoit de celles de la Nature. Mais telle étoit la fortune d'Alexandre, que ses usurpations sembloient être des propriétés : le roc d'Aorne, que, suivant une vieille tradition, Hercule n'avoit pu prendre, fut foumis par les armes de ce Guerrier : fon bonheur tenoit du prodige. La prife d'Écboline lui ouvrit enfuite une route vers l'Indus : près des bords de ce fleuve, alloit régner Omphis par la mort de fon père ; mais ce Prince voulut tenir fa Couronne de la main d'Alexandre ; c'étoit à fes yeux le moyen de l'affermir : il avoit d'ailleurs deux voifins à combattre, Abifare & Porus, & les fecours du Roi de Macédoine lui devenoient néceffaires. A cette nouvelle, Abifare ne tarda pas à fe rendre; mais il n'en fut pas de même de Porus : ce Prince étoit incapable de céder fur le bruit feul de la renommée de fon ennemi ; de part & d'autres il fallut donc combattre. Porus avoit pour lui le courage de fes Troupes, fa valeur, & l'Hidafpe, qui, comme un large bras de Mer, fembloit le protéger; mais Alexandre avoit la hardieffe, la rufe & fon bonheur. La rufe lui facilita le paffage du fleuve, la hardieffe le fit attaquer la nombreufe armée de fon ennemi, & fon bonheur le fit vaincre. Porus vaincu n'en étoit pas moins grand, & Alexandre fçut l'apprécier : il le traita en *Roi*, fuivant la noble réponfe que lui avoit fait Porus : il lui rendit fes États qu'il aggrandit de quelques Provinces, & Porus demeura toujours fidèle au Vainqueur qui bâtit deux Villes en ces lieux, l'une où il avoit paffé le fleuve, & qu'il nomma Nicée ; l'autre où s'étoit donnée la bataille, & que du nom de fon cheval qui y périt il appella Bucephalie. De pareilles conquêtes étonnoient Alexandre lui-même, & les Dieux qu'il en regarda comme Auteurs reçurent de lui des actions de graces & des facrifices folemnels.

Après la victoire fameufe dont nous venons de parler, Alexandre pénétra plus avant dans les Indes, &, fe regardant comme perfonnellement chargé de la conquête de l'Univers, il fubjuguoit tout ce qui fe rencontroit fur fes pas : à fa rencontre il falloit céder ou périr : les fleuves les plus rapides n'étoient point des obftacles à fa marche, il traverfe l'Acéfine, puis l'Hydraote, s'avance contre les Cathéens qui s'étoient campés près de Sangale, les défait dans une bataille rangée, & renverfe leur Ville jufques aux fondemens.

Alexandre profitera-t-il des leçons des fages de ce pays qui lui apprennent qu'il ne diffère du refte des hommes que parce qu'il eft plus ambitieux, que chacun ne poffède de la terre que ce qu'il peut en occuper, & qu'au plus grand Conquérant il ne reftera de fes victoires que l'efpace étroit de fa fépulture? S'il n'en profite pas, il en fera, du moins, étonné, & fon ame grande defirera s'unir à quelques-uns d'entre eux. Calanus, l'un de ces Brachmanes touché de fes defirs, quitta fa folitude pour la fuivre, & fouvent, fous des paraboles ingénieufes, lui voila de néceffaires vérités. Elles firent cependant moins d'impreffion fur lui que les murmures de toute fon armée. Alexandre ne connoiffoit point de bornes à fes conquêtes, & par-tout où il découvroit des peuples il vouloit les combattre. Las enfin de victoires, & jaloux de revoir leur Patrie, les Macédoniens firent connoître leurs mécontentemens, & Cœnus, portant pour eux la parole, attendrit le cœur du Roi, qui s'entendit en ce moment appeller du nom tendre de *Père*. D'abord il n'avoit pas voulu céder, tant il en coûte aux Rois pour revenir fur leurs pas; mais il fentit bientôt, en accordant à fes foldats leur demande, combien il eft doux pour un Souverain de feconder, même contre fes propres vues, les vœux légitimes de fes Sujets: & pour la première fois ce Vainqueur de la terre connut que la plus agréable des victoires, eft celle que l'on remporte fur foi-même. Le retour d'Alexandre en Macédoine fut donc arrêté; mais par de gigantefques Autels, par des limites doublés d'un camp, par des lits énormes & conftruits exprès, Alexandre veut laiffer dans le pays des monumens d'une grandeur plus qu'humaine, qui n'avoit exifté que dans fon imagination orgueilleufe. L'Hydraote fut bientôt repaffé, le débordement de l'Acéfine força l'armée de camper fur fes bords où mourut Cœnus regretté de fon Prince & de tous les foldats. Au-delà du Confluent de ce fleuve avec l'Hydafpe, Alexandre parvint aux pays des Oxydraques & des Malliens qu'il fallut combattre, & fous leurs traits il faillit expirer; mais, en peu de jours, il fut rétabli de fa bleffure, & il vit ces peuples belliqueux lui venir demander un maître. Quand donc ce Conquérant terminera-t-il fes attaques guerrières? Ah! malgré l'eloquence de Cratère & de fes Officiers, l'idée feule de la gloire de Sémiramis enfante encore dans fon cœur de nouveaux projets de guerre.

Cependant il arrive jufqu'à l'Océan, & méconnoiffant les effets du flux & reflux, il le prit ainfi que fon armée pour une preuve de la colère des Dieux qu'il voulut appaifer par d'innombrables facrifices. Tandis que Néarque chargé de parcourir l'Océan faifoit voile fur cette Mer inconnue, dans le pays des Orites, Alexandre fouffrit beaucoup de la famine, dont la fuivante trop fidèle la pefte mit le comble à la mifère de fes Troupes. Mais heureufememt fur les confins de la Gédrofie, il fe trouva dans la plus grande abondance, &, fecouru par les Satrapes voifins, il arriva dans la Carmanie. Ce fut en ce pays que Néarque vint le rejoindre & lui rendit compte de fes courfes maritimes. Il y reçut auffi des plaintes de toute efpèce contre les Gouverneurs qu'il avoit laiffés dans les Provinces, & qui, perfuadés qu'ils ne reverroient jamais

Alexandre, accabloient les peuples par la rapine, la cruauté, la tyrannie & des concussions de tout genre. La sévérité d'Alexandre mit fin à ces maux en punissant de mort les coupables & ceux qui les avoient secondés dans leurs prévarications. Ce Prince sçavoit qu'il devoit à ses Sujets une vengeance qu'eux-mêmes ne pouvoient point légitimement exercer : il sçavoit que le plus grand des malheurs pour un Royaume est que ses habitans gémissent sous l'oppression sans que l'on punisse les oppresseurs, & que le poids de l'autorité écrase le peuple, sans jamais retomber sur les criminels auteurs de la ruine publique.

Alexandre, dont la tête enfantoit à chaque instant de nouveaux projets, eut bien voulu faire le tour de l'Arabie & de l'Afrique, rentrer dans la Méditerannée par le détroit de Gibraltar que l'on appelloit alors les colonnes d'Hercule, puis il comptoit passer dans la Lybérie, franchir ensuite les Alpes, parcourir les côtes d'Italie & par l'Épéia revenir dans la Macédoine; mais le tems lui manqua.

Dans la route qu'il avoit prise se trouva Pasagarde, Ville de Perse qui devint le théâtre d'une des scènes trop souvent renouvellées dans les Cours des Rois. Orsine, Gouverneur du pays, descendant de Cyrus, devint la victime de la crédulité d'Alexandre trompé par l'Eunuque Bagoas. Orsine avoit rempli noblement la place de Gouverneur de Pasagarde & de la contrée : à l'approche d'Alexandre il étoit venu le combler de présens ainsi que les plus nobles de ceux qui l'accompagnoient; mais il avoit méprisé dans la distribution de ses dons le vil Bagoas : celui-ci déguisant son mécontentement parvint par ses ruses & ses intrigues à rendre son Prince l'instrument même de ses vengeances: & sous prétexte de la spoliation du tombeau de Cyrus, appuyée sur des témoignages mandiés, Alexandre, jouet coupable de son infâme favori, se souilla du sang d'Orsine.

De Pasagarde, Alexandre vint à Persépolis, puis à Suse, où, retrouvant toutes les nobles captives qu'il y avoit laissées, il épousa la Princesse Statira, fille aînée de Darius. Éphestion obtint sa sœur la plus jeune: les principaux Seigneurs de sa Cour s'allièrent aussi aux familles les plus nobles qui se trouvèrent parmi les captifs, & toutes ces nôces célébrées à la manière des Persans étoient supposées la base de l'éternelle union des deux Nations. Elles furent aussi l'occasion d'une des plus grandes largesses d'Alexandre & d'une des plus belles sentences que sa bouche ait prononcées. Ce Prince avoit ordonné le payement des dettes des soldats; ceux-ci craignoient que ce ne fut un piége pour connoître leur dépenfe : auffi-tôt, par les ordres du Roi, s'ouvrirent des bureaux où l'on payoit, fans inferire le nom du créancier; mais il leur fit de nobles reproches terminés par cet axiome vraiment royal, *qu'un Roi ne devoit jamais manquer de parole à fes Sujets, ni les Sujets foupçonner qu'un Roi fût capable d'une fi honteufe prévarication.*

Le Gouverneur de Babylone Harpalus, homme licentieux dans fes mœurs, ayant appris qu'Alexandre puniffoit avec févérité fes Lieutenans prévaricateurs, amaffa précipitamment quinze millions & fe retira à Athènes. Il trouva mille Orateurs prêts à lui vendre leur éloquence; parmi ces Littérateurs avilis il ne vit pas Phocion, le feul qu'il eut defiré; mais autant honnête homme qu'homme éloquent, Phocion étoit incapable de fe manquer ainfi à lui-même : il préféroit fa pauvreté à tout l'or amaffé par la baffeffe, & fept cent talens ne purent le corrompre; on accufa Démofthènes de n'avoir pas été auffi délicat; mais, pour l'honneur des Lettres, croyons Paufanias qui fait tous fes efforts pour le difculper.

Près de la Ville d'Opis, Alexandre voulut licencier les vieux foldats de Macédoine; ceux-ci croyant que c'étoit une préférence que leur Prince donnoit fur eux aux Troupes conquifes, entrèrent en fureur & l'infultèrent féditieufement; mais Alexandre les terraffa comme d'un coup de foudre, en envoyant treize des plus coupables à la mort; &, politique auffi fin que juge févère, il dit aux mécontens qu'ils pouvoient quitter leurs armes, abandonner leur Prince loin de fon Royaume au milieu des Étrangers, dont auffi-tôt il fe fit une garde. La honte eut encore plus d'empire fur l'ame de ces Guerriers que les peines dont ils fembloient avoir été menacés : baignés des larmes de la douleur ils s'avouèrent coupables, & lui demandèrent leur grace. Attendri, le Roi la leur accorda, combla de préfens ceux que l'âge rendoit incapables de fervir : il ordonna qu'ils fuffent affis & couronnés aux premières places du théâtre : les enfans des foldats morts au fervice reçurent dans leur enfance la paie de leurs pères, & c'étoit par ces moyens qu'Alexandre, anobliffant la profeffion militaire, aggrandiffoit, pour ainfi dire, le courage & l'attachement de fes foldats.

D'Opis, Alexandre vint à Ecbatane où il célébra des fêtes & des jeux; mais ces jeux, accompagnés de débauches, causèrent la mort d'Éphestion. C'étoit l'ami le plus intime du Roi, & qui, chofe bien rare, avoit auffi mérité, par fes qualités précieufes, l'amour des foldats & du peuple. Alexandre ne put fe difraire de la douleur exceffive que lui caufa la perte de fon ami, que par l'attaque & la défaite des Coffćens, Nation belliqueufe des montagnes de Médie, qu'en quarante jours il parvint à dompter ; ainsi que par les honneurs extraordinaires qu'il fit rendre au corps d'Éphestion dans Babylone, où il l'avoit fait transporter par Perdicas.

Ces funérailles, conduites par le fameux Architecte Staficrate, furent d'une magnificence auffi folle qu'étonnante, & trente-fix millions, prix du fang des hommes les plus valeureux, fuffirent à peine pour en payer les frais. Elles furent fuivies de l'apothéofe ridicule de ce mortel à qui l'on éleva de tous côtés des Autels, des temples, par qui fe firent tous les fermens, & qui de toutes parts reçut des prières & des vœux.

Cependant, avant d'entrer à Babylone, Alexandre avoit été menacé par les Astrologues Caldéens de la mort qui l'attendoit, difoient-ils, dans leurs murs; les Philofophes Grecs avoient tenté de le raffurer en lui démontrant la vanité de l'art de ces faux devins. Convaincu ou non par leurs raifons, ayant appris la réunion d'un grand nombre d'Ambaffadeurs qui venoient dans cette Ville lui rendre leurs hommages, l'orgueil lui fit méprifer les menaces de l'Aftrologie, & ce fut à Babylone qu'il reçut des Corinthiens le droit de bourgeoifie qu'ils n'avoient encore accordé qu'au feul Hercule, & que par cette unique raifon ce Prince accepta.

Embellir Babylone, réparer les digues de l'Euphrate pour lui en épargner les inondations ; y reconfiruire le temple de Bélus renverfé par Xerxès, ce fut une partie des occupations d'Alexandre pendant fon féjour dans cette Ville fuperbe ; mais il fe livra fur-tout aux jeux & aux plaifirs. Ils étoient devenus des diftractions néceffaires pour le détourner des fatales prédictions des Mages que la tempérance eut rendu plus facilement inutiles. C'étoit un fpectacle bien digne des yeux de la philofophie de voir un Prince la terreur de l'Univers, s'effrayer feul par le fouvenir d'une prédiction aftrologique : un Prince affez hardi pour fe mettre lui-même au rang des Dieux, victime d'une baffe fuperftition qui l'aviliffoit. Hélas ! ces jeux, ces plaifirs devoient être la caufe même de l'accompliffement trop réel de ces menaces chimériques qu'il redoutoit. Une nuit paffée dans la débauche devint le terme de fa vie : l'invincible Alexandre fut vaincu par le vin : l'orgueilleux fils de Philippe qui fe difoit celui de Jupiter, ce Conquérant redoutable qu'aucunes fatigues, aucuns voyages n'avoient pu affoiblir, cet homme que les fleuves les plus rapides, les torrens les plus impétueux, les eaux irritées des Mers n'avoient pu fubmerger, vint s'enfevelir dans la large & fatale coupe d'Hercule dont il étoit le defcendant & dont il prétendoit être l'image.

DE FLORENCE.

Ainſi périt Alexandre, ce Prince tout à la fois ſuſceptible de louanges & de mépris : ce Prince, mélange inconcevable de vertus & de vices : qui cultiva ſoigneuſement les vertus pendant les premières années de ſa vie, &, qui, gâté par ſa bonne fortune, gagna tous les vices des Nations qu'il ſubjugua.

Antipater qu'il avoit rappellé de ſon Gouvernement de Macédoine, & Ariſtote même furent ſoupçonnés aſſez légèrement de l'avoir empoiſonné ; mais le vin fut le vrai poiſon qui le fit périr. On prépara pendant deux ans ſon convoi, & ſon corps embaumé par les Egyptiens & les Caldéens demeura ſans ſépulture juſqu'à ce qu'il put être porté dans le temple de Jupiter Ammon.

Alexandre n'avoit que trente-deux ans huit mois lorſqu'il mourut, il en avoit régné douze. Sa vie entière fut un tiſſu de conquêtes, & il fut ravi au milieu des plus vaſtes projets, ſans avoir établi ſolidement ſes affaires, laiſſant un frère imbécille & des enfans en bas âge, incapables de ſoutenir un ſi grands poids, annonçant à ſes amis que ſes funérailles ſeroient célébrées avec des batailles ſanglantes, & l'imagination remplie des triſtes peintures de la confuſion qui devoit ſuivre ſa mort.

LYSIMAQUE.

Après la mort d'Alexandre, Aridée ſon frère naturel & le fils que Roxane mit au monde furent déclarés Rois ; mais ils n'eurent que l'ombre de la royauté. L'autorité toute entière reſta dans les mains des grands Seigneurs & des Généraux qui ſe partagèrent entre eux les Provinces.

N°. III.

Lyſimaque, fils d'Agatocle, obtint pour lui la Thrace & les Régions voiſines. Ce Général, ami d'Alexandre, avoit eu comme un augure de la ſouveraine majeſté dans une circonſtance où bleſſé au front par Alexandre lui-même, le Prince pour arrêter le ſang lui ſerra la tête de ſon bandeau. Il ne prit cependant le titre de Roi que dix-huit ans après la mort d'Alexandre, en même tems qu'Antigone, Démétrius & Seleucus. Antigone ſe vit bientôt arracher la vie, & les États qu'il gouvernoit, étant partagés entre les Vainqueurs, Lyſimaque, fut poſſeſſeur de la Thrace, de la Bythynie & de quelques autres Provinces par-de-là l'Héleſpont & le Boſphore. Il ne fut pas encore ſatisfait de ces poſſeſſions : dans les avares & dans les Princes elles augmentent le deſir ; Lyſimaque donc à force de ruſes, de perfidies, de batailles, allié d'abord de Pyrrhus, lui prit enſuite la Macédoine dont il devint Souverain. Mais enfin, à ſon tour, il fut attaqué, vaincu par Seleucus, & mourut en Phrygie ſur le champ de bataille. Ce Prince élevé par Callyſthène avoit nourri ſon cœur des principes de la Philofophie, fon ame étoit naturellement grande ; mais l'amour de la gloire & l'ambition plus d'une fois contribuèrent à la fouiller. Sa figure étoit belle, on en peut juger par ce beau *Camée* de *Jafpe* mêlé de *Calcédoine*, où très-artiftement elle eft rendue. Le Sculpteur, à qui nous devons cet ouvrage, a fait, avec adreffe, retomber fur les tempes deux petites boucles de cheveux qu'une troifième fépare ; fon but étoit de voiler ainfi la bleffure de fon front. Quant aux cornes qui décorent fa tête, il ne faut en chercher l'origine que dans l'orgueil de ce Prince. Trop fidèle imitateur d'Alexandre, qui peu content d'atteindre au fouverain degré de gloire accordé aux mortels, avoit encore voulu qu'on l'honorât comme un Dieu, Lyfimaque pour s'annoncer extérieurement comme héritier légitime d'un fi grand Roi, & fe rendre ainfi plus augufte, fe para des dehors de Jupiter Ammon, dont Alexandre s'étoit dit le fils.

PYRRHUS, ROI D'ÉPIRE.

N°s. IV. V & VI.

Sur deux *Cornalines*, dont la feconde offre un *Camée*, & fur un *Jafpe verd* fe préfentent trois têtes parfaitement femblables & gravées avec beaucoup d'art ; de qui retracent-elles l'image ? Cela eft très-incertain. Quelques Antiquaires croyent que c'eft Hannibal ou Hafdrubal, ces redoutables ennemis du nom Romain, & leur conjecture femble d'autant plus fondée, que fur la première des deux *Cornalines*, le bouclier eft orné d'un cheval, fymbole de Chartage. D'autres Sçavans veulent que ce foient des Rois de Thrace ou des Héros chantés par Homère. Il en eft enfin qui prétendent reconnoître dans ces figures celle de Pyrrhus, Roi d'Épire, en qui les Macédoniens fe plaifoient à retrouver les hautes qualités d'Alexandre. Au milieu de tous ces doutes, nous ne prononcerons pas : mieux vaut avouer fon ignorance que de faire parade d'une audace mal placée.

Cependant, comme l'obfcurité même où fe trouvent les objets eft un ftimulant pour la curiofité, nous allons effayer de découvrir quelle eft cette tête, & d'appuyer par quelques raifons le fentiment de ceux qui croyent fur ces Pierres retrouver les traits de Pyrrhus : & ce n'eft pas effectivement fans motif que ce fentiment nous plaît.

D'abord, il fuffit de voir comment Plutarque peint ce Prince, & de confidérer enfuite ces portraits pour être porté à le reconnoître : *Pyrrhus*, nous dit Plutarque, *avoit un vifage plus effrayant que majeftueux*, & les Sculpteurs n'ont-ils pas
singulièrement

singulièrement exprimé ce caractère ? Ces sourcils froncés, cette barbe épaisse, cet œil saillant, & qui, suivant le même Plutarque, sembloit lancer la terreur sur les ennemis : tout en un mot, dans ces têtes, annonce un homme fier & terrible, tel qu'on s'accorde à peindre Pyrrhus.

Pour appliquer ces figures à ce même Prince, nous ne tirerons pas un grand avantage du cheval qui est gravé sur le bouclier de la *Cornaline* N°. IV : ce symbole se rencontre assez souvent dans les Pierres sur les boucliers portés par de jeunes Guerriers : cependant, en cette circonstance & en supposant que réellement Pyrrhus est le Roi que ces têtes représentent, ne pourroit-on pas dire que ce cheval a été gravé par le Sculpteur comme un emblême de la célérité de ce Prince dans les affaires les plus difficiles; célérité qui, suivant Plutarque, lui fit donner le surnom d'*Aigle* ?

Le casque sur-tout ajoute beaucoup aux fondemens de notre conjecture, les Sçavans sont d'accord que l'on représente toujours Pyrrhus orné d'un casque & le menton garni d'une barbe épaisse. Ce casque n'a aucun ornement, on n'y voit point, suivant l'usage des Grecs & des Étrusques, s'élever de crêtes ornées de queues de chevaux : on n'y retrouve pas non plus le moindre ornement ou symbole qui annonce la Patrie ou les faits mémorables de celui dont il recouvre le front.

Pyrrhus étoit fils d'Éacide. Dans une révolte les Molosses avoient dépouillé son père de la Royauté : encore à la mammelle il fut soustrait aux révoltés qui le cherchoient pour l'égorger, & fut conduit en Illyrie chez Glaucias, qui le prit sous sa protection, refusa de le remettre à Cassandre son ennemi, malgré tout l'or dont il vouloit payer sa mort, puis, quand il eut atteint sa douzième année, le remena lui-même en Épire & le rétablit dans ses États. Cinq ans après, se croyant affermi sur son Trône, Pyrrhus voulut aller aux nôces d'un des fils de Glaucias avec lequel il avoit été élevé ; mais pendant son absence il perdit son Royaume par une seconde révolte des Molosses.

Privé du Trône, ce Prince alla chez Démétrius, qui avoit épousé sa sœur Déidamie. Dans les plaines d'Ipsus il fit des prodiges de courage ; la valeur, en lui, n'étoit pas sa seule qualité, son ame adroite connoissoit déjà les ressorts déliés de la politique : ce fut par elle qu'il parvint à s'attacher Bérénice, favorite de Ptolémée, tandis qu'il étoit à la Cour de ce Prince en ôtage pour Démétrius, & ce fut ainsi qu'il obtint la main d'Antigone fille de cette Princesse, &, de Ptolémée, beaucoup d'argent & une flotte nombreuse qui put le faire rentrer dans ses États. Ce Prince, l'un des plus braves Guerriers de son tems, seconda Ptolémée,

Tome I.   O

Lysimaque & Séleucus contre Démétrius, à qui il enleva la Macédoine dont son armée le proclama Roi ; mais peu après il fut obligé d'en sortir malgré la haute opinion que les Macédoniens avoient de sa personne. Sa réputation n'étoit point renfermée dans l'enceinte de son pays ; les habitans de Tarente, en guerre contre les Romains, crurent ne pouvoir mieux faire que d'appeller Pyrrhus à leur secours : les Romains étonnés se virent combattus par ses armes avant même de sçavoir qu'il marchoit contre eux, & plusieurs fois ils en reçurent des échecs. Non content de ces expéditions, Pyrrhus en fait de nouvelles en Italie, en Sicile. A Locres, il brûle le temple fameux de Proserpine, enlève les trésors qu'il contenoit ; mais bientôt un revers cruel, dit Tite-Live, lui apprend qu'il y a des Dieux, & son impiété, remarque un autre Auteur, est le triste augure de la mort funeste qui termine ses entreprises, & dont une femme est en partie la cause.

PLANCHE XXXI.

CASSANDRE, ROI DE MACÉDOINE.

N°. I.   Nous avons déjà fait remarquer, que les Rois de Macédoine, prétendant tirer leur origine d'Hercule, se paroient du mufle d'un lion, comme ce demi-Dieu. C'est sous cette parure qu'un Graveur habile a retracé *Cassandre* sur la *Cornaline* qui nous occupe.

Cassandre étoit fils d'Antipater ; à la mort d'Alexandre la Carie lui tomba en partage. Son père étoit encore mourant, lorsque Cassandre fit voir toute la cruauté de son cœur : sa main barbare massacra le fils de Demade, sous les yeux mêmes de son père, sur lequel rejaillit son sang : puis il immola le père sur le corps de son fils. Associé par l'ordre d'Antipater à Polysperchon, dans le Gouvernement de Macédoine, il ne vit pas sans peine un Étranger régir avec lui un Royaume qu'il prétendoit devoir gouverner seul. Bientôt après, Cassandre se rendit maître d'Athènes où il établit Démétrius de Phalère. La famille d'Alexandre ne fut pas respectée par ce Souverain injuste. Olympias, par ses conseils, fut accusée de cruautés : sans avoir de défenseurs, quoiqu'absente, elle fut condamnée à mourir, &, comme elle vouloit plaider elle-même sa cause, Cassandre trouva plus court de la faire périr par le glaive de ceux qui, mécontens de cette Princesse, trouvoient dans sa mort le plaisir de la vengeance.

Roxane & le jeune Alexandre ne furent épargnés dans ce moment que par la crainte que conçut Cassandre de trop aigrir les Macédoniens ; mais dès qu'il trouva l'occafion, il les fit périr dans le Château d'Amphipolis où il les avoit renfermés l'un & l'autre fans aucune marque de leur dignité. Ce Prince fut fans ceffe en guerre, occupation bien digne de fon ame féroce, & fon règne fut toujours agité. Enlevé par une hydropifie qui, fuivant Paufanias, fit naître des vers fous fa peau, fa mort fit régner Philippe, l'aîné des trois fils qu'il avoit eus de Theffalonice, une des fœurs d'Alexandre-le-Grand ; mais, comme le remarque le même Paufanias, le deftin fembla venger fur fa poftérité les cruautés qu'il exerça pendant fa vie.

PTOLÉMÉE, *SOTER*.

N°. II.

Nous ne rapporterons pas ici tout ce que peut avoir fait de remarquable dans fa vie le Souverain dont une main fçavante nous a confervé les traits fur ce beau *Grenat Oriental*. Né d'Arfinoë fille de Méléagre, que Philippe ayant féduite, avoit fait époufer, quoique groffe, par Lagus Macédonien obfcur, Ptolémée, premièrement expofé fur un bouclier par fa mère, reconnu depuis par Lagus, paffa pour être fon fils. Il fe diftingua fingulièrement fous le règne de Philippe, & fes bonnes qualités le rendirent cher autant au peuple qu'à fon Roi. Alexandre, après la mort de fon père, en fit un de fes Gardes, puis dans fon expédition contre les Perfes, le mit au nombre de fes Généraux. Quand Alexandre ne fut plus, l'Égypte & les autres conquêtes de ce grand homme dans la Lybie & la Cyrénaïque furent laiffées à Ptolémée avec une partie de l'Arabie, &, quoique ce ne foit qu'environ dix-fept ans après qu'il ait pris le nom de Roi, c'eft néanmoins de ce tems, vers le mois de Thot, que l'empire des Lagides commence à compter fes années. On fçait combien peu furent d'accord entre eux les fucceffeurs d'Alexandre. Ptolémée, parmi eux, fçut conferver fa gloire au milieu des combats, des trèves & des ligues. Si les Rhodiens lui donnèrent le nom de Soter, dont la fignification lui fait honneur, fi les Éléens lui élevèrent une Statue, les gens de Lettres ne fçauroient l'oublier : à l'exception de l'orgueil, il en avoit les mœurs, qu'il embelliffoit encore par les grandes qualités d'un Roi.

Courageux, prudent, humain, clément, jufte & modefte, il cultiva les Belles-Lettres avec zèle, comme il fit la guerre avec bravoure. Roi, il permettoit qu'on lui donnât le nom fimple de Macédonien. Sans orgueil, à fa table il faifoit affeoir fes Sujets & ne dédaignoit pas d'aller manger chez eux. Dans leurs demeures il dormoit auffi paifiblement que dans fon Palais ; la Garde d'un Prince eſt l'amour de ſes peuples. Déſintéreſſé, il ne poſſédoit que le néceſſaire, l'État fourniſſoit aux beſoins communs; *il eſt plus digne d'un Roi, diſoit-il, d'enrichir les autres, que de poſſéder d'immenſes richeſſes ſoi-même.* Alexandrie, nouvellement fondée par Alexandre, fut embellie par ſes ſoins; il lui donna des murs, des temples, un Palais, cette Tour de Pharos regardée comme une des ſept Merveilles du monde; il fit venir de Sinope une Statue de Sérapis, dont la demeure ſacrée devint, au rapport d'Ammien Marcellin, la rivale du Capitole, & qui du nom du Dieu fut nommée *le Sérapéon*, ſi célèbre par ſa magnificence & par le dépôt unique des richeſſes littéraires qu'il contenoit. Ce Prince fit encore conſtruire dans cette Ville un Hyppodrome pour des courſes & des combats, modèles de nos Tournois. C'étoit à lui que l'on devoit le *Muſæon*, cette eſpèce d'Académie où les Sçavans réunis travailloient à des recherches Philoſophiques & à la perfection de toutes les autres Sciences. Pour faciliter leurs progrès & leurs travaux, Ptolémée avoit fait une ample collection des Livres les plus précieux, les plus inſtructifs & les plus utiles, collection qui ſervit de baſe à la fameuſe Bibliothèque d'Alexandrie, dont on a tant regretté la perte, qui pourtant nous aura épargné la connoiſſance de bien des erreurs.

Le Gouvernement d'un Prince auſſi admirable pour le bonheur de ſon empire dura quarante années, & Ptolémée avoit quatre-vingt-quatre ans lorſqu'il mourut plein de jours & de gloire.

BÉRÉNICE.

N°. III.   On ne ſçauroit trop admirer le travail exquis de cette *Hyacinthe* qui nous repréſente les traits de *Bérénice*. La reſſemblance de cette tête avec celles que l'on voit ſur les médailles de cette Princeſſe, ne nous permet pas de douter que ce ſoit elle.

Ptolémée avoit d'abord épouſé Thaïs, puis Euridice, & enſuite *Bérénice*; cette Princeſſe, qui ſurpaſſoit toutes les autres en eſprit & en prudence, avoit le plus de pouvoir ſur ſon époux; ce fut elle qui fit donner à Pyrrhus, Roi d'Épire, une flotte & de l'argent pour rentrer dans ſes États; ſon amitié pour ce Prince étoit bien naturelle, puiſqu'il avoit épouſé Antigone ſa fille, qu'elle avoit eue de Philippe ſon premier époux.

La tête de cette Princeſſe annonce ſon caractère, on y voit de la nobleſſe & un ſérieux mêlé de douceur : le voile qui la recouvre & le diadême qui la couronne désignent sa dignité; & les boucles qui accompagnent ses joues donnent plus de graces à sa figure.

PTOLÉMÉE, PHILADELPHE.

Une belle *Cornaline* artistement travaillée nous offre la tête de *Ptolémée Philadelphe*. Fils de Ptolémée Soter & de Bérénice, né dans l'Isle de Cô, l'an quinzième de l'empire des Lagides, à la mort de son père il demeura seul maître de tous ses États & des Provinces qui en dépendoient ; sçavoir, la Phénicie, la Celésyrie, l'Arabie, la Lybie, l'Éthyopie, l'Isle de Cypre, la Pamphilie, la Cilicie, la Lycie, la Carie & les Isles Cyclades, deux ans après qu'il eut été appellé à l'Empire. Ptolémée Philadelphe n'étoit pas monté sur le Trône à son rang, le pouvoir de Bérénice sur son époux l'avoit fait préférer à ses autres frères, & sur-tout à Ptolémée *Céraunus*, fils d'Euridice. Que le nom de *Philadelphe* qu'on lui donna seroit beau, si, préféré à ses frères par *Soter*, son amour pour eux en eut été l'origine ! Mais Pausanias nous apprend que c'est une cruelle contre vérité, & que la mort de deux de ses frères qu'il ordonna lui mérita ce surnom.

N°. IV.

Démétrius de Phalère, qui à tant de titres méritoit les égards qu'avoit pour lui Soter & la confiance dont le Prince l'honoroit, éprouva bientôt la vengeance de Philadelphe, qui, mécontent des conseils équitables que cet Orateur avoit donnés à son père sur le choix d'un Successeur, &, oubliant que ces conseils étoient fondés sur la nature & ses droits, le fit enfermer dans un Fort, où la piquûre d'un aspic qui se trouva sous sa main pendant qu'il dormoit, termina sa vie.

Cicéron & Quintilien ont jugé Démétrius du côté des talens : leur jugement doit être notre loi ; on peut donc regarder Démétrius comme un disciple agréable de Théophraste, comme un athlète formé plutôt pour les jeux & les spectacles que comme un soldat propre à repousser l'ennemi ; enfin, on peut le considerer comme le premier qui ait porté coup à la véritable éloquence, qui, jusqu'alors, chez les Athéniens, étoit noble & majestueuse ; & l'on peut dire, qu'à force d'art il a gâté la beauté de la Nature, qui, dans les discours des bons Orateurs, n'avoit encore paru belle que de ses propres charmes.

Ptolémée chercha l'amitié des Romains & l'obtint, ceux-ci lui envoyèrent des Ambassadeurs qui donnèrent la plus haute idée du peuple qu'ils représentoient : reçus par Ptolémée avec une magnificence digne du Roi d'Égypte, ils placèrent fur les différentes Statues de ce Roi les couronnes d'or qu'ils avoient reçues de lui, & en arrivant à Rome ils mirent dans le tréfor public les préfens confidérables que ce Prince les avoit forcés d'accepter, laiffant à l'Univers un bel exemple de défintéreffement, & cette leçon admirable, que l'on ne doit fe propofer d'autre récompenfe de fes actions que l'honneur d'avoir bien rempli fon devoir. Tandis que Ptolémée faifoit alliance avec les Étrangers, Magas, fon frère uterin, confpiroit contre lui; mais la mort le punit de fon attentat, & les Conjurés conduits dans une Ifle du Nil s'y entretuèrent eux-mêmes ou moururent de faim. Ptolémée fut-il un grand Roi ? Nous oferons le croire. Si nous exceptons en effet une certaine molleffe qui ne fuit que trop fouvent la fortune : fi nous ne citons pas de ces vertus guerrières, qui prefque toujours font le malheur des peuples : fi nous voyons ce Prince fe fouiller de plufieurs crimes, de la mort de fes frères, de la fpoliation des enfans d'*Antiochus* de Théos Roi de Syrie, que rien ne peut excufer; que ne trouvons-nous pas à admirer en lui! Pour faciliter & protéger le commerce, il conftruifit & des Villes & des Ports : il ouvrit des canaux : équipa, entretint des flottes nombreufes. Les Étrangers trouvoient chez lui fureté, commodité, liberté; jamais pour en tirer avantage, ce Prince ne gêna la marche du commerce qu'il regardoit comme l'ame des grands États, & il en établit fi bien la bafe, que de fiècle en fiècle, ce commerce perpétué fans interruption doit faire regarder Ptolémée comme un des bienfaiteurs de l'Égypte & de toutes les Nations auxquelles ce commerce eft devenu utile; & certes! Ce titre vaut mieux que celui de Conquérant; ces Héros barbares que le bonheur de leurs armes a fait ainfi nommer, n'aggrandiffent leurs États qu'en les dépeuplant : le fang de leurs Sujets eft le prix auquel ils achètent d'autres terres : Ptolémée par un Gouvernement aimable & doux étendoit fon empire, il voyoit fes voifins accourir en foule chez lui, préférant à l'amour de leur pays natal le bonheur que l'on goûtoit fous fes loix : loin de facrifier fes Sujets il les multiplioit : les terres étoient mieux cultivées : les Manufactures & les Arts floriffoient, & le Souverain étoit heureux du bonheur de fes peuples. C'eft au fein de la paix & de la félicité que les Mufes aiment à vivre, auffi firent-elles une fidelle compagnie au Prince dont nous parlons, & l'on vit à fa Cour des Poètes illuftres, *Licophron*, *Callimaque*, *Théocrite*. On vit fous fon règne s'ouvrir des Ecoles publiques, qui formèrent, long-tems après, les hommes les plus célèbres. Par les foins de ce Souverain la fameufe Bibliothèque commencée par fon père s'accrut jufqu'à cent mille Volumes : tous les Livres qui entroient en Egypte on les envoyoit au *Mufæon*, qui, établi par

Soter, attiroit fans ceffe les regards de fon fils, & l'on en faifoit des copies que l'on gardoit ou que l'on donnoit aux propriétaires des ouvrages, en payant noblement alors les originaux. Philadelphe ne fe contentà pas même d'amaffer des Livres, il recueillit ce qu'il put de meilleurs tableaux, des portraits de grands hommes & des plus belles Statues. En ayant trouvé une fuperbe qui repréfentoit Diane, lors d'un voyage chez Antiochus, il la fit tranfporter en Egypte; mais *Arfinoë*, fon époufe chérie, étant tombée malade, crut devoir attribuer fes douleurs à l'enlèvement, quoique confenti par Antiochus, de la Statue de Diane; par amour pour fa chère Arfinoë, Philadelphe la renvoya; & il n'en perdit pas moins celle qu'il vouloit conferver. Par une fuite de cet amour conjugal, Philadelphe lui voulut faire élever un temple où fa Statue en fer fut fufpendue en l'air par des pierres d'aimant dont la voûte eut été revêtue; mais la mort de *Dinocrate*, Architecte, Auteur de ce plan que le Prince avoit adopté, en empêcha l'exécution. C'eft au tems de Philadelphe que l'on doit faire remonter la célèbre verfion des Livres faints, connue fous le nom de *verfion des Septante*, fait qu'un Grec Helléniste, long-tems après le règne de Ptolémée, fous le nom d'Ariftée l'un de fes Gardes, accompagna de tant de Fables, que, de fon récit, il ne réfulte qu'une feule vérité, qui eft l'exiftence de cette verfion des Septante dans cet âge reculé.

Philadelphe ne furvécut pas long-tems à fa chère Arfinoë, & la mort l'enleva à fes Sujets après quarante ans de règne, dans la foixante-quatrième année de fon âge.

PLANCHE XXXII.

PTOLÉMÉE, *AULÈTE*.

N°. I.

Cette *Cornaline* travaillée avec art, nous offre la tête de *Ptolémée Aulète*. Ce Prince y eft repréfenté à la fleur de l'âge, le front ceint du diadème; il étoit fils naturel de *Ptolémée Soter II*, Roi d'Egypte. Le nom d'*Aulète*, qui fignifie *Joueur de flûte*, lui fut donné parce qu'il fe croyoit tellement habile à jouer de cet inftrument, qu'il en voulut difputer le prix dans les jeux publics. On lui donna auffi le furnom de *nouveau Bacchus*, NOVUS DIONYSIUS: furnom qui n'étoit point inconnu dans ces tems, & qu'Antiochus, Roi de Syrie, avoit porté, comme le prouvent les médailles. La jeuneffe & les formes agréables de fa figure, dit Vaillant, peuvent avoir été l'origine de ce titre, à caufe de la reffemblance qu'elles donnent à ceux qu'elles embelliffent avec le Dieu Bacchus.

Les Alexandrins dans une fédition, que le meurtre cruel de Cléopâtre, après dix-sept jours de mariage, avoit vraisemblablement occasionnée, chassèrent Alexandre II qu'ils détrônèrent. Ils mirent à sa place Ptolémée Aulète, qui bientôt après fut aussi dépouillé de son empire par ces mêmes peuples las de ses débauches & de ses crimes, & fatigués par les impôts énormes dont il les surchargeoit. Cependant ce Prince, voyant Bérénice sa fille jouir des honneurs dont on le privoit, vole à Rome; à force d'argent, il gagne les suffrages des premiers de la République pour se faire rétablir, fait périr la plûpart des Ambassadeurs envoyés en cette Ville par les Egyptiens pour y justifier leur conduite, &, malgré un Oracle supposé de la Sybille qui lui étoit contraire & qui avoit produit tout son effet sur le Sénat, secondé par Gabinius, il remonte sur le trône, fait périr Bérénice sa fille, &, perfide envers Rabirius que Cicéron justifia dans une harangue, monument éternel de la honte de ce Prince, il meurt enfin tranquille possesseur du Royaume d'Egypte. En mourant, Ptolémée laissa deux fils & deux filles qu'il mit sous la tutelle du Sénat de Rome, & dont les deux aînés qui devoient s'épouser, suivant l'usage du pays, lui devoient aussi succéder.

PTOLEMEE, LE JEUNE.

N°. II.   Comme nous venons de le dire, Aulète laissoit deux fils, le plus jeune fut établi Roi de Cypre, il n'avoit encore que douze ans; & il n'en avoit que quatorze quand il obtint, conjointement avec Cléopâtre, la Couronne d'Egypte. Mais il ne la posséda pas long-tems; Cléopâtre sa sœur, l'année suivante, le fit périr par le poison pour posséder à elle seule l'Empire.

C'est la figure de ce Prince, remarquable par sa beauté, sa jeunesse, & le diadême qui ceint son front, qu'un Artiste habile a si parfaitement rendue sur cette Cornaline.

CLÉOPATRE.

N°. III.   Nous voyons ici sur une *Cornaline* très-bien gravée le portrait fort rare de *Cléopâtre*, fille de Ptolémée Aulète, Reine d'Égypte. La couronne de laurier, dont sa tête est ceinte, nous avoit d'abord fait penser que peut-être un Artiste adroit avoit d'un Apollon fait une Cléopâtre, en y joignant l'aspic dont la morsure causa sa mort; mais en examinant bien cette Pierre, il n'est pas possible de s'attacher à cette conjecture. Le caractère est sensiblement celui d'une femme; la protubérance du sein, la mollesse du cou, la rondeur des épaules en

offrent

offrent des preuves. Quant à la couronne de laurier, le Graveur ne la lui aura-t-il pas donnée pour indiquer qu'elle avoit assisté à des batailles & à des victoires? Ou n'auroit-il pas été autorisé à croire que César & Antoine lui avoient accordé le droit de la porter? Sur une superbe *Agathe* du Cabinet des Ducs de *Mantoue*, Olympias, mère d'Alexandre, gravée avec son fils, a le front ceint d'une couronne de laurier, pourquoi n'en auroit-on pas pu décorer aussi le front de Cléopâtre? Si l'air de son visage n'annonce point la tristesse qui doit naturellement accompagner l'instant de la mort, ne sçait-on pas que c'est avec intrépidité qu'elle s'est donné cette mort, & que la sérénité de sa figure trompa ses Gardes, ainsi que le rapportent plusieurs Auteurs & sur-tout Patercule? Plutarque & Flore crurent ne pouvoir pas mieux désigner la tranquillité de son ame en ce moment terrible, qu'en peignant sa mort comme un sommeil, par lequel insensiblement elle se laissa vaincre.

Nous avons déjà dit que César avoit assuré la Couronne d'Égypte à Cléopâtre & à son frère âgé de onze ans; mais que cette femme ambitieuse, pour la posséder seule, avoit fait périr par le poison ce jeune frère. Après la mort de César elle se déclara pour les Triumvirs. *Antoine* Vainqueur à Philippes la cita devant lui pour répondre à quelques accusations formées contre elle, & ce fut alors qu'elle triompha de son cœur. Tous les Écrivains parlent de la galère qui portoit Cléopâtre dans son voyage, de cette galère brillante d'or & décorée des plus belles peintures, dont les voiles étoient des tissus de soie couleur de pourpre, les rames des lames d'argent qui marioient le bruit qu'elles faisoient aux plus brillans accords d'une Musique harmonieuse. Ils s'accordent à dire, que, sur ce bâtiment séducteur, la Reine, sûre de ses charmes, étoit comme Vénus au sortir des eaux: que ses femmes faisoient les fonctions des Nymphes & des Grâces, & que les Amours, suite ordinaire de la Déesse, étoient représentés par les plus beaux enfans qui couvroient la poupe & la proüe. Antoine vaincu par des charmes que rendoit trop puissans pour son cœur tout cet ensemble que nous venons d'indiquer, devint la conquête de cette femme ambitieuse. La belle Lycoris perdit alors tous ses charmes aux yeux d'Antoine, & ce Prince fut tellement épris de ceux de sa nouvelle Amante, que le meurtre d'Arsinoë, dans le respectable asyle du temple de Diane à Milet, demandé par elle, ne coûta rien à son cœur. Tirons un voile sur les soirées obscènes de ces deux Amans & sur leurs sales voluptés: laissons plutôt Antoine partir pour Rome, & Cléopâtre se consoler de son absence par les distractions heureuses de l'étude. Elle est mille fois plus grande lorsqu'elle fait reconnoître les bâtimens consumés de la Bibliothèque d'Alexandrie, & qu'elle y place les deux cent milles Volumes de celle de Pergame, que lorsqu'au retour d'Antoine elle est, par ce Triomphateur, proclamée Reine d'Égypte, de Chypre & de la Cœléſyrie. Ces honneurs, dont Antoine la combla, lui sembloient être dus ; mais ils n'eurent pas une longue durée : *Octave* déclara la guerre aux deux Amans : la bataille d'Actium en fut le terme funeste pour Antoine que l'infidelle Cléopâtre trahit encore dans l'espérance de conserver sa Couronne que son cœur aimoit plus que lui ; mais ses espérances furent aussi vaines que l'essai de ses charmes sur Octave : elle craignit alors d'être réservée pour suivre en captive le triomphe du Vainqueur d'Antoine, &, après avoir enfermé avec elle les richesses des Rois d'Égypte, parée de tous les ornemens de la Royauté, elle approcha de son sein un aspic qui par sa piqûure lui causa la mort.

MITHRIDATE *EUPATOR, ROI DE PONT*.

N°. IV. Sur cette rare & superbe *Améthyste* est supérieurement gravée la tête de *Mithridate*, Roi de Pont. La ressemblance de cette tête avec les médailles d'or & d'argent de ce Prince qui se trouvent au Muséum des Médicis, ne nous laisse aucun doute sur ce point. Héritier de *Mithridate Évergètes* lorsqu'il n'avoit pas encore douze ans, il sçut se précautionner contre l'ambition de ses tuteurs qui auroient pu lui donner du poison, en faisant usage des venins les plus subtils. Son caractère devint féroce au milieu des forêts où il passa sa jeunesse aux exercices violens de la chasse, & son cœur barbare ne respecta pas même les enfans de sa sœur, Reine de Cappadoce. On connoît le massacre qu'il ordonna de tous les Romains établis en Asie & la cruauté avec laquelle il traita *Aquilius* dans la bouche duquel il fit verser de l'or fondu. Courageux comme Hannibal dont il avoit la dureté, plein de valeur, de génie, d'expérience, capable d'enfanter les plus vastes desseins, il fit pendant quarante ans la guerre aux Romains, & il fallut, pour le vaincre, le bonheur de Sylla, le courage de Lucullus & la fortune de Pompée. Si l'on en croit les Écrivains les plus célèbres, Mithridate, qui malgré sa cruauté caressoit quelquefois les Muses, sçavoit la langue des vingt-quatre Nations dont il étoit le Souverain.

MASSINISSA, ROI DES NUMIDES.

Au jugement de *Léonard Agoſtini*, dont les connoiſſances ſur les Antiquités étoient ſi grandes, on voit ſur cette rare *Améthiſte* le portrait de *Maſſiniſſa* Roi des Numides, Prince dont la figure étoit noble & gracieuſe autant que ſon origine étoit illuſtre. Sa jeuneſſe avoit été malheureuſe; dépouillé de ſon Royaume, obligé de fuir de Province en Province, & mille fois expoſé à perdre la vie, il ne compta plus enſuite que des proſpérités. Très-habile dans l'art militaire, il recouvra ſes poſſeſſions & y joignit celles de Syphax qu'il vainquit. Les Romains lui attribuèrent la défaite d'Hannibal & la deſtruction des Chartaginois. Maître de tout le pays depuis la Mauritanie juſqu'à Cyrène, il devint le Prince le plus puiſſant de l'Afrique. Toute ſa vie ſa ſanté fut robuſte, & ſa ſobriété lui valut cet avantage. A quatre-vingt dix ans il faiſoit encore tous les exercices de ſa jeuneſſe, & ſe tenoit à cheval ſans avoir beſoin de ſelle.

Le caſque dont la tête de ce Prince eſt couverte ſur cette Pierre eſt ſingulièrement orné. Sur la viſière, qui eſt conformée comme un diadême, on voit un cheval marin, pour indiquer, vraiſemblablement, la proximité de la Mer & du Royaume des Numides. Le bige que l'on voit ſur la partie la plus large du caſque eſt le ſymbole des jeux que ce Prince a fait célébrer. Sur l'extrémité inférieure on remarque un chien qui flaire, & qui tout-à-la-fois peut être l'emblême de ſon attachement pour les Romains, & rappeller les chiens qu'il avoit accoutumés à lui ſervir de Garde, bien plus ſûr de leur fidélité que de celle des hommes. Les caractères Puniques, dont nous ignorons la ſignification, ajoutent encore du prix à cette Pierre déjà ſi précieuſe.

Derrière la tête de ce Prince on voit une figure de Déeſſe qui développe un vêtement, & l'on peut croire facilement que c'eſt Vénus, Divinité ſi propice à Maſſiniſſa, qui malgré la froideur ordinaire de la vieilleſſe devint père à quatre-vingt-ſept ans. Peut-être même l'Artiſte en joignant ſur une même Pierre & le portrait du Roi des Numides, & Vénus, a-t-il voulu indiquer la propenſion des habitans de Numidie pour les plaiſirs & les voluptés inſéparables du culte de Vénus.

En finiſſant cet article, il n'eſt pas inutile, ſans doute, de rapporter un trait qui caractériſe la piété de Maſſiniſſa. Le Commandant de la flotte avoit fait préſent à ce Prince de quelques dents d'yvoire d'une grandeur étonnante, &

Massinissa les avoit acceptées; mais ayant appris qu'elles avoient été enlevées d'un temple de Junon, il les fit aussi-tôt solemnellement reporter, & fit mettre au-dessus une inscription Punique qui éternisa la mémoire & du larcin & de la restitution.

En mourant, Massinissa laissa cinquante-quatre fils, dont trois seulement étoient issus d'une union légitime, sçavoir, *Micipsa*, *Gulussa* & *Mastanabal*, entre lesquels partagea les États de leur père Scipion Émilien, à qui, par testament, le Roi avoit donné le pouvoir suprême de disposer de ses biens.

DIOMÈDE.

N°. VI.   Nous ne nous écarterons pas dans l'explication de cette *Cornaline* du jugement de Léonard Agostini, qui croit y reconnoître les traits de *Diomède* fils de *Tydée* & de *Déiphile*. Ce Héros, favorisé par *Minerve* qui lui inspira le courage, fut Roi d'Étolie & rival d'*Achille* & d'*Ajax* : il s'acquit une gloire immortelle au Siége de Troye, où il combattit contre *Énée* & contre *Hector*. Il blessa *Vénus* à la main dans une mêlée, &, secondé par *Ulysse*, il entra de nuit dans la citadelle d'où il enleva le *Palladium*. On le voit sur cette Pierre la tête couverte d'un casque poli, qui, suivant Homère, sembloit lancer des feux. Ce casque, dans une médaille de Fulvius Ursinus porte pour ornement une queue de cheval. La ressemblance des traits est frappante, sinon que la tête est moins rejettée en dehors, &, comme sur la médaille on lit en caractères Grecs le nom de *Diomède* ΔΙΟΜΗΔΕΟC, on ne peut pas douter de la vérité de notre conjecture. Diomède eut pour femme Égialée, fille d'Adraste! Vénus, irritée de la blessure qu'elle avoit reçue de son époux, lui inspira le desir infâme de la prostitution. A son retour Diomède eut tant d'horreur de ses excès, que, pour n'en pas être témoin, il abandonna l'Étolie, & vint se réfugier dans la Pouille où il fonda la ville d'Argypire. Diomède étant mort, ses compagnons, qui ne se trouvoient pas assez de forces pour conserver leurs possessions, se retirèrent dans une petite Isle voisine, &, comme cette Isle étoit remplie d'oiseaux, on publia qu'ils avoient été ainsi métamorphosés, fiction que l'ingénieux Ovide a revêtue du charme de ses Vers. Quels étoient ces oiseaux ? Ovide dit qu'ils ressembloient à des cygnes : quelques Sçavans croyent que c'étoient des Hérons : Pline & Solin prétendent qu'ils caressoient ceux qui abordoient dans le lieu de leur demeure. Après sa mort, Diomède fut mis au rang des Dieux.

DE FLORENCE.

PLANCHE XXXIII.

PERGAME.

No. I.

La première tête qui s'offre à nous sur cette Planche est celle de *Pergame*. Elle est gravée sur une *Améthiste*; on y remarque tout-à-la-fois de la dignité, de la gravité & des graces. Un diadême la décore. Pergame, dit Pausanias, étoit le plus jeune des fils de Pyrrhus Néoptolème & d'Andromaque. Ce Prince étant allé en Asie & ayant fixé son séjour dans la Tenthranie, où régnoit Arias, tua ce Souverain dans un combat singulier, se rendit maître de ses États, &, de son nom, en appella la Ville principale *Pergame*. Le portrait qui est sous nos yeux ressemble parfaitement à celui qui se trouve sur différentes médailles que l'on regarde comme frappées par les Pergaméniens, & sur-tout sur celle de *Fulvius Ursinus* Planche CI, où se lisent ces mots ΠΕΡΓΑΜΟΣ ΚΤΙΣΤΗΣ. *Pergame Héros*, inscription semblable à celle que l'on trouve sur beaucoup d'autres médailles, principalement sur celles d'Alexandre; ainsi que le dit Jean le Févre, pag. 61 de ses explications de *Fulvius Ursinus*.

PTOLÉMÉE, FILS AINÉ DE PTOLÉMÉE AULÈTE.

No. II.

Quoiqu'il y ait quelque ressemblance entre cette tête gravée sur une *Agathe Sardoine* & celle que nous avons donnée Planche XXXIII, N°. II. pour être le portrait de Ptolémée fils *cadet* de Ptolémée Aulète gravé sur une *Cornaline*, nous n'hésitons pas cependant à reconnoître dans celle-ci *Ptolémée fils aîné* de ce même Prince. Vaillant, dans son histoire des Ptolémées, nous a marqué la différence qui se trouvoit dans la manière de se coëffer des deux frères. Le plus jeune portoit les cheveux coupées à la façon des Romains, l'aîné avoit conservé l'ancienne coutume des Rois d'Egypte ses prédécesseurs.

Ce Prince ne fut pas long-tems sur le Trône : il y monta, par la mort de son père, à l'âge de treize ans : il avoit pour sœur & pour épouse la fameuse Cléopâtre. Trop jeune pour gouverner par lui-même, il suivit aveuglément les conseils de Pothin, d'Achillas ses Ministres & de Théodote son Précepteur. Ce fut par l'avis de ce dernier, que, du consentement du Roi, Septimius immola Pompée qui venoit chercher un asyle chez le fils d'un Souverain à qui il avoit conservé son Royaume. Guidé par les mêmes personnes, il se sépara de Cléopâtre, tendit des pièges à César par lequel enfin il fut vaincu, &, n'ayant encore que dix-sept ans, il mourut dans les eaux du Nil, où il se noya en voulant fuir son Vainqueur.

RHÉMÉTALCÈS, ROI DE THRACE.

N°. III.   Dans l'Histoire Romaine le nom de *Rhémétalcès* est célèbre; ce fut lui qui sous Tibère, au rapport de Paterculo, seconda efficacement par une nombreuse Cavalerie les Troupes Romaines qu'enveloppoit l'armée des barbares. Rhémétalcès étoit Roi des Thraces & fils de Rhémétalcès l'ancien. Sa tête que nous offre cette *Cornaline* est ceinte du diadême, & quoiqu'elle annonce la jeunesse, elle annonce aussi cette gravité noble qui embellit un Souverain. On peut voir dans la première partie des inscriptions antiques des Villes d'Etrurie pag. 211, N°. 52, une tête pareille que Gori a tirée du Muséum du Marquis *Riccardi*, & au bas de laquelle est en abrégé le nom du Graveur.

N°. IV.   L'*Onyx* qui suit présente la tête d'un Vieillard qui nous est inconnu. La manière dont les cheveux sont disposés nous fait croire que c'est le portrait de quelque Roi.

PHILISTIS.

N°. V.   Quoique cette tête ne soit pas entièrement ressemblante à celle que les Auteurs de la description des Pierres gravées d'Orléans donnent; pag. 25 de leur second Volume, pour être l'image de *Philistis*, nous n'hésitons pas cependant à la regarder comme le portrait de cette Princesse, notre *Cornaline* approchant beaucoup plus de ses médailles & sur-tout de celle d'argent de *Fulvius Ursinus*, que leur *Agathe-Onyx*. Peut-être cependant leur gravure, quoique faite par la main habile de M. de S. Aubin, en donnant à cette tête un peu de nos graces Françoises, a-t-elle altéré les traits sévères qu'offroit la Pierre que les Sçavans, qui l'ont décrite, avoient comparée avec les médailles.

Il ne paroît pas douteux maintenant que Philistis ait été Reine de Sicile. MM. les Abbé *le Blond* & *de la Chaux* citent pour appuyer ce sentiment une inscription trouvée sur les degrés de l'ancien théatre à Syracuse & publiée par le Prince de *Torremuzza*, sur laquelle on lit ces mots ΒΑΣΙΛΙΣΣΑΣ ΦΙΛΙΣΤΙΔΟΣ. *Fulvius Ursinus* avoit déjà cité des médailles d'argent de cette Princesse avec la même inscription, médailles que Suidas appelloit ἱερα τας φιλιστιδος, & sur le revers desquelles on voyoit un quadrige, Type qui fit juger au P. *Frælick* qu'elles ne pouvoient appartenir qu'à la Sicile ou à la grande Grèce, ce que soupçonnoit le célèbre *Scipion Maffei*, auquel on peut joindre *Béger*.

DE FLORENCE.

CLÉOPATRE V, *DITE SÈLENE.*

N°. VI.

Nous embraffons avec plaifir le fentiment du célèbre *Sébaſtien Blanchi*, qui fur ce Camée de *Jafpe* mêlé de *Calcédoine* croit devoir reconnoître les traits habilement rendus de *Cléopâtre* fille de Ptolémée Evergètes II. A la mort de fon père elle époufa Ptolémée Soter II fon frère qui, pour s'unir à elle répudia, par ordre de fa mère, Cléopâtre fa sœur aînée dont il étoit l'époux. La tête que nous examinons reſſemble entièrement à une médaille d'argent confervée dans le Mufeum des Médicis, & beaucoup aux médailles de bronze citées par *Vaillant*. Notre Camée avoit déjà été publié par *Léonard Agoſtini* qui le regardoit comme le portrait de la Cléopâtre dont Antoine fut la conquête, erreur que *Maffei* reproduit quoiqu'en héfitant; mais en examinant attentivement les médailles de l'une & de l'autre de ces Princeſſes, & les comparant à ce Camée, il eſt impoſſible de s'y méprendre.

Cette Cléopâtre avoit été furnommée ΣΗΛΗΝΗΣ, ainſi que le prouvent les médailles que *Vaillant* a fait graver, titre d'honneur qui la défignoit comme une nouvelle Ifis, Divinité que les Egyptiens difoient être la Lune (1).

PLANCHE XXXIV.

Les têtes qui fuivent ne nous font pas abfolument connues; mais la beauté de leur travail ne nous permet pas de les omettre.

N°. I.

Le N°. 1 nous préfente une tête agréable, dont la coëffure & les traits fembleroient indiquer *Fauſtine*; mais fon front n'étant point orné du diadême nous ne pouvons reconnoître l'époufe d'Antonin, malgré la reſſemblance que ce Jafpe rouge paroît avoir avec l'*Agathe-Onyx* du Cabinet d'Orléans, *Voy. Tom. II.* de la defcription des Pierres gravées, pag. 117.

N°. II.

Artemife, Reine de Carie, pourroit fort bien être repréfentée fur la *Cornaline* N°. II. Cette tête exprime la douleur d'une époufe, abforbée par l'idée de la mort de fon époux. On fçait que femme & sœur de *Maufole*, cette Princeſſe eſt une des martyres de l'amour conjugal. Le tombeau qu'elle fit confruire à

---

(1) *Selene nomen eſt Lunæ apud Græcos, ita vocata παρὰ τὸ σέλας νέυ, id eſt à novo lumine, quia Luna dicta eſt, quod luce luceat, alienâ hoc eſt Solis, quaſi noſtra Selene eſſet altera Iſis quæ apud Ægyptios Luna exiſtimabatur.* ΣΗΛΗΝΗ pro ΣΕΛΗΝΗ *atticè, Ionicè & Æolicè dicitur, doricè vero pronunciatur* ΣΕΛΑΝΗ. Vaillant, *Hiſt. Ptolem.* pag. 126.

Maufole, ouvrage admirable de *Scopas*, fut compté parmi les fept Merveilles du Monde. C'eft du nom de ce Prince, que depuis on appella *Maufoles* les tombeaux diftingués élevés à l'honneur des perfonnages célèbres par leur rang, leur vertus ou leur mérite, & tous les cénotaphes dont on a voulu faire l'éloge.

N°. III.   *Bérénice*, dont nous avons parlé Planche XXXI, N°. III eft peut-être la même que nous voyons fur la *Cornaline* N°. III de cette Planche. Du moins on ne peut pas nier qu'il y ait une grande reffemblance entre les traits de ces deux figures comparées entre elles & comparées encore avec la médaille de bronze citée par Vaillant, pag. 26 de fon hiftoire des Ptolémées.

N°. IV.   L'*Agathe* N°. IV nous offre un fuperbe Camée. C'eft la tête d'une Reine d'Egypte qui nous eft inconnue; mais de la beauté de laquelle on eft charmé de voir l'enfemble dans cette Pierre habilement taillée. Le diadême eft le figne de fa dignité : la difpofition des cheveux arrangés à la manière des Egyptiens, annonce que la Princeffe dont nous admirons les traits a régné parmi eux. La couronne formée de feuilles de rofeaux qui tourne autour du diadême confirme encore cette conjecture : les rofeaux, comme l'on fçait, naiffoient en abondance aux bords du Nil : &, fi l'on vouloit que ces feuilles qui accompagnent la couronne fuffent de palmier, cela ne détruiroit pas encore notre opinion, puifqu'une couronne de ces feuilles, dans les pompes folemnelles, étoit, au rapport d'Apulée, pofée fur la tête d'*Ifis*, Divinité de l'Egypte, dont fouvent, par honneur ou par flatterie, l'on donnoit les attributs aux Souverains que l'on vouloit célébrer.

N°. V.   Gori croit que le *Jafpe* mêlé de *Calcédoine* N°. V pourroit repréfenter la tête d'*Arfinoé*, fille d'un Ptolémée & l'époufe de Lyfimaque Roi de Macédoine. Si cette Pierre a beaucoup de reffemblance, comme le dit cet Auteur, avec des médailles de cette Princeffe, il faut avouer qu'elle n'en a aucune avec la médaille d'or citée par *Fulvius Urfinus* N°. 37; & nous ne trouvons pas même fur fa tête la feuille du *Sylphium* qui puiffe fervir à la défigner.

PTOLÉMÉE APION, *ROI DE LA CYRÉNAIQUE.*

N°. VI.   *Fulvius Urfinus*, Planche CXXI, a produit une tête de *Ptolémée Apion*, Roi de la Cyrénaïque. Planche XXXVII, *Léonard Agoftini* en a publié une autre; mais fur la tête citée par *Urfinus* on voit une petite fleur de *Sylphium* qui eft le fymbole de Cyrénéens, ce qui ne fe trouve ni fur le Camée de *Léonard Agoftini*.

DE FLORENCE.

Agoſtini, ni ſur l'*Agathe* que nous examinons. La tête de notre Pierre eſt ceinte d'un diadême : ſes cheveux, comme dans celle que donne *Agoſtini*, retombent en boucles parallèles, en forme de rayons à la mode ancienne des Égyptiens, &, ſeulement au-deſſus du front, ils forment des ſinuoſités qui ne ſont pas ſans agrément. En mourant, ce Prince laiſſa par teſtament le peuple Romain ſon héritier.

Quant au *Sylphium* dont nous venons de parler, il n'eſt pas déplacé ſans doute d'en donner ici quelque notion, d'après ce qu'en ont dit, au ſujet d'une tête de *Magas*, les Auteurs de la deſcription des Pierres gravées d'Orléans. Cette plante que les Anciens ont nommé *Laſerpitium*, croiſſoit en Syrie, en Perſe, en Médie, & Théophraſte dit que la plus eſtimée, que l'on appelloit par excellence le *Sylphium de Battus*, venoit de la Cyrénaïque : on la met dans la claſſe des ſimples *Roſacées*. Groſſe & haute comme la *Férule*, elle a des feuilles diſpoſées en aîles, fermes, charnues, roides & découpées à l'extrémité. Ces feuilles ſortent deux à deux de chaque nœud de la plante, & un pédicule orné d'une fleur en roſe ſort à la naiſſance des feuilles. La tête de la plante reſſemble beaucoup à celle de l'artichaut. Au lever de la canicule tombent les ſemences qui ſuccèdent aux fleurs. Cette plante étoit d'un grand uſage dans la Médecine & pour la Table : double raiſon qui occaſionna ſa rareté. Cependant, quoique du tems de Strabon elle manquât preſqu'entièrement, quoiqu'on en ait préſenté une à Néron, comme une choſe extrêmement rare & précieuſe, il eſt difficile de ſe perſuader qu'elle ſoit entièrement perdue : il y a même des Auteurs poſtérieurs à ces tems, tels que *Galien* & *Syneſius* Évêque de Ptolémaïde, qui parlent d'elle comme d'une plante abondante, &, ſi l'on ſe donnoit la peine d'examiner les plantes dont M. le Maire, Conſul de France à Tripoli en 1706, parle dans le mémoire de ſon voyage à la Cyrénaïque, on pourroit reconnoître que le *Serfione* ou *Sépiſſione*, dont les campagnes de Derna ſont garnies, & que les Arabes appellent *Céfie*, ou *Zerra* eſt la même plante que le *Sylphium* que l'on retrouve ſur bien des médailles frappées autrefois dans ces pays.

PLANCHE XXXV.

SÉMIRAMIS, REINE D'ASSYRIE.

Eſt-ce bien Sémiramis que nous offrent cette *Cornaline*, ce *Jaſpe* mêlé de N[os]. I. II & III. *Calcédoine*, & cette *Calcédoine* ? Il eſt certain que c'eſt la même tête que portent

Maufole, ouvrage admirable de *Scopas*, fut compté parmi les sept Merveilles du Monde. C'est du nom de ce Prince, que depuis on appella *Maufoles* les tombeaux distingués élevés à l'honneur des personnages célèbres par leur rang, leur vertus ou leur mérite, & tous les cénotaphes dont on a voulu faire l'éloge.

N°. III. *Bérénice*, dont nous avons parlé Planche XXXI, N°. III est peut-être la même que nous voyons sur la *Cornaline* N°. III de cette Planche. Du moins on ne peut pas nier qu'il y ait une grande ressemblance entre les traits de ces deux figures comparées entre elles & comparées encore avec la médaille de bronze citée par Vaillant, pag. 26 de son histoire des Ptolémées.

N°. IV. L'*Agathe* N°. IV nous offre un superbe Camée. C'est la tête d'une Reine d'Egypte qui nous est inconnue; mais de la beauté de laquelle on est charmé de voir l'ensemble dans cette Pierre habilement taillée. Le diadême est le signe de sa dignité : la disposition des cheveux arrangés à la manière des Egyptiens, annonce que la Princesse dont nous admirons les traits a régné parmi eux. La couronne formée de feuilles de roseaux qui tourne autour du diadême confirme encore cette conjecture : les roseaux, comme l'on sçait, naissoient en abondance aux bords du Nil : &, si l'on vouloit que ces feuilles qui accompagnent la couronne fussent de palmier, cela ne détruiroit pas encore notre opinion, puisqu'une couronne de ces feuilles, dans les pompes solemnelles, étoit, au rapport d'*Apulée*, posée sur la tête d'*Isis*, Divinité de l'Egypte, dont souvent, par honneur ou par flatterie, l'on donnoit les attributs aux Souverains que l'on vouloit célébrer.

N°. V. Gori croit que le *Jaspe* mêlé de *Calcédoine* N°. V pourroit représenter la tête d'*Arsinoé*, fille d'un Ptolémée & l'épouse de Lysimaque Roi de Macédoine. Si cette Pierre a beaucoup de ressemblance, comme le dit cet Auteur, avec des médailles de cette Princesse, il faut avouer qu'elle n'en a aucune avec la médaille d'or citée par *Fulvius Ursinus* N°. 37; & nous ne trouvons pas même sur sa tête la feuille du *Sylphium* qui puisse servir à la désigner.

PTOLÉMÉE APION, *ROI DE LA CYRÉNAIQUE.*

N°. VI. *Fulvius Ursinus*, Planche CXXI, a produit une tête de *Ptolémée Apion*, Roi de la Cyrénaïque. Planche XXXVII, *Léonard Agostini* en a publié une autre; mais sur la tête citée par *Ursinus* on voit une petite fleur de *Sylphium* qui est le symbole de Cyrénéens, ce qui ne se trouve ni sur le Camée de *Léonard Agostini*,

Agoſtini, ni fur l'*Agathe* que nous examinons. La tête de notre Pierre eſt ceinte d'un diadême : ſes cheveux, comme dans celle que donne *Agoſtini*, retombent en boucles parallèles, en forme de rayons à la mode ancienne des Égyptiens, &, ſeulement au-deſſus du front, ils forment des ſinuoſités qui ne ſont pas ſans agrément. En mourant, ce Prince laiſſa par teſtament le peuple Romain ſon héritier.

Quant au *Sylphium* dont nous venons de parler, il n'eſt pas déplacé ſans doute d'en donner ici quelque notion, d'après ce qu'en ont dit, au ſujet d'une tête de *Magas*, les Auteurs de la deſcription des Pierres gravées d'Orléans. Cette plante que les Anciens ont nommé *Laſerpitium*, croiſſoit en Syrie, en Perſe, en Médie, & Théophraſte dit que la plus eſtimée, que l'on appelloit par excellence le *Sylphium de Battus*, venoit de la Cyrénaïque : on la met dans la claſſe des ſimples *Roſacées*. Groſſe & haute comme la *Férule*, elle a des feuilles diſpoſées en aîles, fermes, charnues, roides & découpées à l'extrémité. Ces feuilles ſortent deux à deux de chaque nœud de la plante, & un pédicule orné d'une fleur en roſe ſort à la naiſſance des feuilles. La tête de la plante reſſemble beaucoup à celle de l'artichaut. Au lever de la canicule tombent les ſemences qui ſuccèdent aux fleurs. Cette plante étoit d'un grand uſage dans la Médecine & pour la Table : double raiſon qui occaſionna ſa rareté. Cependant, quoique du tems de Strabon elle manquât preſqu'entièrement, quoiqu'on en ait préſenté une à Néron, comme une choſe extrêmement rare & précieuſe, il eſt difficile de ſe perſuader qu'elle ſoit entièrement perdue : il y a même des Auteurs poſtérieurs à ces tems, tels que *Galien* & *Syneſius* Évêque de Ptolémaïde, qui parlent d'elle comme d'une plante abondante, &, ſi l'on ſe donnoit la peine d'examiner les plantes dont M. le Maire, Conſul de France à Tripoli en 1706, parle dans le mémoire de ſon voyage à la Cyrénaïque, on pourroit reconnoître que le *Serſione* ou *Sépiſſione*, dont les campagnes de Derna ſont garnies, & que les Arabes appellent *Céſic*, ou *Zerra* eſt la même plante que le *Sylphium* que l'on retrouve ſur bien des médailles frappées autrefois dans ces pays.

PLANCHE XXXV.

SÉMIRAMIS, REINE D'ASSYRIE.

Eſt-ce bien Sémiramis que nous offrent cette *Cornaline*, ce *Jaſpe* mêlé de N.os I. II & III. *Calcédoine*, & cette *Calcédoine* ? Il eſt certain que c'eſt la même tête que portent

PLANCHE XXXVII.

Voici un buste d'*Agate-Sardoine*, dont le travail, sans être parfait, n'est pas à dédaigner. C'est une tête de femme qu'il représente. Sa figure est belle, une gravité mêlée de graces la distingue. La manière dont elle est coëffée n'est point commune. Le voile & le diadême dont cette tête est ornée conviennent également aux Déesses & aux femmes qui ont obtenu les honneurs de l'apothéose. La disposition des cheveux arrangés avec soin par boucles égales, & la manière dont cette sculpture est traitée, semblent annoncer quelque chose d'étranger. Ce n'est point, à notre avis, la tête d'aucune Impératrice de la maison d'Auguste, & nous croirions plutôt que c'est quelque Reine de Syrie mise au nombre des Divinités. La base de ce buste est d'or & faite de nos jours.

PLANCHE XXXVIII.

Dans les différentes Planches qui suivent se voyent des têtes que les hommes les plus versés dans la connoissance des Pierres antiques n'ont point désignées; mais dont le travail est trop beau pour que nous ne les donnions pas au Public.

Nº. I. La première, Nº. I de la Planche XXXVIII est une *Améthyste* sur laquelle les uns croyent reconnoître *Hannon*, Général des Carthaginois, & les autres *Jugurtha*, Roi des Numides. On connoît la confiance des Carthaginois dans le premier, ses combats, ses défaites, ses exploits & sa jalouse rivalité avec Annibal. Le second n'est pas moins connu. Petit-fils de *Massinissa*, adopté par *Micipsa*, on sçait de quels moyens il s'est servi pour s'emparer du Royaume de Numidie & comment il fit mourir les deux Princes ses frères adoptifs. On connoît encore les avantages que les Romains remportèrent sur lui à l'aide de Métellus & de Marius, la trahison de *Bocchus* son beau-père, qui, loin de le défendre, le livra lui-même à *Sylla* Questeur, & tout jeune Officier qui, de cet évènement, voulut tellement tirer d'honneur, qu'il fit naître la haine de Marius contre lui, source cruelle de ces débats qui coûtèrent depuis tant de sang à la République. Enfin personne n'ignore sa malheureuse destinée, le désagrément qu'il éprouva en suivant comme captif le char de son ennemi triomphateur, & la mort qui termina ses maux dans la fosse où il fut enfermé après le triomphe du Vainqueur.

DE FLORENCE.

Sur la *Cornaline* qui fuit immédiatement, on croit qu'une main Sçavante a tracé le portrait de quelque Roi de Thrace, dont le casque, pour emblème particulier, porte un Triton qui lance des flèches.   N°. II.

Gori dans le texte de fon ouvrage pense que les têtes suivantes représentent des Rois de Syrie ; mais il ne les nomme que dans fa table. Nous les nommerons comme lui, & nous laisserons les Sçavans disiper dans nos Lecteurs l'incertitude où nous fommes nous-mêmes relativement à ces portraits.   N°. III.

Le N°. III, qui est un beau *Camée de Calcédoine*, est peut-être, dit *Gori*, Antiochus II que les Milésiens furnommèrent *Théos*, *Théus* ou *Dieu*, par reconnoissance de ce qu'il les avoit délivrés de la tyrannie de *Tymarque*. Les anciens Écrivains nous conservent l'histoire de ses guerres avec Ptolémée Philadelphe, & de la paix honteuse qu'il fit avec ce Roi. Nous avons déjà parlé de la condition que Philadelphe y avoit appofée, qu'il répudiroit *Laodice* pour épouser fa fille *Bérénice*, dont les feuls enfans fuccéderoient à fa Couronne ; mais à la mort de Philadelphe, ce Prince répudia fa feconde épouse pour reprendre Laodice, qui, craignant de nouvelles foiblesses de la part d'Antiochus, le fit périr par le poison.

Démétrius, fils d'Antigone, furnommé *Poliorcète*, peut être, fuivant la table de Gori, celui dont la tête est fi bien gravée fur le *Grenat Oriental* N°. IV.   N°. IV.
Effectivement, fuivant Plutarque, outre une taille avantageuse, ce Prince avoit une beauté singulière. Sur fon vifage la gravité se mêloit à la douceur : la vivacité & la majesté brilloient à la fois fur fa figure, caractères qui femblent retracés fur notre Pierre. Le nom de *Poliorcète*, qui signifie *Preneur de Villes*, donne une idée de fon courage & de fon habileté ; il étoit auffi patient que vif & belliqueux. Quand il n'avoit point d'entreprise à fuivre, c'étoit l'homme du commerce le plus facile & le plus délicieux. Ses mœurs adaptées aux circonstances étoient févères dans la guerre & voluptueuses au fein de la paix. Nous ne rapporterons point ici toutes les actions de Poliorcète : la manière dont il fe fit connoître d'abord dans l'Afie mineure : fes différens avec Philadelphe, & les mutuels échecs qu'ils reçurent l'un de l'autre : ce qu'il fit de bien & de mal aux Athéniens : le crime à l'aide duquel il fe fit proclamer Roi de Macédoine : comment il fut obligé de quitter ce Royaume, & comment il mourut prisonnier de Séleucus. Nous nous contenterons de dire qu'il éprouva tous les avantages & tous les revers dont la fortune s'amuse à tourmenter les humains & fur-tout les Rois.

Sur la *Cornaline* N°. V verroit-on *Démétrius Soter* que Gori indique dans fa   N°. V.
table ? C'est ce que nous n'affirmerons point. Ce beau nom de *Soter* ou *Sauveur*,

est un fruit de la reconnoissance des Lacédémoniens pour ce Prince, lorsqu'il les délivra de l'oppression des deux frères Timarque & Héraclide. Long-tems le jouet des Romains, chez lesquels il étoit en otage, par le conseil de Polybe l'Historien, il s'échappa furtivement de leurs terres, & fut ensuite confirmé par eux Roi de Syrie. Après un règne de douze ans, il mourut des coups de flèches dont il fut percé dans une fondrière, où son cheval le précipita, lorsqu'il fuyoit les Troupes victorieuses d'Alexandre.

PLANCHE XXXIX.

N^{os}. I. II. & III. Un *Camée* de *Jaspe* mêlé de *Calcédoine*, une *Cornaline* & un second *Camée* de *Jaspe* mêlé de *Calcédoine* sont les trois premières Pierres que l'on voie sur cette Planche. Les noms des Rois qu'elles représentent, & que l'on reconnoît pour Souverains au diadème qui ceint leurs têtes, nous sont entièrement inconnus.

N°s. IV & V. Ce sont des têtes de Héros que nous offrent l'*Améthyste* N° IV & le *Camée* de *Jaspe* mêlé de *Calcédoine* N°. V. On ne peut trop admirer la noblesse de leur figure, qui par leurs formes gracieuses nous intéressent autant que peuvent intéresser des portraits dont on ne connoît pas les noms.

N°. VI. Sur la *Cornaline* N°. VI que Gori indique seulement comme la tête inconnue de quelque Reine d'Égypte, on aime à revoir des traits qui rappellent le souvenir de *Bérénice la Grande*: & en comparant cette Pierre avec l'*Hyacinthe* N°. III de la Planche XXXI, on se familiarise agréablement avec l'idée que ce pourroit bien être cette même Princesse.

PLANCHE XL.

Un buste de *Crystal* occupe à lui seul la Planche XL. La femme qu'il représente nous est inconnue; mais c'est avec plaisir que l'on considère la beauté du travail de cette figure, & la manière agréable avec laquelle elle est drapée.

PLANCHE XLI.

MÉLÉAGRE.

N°. I. Si nous rapprochons la *Cornaline* qu'offre le N°. I de cette Planche, des Statues de marbre, des Pierres antiques & connues où *Méléagre* est représenté, nous ne pouvons douter que la tête que nous examinons ne soit celle de ce éros. Tout l'annonce : cette chevelure courte & crépue, cette sévérité pleine de charmes qui caractérise la figure & l'air de jeunesse qui l'embellit. La beauté du travail & la perfection semblent annoncer aussi que c'est dans le plus beau siècle de l'art que cette Pierre a été gravée.

Méléagre si connu par le meurtre du sanglier Calydonien, suivant l'opinion commune (1) des Mythologistes, étoit fils d'Œnée, Roi de *Calydon* & d'*Althée*. Au moment de sa naissance les *Parques* mirent un tison au feu en disant, l'*enfant vivra tant que le tison durera*, & elles commencèrent à filer ses jours. L'amour maternel se fit aussi-tôt entendre : Althée courut retirer du foyer & éteindre le tison à la durée duquel étoit attachée la destinée de son fils. A l'âge de quinze ans, le jeune Prince, soit oubli, soit mépris, négligea de sacrifier dans le temple de Diane. La Déesse irritée fit paroître un sanglier monstrueux qui désola toute la contrée; les Princes voisins s'assemblèrent alors pour le combattre & se joignirent à Méléagre, qui, toujours à leur tête, fit preuve du plus grand courage. Atalante atteignit la première le sanglier ennemi : Méléagre de sa propre main le tua & en présenta la hure à la belle Atalante qui la méritoit si bien. Cependant, les oncles de Méléagre mécontens de sa déférence, prétendirent avoir cette dépouille honorable : les reproches commencèrent, la colère s'alluma & le bouillant Méléagre aussi-tôt immola *Plexippe* & *Toxée* qui vouloient blâmer ses présens. Althée avoit appris la victoire de son fils sur le sanglier, elle voulut en aller remercier les Dieux : sur son chemin se trouvent les corps ensanglantés de ses frères : ses cris de joie sont remplacés par les gémissemens ; mais on lui dit que le meurtrier est son fils : ses larmes cessent, la vengeance les tarit, il périra : elle a dans ses mains le tison fatal dont la fin amène celle des jours de son fils ; son amour, qui le lui avoit fait retirer des flâmmes au moment de sa naissance, a disparu, & sa main le jette dans un brâsier, qui bientôt le consumant, fait, au milieu des douleurs les plus effroyables, expirer l'infortuné Méléagre.

Garantir les faits que nous venons de raconter ce seroit une folie. Rien n'est moins certain que ces histoires embellies par les Poëtes en diverses manières. Homère, Ovide racontent les avantages de Méléagre d'une façon bien différente. Il n'est point question dans Homère du tison merveilleux ; Ovide n'en

---

(1) Εννάλιος, *hoc est Martius ab Oppiano appellatur, nam Martis aliqui, alii Œnei Regis filium arbitrantur.* Gori, Tom. I. Gemm. pag. 70..... *Voy.* Oppian. Cyneget. Lib. II. v. 23.

est pas cependant l'inventeur, & Pausanias semble croire que Phrynicus, Poëte tragique, disciple de Thespis, en a parlé le premier, quoiqu'ajoute le même Auteur, il ne se soit exprimé sur cet objet que comme on parle ordinairement d'une vérité déjà connue.

Il y a des Auteurs qui croyent que sous le nom de ce sanglier on a caché quelqu'un des fameux brigands contre lesquels il falloit rassembler, pour ainsi dire, des armées : c'est le sentiment de Strabon, qui donne pour mère à celui dont il s'agit, la fameuse *Phaye* à qui Thésée ôta la vie.

THÉSÉE.

N°. II.   Compagnon & rival d'Hercule, l'invincible *Thésée* est gravé sur ce *Jaspe rouge*, au jugement de *Léonard Agostini*. Ses cheveux coupés sur le devant de la tête sont, par derrière, dans leur longueur, & la manière dont ils sont gravés annonce le talent de l'Artiste qui les a si bien rendus. Cette disposition des cheveux du jeune Héros n'indiqueroit-elle point l'offrande que, suivant l'usage ancien, il en fit à Apollon dans son temple de Delphes où il alla dès qu'il eut quitté le rang des Éphèbes (1). La beauté que lui attribuent les Écrivains est bien exprimée sur son visage que décore une jeunesse florissante.

Diodore de Sicile, Apollodore & les Mythologues en général ont parlé de Thésée. Plutarque en a écrit la vie, & Meursius a fouillé dans l'Antiquité pour recueillir tout ce qu'elle avoit conservé sur ce Héros. Ce que ces derniers Auteurs nous racontent de Thésée offre un mêlange de Fables sous le voile desquelles il n'est pas facile de découvrir la vérité.

Le neuvième Roi d'Athènes, Egée se voyant sans enfans alla consulter l'oracle d'Apollon à Delphes : la Prêtresse du Dieu lui défendit d'avoir le moindre commerce avec aucune femme qu'il ne fut de retour à Athènes. La défense de la Prêtresse n'étoit pas absolument claire, c'étoit assez l'usage de cette Inspirée de ne pas s'expliquer trop clairement. Egée va consulter Pithéus à Trezène. Celui-ci lui explique l'Oracle, ou plutôt à la faveur de son obscurité persuade Egée de prendre pour épouse secrette Ethra sa fille. Le Roi d'Athènes écouta les avis de Pithéus, & quand il voulut repartir pour son pays, Ethra ne

---

(1) *Éphèbes*. Ce nom se donnoit aux jeunes gens de quatorze, quinze & seize ans. Censorin dit que l'on mettoit au rang des Éphèbes les jeunes gens dès qu'ils sortoient de l'âge appellé *Pueritia*. *Censor. dic. nat.* 5.

pouvoit

pouvoit plus douter qu'elle feroit bientôt mère. Pour cacher cette alliance & fauver l'honneur de fa fille, Pithéus fit courir le bruit que Neptune, la Divinité favorite des Trézéniens, en étoit devenu amoureux, ce qui fit paffer Théfée pour fils de Neptune.

Avant de partir pour Athènes, Théfée avoit eu foin de mettre fous une pierre affez groffe des fouliers & une épée, & avoit recommandé à Éthra, fi elle mettoit au jour un enfant mâle, de ne le lui envoyer que lorfqu'il feroit en état de lever cette pierre. Cet ordre d'Égée fut fcrupuleufement exécuté. Nous n'entrerons point dans tous les détails des hauts faits de Théfée. Parent d'Hercule, il voulut en être le glorieux émule, & fes efforts ne furent point fuperflus. Dans fon enfance, il avait donné les efpérances de fes travaux futurs lorfque, jouant avec ceux de fon âge & trouvant la peau du lion dont fe couvroit Hercule, il avoit pris la hache d'un Efclave pour le frapper, croyant que c'étoit l'animal lui-même, dont l'idée feule avoit fait fuir fes compagnons. *Périphétes* ou le *Porteur de maffue*, fut le premier qui reffentit les effets de fon courage & de fa force: Théfée le défit près du Golfe Sarronique, & fe para de fes armes. Il fit périr *Sinius* ou le *Ployeur de Pins*, lorfqu'il traverfa l'Ifthme de Corinthe : & de fa fille *Périgone* il eut un fils qui fut appellé *Ménalippe*. Il délivra les terres de Crommyon de la fameufe *Phaye. Sciron* près de Mégare, *Cercyon* l'Arcadien à Éleufine, *Damaftès* ou *Procufte* à Hermione, furent immolés par fes mains. Théfée fit chaffer de la Cour de fon père la redoutable *Médée*, & affura le pouvoir chancelant d'Égée par fa victoire fur les *Pallantides*.

Ce fut à lui que la Patrie fut redevable de l'exemption du tribut qu'elle payoit à Minos fecond. A la mort de fon père, Théfée réduifit en un feul corps tous les habitans de l'Attique, &, d'après l'Oracle de Delphes qui, confulté par lui fur la nature du Gouvernement qu'il devoit adopter, lui avoit ordonné de ne point gouverner defpotiquement, il préféra le Gouvernement populaire, ne fe réfervant que le maintien des Loix. La Religion eft la fauve-garde de tous les Empires, & la paix en fait le bonheur; Théfée donc fçut donner à la première toute fa fplendeur : il établit le culte de *Pitho* ou de la Déeffe de la Perfuafion, & celui de *Vénus*, qui devoit, difoit-il, être le lien de tous les peuples : il renouvella les jeux Ifthmiques en l'honneur de Neptune, & les fit célébrer de jour. Pour conferver la paix il fixa les bornes de fes Etats; &, de concert avec les Ioniens & les Péloponéfiens, fit élever une colonne qui en annonçoit les limites.

Théfée, fuivant l'opinion reçue, affifta à la conquête de la Toifon d'Or:

il se trouva à la chasse de Calydon : enfin il n'y eut aucune expédition, aucune guerre dans tous ces tems à laquelle on ne lui ait pas donné part, ensorte que c'étoit un proverbe reçu, que rien ne se faisoit sans Thésée, *non sine Theseo*. Le sacrifice du taureau de Marathon, l'expédition contre les Amazones sont mis au rang de ses actions éclatantes. Quant à *sa descente aux Enfers*, il est à présumer que ce n'est qu'une allusion à la prison où il fut mis par *Aidonée*, dont il étoit venu pour enlever la femme qui se nommoit Proserpine, prison de laquelle Hercule le délivra. Avant la tentative de l'enlèvement de Proserpine, Thésée avoit enlevé la fille de Tyndare, la jeune Hélène, que, suivant d'anciens Auteurs, il laissa grosse entre les mains d'Ethra, sa mère, avant de partir pour l'Epire, & dont il eut *Eriphile*, à la naissance de laquelle Hélène fit élever un temple en l'honneur de Lucine, ainsi que le raconte Pausanias. Castor & Pollux délivrèrent Hélène, firent Ethra son esclave & la mère de Thésée suivit cette Princesse à Troye lorsqu'elle fut enlevée par Pâris. Thésée, dont la vie n'avoit été, pour ainsi dire, qu'un tissu d'exploits, n'en offrit plus dans ses dernières années qu'un de malheurs que termina sa mort causée, ou par la trahison de *Lycomèdes*, qui, suivant quelques Auteurs, le précipita du haut d'un rocher, ou bien par une chûte naturelle qu'il fit du haut de ce même rocher, dont imprudemment il avoit trop approché les bords.

Thésée, malgré bien des dérèglemens, s'étoit trop distingué pour ne pas être mis au rang des Dieux. On bâtit un temple en son honneur, ou le huitième jour de chaque mois on lui faisoit un sacrifice, qui, de cet usage régulier, fut appellé *Ogdolion*.

Nous n'exigerons sûrement pas de nos Lecteurs qu'ils croyent irrévocablement tout ce que nous venons de tracer de l'histoire de Thésée. On sçait trop bien que l'on peut à peine dans les narrations fabuleuses de ces tems, trouver quelques vérités historiques. Comment, par exemple, peut-on croire à la captivité d'Ethra mise au pouvoir d'Hélène lorsqu'elle fut enlevé par Pâris, maintenant qu'un Auteur aussi érudit que M. l'Abbé Guérin du Rocher, nous annonce qu'il démontrera que « cette guerre de Troye, dont le fracas a retenti
» jusqu'au bout de l'Univers, cette guerre, dont la célébrité prolongée d'âge
» en âge & perpétuée de bouche en bouche depuis tant de siècles, a fait
» placer cet évènement mémorable au rang des grandes époques de l'Histoire,
» cette guerre de Troye chantée par un *Homère* & par un *Virgile* n'est,
» dans le fond, que la guerre des onze tribus d'Israël, contre celle de Benja-
» min, pour venger la femme d'un Lévite, victime de l'incontinence des

» habitans de la ville de *Gabaa*, (ce mot en Hébreu a la même signification que
» *Pergame* en Grec), qui fut prise par les autres Tribus Confédérées, à l'aide
» d'une ruse de guerre & qui fut à la fin livrée aux flâmmes par les Vain-
» queurs? Le sçavant Auteur apprendra encore que c'est le cantique de *Débora*
» qui, joint au même sujet traité dans les derniers Chapitres du Livre des Juges,
» par un alliage que l'imagination des Grecs a eu l'art d'amalgamer, a produit
» le germe de l'Iliade d'Homère (1) ». De même qu'il est impossible que Thésée ait assisté à la guerre de Troye, suivant le système de M. *Durocher*, il
est impossible aussi qu'il se soit trouvé à la conquête de la Toison d'Or,
puisque, d'après ce même Sçavant, « dans l'expédition des *Argonautes*, dans
» *Jason* & *Médée*, l'on retrouvera *Gédéon* & les *Madianites*.... Dans *Hercule*,
» *Samson* & *Josué*, dont *Alcide* n'est que la traduction faite en Grec.... Et que les
» noms d'*Ajax*, d'*Enée*, de *Diomède*, d'*Agamemnon* & de *Ménélas* ne sont
» que des traductions de ceux des enfans de *Jacob*, *Ruben*, *Siméon*, *Lévi*,
» &c, &c,.... que les Grecs ont rendus dans leur langue tantôt avec une exac-
» titude littérale & tantôt avec des altérations grossières ». Ce même personnage de Thésée, dont nous venons de tracer l'histoire fabuleuse & sur les
exploits duquel nous venons d'élever quelques doutes d'après M. l'Abbé *Durocher*, n'a semblé à d'autres Sçavans qu'un être allégorique, ou ses travaux
du moins ne sont que des allégories du labourage des terres & du desséchement des terreins marécageux : c'est ainsi que pense M. l'Abbé *Bergier*, qui
ne voit dans le combat contre les Amazones qu'un travail assidu au milieu
des terres fangeuses & aquatiques : sa descente aux Enfers pour en tirer Proserpine, n'est aux yeux de ce Sçavant que la culture des lieux bas pour en tirer
du grain : si ce Héros enlève & conduit Ariadne, c'est parce que ses soins

---

(1) Ce système intéressant de M. l'Abbé *Durocher*, annoncé dans son ouvrage des *Tems Fabuleux*, vient d'être annoncé de nouveau dans celui de M. l'Abbé *Bonnaud*, intitulé, *Hérodote Historien du peuple Hébreu sans le sçavoir*. On ne peut pas douter qu'une opinion aussi extraordinaire ne heurte beaucoup de préjugés ; mais quand on a lu, avec l'envie de découvrir la vérité, & les deux ouvrages que nous venons de citer, & celui de M. l'Abbé *Chapelle*, qui a pour titre, l'*Histoire véritable des Tems Fabuleux* : confirmée par les critiques qu'on en a faites, ces mêmes préjugés perdent beaucoup de leur force, & l'on désire que M. *Guérin Durocher* se hâte de donner à son système tous les développemens nécessaires qui le rendent inattaquable. Ce que nous avons cité avec des guillemets est tiré de l'ouvrage de M. l'Abbé *Bonnaud*.

ont été payés par l'abondance. La naissance d'Hyppolite, la défaite du Minotaure, l'enlèvement d'Hélène ne paroissent à ce même Auteur que des voiles heureux qui couvrent différentes opérations de l'Agriculture.

HYACYNTHE.

N°. III.

Jules-Pollux observe qu'au sortir de l'âge de puberté les jeunes gens avoient coutume d'offrir les cheveux qui couvroient leur front & leurs tempes, soit à Apollon, soit à Esculape, ou bien aux fleuves ou même à d'autres Divinités. La tête que nous examinons semble nous conserver, ainsi que la précédente, des traces de cet usage. *Fulvius Ursinus* a publié une tête presque semblable à celle-ci qu'il dit représenter Hyacynthe: *Léonard Agostini* en a fait graver une autre plus ressemblante encore, &, d'après l'autorité du premier, il croit que le Graveur a voulu faire le même Hyacynthe, quoiqu'il laisse tout Sçavant libre de ne reconnoître en elle que celle d'un Souverain étranger. Nous croyons que sur notre *Cornaline* l'Artiste a voulu retracer ce même favori d'Apollon: &, si son front est ceint du bandeau royal, c'est que le Graveur, en suivant la tradition d'Ovide (1), aura voulu, par cet ornement, désigner qu'il étoit fils d'*Amycle*, Roi des Spartiates. Qui ne connoît le destin cruel de ce jeune homme? Apollon l'aimoit & Zéphire à cet égard étoit rival d'Apollon. Un jour vers le midi, Hyacynthe & le Dieu se défièrent au jeu du palet. Apollon commence, le disque part, fend les airs & retombe au loin; Hyacynthe, emporté par le jeu, suit le palet en courant, pour le ramasser aussi-tôt. Mais Zéphire jaloux détourne le disque lancé par Apollon & le pousse contre le front d'Hyacynthe. Le jeune homme pâlit & meurt dans les bras d'Apollon. De son sang s'élève une fleur nouvelle, semblable au lys dont elle prend la couleur; sur ce lys empourpré le Dieu met encore les signes de sa douleur en y gravant ces lettres *aï, aï.*

Possédons-nous maintenant cette fleur gage des regrets d'Apollon sur la mort d'Hyacynthe? Les Botanistes ont cherché dans leurs vastes parterres à la reconnoître. Plusieurs ont cru que ce pouvoit être le *pied d'alouëte*; mais cette fleur n'a point de rapport avec le lys: & cependant il lui faut

---

(1) Suivant *Lucien*, Hyacinthe est fils d'*Œbalus*, & suivant d'autres Mythologues de *Piérus* & de *Clio.* Voyez *Lucien*. Dialog. des Morts, *Mercure & Apollon....* *Ovid.* Métamorph. Lib. X.... Tableaux de *Philostrate* Liv. I...! Pausanias in *Lacon.*....

DE FLORENCE.

ce caractère d'après l'autorité d'*Ovide*. Croyons plutôt avec les Sçavans Auteurs de la description des Pierres gravées d'Orléans, que c'est le lys rouge *Lilium Purpureum*, que beaucoup d'autres regardent comme le *Cosmosandalum*, qui, suivant Pausanias est l'Hyacynthe des Anciens. Sur ce lys rouge, surnommé *Hisloricum*, *Dodoëns* dit avoir vu les lettres qui, suivant la Fable, furent tracées par Apollon.

LÉANDRE.

Sur ce *Jaspe* mêlé de *Calcédoine* on voit en *Camée* la tête de *Léandre* : son action de Nager, les graces de sa figure, la fleur de la jeunesse, ses cheveux qui semblent mouillés, décèlent le tendre amant de *Héro*. On peut dans plusieurs Poëtes anciens lire ses aventures, ses amours & sa fin tragique, qui occasionna celle de son amante ; mais en les consultant on ne cherchera sans doute que les détails heureux qu'ajouta le génie & qu'embellirent les Vers : car tout le monde sçait, que suivant leurs vieilles traditions, Léandre, chaque nuit, traversoit le détroit de l'Hellespont, pour aller joindre son amante, & que, pour ne point trahir leur amour, avant que l'aurore vint à paroître, il le traversoit encore ; mais qu'une nuit il périt malheureusement dans les flots qu'agitoit un violent orage, & que le lendemain, Héro passionnée, voyant son amant étendu sur le rivage, se précipita près de lui du haut de la Tour.

N°. IV.

Nous parlerons de la tête de Méduse, qui est la dernière de cette Planche, en parlant des suivantes.

PLANCHES XLII, XLIII & XLIV.

TÊTES DE MÉDUSE.

On a choisi parmi les têtes différentes de *Méduse*, qui se trouvent au Muséum des Médicis, celles que l'on voit réunies dans ces trois Planches (1). La grandeur

---

(1) Nous allons indiquer la matière de ces différentes Pierres, dont nous ne parlerons pas séparément, Planche XLI, N°. V, une *Cornaline*. Pl. XLII, N°. I. une *Cornaline* : N°. II, III, IV, V. *Jaspes* mêlés de *Calcedoine*. Pl. XLIII, N°. I, *Jaspe* : N°. II, *Jaspe* mêlé de *Calcedoine* : N°. III, *Améthyste* : N°. IV, *Cornaline* : N°. V, *Grenat* : N° VI. *Cornaline*. Pl. XLIV. N°. I. *Jaspe* : N°. II, *Saphir* : N°. III, *Grenat* : N°. IV, *Cornaline*.

des Pierres & la beauté du travail ont déterminé ce choix. Les Statuaires, les Sculpteurs en yvoire, les Graveurs en Pierres, les Artiíles de tout genre se sont plû à rendre avec soin des têtes de Méduse, & parmi tant de rivaux on a distingué *Solon* & *Sosocle*, dont on retrouve des ouvrages en ce genre dans la collection des Pierres gravées de *Philippe de Stosch*, Planches LXIII & LXV. Dans toutes ces têtes de Méduse, on peut remarquer une grande variété, & chaque Artiste a voulu, pour rendre son ouvrage plus intéressant, en diverfifier l'expression. En efet, cette fille de *Phorcus*, remarquable par la beauté de ses cheveux & par les charmes de sa figure, (charme si grands, qu'à sa vue, les hommes étoient changés en Pierre), est représentée ou la tête tranchée, la figure triste: ou prête à expirer, la bouche entre-ouverte & les yeux demi fermés: ou pleine de graces, dans cet état de sommeil, qui facilita l'entreprise de *Persée*, quand, secondé par *Minerve* outragée de ce qu'elle avoit violé son temple par ses foiblesses avec Vulcain, & surprenant les Gorgones endormies, il coupa la tête de cette même Méduse, seule de ses sœurs qui fut mortelle: enfin on la voit tantôt avec une figure douce autant que belle: tantôt les sourcils froncés, les yeux menaçans, lançant même quelquefois des regards cruels. Ses cheveux sont ou noués avec des serpens, ou entrelassés avec ces animaux qui se renouent sous le menton: quelquefois ils se terminent par leurs têtes. Presque toujours le front est surmonté par des aîles qui semblent partir des tempes au milieu des cheveux. Ces aîles, chez les Étrusques, étoient des aîles de simples oiseaux & quelquefois de dragons, ainsi que le prouvent leurs monumens.

Les Anciens & sur-tout les Empereurs & les Soldats se servoient de ces têtes de Méduse comme de favorables Talismans, ils croyoient que cette image donnoit du courage & de la force dans l'adversité, & que même elle éloignoit les dangers. On pensoit, que gravée sur les tombeaux elle rendoit plus sacrées ces demeures des morts & les mettoit à l'abri des sacrilèges violateurs. Les Étrusques confondoient Méduse avec les Furies, & lui donnoient un diadême comme à une Reine. Les Dames mettoient au rang de leurs bijoux des Pierres où étoient gravées de semblables têtes. On en ornoit souvent les portes & les vases. *Stace* décrit une patère d'or avec laquelle on faisoit des libations aux Dieux & sur laquelle on avoit gravé Méduse ayant les yeux languissans.

Autant il seroit ridicule de croire que l'histoire de *Méduse*, telle que les Poëtes nous la racontent, est véritable, autant le seroit-il aussi de penser qu'il n'y a point quelque vérité cachée sous ce voile de la Fable. Mais quelle estlle cette vérité? Les uns croyent que c'est une vérité physique, les autres veulent que c'en soit une morale. D'après une dissertation sçavante de M. *Parquoy*, les Auteurs de la description des Pierres gravées d'Orléans indiquent cette Fable comme une fable *Cosmogonique*. Suivant eux, l'histoire fabuleuse de Méduse & des Gorgones n'est autre chose que l'emblème de l'action d'un Dieu *séparateur* sur un *chaos préexistant*. T*z*et*z*ès croit que dans ces mêmes fables il n'est question que de l'effet réciproque des vapeurs de la Mer sur le Soleil, & de cet astre sur les vapeurs de la Mer. M. *Fourmont* prétend que Méduse & les *Grées* ses sœurs sont trois vaisseaux, & probablement les premiers vaisseaux à voiles que virent les Grecs ; mais quelque vraisemblance que cet érudit Auteur ait donnée à son explication, elle paroît cependant insuffisante. M. l'Abbé *Bergier* ne reconnoît dans toute cette histoire qu'*une description plate & grossière de quelques fontaines, de leurs propriétés, de leurs eaux*. *Noël le Conte*, plus utilement pour ses Lecteurs, sans atteindre mieux néanmoins la vérité, donne à cette fable des interprétations morales ; Méduse est, suivant lui, l'image de la beauté qui nous séduit, nous captive, & par la passion qu'elle nous inspire & qui absorbe toutes nos facultés, nous rend aussi froids que des marbres pour tous nos devoirs : c'est peut-être aussi, dit-il, un emblême de la fortune qui, tant qu'elle nous rit nous procure des adorateurs ; mais qui, si elle fuit, ne laisse plus voir en nous que les serpens qui nous environnent, & nous semble rendre odieux ceux-mêmes qui nous fêtoient avec le plus d'ardeur.

Nous parlerons du N°. V de cette Planche en expliquant les Planches suivantes.

PLANCHES XLV, XLVI, XLVII & XLVIII.

TÊTES D'HERCULE.

Le *grand* & *l'invincible* Hercule termine cette classe de Rois & de Héros, Héros & Roi lui-même, & mis après sa mort au rang des Dieux. On sçait avec quel zèle les Artistes différens se sont appliqués à bien rendre sa figure & ses travaux. Les Pierres que nous allons examiner sont une preuve tout-à-la-fois & de ce zèle & de leurs talens. On ne peut sans une espèce de volupté considérer son image dans les différens âges de sa vie, & rendue avec tant d'art sur ces diverses Pierres que l'on a choisies entre bien d'autres, à raison de leur beauté.

Ou ce Héros est représenté dans la première jeunesse, les joues à peine ombragées par un tendre duvet, les veines déjà marquées, la vigueur s'annonçant dans tous ses membres, tel enfin que les Anciens le désignoient par les titres de *Pollens* & de *Potens* que l'on retrouve sur des tables votives: ou bien on le voit à l'âge mûr & même avancé portant des cheveux courts & crépus, une barbe épaisse, hérissée & mêlée, qui indiquoit le peu de soin qu'il prenoit de sa parure & qui sembloit faire saillir le menton plus avant que la bouche, ainsi que l'a décrit *Cicéron*, d'après une statue du temple d'Agrigente. Ses yeux sont grands & semblent jetter des feux, comme le dit *Apollodore*: son col est large & très·gras: ses épaules, ainsi qu'on peut le remarquer N°. III, Planche XLVI, sont larges & athlétiques, & annoncent par la force des muscles celles du Héros.

La tête d'Hercule sur les Pierres se voit nue ou couverte du mufle de ce lyon fameux, qu'il tua dans la forêt de Némée, & dont les dépouilles lui servirent ainsi de casque & d'ornement. Quelquefois son front est orné d'un diadème qui est de laine. On peut le remarquer avec cet ornement sur les Pierres, sur les Camées qui retracent ses travaux. On lui a donné des couronnes tantôt de laurier, telle que les Thébains, au rapport de Pausanias, en décorèrent sa statue; tantôt d'olivier, comme au N°. VI de la Plan. XLV. Ce fut cette couronne qu'il reçut aux jeux Olympiques qu'il institua & auxquels il fut vainqueur, ce qui le fit surnommer ΠΡΩΤΟΣ ΑΓΩΝΙΣΤΗΣ, titre que lui donne une inscription antique du *Muséum Farnèse*. Pausanias rapporte que, vainqueur à la lutte & au combat du Pancrace, Hercule avoit remporté des couronnes. Les couronnes d'olivier, récompense des Athlètes vainqueurs, avoient été inventées par Hercule, qui avoit apporté l'olivier des régions Hyperborées. Aussi voyons-nous cet arbre auprès de ce Héros sur un beau Camée de marbre publié par *Gori*, Partie Ire. des Inscriptions des anciennes villes d'Étrurie, pag. 185.

Sur la *Cornaline*, N°. II de la Plan. XLVI, se présente une tête d'*Hercule buveur*, travaillée avec beaucoup d'art; son front est ceint d'une couronne de lierre, que *Liber* porta le premier de tous, & dont, à son exemple, les Bacchantes & Silène sont couronnés. On remarquera sur cette Pierre cette bouche entr'ouverte, ses yeux fixes qui cherchent à voir, caractères qui annoncent les effets de la liqueur bacchique : ce qui convient d'autant mieux à ce Héros, que les Anciens nous le donnent pour un grand buveur, vainqueur de *Léprée* qui l'avoit défié & qui étoit regardé plutôt comme une

outre

outre que comme un homme. Dans l'Anthologie nous retrouvons une épigramme élégante fur l'yvreffe de ce noble buveur. De-là vient que bien des Statuaires lui ont mis en main une coupe dont on racontoit encore bien des merveilles. *Athenée*, fur la foi de *Pifandre*, dit qu'elle lui fervoit à paffer la Mer : *Macrobe* en parle en ces termes : *La taffe d'Hercule eft comme le Hanap de Bacchus*. C'eft pour cela que les Sculpteurs le repréfentent la taffe à la main, & même quelquefois chancelant & yvre, non-feulement parce que ce Héros étoit grand buveur ; mais auffi parce que l'hiftoire ancienne rapporte, qu'il avoit un vaiffeau à boire dont il fe fervoit pour paffer les Mers. On fent toute la folie de cette exagération ; mais on ne peut douter que réellement la coupe de ce Héros ne fut très-grande, d'après la manière de parler proverbiale des Anciens, qui nommoient *coupes d'Hercule*, les plus larges vafes à boire. On donne encore aux têtes de ce Héros une autre couronne chère à Bacchus : elle eft formée de branches de vignes ornées de pampres & de raifins. M. de la Chauffe dans fon Muféum Romain produit un Hercule ainfi couronné. Suivant *Strabon*, ce demi-Dieu reçut le nom d'Ἰποκτόνος, parce qu'il avoit fait périr des animaux, des efpèces de vers qui rongeoient les vignes, & ce pourroit être une des raifons qui lui ont fait donner une couronne de fes feuilles. Suivant *Athenée*, ceux qui vouloient offrir à ce demi-Dieu les prémices de leurs cheveux, lui préfentoient un vafe plein de vin, qu'après les libations ils faifoient vuider par les affiftans.

L'*Améthifte*, Nº. V de la Planche XLVI, qui eft remarquable par fa grandeur & par la beauté du travail nous offre une autre couronne fur la tête d'Hercule, elle eft faite de feuillage de chêne. Le chêne confacré à Jupiter, à Bacchus & à Cérès convient auffi parfaitement à Hercule, à caufe de la force de fon ame & de la vigueur de fon corps, & fur-tout comme Dieu *Confervateur* ΣΩΤΗΡ, qui en parcourant le monde, le purgea & des monftres & des brigands qui le défoloient, & rendit ainfi au genre-humain fon repos & fa tranquillité. Pline raconte que dans le pont près d'Héraclée l'on voyoit un autel confacré à Jupiter *Stratius*, au pied duquel s'élevoient deux chênes plantés par Hercule ; il n'eft donc point furprenant qu'on ait donné à ce Héros des couronnes faites avec les feuillages d'un arbre qu'il paroiffoit autant chérir.

Mais de toutes les couronnes, celles qui plaifoient le plus à Hercule étoient celles de peuplier : fur le *Jafpe rouge* Nº. VI de la Plan. XLVIII, fon front en eft orné. Si l'on en croit les Anciens, ce fut Hercule qui, le premier, découvrit près de l'Achéron un peuplier blanc, &, qui, couronné de fes feuilles, traverfa ce fleuve des Enfers, ainfi que le raconte *Paufanias*. Ce fut lui qui tranfplanta cet arbre en Grèce, & il devint son arbre chéri, comme le peint Virgile, *Populus Alcidæ gratissima*: il le mit sous sa protection, & dès-lors cet arbre fut en honneur parmi tous ceux qui rendirent un culte à Hercule, persuadés que ce Héros, lorsqu'il faisoit des sacrifices à Jupiter Olympien, ne brûloit les cuisses des victimes qu'avec des branches de peupliers blancs. Les Éléens n'employoient pas d'autres bois pour les sacrifices des jeux Olympiques. Homère, du nom du fleuve aux bords duquel le peuplier naquit, le surnomma *Peuplier Achérontique*, & les Scholiastes de ce Poëte immortel disent que le Héros s'en ceignit les tempes après avoir vaincu Cerbère. *Servius* nous apprend, qu'Hercule employoit volontiers cet arbre pour s'en couronner, à cause de la double couleur de ses feuilles, qui sembloient caractériser le double genre de ses travaux.

A l'exemple d'Hercule, plusieurs Héros, après leurs exploits, ont pris la couronne de peuplier. Suivant le rite le plus ancien, les Saliens, Ministres d'Hercule, le front ceint de couronnes de peuplier, présidoient à son culte divisés en deux chœurs. L'un, qui étoit celui des Vieillards, ne faisoit que chanter : l'autre, qui étoit celui des jeunes gens, mêloit aux chants des gestes qui retraçoient les hauts faits du demi-Dieu. Virgile a peint ces solemnités dans des Vers dignes de sa lyre. Aux combats Néméens, institués par Hercule, les Vainqueurs étoient couronnés d'Ache verte, espèce de couronne que Tertullien donne aussi à Hercule. Quant à la couronne radiale & à celle faite d'étoiles que porte Hercule sur une Pierre du Muséum des Médicis, nous en parlerons dans un autre endroit.

Parmi les diverses têtes qui composent différentes Planches que nous examinons en ce moment, on en peut remarquer plusieurs qui ne représentent point Hercule ; mais quelques-uns des Héraclides ou même de quelques Héros émules de sa gloire, qui ont voulu paroître revêtus comme lui de la peau d'un lion. Alexandre-le-Grand, l'orgueilleux Commode ont pris ce glorieux ornement ; mais les *Cornalines* N°. IV & V de la Plan. XLV, & l'*Améiiste* N°. I de la Plan. XLVIII font des preuves que d'autres personnes ont usurpé l'honneur de se faire représenter ainsi sous les dehors d'Hercule.

La *Chrysolite* N°. I, la *Cornaline* N°. II, la *Calcédoine* N°. III, l'*Agate-Sardoine*, N°. IV & les deux *Agates mêlées* N°. V & VI de la Planche XLVIII, sont des têtes d'*Omphale*, dont nous aurons occasion de parler dans un autre instant.

DE FLORENCE.

PLANCHES XLIX—LVIII.

TRAVAUX D'HERCULE.

La *Cornaline* N°. I Planche XLIX, la *Pâte de verre jaune* N°. IV Plan. LV & l'*Onyx* N°. I Plan. LVI, repréfentent Hercule encore enfant qui, debout, ou fe levant fur fes genoux, étouffe des ferpens dont l'Artifte a bien exprimé les replis tortueux. Ce jeune Héros avoit tout au plus huit ou dix mois, au rapport d'*Apollodore*, lorfque Junon, ou, comme le veut *Phérécydes*, Amphytrion porta dans fon berceau, où il dormoit paifiblement près d'*Iphiclus*, deux ferpens énormes qui devoient, ou les faire périr tous les deux, ou du moins faire connoître quel étoit celui qui tenoit l'exiftence de Jupiter. Iphiclus éveillé fe mit à fuir, & fa peur indiqua qu'il n'étoit que le fils d'Amphitrion. Le petit Hercule, au contraire, fidèle à fon origine, & vraiment fils de Jupiter, fans s'émouvoir, faifit de chaque main un de ces ferpens, &, fans les regarder, même fans efforts, il les étouffa. On dit qu'auffi-tôt après il eut du regret de les avoir fait mourir, parce qu'il ne pouvoit plus s'en amufer dans fon berceau. On peut voir combien agréablement Théocrite peint ce premier exploit d'Hercule dans l'Idille qui a pour titre ΗΡΑΚΛΙΣΚΟΣ.

Il eft une chofe que l'on doit principalement remarquer, fur la première des trois Pierres que nous examinons, c'eft qu'Hercule, tandis qu'avec fes mains il étouffe les ferpens, écrafe encore de fon pied la tête d'un dauphin. Pourquoi les Anciens lui ont-ils ainfi donné ce nouvel animal à faire périr? Paufanias, qui vit chez les Athéniens une ftatue d'Hercule enfant étouffant les ferpens, Pline, qui fait mention d'un tableau de Zeuxis où ce fujet étoit traité, & d'autres Auteurs très-eftimables ne parlent point de ce dauphin. Ce n'eft donc point une chofe aifée d'expliquer ce fujet; mais ne feroit-il pas naturel de croire que le dauphin n'indique ici fa puiffance fur la Mer que par oppofition au pouvoir qu'il exerçoit fur la terre, & dont les ferpens qu'il étouffe dans fon berceau peuvent fervir d'emblème. On connoît tout ce que fit le Héros qui nous occupe fur la vafte étendue des Mers; fon voyage à Colchos & fon expédition avec les Argonautes; fa courfe vers Troyes après la défaite des Amazones; la manière victorieufe dont il délivra la jeune Héfione, fille de Laomédon, d'un monftre marin auquel on l'avoit expofée: la mort qu'il donna à plufieurs fils de Neptune qui l'avoient provoqué au combat, ainfi que le rapporte Apollodore: l'art avec lequel il découvrit des sources & en fit jaillir à Trezène : & ce pouvoir prodigieux avec lequel, en fappant du pied une pierre, Appollonius de Rhodes prétend qu'il fit fortir une eau vive & abondante qui étancha la foif dont il étoit tourmenté. Ce n'eft donc pas fans motif que nous avons avancé notre opinion confirmée par un paffage de Lucien, qui fait dire au Cynique, en parlant d'Hercule : « Penferiez-vous que cet homme étonnant, cet homme divin & » regardé comme un Dieu, ait été malheureux en parcourant nud l'Univers fans » autre vêtement qu'une peau qui le recouvroit à peine, & ne paroiffant » defirer rien de ce qui nous flatte ? Non, certes ! il ne fut pas malheureux » celui qui éloignoit les maux loin des mortels, & il n'éprouva pas les » douleurs de la pauvreté, cet être qui dominoit fur la terre & fur les » Mers ! » On voit Neptune dans bien des Pierres, ayant ainfi fous fes pieds des dauphins, qui n'annoncent rien autre chofe que fon empire fur les Mers : celui fur lequel notre petit Hercule appuie le fien peut offrir affurément le même emblème & le même préfage de fes exploits futurs. Près de la porte *Capène*, les Romains avoient un temple en l'honneur d'Hercule enfant, que le concours de ceux qui venoient offrir des vœux rendit célèbre, & dont parle *Martial* dans la XLVII Épigramme du Livre III.

Nous venons de parler d'Hercule enfant, & nous avons fuppofé bien des exploits qui l'ont enfuite rendu fameux ; mais Hercule a-t-il réellement exifté ? Cette queftion que beaucoup de Sçavans fe font propofée & à laquelle ils ont répondu chacun fuivant qu'ils étoient affectés, a fait naître différens fyftêmes plus ou moins ingénieux ; mais qui n'en font peut-être pas plus vrais. *Voffius*, dans fon ouvrage fur l'origine & le progrès de l'idolâtrie, ne voit dans Hercule qu'une allégorie du Soleil, & les douze travaux du Héros ne lui paroiffent être que les fignes du Zodiaque que l'aftre parcourt. *Cuper* ajoute aux réflexions de *Voffius*. Hercule enlève-t-il des pommes d'or ? C'eft le Soleil qui par fon éclat fait difparoître les étoiles : la peau du lion n'eft que l'emblème de la force de cet aftre quand il eft dans fon cours au figne qui porte le nom de cet animal, & l'on retrouve, dit le même Auteur, dans la maffue du demi-Dieu l'emblème de l'obliquité de l'écliptique. Le Scholiafte d'*Héfiode*, de *Macrobe*, de *Porphyre* avoit eu ces mêmes idées avant eux. *Le Clerc* vit dans Hercule une autre allégorie. Ce Héros étoit, fuivant lui, un Négociant Phénicien, fameux, qui avoit fait de grandes chofes, de grands établiffemens, de longs voyages & le commerce le plus étendu. *Noël le Comte* travaillant plus pour l'ame & le cœur que pour l'efprit a détourné les fables d'Hercule à la morale. L'Abbé *Bannier* qui, peut-être sans se tromper dans le principe; mais errant souvent dans son application, cherchoit sous leurs voiles des vérités historiques, regarde Hercule comme un personnage réel né à Thèbes. Cet Auteur croit *qu'on ne peut pas douter de l'existence de plusieurs Hercules*, &, après avoir rapporté sur ces différens Héros le sentiment de *Diodore de Sicile* qui en compte trois, de *Cicéron* qui en trouve six, de quelques Auteurs Grecs qui en font monter le nombre jusqu'à quarante-trois, & ne regardent le nom d'Hercule que comme un nom appellatif, un simple surnom, il pense que les Grecs ont chargé l'histoire de l'Hercule de Thèbes, des exploits de tous les autres. M. l'Abbé *Bergier* ne pouvant découvrir un ensemble historique dans tous les hauts faits attribués à Hercule, & ne regardant les *fables des Dieux que comme un tableau de la Nature ou des êtres physiques en général: les fables des Héros que comme l'histoire naturelle de la Grèce ou de quelqu'autre pays en particulier, la Topographie des anciennes Villes & des environs, le récit des travaux que les premiers Colons furent obligés d'entreprendre pour rendre leur séjour habitable*: cet Auteur s'attache à prouver, dans ses explications de l'histoire fabuleuse du demi-Dieu, qu'il a intitulées: *Remarques sur le bouclier d'Hercule, que cette histoire est une Topographie mal entendue de plusieurs cantons de la Grèce ou des autres parties du monde*: & les preuves sont toutes Étymologiques. M. l'Abbé *Durocher* annonce dans son *Histoire très-sçavante des tems fabuleux*, qu'il prouvera que l'*Hercule des Grecs est sur-tout formé de Josué sous le nom d'Alcide* (qui en est la traduction en Grec), & de *Samson sous celui d'Hercule*. *Court de Gébelin*, dans ses *Allégories Orientales*, ne voit dans Hercule que le Soleil, & dans ses travaux que le défrichement & la culture des terres. Nous renverrons à son ouvrage pour les détails de cet ingénieux système, & nous nous contenterons, à chacun des travaux d'Hercule que nous trouverons représentés sur nos Pierres, de rapprocher en peu de mots l'explication de ce Sçavant, de quelques autres interprétations de ceux qui les ont précédés.

Les serpens étouffés par Hercule, encore au berceau, n'étoient aux yeux de *Noël le Conte* qu'un symbole intéressant de cette émulation si nécessaire dans les enfans, & dans laquelle les germes heureux des vertus, privés de chaleur, périssent ordinairement. M. l'Abbé *Bergier*, plein de son système, ne voit dans ces mêmes serpens que deux ruisseaux dont les replis tortueux se rapprochent facilement de leur image. Ces ruisseaux nommés *Amphitrion* & *Alcmène* roulent avec impétuosité leurs eaux que grossit la pluie figurée par le lait que Junon, malgré sa haine, donne au petit Hercule : ces eaux arrêtées par deux digues, font rage contre elles : une d'elles est rompue : c'est *Iphiclus* effrayé qui fuit ; l'autre réúsie : c'est *Hercule* qui étouffe les serpens, & comme les inondations étoient réputées des effets de la colère de Junon, il ne paroît pas surprenant à cet Auteur que l'on ait supposé ces serpens mis par Junon dans le berceau d'Hercule. Appuyé de deux fragmens de l'Ydille XXIV de Théocrite à l'honneur d'Hercule enfant, *Court de Gébelin* rapproche quatre circonstances de ce premier travail d'Hercule, & de ces quatre circonstances conclue, que cet exploit n'est autre chose que le symbole du solstice d'Été, auquel commençoit l'année du Laboureur, & il faut avouer que la manière dont il explique chacune des particularités indiquées par Théocrite, est singulièrement ingénieuse. Les deux serpens offrent l'image du caducée, qui désigne lui-même les solstices désignés par les Anciens, sous le nom de tête & queüe du dragon : le solstice spécialement indiqué c'est celui d'Été : il précède la victoire d'Hercule, qui est le Soleil, sur le lion qui est le signe du mois de Juillet : Hercule n'avoit que dix mois, & ce solstice tomboit au dixième mois de l'année Égyptienne, & le feu dans lequel Théocrite dit qu'Hercule jette les serpens, est ce feu de joie que les premiers habitans du monde ont allumé pour célébrer le moment ou l'année du Laboureur commençoit, ce feu dont nous revoyons des traces chez les plus anciennes Nations, que les Russes allument le jour de *Saint-Agrippine* qu'ils surnomment encore *Coupalniza*, du nom d'une de leurs anciennes idoles qu'ils fêtoient à ce solstice comme Déesse des fruits ; enfin, c'est ce même feu que nous allumons encore au même solstice, & que la Religion Chrétienne a laissé subsister ; mais qu'elle a consacré pour célébrer la naissance de *Saint-Jean*.

L'*Onyx* N°. II, Planche XLIX, remarquable par la beauté de son travail, représente Hercule instituteur des jeux Olympiques & le premier Vainqueur à ces jeux, se couronnant la tête d'une couronne d'olivier : tout annonce dans son corps la vigueur de la jeunesse, & ces graces mâles que l'Antiquité reconnut toujours en ce Héros. S'il se couronne ainsi lui-même, c'est que, juste appréciateur de son propre mérite, il peut être juge des honneurs qui lui sont dûs. C'est dans cette même attitude qu'est représenté ce même Héros, surnommé ΘΑΛΛΟΦΟΡΟΣ & *Olivarius*, sur un revers d'une médaille de grand module de l'Empereur *L. Aurelius Verus* : il y est placé entre un autel sur lequel brûle du feu & un arbre d'olivier. Après sa victoire remportée sur

Antée, Hercule, en préfence de tous les Dieux, fut couronné par Mercure.

Sur la *Cornaline* N°. III de la même Planche on voit Hercule jeune, dans l'action de marcher, portant un arc & fa maffue, comme s'il alloit combattre ou donner à quelqu'un du fecours : on fçait que les Thébains le furnommèrent Βοηθός *Protecteur* & πρόμαχος *Défenfeur*. Paufanias nous apprend que, fous ce nom, près de Thèbes, Hercule avoit un temple où l'on voyoit fa ftatue en bois, d'un goût fort ancien, qu'on croyoit être de *Dédale*, & une autre de marbre blanc ouvrage de *Xénocrate* le Thébain. Ces furnoms de *Protecteur* & de *Défenfeur* furent donnés à ce Héros pour avoir purgé la terre des géants, des brigands & de ce qui les vaut bien, des tyrans.

La principale des armes d'Hercule eft la maffue qui, fuivant les uns, étoit faite de bois d'olivier, fuivant d'autres, de chêne, & qu'il avoit coupée lui-même dans la forêt de Némée; ainfi que le dit Apollodore. Cette maffue étoit longue, groffe, noueufe & pefante, & l'on peut concevoir l'idée que les Anciens s'en formoient par celle qui eft gravée fur le *Jafpe* mêlé de *Calcédoine*. N°. II, Plan. LIV, où quatre Génies s'efforçent de la foulever, tandis qu'un cinquième boit un ample coup dans un large cratère, que l'on peut regarder comme la coupe même d'Hercule, afin d'acquérir plus de forces, bien nécef-faires à ce pénible travail, que tous d'accord ils ont entrepris. On ne peut fe laffer d'admirer avec quel art le Graveur a varié les attitudes de ces tra-vailleurs divins, qui, par leurs mouvemens, annoncent les efforts qu'ils font.

Sur cette même Pierre on remarque des carquois d'une forme oblongue fufpendus avec la peau du lion. Sur beaucoup de Pierres qui repréfentent Hercule ou fes travaux, on en voit de même de pofés par terre ou d'attachés à des arbres : fouvent ils font ouverts : prefque auffi fouvent ils font fermés : leur forme varie fingulièrement : tantôt ronds, tantôt quarrés, quelquefois trian-gulaires, ils femblent retracer l'image du *Delta* Grec. Au défaut des traits contenus dans ces carquois, on raconte qu'Hercule, après les avoir épuifés, fe fervit de tifons ardens & de pierres que Jupiter lui fournit en grande abon-dance, pour l'aider à mettre en fuite fes ennemis. *Apollodore*, *Efchile* dans fon *Prométhée*, *Strabon*, *Lib. IV*, *Hygin* nous apprennent ce fait, & *Aléandre* le jeune croit que ce fut à raifon de ces pierres fournies à Hercule par le fouve-rain des Dieux, que ce Héros a reçu le furnom de *Saxanus*.

Quoique l'on retrouve le plus fouvent Hercule avec fa maffue & un car-quois rempli de flèches, il faut croire cependant qu'il a fait ufage d'autres armes : car, au rapport d'Apollodore, Mercure lui donna une épée, Apollon des flèches, Vulcain une cuirasse d'or & Minerve un *péplum* ou manteau. *Pausanias* parle d'une statue élevée à ce Héros, sous le nom d'Hercule ΟΠΛΟΣΜΕΝΟΥ, *armé*, à cause de sa victoire sur *Hippocoon* fils de Neptune & d'Alopé, l'un de ces Héros *Éponymes*, dont les tribus Athéniennes ont pris leurs noms dans la suite des tems. Les Anciens mettoient leurs armes sous sa protection ; & c'est pourquoi nous lisons encore sur les médailles & les marbres antiques le nom d'ΟΠΛΟΦΥΛΑΞ, *Gardien des armes*, donné à Hercule. Les Vainqueurs lui faisoient aussi hommage de leurs armes, ainsi que l'on peut en juger par le rapport d'Arrien, qui écrit qu'Alexandre lui consacra un vaisseau Tyrien, & mit dans son temple la machine avec laquelle il avoit démoli les murs.

Quelquefois Hercule marche nud, la tête découverte & portant sa massue sur son épaule. S'il est gravé ne marchant pas, ou sa main simplement est posée dessus, comme sur la *Cornaline* N°. I, Plan. L, où il se repose sur elle comme nous l'offre la *Cornaline* N°. V, Plan. XLIX, dont la gravure est parfaitement semblable à une statue colossale de marbre, ouvrage admirable de *Lysippe* que l'on voit à Florence chez le Grand Duc.

Cet arbrisseau dépouillé de ses feuilles que l'on remarque sur l'*Agathe Sardoine* N°. IV de la Plan. XLIX, indique peut-être une des plus belles qualités d'Hercule, cette patience admirable avec laquelle, pour s'accoutumer à ses travaux, il arracha dans l'Élide les ronces, les épines & les buissons qui couvroient la terre.

La rare *Cornaline* N°. II de la Plan. L représente Hercule, le corps droit, cachant d'une main ses parties naturelles. Son âge est avancé, &, suivant Gori, l'intention du Graveur, qui s'accommodoit aux idées de son tems, fut, sans doute, de représenter, par cette Pierre, l'Hiver : Hercule, suivant ses différens âges, servant à désigner les différens points de la course du Soleil, ainsi que l'enseignoient les Théologiens du Paganisme, si l'on en croit Macrobe, & rappeller le trait peu décent de *Passalus* & d'*Achemon*, qui, trouvant ce Héros endormi, voulurent lui enlever ce qui servoit à couvrir sa nudité, & rirent ensuite de leur attentat.

Venons maintenant à l'explication des travaux de ce Héros si célébrés par les Poëtes Grecs & Latins de l'Antiquité ; ils furent au nombre de douze, Porphyre

DE FLORENCE. 145

Porphyre & Macrobe, qu'a suivis depuis Court de Gebelin, d'une manière si heureuse, croit qu'ils ne sont que les emblêmes du passage du Soleil dans les douze signes du Zodiaque: ils furent commandés à Hercule par *Euristhée*, Roi de Mycènes qui, en politique adroit, craignant & les vertus de son cousin & son droit à la Couronne, lui ordonna, pour l'occuper, ces travaux immenses qui le couvrirent de gloire. Hercule après les avoir terminés est censé les raconter à *Euristhée* lui-même sur l'*Onyx* N°. III, Plan. L, où l'on voit ce dernier le pied appuyé sur une masse de pierres, soutenant son menton avec sa main, son coude reposant sur son genou, & parfaitement dans l'attitude d'un homme qui écoute : entre Hercule & *Euristhée* l'on voit une colonne qui est l'emblême de la défense que fit le Roi de Mycènes à Hercule, d'entrer dans sa Ville dès qu'il connut sa valeur, son courage & ses exploits.

Le premier des travaux d'Hercule, suivant l'ordre que suit Apollodore, ordre que nous adoptons, est la *suffocation du lion de la forêt de Némée*. Cet animal énorme que l'on ne pouvoit blesser ni avec le fer, ni avec l'airain, ni avec des pierres, & contre lequel, envain, suivant quelques Auteurs, Hercule lui-même commença par lancer ses traits, exigeoit nécessairement la force des bras pour être dompté. Habitant au pied du Mont Trétos, il ravageoit sans cesse le pays qui étoit entre Mycènes & Némée. Hercule plein de courage entra dans la caverne qui lui servoit de demeure, & en ayant bouché l'entrée, il le combattit corps à corps, &, en lui serrant le col entre ses mains, il l'étrangla. C'est cette action glorieuse de notre Héros que l'on voit représentée sur la *Cornaline* N°. IV de la Plan. L : ainsi que sur le *Jaspe rouge* N°. I & la *Calcédoine* N°. III de la Plan. LI. On voit avec quel soin les Artistes se sont plû à rendre les efforts du Héros & du monstre, & la supériorité du premier. Ce n'est pas sans raison non plus que sur la Pierre, N°. I, que le Graveur a placé un carquois renversé ou fermé qui indique l'inutilité des flêches lancées d'abord contre le lion.

Suivant *Noël le Comte*, dans son interprétation morale de cette Fable, ce lion n'est que l'image de l'orgueil que nous devons vaincre, avant tout, si nous voulons avancer dans le chemin des vertus, & qui, comme le monstre habitoit dans la forêt de Némée, se cache aussi sous les ténébreuses retraites que lui procure notre ignorance. Si ce vice monstrueux n'est point vaincu, nous ne pouvons pas espérer de jouir de la volupté que donnent à l'homme la paix & la tranquillité de l'ame.

La suffocation du lion, suivant immédiatement celle des serpens, *Court de Gebelin* va tout naturellement du solstice d'Été au signe du lion qui est le

Tome I. T

premier par lequel Hercule ou le Soleil commence fa carrière, & fur qui il remporte une victoire complette. « Le premier travail, continue le même Sça-
» vant, eft donc relatif aux premiers des travaux du Laboureur, à ces travaux
» rudes & pénibles qui mettent une terre en état d'être cultivée, & auxquels
» font obligés ceux qui, pour défricher leur terrein, arrachent ces forêts, deffè-
» chent ces eaux croupiffantes, contiennent ces fleuves, enlèvent ces pierres &c.
» qui forment de ce terrein un fol ftérile & perdu.... Travaux de Géans & de
» lions, & qui exigeant des avances confidérables & des connoiffances plus
» grandes encore, fuppofent dans les Chefs des premières fociétés & des Colo-
» nies Agricoles, une capacité & un courage très-fupérieurs aux qualités qu'on
» leur accorde ordinairement. Auffi portent-ils le refte de leurs jours la peau
» du lion, puifqu'ils jouiffent fans interruption de la dépouille de cette terre
» qu'ils ont fubjuguée & mife en culture.... Si ce lion s'appelle le lion de la
» forêt de Némée, c'eft qu'en Grec *Némée* fignifie une forêt.... Ce lion n'eft
» le lion d'aucune forêt en particulier. C'eft toute forêt que l'on défriche ».

Le fecond des travaux d'Hercule eft la *deftruction de l'Hydre de Lerne*. Cette Hydre n'avoit qu'un corps & cent cous : chacuns de ces cous fortant de ce tronc énorme fe terminoit par une tête de ferpent. Ce monftre paffoit pour invincible avec raifon : car du cou qu'on lui avoit coupé, toujours il renaiffoit deux autres têtes, & fa bleffure lui fourniffoit un double fecours : on dit même que parmi ces têtes il y en avoit une immortelle. Hercule cependant vit tomber fous fes mains ce monftre horrible : il frappoit chaque tête, &, pour qu'elle ne put pas renaître, il y faifoit auffi-tôt appliquer le feu par *Iolas* qui, armé d'une torche brûlante, arrêtoit cette reproduction funefte. Hercule tira même encore avantage du venin de ce monftre : dans fon fiel il trempa fes flèches, afin que chaque trait qu'il lanceroit put faire des plaies incurables. Les *Cornalines* N°. II. de la Plan. LII, & N°. I de la Plan. LVII nous offrent des images de cette victoire. *Euriſthée* ne voulut point, malgré fon éclat, la compter au nombre des douze travaux impofés à Hercule, fous prétexte qu'il ne l'avoit pas remportée à lui feul & qu'il n'avoit triomphé que par les fecours d'Iolas. Ces fecours attribués le plus généralement au neveu d'Hercule, le furent par quelques Auteurs à Minerve, & par d'autres aux Parques. Sur une patère Étrufque Minerve affifte à ce travail d'Hercule qu'elle feconde.

Un travail de cette efpèce offroit naturellement à *Noël le Comte* l'emblême de quelque moralité, auffi conclue-t-il que, dans toutes circonftances, la tempérance étant d'autant plus nécessaire que chaque vice produit, pour ainsi dire, plusieurs têtes par les autres vices qu'il engendre, Hercule, image de la sagesse, a dû couper toutes ces têtes renaissantes.

Servius croit que l'origine de ce fabuleux exploit d'Hercule n'est autre chose que le desséchement des marais de Lerne, au milieu desquels sortoient plusieurs torrens qui inondoient toute la campagne, & qui des mains de notre Héros reçurent des digues qui les captivèrent.

Corcelli, d'après Tzetzès, dans ses mémoires historiques de la Morée, prétend que l'hydre de Lerne n'a eu pour source que la fable de sept frères qui vivoient de brigandage & qui se cachoient dans les marais de Lerne, d'où personne ne pouvoit les bannir. Hercule, dit cet Auteur, en tua d'abord un, puis il massacra les six autres en les appellant deux à deux au combat.

Pausanias, en admettant l'existence de l'hydre, croit que *Pisandre* de la ville de Camire dans l'Isle de Rhodes, pour donner plus de merveilleux à sa Poésie, est le premier qui a peint ce monstre avec plusieurs têtes.

Platon pense que sous l'emblême de cette hydre, les Poëtes ont voulu parler d'un sophiste de Lerne qui se déchaînoit contre Hercule, & que, par ces têtes renaissantes on a voulu désigner les mauvais raisonnemens avec lesquels ces sortes de faux Philosophes étayent ordinairement leurs paradoxes.

Il est des Auteurs qui prétendent qu'une citadelle défendue par cinquante hommes sous le Commandement de *Lernus*, qui étoit Roi, a donné lieu à cette fabuleuse narration.

M. de Fourmont qui visita tout exprès les marais de Lerne, dans son voyage de la Morée, les trouva marécageux encore & remplis de roseaux, & penche néanmoins pour adopter le sentiment de Servius.

Count de Gébelin, toujours fidèle à son système rural, voit dans l'hydre ces moissons fécondes, victoires des Laboureurs sur la terre qu'ils ont domptée ; les têtes des épis dorés sont ces cous multipliés sortis du même tronc, & qui tombent sous la faux du Moissonneur : le feu qu'Iolas applique à ces cous privés de leurs têtes, & qui les empêchent de renaître, retrace un usage suivi dans plusieurs contrées, où le Laboureur brûle des chaumes pour fertiliser la terre par leurs cendres.

Une *Pâte de verre jaune* N°. II, Plan. LVI retrace le troisième des travaux d'Hercule ; on voit ce Héros monté sur le *sanglier d'Érymanthe* qu'il a vaincu ; l'air joyeux que l'on remarque sur sa figure, annonce la satisfaction qu'il ressentit de cette victoire : d'une main il soutient sa massue qui pose sur son épaule, & de l'autre il tient sa coupe chérie qu'il semble avoir vuidée après avoir dompté cet animal redoutable. C'est de la même manière que ce Héros est porté par la biche aux cornes d'or sur les médailles antiques, & principalement sur celle d'Héliogabale frappée par les Germéniens. *Euristhée*, qui avoit commandé ce travail à Hercule, fut tellement effrayé de le voir entrer à Mycènes chargé de sa proie, qu'il courut se cacher sous une cuve d'airain.

Après la fin des moissons, les Anciens en témoignoient aux Dieux leur reconnoissance, & ils immoloient alors des cochons, animaux nuisibles aux Laboureurs ou à ses terres : ce n'est, dit *Court de Gébelin*, que cet usage, commun à tous les anciens peuples Agricoles, qui a donné lieu à la fable du sanglier d'Érymanthe.

L'Abbé *Bannier*, qui croit à l'existence d'Hercule, pense qu'une simple chasse faite aux sangliers qui dévastoient la campagne, & dans laquelle le plus gros fut tué par notre Héros, a fourni le germe de cette fable si fort embellie depuis par les Poëtes.

La *Cornaline* N°. II de la Planche LIII, représente le cinquième des travaux d'Hercule, qui fut *la chasse des oiseaux du lac Stymphale*. Autour de ce lac s'étoit rassemblée une multitude incroyable de ces oiseaux qui ravageoient entièrement les contrées voisines & les infestoient par les restes des cadavres dont ils se nourrissoient : ils se réfugioient sur les arbres & s'enfuyoient à la nage de peur des loups : leur grand nombre rendoit inutile l'usage des flèches dont se servit d'abord Hercule qui, pour les chasser enfin, eut recours à des espèces de timballe d'airain que Vulcain & Pallas lui donnèrent. On ne pouvoit mieux désigner l'inutilité des flèches du Héros, que ne l'a fait l'habile Graveur de cette Pierre. Hercule y est représenté la tête couverte du mufle du lion Néméen : sur son bras encore tendu il porte un arc : la position de l'autre annonce que la flèche vient de partir, & cependant, des oiseaux qui volent vers lui, aucun n'est blessé.

Mnaséas, dont l'Abbé *Bannier* rapporte le sentiment, explique cette fable en disant que des voleurs ravageoient la campagne & pilloient les passans aux environs du lac Stymphale en Arcadie. Les ongles crochus, la tête, le bec de fer que lui donne Timagnette, & les dards du même métal dont ils blessoient ceux qu'ils attaquoient, ainsi que le disent Euripide & Claudien, conviennent parfaitement à des brigands ; mais, ainsi que remarque très-bien l'Abbé

Bergier, on ne nous a pas appris comment des oiſeaux qui nagent peuvent être perchés ſur des arbres, comment des animaux qui ont des ailes peuvent craindre des loups, & en quoi des tymbales d'airain pouvoient être utiles pour diſſiper des voleurs.

Ὄρνια, des *oiſeaux*, continue ce ſçavant Abbé, a été mis évidemment pour Ὄρνιαι, rivière d'Arcadie, près du lac Stymphale, c'eſt ce qui eſt cauſe de la première erreur. Λύκον, un *loup*, eſt auſſi le nom de cinq ou ſix rivières différentes, & c'eſt la ſource de la ſeconde erreur. Κρόταλα Χάλκεα, veut dire canaux profonds, ainſi que tymbales d'airain, troiſième erreur. Ce travail n'eſt donc autre choſe, ſuivant cet Écrivain, que l'emblême d'une digue qui détourna par le moyen de canaux profonds dont on fut redevable à Minerve, c'eſt-à-dire à l'induſtrie, le cours de pluſieurs ſources qui s'écartant des autres eaux, inondoient la campagne.

On ne pouvoit mieux peindre que par cette Fable, dit *Court de Gébelin*, le mois de Novembre & l'état des campagnes à cette époque. Alors les champs ſe couvrent d'armées innombrables d'oiſeaux de paſſage que le froid ramène du Nord, & qui les ravageroient totalement, ſi l'on ne trouvoit le moyen de s'en délivrer.

Le ſeptième des travaux d'Hercule eſt la *fameuſe victoire qu'il remporta ſur le Taureau de Crète*, exploit que retracent l'*Agathe-Sardoine* N°. III, la *Cornaline* N°. IV de la Plan. LII, & l'*Agathe-Sardoine* N°. I. de la Plan. LIII; ce taureau furieux avoit été produit par Neptune: ce fut, ſuivant les uns, le même qu'aima *Paſiphaë*; ſuivant d'autres, ce fut ſous ſa forme que Jupiter enleva Europe. Hercule s'en rendit maître malgré ſa force & ſa férocité, &, délivrant le pays de ce monſtre qui le déſoloit, il l'apporta vivant à *Euriſthée*. Nous ne ſommes pourtant pas éloignés de croire que ſur la première de ces trois Pierres, où le Graveur, pour rendre plus ſenſible la force du Héros, lui fait tenir d'une ſeule main, par la queue, le taureau qui pend derrière ſon ſon épaule, ce ne ſoit pas préciſément l'hiſtoire du taureau de Crète qui ſoit exprimée ; mais, à raiſon de l'antre que l'on apperçoit ſur un des coins, il eſt vraiſemblable que l'Artiſte a voulu rendre le taureau que notre Héros, retrouvant dans les troupeaux d'*Éryx*, Roi de Sicile, lui redemanda, & obtint après l'avoir vaincu à la lutte.

Suivant l'Abbé *Bergier*, l'origine de ce taureau doit nous en indiquer la nature. Ταῦρος, nous dit-il, ſuivant Suidas, eſt l'Urètre, par conſéquent un canal.

» La fource de la rivière Hilycus, près de Troëzène, eft appellée ταυρλος dans
» Paufanias; Tar, Ter, Tor, Tour, eft le nom de plufieurs rivières d'Italie &
» des Gaules. On peut croire fans peine qu'un torrent ou un ruiffeau de l'Ifle
» de Crète eut befoin d'une digue pour le retenir dans fon lit; ainfi Hercule
» s'en rendit maître, & le conduifit à *Eurifthée*, c'eft-à-dire à la Mer ».

En donnant les Pierres N°. IV Plan. LII , & N°. I , Plan. LIII comme des
repréfentations du feptième des travaux d'Hercule, nous avons fuivi l'explication
de *Gori*; mais fi nous comparions ces deux Pierres avec la *Calcédoine*
publiée parmi les Pierres antiques de *Cl. Phil. de Stofch*. Plan. IX, & qui , tirée du
Cabinet de M. Sevin à Paris, eft un bel ouvrage d'*Anterote*, nous ferions
tentés de croire que ce pourroit bien être *Milon de Crotone* qui feroit repréfenté fur nos Pierres. On fçait que ce fameux Athlète, qui, pour figne de fa
force, paroiffoit en public vêtu comme *Hercule* d'une peau de lion, s'étant
accoutumé dès fa jeuneffe à porter de gros fardeaux, étoit parvenu à charger
fur fes épaules un des plus forts taureaux; qu'il en donna le fpectacle aux
jeux Olympiques, & qu'après l'avoir porté l'efpace de cent vingt pas, il le tua
d'un feul coup de poing & le mangea, dit-on, tout entier en un feul jour.
Si l'on ne veut pas que ce foit le *Crotoniate*, ne pourroit-on pas admettre le
fentiment que *Stofch* a adopté dans l'explication de fa Calcédoine? Cet *Hercule*,
nous dit-il, *eft jeune avec un corps robufte & nerveux où tous les mufcles paroiffent,
pour marquer la force furprenante avec laquelle il porte ce bœuf du bras gauche
d'où pend fa peau de lion : il le tient élevé à la renverfe, le foutenant de la
main droite par la cuiffe* : cette defcription convient parfaitement à nos Pierres.
Cependant *Stofch* n'y reconnoît point le feptième des travaux d'Hercule; *c'eft*,
nous ajoute-t-il, *ce qu'il fit*, au rapport de l'ancien Scoliafte d'Apollo-
nius de Rodes, publié en Grec par Henri-Étienne, *lorfque rencon-
trant* Théodamas *qui labouroit fon champ, & lui demandant un peu de
nourriture que celui-ci lui refufa, il tira de fa charrue un des bœufs dont il fe
fervoit & l'emporta fur fes bras*. Suivant Philoftrate, ce Héros immola ce bœuf
aux Dieux, & l'ayant fait rôtir, le dévora tout entier, fans en laiffer
même les os. Ce fut d'après ce fait que l'on donna à ce Héros le furnom
de Βυφάγος ou *mange bœuf*, que l'on retrouve dans une ancienne Épigramme
que cite Henri-Etienne au dernier Tome de fon *Tréfor de la langue Grecque*.

Cerbère enlevé aux Enfers, l'un des plus glorieux, le onzième des travaux
d'Hercule, eft repréfenté, dit *Gori*, fur la *Cornaline* N°. IV, Plan. LI, fur le

Jaspe mêlé de *Calcédoine* N°. I, Plan. LII, & sur le *Cryſtal* N°. IV, Plan. LVI. Par l'ordre d'*Euryſthée*, notre Héros deſcendit aux Enfers, enchaîna Cerbère malgré ſa réſiſtance, l'amena, & après l'avoir montré au Roi de Micènes, il le reconduiſit dans l'Empire de Pluton, d'où, par le ſecours de Minerve, il ſortit la maſſue ſur l'épaule, tel qu'on le voit ſur l'*Agathe-Sardoine*, N°. III, Planche LI.

Cerbère, ſelon M. *Bergier*, eſt l'image des eaux qui tombent dans un gouffre; en y faiſant une digue, on les tire de l'Enfer pour les conduire à la Mer, dont *Euryſthée* eſt le ſymbole : la digue venant à ſe rompre, les eaux retombent dans leur gouffre & *Cerbère* retourne aux Enfers. Si les Mythologues, ajoute le même Auteur, ne ſe ſont pas accordés ſur le lieu où ſe fit cette deſcente, cela n'eſt pas étonnant, on l'a placée par-tout où il y a de profondes cavernes.

Court de Gébelin dans cette deſcente d'Hercule aux Enfers, où il enchaîne *Cerbère*, qu'enſuite il montre aux hommes, ne voit qu'une alluſion à la fête la plus reſpectable de l'Antiquité, aux myſtères d'*Eleuſis* relatifs à l'Agriculture.

Les Auteurs des Pierres gravées du Cabinet d'Orléans nous font naître un doute bien fondé ſur l'interprétation que *Gori* donne à celles-ci : & notre doute ſe change bientôt en certitude, quand nous liſons leurs réflexions. « Le » chien *Cerbère*, diſent-ils, ſelon la Fable avoit trois têtes : Hercule ne le » tua point, il ne fit que l'enchaîner : d'ailleurs ſur notre Pierre le chien » n'a que deux têtes, leſquelles ſe reſſemblent ; ce n'eſt donc point *Cerbère*, » car celui-ci en avoit trois, & elles différoient entre elles ; c'eſt le chien qui » gardoit les troupeaux de Géryon : il ſe nommoit *Orthus*, ou *Orthrus* & » *Gargithus*; Servius le fait frère de *Cerbère*, il fut tué par Hercule ». Ce que diſent ces doctes Écrivains de leur *Cornaline*, nous pouvons aſſurément le dire de nos Pierres; ſur aucune d'elles, le chien n'a trois têtes; toujours il en a deux, toujours ces têtes ſe reſſemblent ; concluons donc que *Gori* s'eſt trompé, & que le ſentiment de MM. *de la Chau* & *le Blond* doit prévaloir.

Prométhée, pour avoir ravi le feu du Ciel, fut puni par Jupiter. Hercule trouva que la ſévérité du ſouverain des Dieux étoit d'autant plus extrême, que ce vol de *Prométhée* avoit été un bienfait pour les humains; il le délivra donc du ſupplice perpétuel qu'il enduroit, en perçant d'une flèche l'aigle qui, chaque jour, rongeoit au malheureux *Prométhée* attaché ſur le Mont Caucaſe, dans la Scythie, ſon foie qui renaiſſoit toutes les nuits. Cet exploit d'Hercule eſt indiqué ſur la rare

Cornaline N°. II. Planc. LVII, où l'on voit ce Héros portant un aigle fur un de fes bras étendu, & de l'autre main tenant fa coupe admirable avec laquelle Apollodore raconte qu'il navigua pour aller délivrer *Prométhée*.

Hercule, que rien n'avoit pu affoiblir, qu'aucuns dangers & les menaces mêmes des Dieux n'avoient point effrayé, ce Vainqueur des monftres & des brigands, ce Héros indomptable fut cependant vaincu à fon tour, & le plus petit des Dieux, l'Amour, eut fur lui l'honneur de la victoire; l'Amour à qui rien ne réfifte, ce maître des humains & des Divinités, contre lefquels les flèches, la maffue, les forces du corps n'ont pas de puiffance. Sur l'*Agathe-Sardoine* N°. III, & la *Cornaline* N°. IV de la Planc. LIII, ainfi que fur la *Calcédoine* N°. I de la Plan. LIV, on voit Hercule trifte, abattu, fuccombant au poids de l'Amour qui, triomphant, afiis fur fes épaules ou courbé fur elles femble jouir de fa victoire; & fur le *Jafpe* mêlé de *Calcédoine* N°. III de la Plan. LIV, le même Amour paroît en Vainqueur, conduifant captif Hercule, dont les mains font liées derrière le dos en figne d'efclavage. Une antique Épigramme de l'Anthologie ne fert pas peu à confirmer cette explication de nos quatre Pierres. Au rapport de *Spon* qui la cite, on la lit à Venife fur la bafe d'une ftatue d'Hercule. *Antonio Maria Salvini*, qui avoit entrepris, mais qui, furpris par la mort, n'a pu terminer une traduction de toutes les Épigrammes de l'Anthologie, a traduit celle-ci, & dans notre langue nous allons tâcher d'en rendre le fens. « *Alcide*, où eft ton énorme maffue? Où eft la
» dépouille du lion Néméen? Pourquoi n'as-tu plus cette figure redoutable
» & menaçante? Pourquoi ton carquois eft-il vuide? Qui donc a pu fi bien
» rendre ton abattement & ta trifteffe? Lyfippe a fçu donner au bronze les
» caractères de la douleur. Tu regrettes tes armes, eh! qui t'en a dépouillé?
» L'Amour, le cruel Amour, ce petit Dieu qui, quoiqu'aîlé, eft le plus
» pefant des fardeaux ».

On conçoit facilement que les Artiftes n'ont pas fans raifon gravé Hercule fous cette heureufe allégorie, quand on penfe aux foibleffes de fon cœur. On connoît fa paffion pour *Omphale*, dont notre Héros prenoit la quenouille, & à laquelle il offrit en pur don la dépouille du lion Néméen, fa maffue, &, fuivant quelques Auteurs, la ceinture & la hache ravies à *Hyppolite*, Reine des Amazones. Parée des cadeaux de fon amant, *Omphale* eft gravée fur l'*Améthyfte* N°. I, la *Cornaline* N°. II & l'*Agathe-Sardoine* N°. III de la
Planche LV.

DE FLORENCE.

Planche LV. Au rapport d'Hygin, la fille de Jardanus, Roi des Lydiens, combla son amant de préfens, en reconnoiffance de ce qu'il avoit tué un dragon qui, fléau de la contrée, près du fleuve Sagaris, faifoit périr les hommes & dévaftoit tous les fruits. C'eft d'une Amazone nue que la *pâte de verre* imitant l'*Améthyfte* N°. III Plan. LVI nous ofire l'image : elle porte un cafque ; par derrière eft une autre femme qui s'appuie fur elle, & aux pieds de qui l'on voit un bouclier.

Nous ne parlerons pas ici des *Amazones*, de la victoire d'Hercule fur elles, puifque nous avons déjà regardé leur exiftence comme étant pour le moins incertaine ; mais laifferions-nous auffi ce que M. *Bergier* dit d'*Omphale* ? Cette prétendue Reine de Lydie n'eft, fuivant cet Écrivain, qu'une colline fituée fur les bords du Jardanus. Tmolus fon époux, eft une montagne de Lydie très-connue. Elle a réduit Hercule en fervitude, & l'a obligé de filer; c'eft-à-dire, que pour faire une chauffée & une digue au Jardanus, il fallut fuivre le contour de la colline & faire tourner l'ouvrage autour comme un fil. L'équivoque, ajoute le même Écrivain, vient de ce que Νέω fignifie tout-à-la-fois, aller, nager & filer, & qu'il fe confond aifément avec Νάω, couler.

Enfin après tant de travaux foutenus avec gloire, Hercule fut mis par Jupiter au rang des aftres : c'eft cette apothéofe qu'annonce la *Cornaline* N°. III, Plan. LVII, fur laquelle on voit ce Héros-Dieu, la tête orné d'une couronne radiale entourée de cinq étoiles. Les Anciens, comme l'on fçait, donnoient aux Dieux des étoiles pour attributs, & ces aftres leur fervoient encore pour défigner la préfence bienfaifante des Divinités.

Notre Héros, ainfi divinifé, méritoit une alliance divine; fille de Jupiter & de Junon, la Déeffe de la Jeuneffe, Hébé, charmante Échanfonne des Cieux, devint fon époufe après la chûte qu'elle fit en portant du nectar aux Dieux, &, fuivant bien des Auteurs, ce mariage fymbolique eft l'emblême de la réunion de la jeuneffe avec la force. Le *Béril* N°. IV, Plan. LVII, repréfente cette jeune Divinité, approchant de fa bouche une coupe d'or, comme pour goûter le nectar qu'elle contient. Stace l'a peinte dans fes Vers offrant cette boiffon célefte à fon augufte époux. On ne fçauroit rendre d'une manière plus fpirituelle la chûte d'Hébé, fa honte après cette chûte, les fenfations des Déeffes lorfqu'elles virent Hercule l'époufer, que ne l'a fait dernièrement M. *Maréchal*

Tome I.   V

dans ses *Tableaux de la Fable*; mais nous aurions désiré que quelque ami sincère, connoissant le dessein qu'a cet Écrivain de rendre son ouvrage, pour ainsi dire *Classique*, lui eut conseillé de retrancher dans ses peintures certaines oppositions qui ne sont pas vraies. Pourquoi nous supposer en France une *Mythologie*, sur-tout afin de dire qu'elle ne nous offre rien qui retrace Hébé?

La Planche LVIII offre une statue d'*Hercule* faite de *Calcédoine*, & que sa partie inférieure, terminée en espèce de gaîne comme certaines figures de Mercure, faisoit surnommer HERMHERACLÈS. On plaçoit ces sortes de statues dans les Gymnases, dans les bains, à la tête des routes, aux limites des champs, comme autant d'ornemens tutélaires, & delà, sans doute, viennent ces Pierres votives citées par *Grutter*, & sur lesquelles Hercule est appellé *Defensor* & *Custos*, Protecteur & Gardien.

DE FLORENCE.

PIERRES GRAVÉES.
TROISIÈME CLASSE.
PLANCHE LIX.
SOCRATE.

A LA tête des Philosophes, des Orateurs & des Poëtes, l'honneur de l'Antiquité, il est naturel de placer *Socrate*, qui, suivant l'Oracle, passoit pour *le plus sage de tous les Grecs*, & qui, pour me servir de l'expression de Cicéron, fit le premier descendre des Cieux la Philosophie avec le flambeau de laquelle il éclaira sa Patrie. N°. IV, V & VI, & Pl. LX. N°. I & II.

Fils d'un Sculpteur, ce grand homme naquit à Athènes, & se distingua d'abord dans l'art qu'exerçoit son père: trois statues des Grâces sorties de son ciseau sont célébrées dans l'Histoire; mais toujours étonné qu'on prit tant de soin pour faire ressembler une Pierre à l'homme, tandis qu'on en prenoit si peu pour empêcher que l'homme ressemblât trop à cette même Pierre qu'il tailloit à son image, bientôt il voulut aider les esprits à produire leurs pensées, comme sa mère qui étoit une simple Accoucheuse aidoit aux corps à mettre au jour leurs naturelles reproductions. Arraché par *Criton*, qui avoit sçu apprécier son esprit, à l'attelier paternel, il devint le disciple d'*Archélaüs*, dont il mérita l'amitié; puis, après avoir porté les armes, ainsi que tous les Athéniens, & s'être dans plusieurs actions distingué par son courage, il se livra tout entier à la Philosophie; non pas à la vérité pour approfondir, secondé par elle, les mystères de la Nature dont il respectoit les voiles sacrés; mais pour apprendre de cette Institutrice vénérable à régler son ame & son cœur. Les succès couronnèrent ses travaux; son école, supérieure à toutes les autres, & la plus utile, formoit des hommes. *Alcibiade*, *Xénophon*, *Platon*, &c. furent ses élèves. Cette morale sublime qu'enseignoit Socrate, il la pratiquoit le premier. Ennemi du luxe, il aimoit la pauvreté, sans affecter d'en porter les sales livrées, & il sçavoit bien dire à *Anthisthènes*, *qu'à travers les haillons dont il se couvroit, perçoit la vanité!* Maître de ses sens, il commandoit à la colère: *il est fâcheux*, se contenta-t-il un jour de dire à un brutal qui venoit de lui donner un soufflet, *il est fâcheux de ne pas sçavoir quand il faut se munir d'un casque.* Dans l'intérieur de la maison, où si souvent le Philosophe cesse de l'être, jamais il ne se démentit; jamais sa patience n'échoua contre les rudes épreuves que lui fit subir l'humeur bizarre, captieuse & violente de Xantippe son épouse, que son caractère odieux ne lui avoit pas fait choisir, comme le disent quelques écrivains; mais qu'il eut le talent & le mérite de supporter, parce qu'il lui étoit unie; modèle admirable trop peu suivi de nos jours. On conçoit d'après notre ébauche du portrait de Socrate, que sa morale n'étoit point farouche; naturellement gai, il aimoit la joie douce d'un repas frugal, assaisonné par l'esprit & offert par l'amitié. *Un bon ami étoit à ses yeux le plus précieux héritage:* & il ne reconnoissoit pas d'autres sources du bonheur que la *justice*, la *bienfaisance* & la *pureté de l'ame.* Sans cesse il recommandoit à ses disciples la *sagesse*, la *pudeur* & le *silence*, & sa modestie lui ouvroit la route de la gloire. La gloire attire les yeux de l'envie: l'envie n'épargne pas les vertus dont la vue la tourmente, &, des armes qu'elle emploie contre elles, la plus puissante, assurément, est le ridicule; *Aristophane* lui fournit cette arme terrible: on ne trouve que trop facilement de ces hommes toujours prêts à seconder les méchans. Il prit la plume & son ouvrage rempli de plaisanteries aussi mordantes que fines, diminua de beaucoup l'estime que l'on avoit de Socrate. Un premier pas fait, le second ne coûte guères, &, toujours, pour l'ordinaire, il est plus criminel; la mort du Philosophe est méditée: l'infâme *Mélitus* l'accuse d'athéisme: un discours simple, éloquent, comme l'inspire l'innocence, alloit le faire absoudre; mais *Anitus* & *Lycon* s'unissent au calomniateur, entraînent les suffrages &, à la honte d'Athènes, le sage Socrate, sur cinq cent Juges, voit s'élever deux cent quatre-vingt-une voix contre lui. Le moment d'un jugement de cette nature altère le plus souvent dans l'homme la tranquillité de l'ame: c'est dans ces instans critiques que l'on voit la foiblesse l'emporter sur la force; mais il n'en sera pas ainsi de Socrate: lui laisse-t-on le choix de son supplice? Certain de l'injustice de sa condamnation, de l'ingratitude de ses concitoyens, & soutenu par le témoignage de sa conscience: *Qu'on me conduise*, dit-il, *au Pritanée, pour y être nourri le reste de mes jours, au dépens de la République*: si cette fine réponse, qui auroit dû faire ressouvenir ses Juges des services rendus à la Patrie par ses leçons, ne fait que les aigrir: s'ils ordonnent que ce Sage boive la ciguë, il la boira en sage: en vain ses amis s'attristent: toujours grand, toujours paisible, au-dessus de sa nature par la force de ſes principes, c'eſt lui-même qui les raſſure : *l'immortalité de l'ame*, ce dogme en faveur duquel tout réclame en nous, qu'une Philoſophie chagrine s'efforce d'anéantir de nos jours, & qu'atteſte, même dans les faux docteurs qui la profeſſent, la frayeur qui les ſaiſit au moment de leur diſſolution, *l'immortalité de l'ame* eſt le motif qu'il leur offre pour les conſoler en ſe conſolant lui-même : la certitude d'une vie future, *leur dit-il*, eſt l'aiguillon de la ſageſſe, le frein du crime pendant le cours de la vie mortelle ; & quand on touche aux portes du trépas, c'eſt l'aurore du bonheur pour ceux qui ont mené une conduite divine qui leur doit ouvrir à jamais l'aſyle des Dieux : &, en finiſſant ce diſcours il avale le poiſon. Quelques Pères de l'Égliſe, dans un de ces enthouſiaſmes que donne l'aſpect d'une vertu auſſi épurée, n'ont pas dédaigné de lui donner le titre de *Martyr d'un Dieu* ; *Éraſme*, en liſant ſa mort ſe ſentoit tenté de le claſſer avec nos Saints ; & *Rouſſeau de Genève* a fait de ce grand homme le plus vaſte éloge, par le parallèle qu'il a oſé en faire avec Jéſus-Chriſt, auquel il donne cependant ce témoignage précieux d'une ame *naturellement Chrétienne*, que ſi la mort de Socrate eſt d'un Sage, *la mort de Jéſus eſt d'un Dieu.*

On ne peut douter que ce ſoit la tête de cet immortel Philoſophe qui ſe trouve ſur les *Cornalines* N°. IV & V, & ſur le *Jaſpe* N°. VI de cette Planche, ainſi que ſur le *Camée de Cornaline* N°. I & la *Calcédoine* N°. II de la Planche ſuivante : ces portraits tracés par les plus habiles Graveurs, ſont parfaitement d'accord avec ce qu'ont dit de la figure de ce grand homme les Auteurs les plus anciens. On remarque ſur ſon viſage cet air de ſérénité, qu'embellit une gaîté paiſible, & que ne troublèrent jamais les paſſions ; ſa tête eſt preſqu'entièrement chauve, ſon front protubérant, ſes ſourcils avancés, ſes yeux ſaillans, ſon regard ſemblable à celui du taureau, ſon nez court & relevé, ſa barbe épaiſſe, longue & négligée ; enfin on retrouve en lui le caractère de celui de Silène, auquel Platon le fait ſi adroitement comparer par Alcibiade, qui, au milieu d'un repas, le voyoit ſculpté ſur ſa coupe. Si l'on rencontre auſſi ſouvent des Pierres qui conſervent la figure de ce Philoſophe, cela n'eſt point ſurprenant : ſa réputation étoit ſi grande parmi les Anciens, qu'ils aimoient à porter des anneaux qui leur rappellaſſent ſon image, & qu'ils regardoient comme de puiſſantes amulettes bien utiles dans les circonſtances délicates ; mais il faut en convenir, ces images ne devoient avoir de pouvoir qu'autant que l'on poſſédoit ſes principes, & qu'elles ſervoient à les réveiller dans les cœurs.

ZÉNON.

N°. I.   Cette *Cornaline* remarquable par la beauté de son travail, ofire l'image de *Zénon*, le chef de la secte des *Stoïciens* & l'inventeur de la Dialectique. *Citium*, dans l'Isle de Chypre, vit naître ce Philosophe : ses premières occupations furent le commerce ; il revenoit d'acheter de la pourpre de Phénicie, lorsqu'une tempête violente le jetta sur les côtes d'Athènes, & tout le reste de sa vie il bénit l'instant de son naufrage. Dans la Patrie des Philosophes, il devint Philosophe à son tour : élève de *Cratès* le Lyrique, de *Stilpon*, *Xénocrate* & *Polémon*, il ouvrit enfin une école. Ennemi de la pluralité des Dieux, il n'en admettoit qu'un ; mais il erroit sur sa nature, & vouloit que ce Dieu fut l'ame du monde : erreur renouvellée dans ce siècle aussi bien que celle sur la *fatalité* qu'il enseignoit encore. Si les principes de ce Philosophe touchant la nature de la Divinité étoient erronnés, du moins ceux qui servoient de base à sa morale pouvoient-ils tendre à rendre les hommes meilleurs : il regardoit la vertu comme le fondement du bonheur : avec elle il étoit convaincu que l'on pouvoit soutenir & braver les tourmens les plus affreux, & rester supérieur aux coups de la fortune. *Vivre conformément à la Nature, suivant l'usage de la droite raison*, c'étoit, suivant lui, le souverain bien ; & c'étoit aussi sans doute tout ce que cette raison dégradée & dépourvue des secours divins pouvoit imaginer de plus intéressant pour l'homme. L'amour qui affoiblit les ames fortes, soumis aux loix sages de cette raison modératrice, ne dégradoit pas à ses yeux les sages qui ne rejettoient pas ses plaisirs, & il disoit communément, que si un sage ne pouvoit pas aimer, rien ne seroit plus malheureux que les personnes belles & vertueuses, puisqu'elles ne deviendroient alors le partage que des sots. La tempérance de ce Philosophe lui procura de long jours, & sa vie fut de quatre-vingt-dix-huit ans, encore en abrégea-t-il le cours, action bien peu philosophique, & qui, malheureusement imitée pendant long-tems par beaucoup de ses disciples, ne se trouve que trop renouvellée depuis quelques années. Falloit-il conformer à l'étude de la Philosophie soixante-huit ans de sa vie pour la terminer d'une manière aussi peu sage ?

Plus l'on compare la tête que nous examinons avec le buste de marbre publié par *Fulvius Ursinus* Plan. CLI, moins on peut douter qu'elle soit celle de *Zénon*. Dans l'un & l'autre, la figure est grave & belle, le front a quelques rides, le regard semble indiquer des yeux perçans, le col ainsi que le nez sont allongés, les cheveux sont coupés courts & la barbe est d'une belle longueur.

Quant au diadême que porte cette tête, il n'offre rien qui puisse nous surprendre, les Anciens le donnoient pour ornement à ceux que leur éminente sagesse distinguoit du reste des hommes. Ce diadême est bien différent de celui dont on décoroit Platon : quatre fois il entouroit sa tête, que des cheveux plus longs sur le derrière, frisés sur le front & une barbe bouclée distinguoient encore.

MÉCÈNE.

La figure que nous présente le *Topaze* N°. II & le *Jaspe rouge* N°. III de cette Planche, est singulièrement conforme à celle qu'a publiée *Fulvius Ursinus* Plan. CXXXV, & à celles que l'on retrouve dans l'ouvrage de *Cl. Philippe de Stosch*, Plan. XXVII & LXII. Des Auteurs, trompés par le mot ϹΟΛΟΝΟϹ qui est gravé derrière deux de ces dernières têtes, avoient cru que c'étoit l'image de *Solon. Cl. Phil. de Stosch* dans l'explication qu'il en a donnée, a cru devoir reconnoître l'un des descendans des anciens Rois d'Étrurie, le célèbre *Mécène*, favori ou plutôt véritable ami *d'Auguste*, qui n'eut avec l'Empereur qu'une brouillerie momentanée, parce qu'il le crut quelques tems amoureux de son épouse *Terentilla* ; mais qui toujours fut le plus zélé pour sa gloire. Né Chevalier Romain, il ne voulut jamais monter à un rang plus élevé. Chéri des Muses, il eut pu facilement en obtenir beaucoup de faveurs, comme on peut en juger par les fragmens de ses Poésies insérées dans le *Corpus Poëtarum* de *Maittaire* ; mais il se contenta de protéger leurs nourriçons. *Virgile* lui dédia ses *Géorgiques*, *Horace* ses *Odes* : au milieu des guerres civiles il sauva l'héritage paternel du premier, & après la bataille de *Philippe*, il obtint le pardon du second qui avoit combattu pour *Brutus*. *Auguste* dut le bonheur de son règne à cet ami fidèle, qui osoit, sans fard, lui dire la vérité. Peut-être quelquefois lui dit-il trop durement ; mais il la disoit, & *Auguste* eut l'esprit assez juste pour ne pas s'en offenser. S'il eut cru sa dignité blessée quand, jugeant des criminels avec colère, Mécène lui jetta ses tablettes où il avoit écrit ces mots, *fors bourreau, & te retires*, en se laissant aller à sa passion, cet Empereur eut peut-être répandu le sang trop facilement, & le clément *Auguste* fut devenu cruel. Nous n'oublierons pas de citer ici l'une de ces leçons fameuses qu'il donnoit à son maître : on ne trouve plus guères de Mécènes : pour l'avantage des Rois, faisons-le revivre dans nos écrits : *une conduite vertueuse*, disoit-il à César, *sera pour vous une garde plus sûre que celle des Légions....* La meilleure règle, en matière de Gouvernement, est d'acquérir l'amitié du peuple, & de faire pour ses Sujets ce qu'un Prince voudroit qu'on fit pour lui, s'il devoit obéir, au lieu de commander.... Évitez les noms de *Monarque* & de *Roi*, & contentez-vous de celui de *César*, en y ajoutant le titre d'*Empereur*, ou quelqu'autre propre à concilier à la fois le respect & l'amour.

Cette même figure, que *Cl. Phil. de Stosch* crut ainsi d'abord être *Mécène*, lui parut ensuite, *pour bien des raisons*, être l'image du Prince des Orateurs Romains, de *Cicéron*, à ce que nous apprend *Gori*, &, dans une seconde édition des *Pierres gravées antiques sur lesquelles les Graveurs ont mis leurs noms*, nous dit le même Écrivain, *Phil. de Stosch*, eut substitué le nom de *Cicéron* à celui de *Mécène* : il me fit même observer, ajoute *Gori*, dans le vestibule du *Muséum des Médicis*, un buste de marbre bien semblable à ces têtes que nous examinons ; *Gori* donc conclut que ces têtes sont celles de l'Orateur Romain. Si nous nous arrêtons cependant à l'une de ses preuves, il ne nous sera pas facile d'être d'accord avec lui ; *elles ressemblent*, nous dit-il, *singulièrement au buste de marbre publié par* Fulvius Ursinus Plan. CXLVI ; &, cependant, en comparant le buste avec nos têtes, nous ne trouvons pas une ressemblance aussi parfaite que cet Auteur le prétend. D'abord le nez du buste est beaucoup moins aquilain que sur nos Pierres, les lèvres de celles-ci sont plus épaisses & moins soutenues, le menton y est plus gras que dans le buste ; enfin, quoique sur nos Pierres la tête paroisse être plus âgée, le front, qui est entièrement dégarni dans le buste, a encore des cheveux qui garnissant les faces & les tempes, se réunissent à sa sommité. Si nous consultons ensuite les Historiens, nous serons encore bien plus éloignés de croire que ces têtes soient celles de *Cicéron* : il avoit, nous disent-ils, *une taille haute, mais mince ; le col d'une longueur extraordinaire, le visage mâle, son tempérament étoit foible ; mais il l'avoit fortifié par sa frugalité.* Assurément, rien dans nos Pierres ne ressemble à cette description. La tête est forte & semble appartenir à un homme d'une taille moyenne : le col, sur-tout dans le *Jaspe rouge*, est épais & court, l'embonpoint enfin dont le visage est pourvu, annonce plutôt une personne accoutumée à la bonne chère, qu'un tempérament que l'on doit à la frugalité ; un dernier motif bien plus puissant pour ne point reconnoître *Cicéron* dans nos deux Pierres, c'est une tête de ce grand Orateur imprimée sur une médaille de bronze citée par *Fulvius Ursinus*, dans son *Appendix* Plan. R & sur laquelle est inscrit le nom de *Cicéron*. ΜΑΡΚΟΣ ΤΥΛΛΙΟΣ ΚΙΚΕΡΩΝ. Cette médaille frappée

frappée par les habitans de *Magnéfie*, auprès du Mont *Sypile*, repréfente *Cicéron* à l'âge à-peu-près de quarante-fix ans, &, d'après la tête qu'elle nous offre, dont les traits font parfaitement d'accord avec la defcription qu'a faite de lui-même cet Orateur, il ne nous eft plus poffible d'héfiter & de vouloir croire avec *Gori* que nos têtes portent fon empreinte. Au furplus, nous laiffons aux fçavans Antiquaires à éclaircir ce doute & à fixer l'opinion que l'on doit embraffer fur cet objet.

Quant à *Cicéron*, quoique tous les Écrivains de Rome nous ayent parlé de lui: quoique dès les premières leçons de notre enfance fon nom ait retenti à nos oreilles ainfi que fes belles actions, quoique ce foit avec fes ouvrages mis entre nos mains dès que nous avons pu les lire, que l'on nous ait fait connoître la langue des Romains & les devoirs des Orateurs: quoique l'on ait mêlé fes leçons morales & métaphyfiques à celles d'une morale plus pure & d'une métaphyfique plus fublime, il n'en eft pas moins difficile d'apprécier juftement le mérite & le caractère de ce grand homme. Pour fes talens littéraires, il les avoit reçus de la Nature, avec le génie le plus heureux. Les plus habiles maîtres de fon tems avoient, par leur culture, fécondé cette terre précieufe. Rome, dans le défenfeur de *Rofcius*, vit éclore un de fes plus grands Orateurs. Athène eut l'honneur de le perfectionner, & vit fon difciple, rival heureux de fes maîtres, tranfporter dans fa Patrie la gloire de l'éloquence qu'elle poffédoit alors exclufivement. Cette éloquence ne fut pas vaine: d'illuftres accufés lui durent leur abfolution, & Rome elle-même fut fauvé par elle des attentats de *Catilina*. Ce fut elle qui, du grade de Chevalier conduifit *Cicéron* au Confulat; ce fut elle qui lui mérita des honneurs plus flatteurs que ceux du triomphe. Cette éloquence pourtant avoit des nuages, &, fi cet Orateur fameux avoit un ftyle coulant, doux, harmonieux, abondant, fi les moindres détails font embellis fous fa plume, fi des périodes cadencées avec art offrent aux oreilles un charme qui pénètre bientôt l'ame: moins rapide, moins puiffant, moins véhément que Demofthènes, plus fait pour parler aux Athéniens qu'aux Romains, à raifon des plaifanteries & des fleurs dont il orne fes difcours, il faut avouer auffi, comme dit *Montaigne*, que cet *Auteur étouffe par fes longueries ce qu'il a de vif & de moëlle*.

Ses talens pour l'adminiftration brillèrent dans la charge de Quefteur & de Gouverneur en Sicile; dans celle d'Édile, pendant l'exercice de laquelle il fe diftingua, moins par les jeux & les fpectacles que fa place l'obligeoit de donner, que par les fommes qu'il répandit dans Rome affligée par la difette.

Tome I.   X

Son Confulat lui a valu fa plus noble célébrité par la découverte de la conjuration de *Catilina*, & ce fut dans cette place & à cette occafion que cet homme de deux jours obtint, par acclamation, le furnom glorieux de *Père de la Patrie*. Gouverneur de la Silicie, il fe diftingua dans cette Province par fon équité, fon défintéreffement & fon affabilité qu'une activité rare accompagnoit. Les Parthes vaincus, lorfqu'au mépris de la paix ils osèrent attaquer Antioche, & la prife de Pindeniffe, l'une de leurs plus fortes Places, que *Cicéron* emporta à la tête des Légions, font honneur à fes talens guerriers, qui lui firent donner par fes foldats le titre d'*Imperator*: qui lui euffent fait décerner le triomphe dans des tems plus paifibles: & qui enfin, couronnés par de pareils fuccès, doivent balancer les jugemens portés peut-être trop légèrement fur le courage de ce grand homme.

Le caractère de *Cicéron* offre un mélange bifarre, dont il nous refte à tracer le tableau. Plein d'orgueil & de baffeffe; harangueur hardi, homme timide: fentant vivement & cependant flottant & irréfolu, on l'a vu fe reprocher de ne pas fuivre *Pompée*, & n'ofer fe déclarer pour *Céfar* : plaindre la mort du premier & chercher l'amitié du fecond Vainqueur de fon rival, par les adulations les plus viles. Il fe vantoit d'avoir fauvé la liberté de la République, &, pour fe faire un protecteur, il fecondoit *Octave* qui en étoit le plus dangereux ennemi. Enflé dans la profpérité, il s'abattoit trop dans la difgrace, &, quoique formé à l'école de la Philofophie, dans les circonftances où elle eft le plus néceffaire, il en oublioit les leçons : fon cœur nourriffoit une paffion infaturable de la gloire, & fans ceffe il careffoit avec indulgence cette paffion qui faifoit fon tourment. Utile quand elle eft moderée & qu'elle n'eft, pour ainfi dire, que le germe de l'émulation; elle devient importune quand on l'écoute trop, & ridicule quand on la montre: auffi reproche-t-on fouvent à *Cicéron* l'oftentation affectée avec laquelle perpétuellement, dans fes difcours, dans fes traités, dans tous fes écrits, il célèbre fon mérite & fes fervices. Terminons ce portrait par les traits que nous offrent fa conduite privée. Dans fes habits & fa parure il obfervoit ce qu'il a prefcrit dans *fes Offices*. Modefte & décent, il conformoit fes vêtemens à fon rang & à fon caractère. Rien n'étoit extraordinaire & fingulier dans fes habitudes. Les manières les plus aimables donnoient des charmes à fa vie domeftique, &, fi quelquefois fes plaifanteries & fes bons mots lui faifoient des ennemis, c'eft qu'ils ne fçavoient pas affez approfondir la tournure de fon efprit, &, l'on pourroit dire qu'ils fe bleffoient plutôt eux-mêmes aux traits de fa langue, que *Cicéron* ne les lançoit contre eux. Avouons, néanmoins qu'il eut été plus agréable de ne point craindre de piquûre en s'approchant de lui. Au surplus, éloignés du tems où il vivoit, si nous l'avons jugé avec la sévérité qu'on se permet si facilement envers les morts, c'est un plaisir pour nous d'oublier maintenant ses défauts & ses foiblesses, pour nous unir à ceux qui admirent & ses vertus, & son zèle pour sa Patrie, & ses talens. Sa mort tragique en excitant notre sensibilité nous conduit naturellement à ces sentimens. Ce grand homme n'avoit que trop secondé *Octave* : il fut trahi par cet ingrat, qui lâchement promit sa tête à *Antoine* qui avoit eu la bassesse de la lui demander : près d'une de ses maisons de campagne, il fut atteint par ses assassins, &, faisant arrêter sa litière, il présenta tranquillement son cou au fer des meurtriers. *Popilius Lena*, qui devoit la vie à son éloquence, le frappa lui-même, & la tête & la main du vengeur de la liberté de Rome, du père de la Patrie, furent portées au féroce Triumvir. *Fulvia*, femme d'*Antoine*, que ce spectacle affreux auroit du pour le moins attendrir, plus féroce que son époux, osa prendre cette tête sanglante, & perça avec un poinçon d'or sa langue dont le silence étoit éloquent encore. Ces tristes restes du plus grand des Orateurs furent ensuite, suivant l'usage, exposés sur la tribune aux harangues, & le peuple Romain, dit *L. Flore*, dans le IVe. Livre de son Histoire, accouroit pour les regarder comme il accouroit autrefois pour entendre *Cicéron* lui-même, & il s'en retournoit pleurant de le voir ensanglanter un lieu si souvent illustré par son éloquence.

PLANCHES LX.

THALÈS DE MILET.

La ressemblance de cette *Cornaline* avec un buste de marbre tiré du Muséum d'*Achille Maffei*, qui porte le nom de ΘΑΛΗC nous fait croire que notre tête est celle de ce Philosophe: tout annonce en elle la gravité & la sévérité Philosophique. *Thalès*, né à *Milet*, quitta son pays pour acquérir, par le moyen des voyages, les lumières des hommes les plus habiles d'alors. C'étoit l'usage des Anciens de voyager ainsi. Nos voyages actuels ne produisent pas de semblables effets, & souvent même nos Voyageurs n'acquèrent dans leurs courses que des vices de plus qu'ils puisent chez les Nations qu'ils visitent. Thalès s'arrêta long-tems en Égypte où, sous les Prêtres de Memphis, il étudia la Géométrie, l'Astronomie & la Philosophie, & bientôt il surpassa ses maîtres. *Amasis* régnoit alors en ce pays; le mérite de *Thalès* perça jusqu'à son trône, & ce Souverain

N°. III.

donna publiquement au Philofophe des preuves de fon eftime. Mais des Philofophes peuvent-ils vivre long-tems à la Cour des Rois ? Leurs grands talens font fi ordinairement joints à l'infociabilité : leur orgueil eft fi infupportable, leurs manières fi fières, qu'ils peuvent rarement fe maintenir auprès des Grands, qui font fâchés déjà de n'avoir que leur grandeur à mettre en balance avec leurs qualités qu'ils jaloufent. La Philofophie cependant devroit leur apprendre à ménager les foibles. Quoiqu'il en foit, *Thalès* prit le parti de revenir dans fa Patrie, qui, par lui, jouit bientôt des plus beaux tréfors des Égyptiens, de leur fageffe renommée. L'*Oracle* le fit furnommer *Sage*, il eft le premier des *fept Sages de la Grèce*, & l'adage par lequel on le défigna fut le fameux *connois-toi toi-même*. D'eux tous, il eft le feul qui ait fondé une fecte de Philofophes que l'on appella la *fecte Ionique*. Ses leçons, comme celles de tous les hommes que la raifon feule conduit, font imparfaites; mais on y retrouve des principes que tous les êtres raifonnables feroient trop heureux de pratiquer. « Vivez dans la plus douce union, difoit-il à fes difciples, ne vous haïffez » point, parce que vous penfez différemment les uns des autres; mais aimez- » vous plutôt, parce qu'il eft impoffible que dans cette variété de fentimens » il n'y ait quelque point fixe où tous les hommes viennent fe rejoindre ». Nous ne pouvons trouver auffi beau cet autre confeil, *il faut vivre avec fes amis comme pouvant devenir fes ennemis*; il eft trop attriftant pour nos cœurs, & nous regardons comme bien malheureux l'homme qui n'eft prudent & difcret avec ceux qu'il fréquente que par ce cruel motif. Aimons plutôt cette autre maxime du même Philofophe, que *l'on doit s'abftenir des chofes que l'on trouve repréhenfibles dans les autres*. Pendant les quatre-vingt-dix ans que vécut *Thalès*, il ne trouva pas le moment de fe marier; *il n'eft pas tems encore*, difoit-il à fa mère, lors de fa jeuneffe quand elle le preffoit de prendre une femme : *il n'eft plus tems*, lui répondoit-il, dès qu'il fut venu fur le retour. Enfin il mourut accablé par les ans, la chaleur & les infirmités pendant qu'il affiftoit à un combat de Lutteurs.

HIPPOCRATE.

N°. IV.

Un vifage doux & tranquille, une reffemblance fingulière avec les figures d'*Hippocrate*, qui fe trouvent fur les médailles que lui ont fait frapper les habitans de Coos, nous font augurer que cette rare *Prime* préfente la tête de ce Médecin célèbre. Cette tête eft chauve comme celle que cite *Fulviue*

Urſinus Plan. LXXI ; mais elle lui reſſemble moins qu'aux médailles dont nous venons de parler. Le manteau qui recouvre les épaules convient parfaitement au Prince des Médecins que les Grecs ont preſque diviniſé, & pour lequel ils avoient de la vénération comme pour un autre *Eſculape*. Arrière petit-fils de *Nébrus*, qui avoit guéri d'une maladie peſtilentielle le camp des Amphyctions dans le tems où ils aſſiégeoient *Criſſa*, *Hippocrate* naquit dans l'Iſle de Coos l'une des Cîclades, & il ſe livra aux goûts & aux travaux de ſon triſayeul. Ses études furent ſuivies des ſuccès les plus brillans, il délivra les Athéniens de la peſte affreuſe dont ils furent affligés au commencement de la guerre du Péloponèſe : & ce bienfait fut récompenſé par le droit de bourgeoiſie, une couronne d'or & l'initiation dans les grands myſtères ; nous ne parlerons point des ſublimes talens d'*Hyppocrate*, nous ne dirons pas juſqu'à quel point il poſſédoit l'art de guérir, & nous ne vanterons pas ſes ouvrages ; tout le monde ſçait qu'il eſt encore de nos jours l'Oracle des Médecins qui l'appellent *Divin*, & qui ne doivent le plus ſouvent leur réputation qu'à la méditation de ſes écrits comparés avec l'expérience qui confirme leur vénération pour ce génie tutélaire. Il ſera plus utile de rappeller que ce grand homme, en refuſant à *Artaxercès Longuemain* d'habiter ſa Cour, malgré les richeſſes confidérables & les honneurs que ce Prince lui offroit pour appât, & en diſant qu'*il devoit tout à ſa Patrie*, a donné une leçon qu'il ſeroit à ſouhaiter que l'intérêt ou l'indifférence ne fiſſent pas oublier aux Médecins de notre âge. Ne pourroit-on pas deſirer en eux auſſi ſes vertus & ſa modeſtie qui égaloient ſon humilité ? Ils aiment aſſez à répéter la plainte que faiſoit le Médecin Grec de ceux qui décrient la Médecine à raiſon des morts dont ne préſervent pas les Médecins, *comme ſi l'on ne pouvoit pas imputer la mort du malade à la violence inſurmontable de la maladie, auſſi bien qu'au Médecin qui l'a traitée* ; mais combien rougiroient de confeſſer, avec autant de candeur & d'ingénuité que lui, les erreurs qu'ils commettent & le nombre des malades qui périſſent entre leurs mains. *Hippocrate* mourut à Lariſſa, dans la Theſſalie, à l'âge de cent-neuf ans.

ARCHYTAS DE TARENTE.

Sur cette *Cornaline* ſe voit la tête d'*Archytas* le plus habilement gravée. N°. V. Ce Philoſophe célèbre embraſſa la *ſecte de Pithagore* dont il fut le huitième ſucceſſeur. Avec un égal ſuccès il cultiva la Géométrie & la Méchanique.

On lui doit la vis & la poulie ; & , dire qu'il fe plut à appliquer les Mathématiques aux chofes d'ufage pour alléger les travaux des hommes, c'eft faire fon éloge. Suivant *Diogène Laërce*, il trouva le cylindre & la duplication du cube : on rapporte même que dans fes délaffemens il avoit fait un pigeon volant. Quoique le tumulte de la guerre ne s'allie pas ordinairement avec le calme que demande l'étude, *Archytas* ne fut pas moins bon Guerrier que Phylofophe, & tantôt il éclairoit, tantôt il défendoit fa Patrie. Plufieurs fois il commanda les armées & les ramena victorieufes. Les emplois les plus difficiles, il les remplit avec autant d'intelligence que d'induftrie, & toujours en faifant le bonheur de fes concitoyens. Une médaille de moyen bronze publiée par *Fulvius Urfinus* Plan. XXVII, s'accorde affez, ainfi qu'une *Cornaline* citée par *Léonard Agoftini* Plan. XX, avec notre Pierre pour que nous ne balancions pas à reconnoître ce Guerrier Philofophe fur celle-ci. Les cheveux, fuivant l'ufage de quelques Philofophes anciens, raffemblés par les extrémités, forment autour de la tête un cercle que rend plus faillant un lien ou couronne imitant celle de laine que nous pouvons croire qu'il portoit. *Archytas* floriffoit quatre fiècles avant notre Ere. On le trouva mort fur les côtes de la Pouille où il fut jetté par un naufrage.

ANACRÉON.

N°. VI.

On croiroit retrouver dans cet *Onyx* une autre tête d'*Archytas* ; mais c'eft une erreur, qu'un premier coup-d'œil fait naître & qu'un fecond détruit. En confidérant ce bel ouvrage avec attention, on reconnoît les mêmes traits que nous offrent une tête d'*Anacréon*, publiée par le Chevalier *Maffei*, Partie I de fes Pierres antiques, Plan. LXIX, pag. 82 & une médaille de bronze citée par *Fulvius Urfinus*, Plan. XI, fur laquelle eft gravé le nom de ce Poëte ; c'eft donc *Anacréon*, c'eft le Poëte de *Théos* que nous avons l'avantage de revoir fur notre *Onyx*. Le laurier que fes Poéfies lui méritèrent orne fa tête vénérable ; fes cheveux lui forment une feconde couronne, ce qui prouve que l'on a voulu le repréfenter avant cet âge avancé où de lui-même il chantoit :

> Sans ceffe, me difent les Belles,
> Anacréon, vous êtes vieux,
> Confultez ces glaces fidelles,
> Ils ne font plus ces beaux cheveux !
> Votre front eft uni comme elles. *Ode XI.*

Au nom d'*Anacréon* l'on se déride, l'imagination s'égaie, & l'on sourit avec plaisir. C'est le Poëte des Grâces & de l'Amour : c'est le Chantre de Bacchus. Les douces images dont ses Poésies sont pleines, se confondent sous nos yeux avec la sienne même, & l'on jouit à la fois du Peintre aimable & de ses gracieux tableaux.

Laissons aux infatigables Érudits le soin de débrouiller les titres de sa naissance & de fixer, parmi les différens pères que lui donnent divers Auteurs, celui qui a eu le bonheur de voir fleurir ce beau rameau sur sa souche. Qu'armé d'antiques autorités, *Barnès* le fasse descendre d'une famille noble alliée à celle de *Codrus* : que ce docte Écrivain assigne, pour époque précise de sa naissance, la seconde année de la LV Olympiade, tems à-peu-près où le grand *Cyrus* commençoit à courir sa brillante carrière & auquel *Pysistrate* régnoit sur Athènes. Certains Écrivains très graves peuvent encore raconter la fabuleuse anecdote du bon *Anacréon* qui, étant yvre, renverse pendant les fêtes de *Neptune* à *Mycale*, l'enfant *Théobule* & sa nourrice, & promet, après les avoir chargé d'imprécations, de les chanter dans la suite. Nous aimons mieux rappeller à nos Lecteurs que ce Philosophe séduisant fit les beaux jours de la Cour de *Polycrate*, tyran de Samos, dont il méprisoit les dons & les présens germes du chagrin & de l'inquiétude, & qu'il sçut rendre ce tyran moins orgueilleux, moins fastueux, moins cruel & plus digne de commander à des hommes. Son Poëte & plus encore son ami, *Anacréon* étoit de tous ses conseils & l'ame de ses affaires ; ainsi l'atteste *Hérodote*, & l'un des premiers malheurs de *Polycrate* fut peut-être d'avoir consenti trop facilement à ce qu'il allât vivre près d'Hypparque : les avis d'*Anacréon* l'eussent sûrement détourné d'écouter les sollicitations perfides d'*Oræès*. On sçait tout ce qu'Hypparque fit en faveur de notre Poëte : qu'il lui envoya une galère à cinquante rames, & qu'il le combla de présens magnifiques ; mais les avantages & les agrémens dont il jouissoit dans la Capitale de l'Attique, ne purent cependant l'y fixer ; quoique charmé de la délicatesse, de la douceur, de la politesse des Athéniens, il ne passa parmi eux que sept années environ, & l'amour de sa Patrie le fit retourner dans son sein. Qu'il y passa des jours heureux ! Une maison de campagne étoit sa demeure chérie. C'étoit-là qu'il respiroit l'air si bon de la liberté : c'étoit-là que, dominant sur la Mer Égée & les Isles éparses qu'elle baigne, il sembloit avoir l'empire paisible de la Nature. On peut juger par son Ode sur le Printems & celles qu'il composa sur les Vendanges, combien doux à ses yeux étoit le spectacle de ses champs, & avec quelle allégresse il voyoit paroître & recueilloit les dons de Bacchus. Le plaifir & la volupté filoient fes ans. Loin d'ici, vous tous Lecteurs, trop auftères ou trop prévenus, dont l'imagination prête gratuitement à ce Poëte des mœurs diffolues, infâmes mêmes, & qui, fans preuves fuffifantes, calomniant fa mémoire, le peignez comme un de ces libertins peu délicats, dont la vie n'eft qu'un tiffu de débauches de tout genre. Pour nous, étayés fur les autorités qu'a réunies *Barnès*, nous nous plaifons à croire qu'*Anacréon* fut *fobre* & *honnête*, comme l'a dit *Athenée*, & *fage*, ainfi que l'écrit *Platon*. S'il chantoit Bacchus, il le chantoit comme Horace, fans abufer de fes dons, & ne foufiroit pas que fon jus éclipsât fa raifon. Si Vénus recevoit des hymnes de lui, fa vie n'en étoit pas moins pure. Il célébroit les Belles comme on célèbre une brillante Aurore. Des jeunes gens ont vu fes Vers éternifer leurs charmes & leur beauté; mais ne fuffit-il pas, pour ne point l'accufer d'avoir nourri des amours proferits par la Nature, qu'il ait pu prêter fa plume à celles qui les aimoient? Combien de nos jours voyons-nous de Poëtes compofer des Vers, même paffionnés, pour des objets qui leur font inconnus; ils fabriquent l'encens, mais ne le brûlent pas eux-mêmes fur les autels dreffés à ces idoles. Tous les Vers voluptueux d'*Anacréon*, ne font-ils pas encore entre-mêlés de leçons vraiment Philofophiques? Comme il peint la fragilité de cette vie!

    Vois ce char franchir la barrière,
    La vie eft plus rapide encor:
    Bientôt victimes de la mort
    Nous ne ferons plus que pouffière.

    Pourquoi fur notre fépulture
    Perdre ces parfums & ces fleurs?
    Rendre aux morts ces triftes honneurs,
    C'eft infulter à la Nature.... *Ode. IV.*

Ennemi des foins & des foucis, certain de mourir, il cherche du moins la gaieté, baume de la vie.

    Tel eft mon fort, né pour mourir,
    Des jours paffés je fçais le nombre;
    Mais l'avenir cache dans l'ombre
    Ceux dont je peux encor jouir.

DE FLORENCE.

> Soucis cuisans, peines amères,
> Cachez-moi vos pointes sévères,
> Point de commerce avec mon cœur:
> Des amours caressant la mère
> Et fêtant le Dieu du buveur,
> Je veux qu'à mon heure dernière,
> De la mort la faux meurtrière,
> Me surprenne au sein du bonheur. *Ode XXIV*.

Le mépris des richesses est bien exprimé dans cette Ode, où sagement il crie :

> De Gygès & de son trésor,
> Mon ame point ne se soucie,
> Je n'eus jamais la soif de l'or,
> Un Roi ne me fait point envie. *Ode. XV*.

Et ne peint-il pas, en deux mots, la folie de ceux qui amassent toujours, inquiets du lendemain?

> Saisissons le moment qui passe :
> Eh! qui sçait s'il vivra demain? *Ode. XV.*

Ne reconnoissons-nous pas dans quelques Vers de son Ode XLVI, le tableau frappant de ces unions avares trop communes encore de nos jours?

> Talens, vertus, sçavoir, noblesse,
> Ne sçauroient plus fixer un cœur :
> Le cœur n'est rien sans la richesse,
> Et de l'amour l'or est vainqueur.
> Qu'il périsse au fond du Tartare,
> Le mortel qui mit l'or au jour,
> Maudit soit le premier avare,
> Qui prit l'or & vendit l'amour.
> Avec l'or il n'est plus de frères,
> Plus de pères, plus de parens :
> L'or enfante combats & guerres;
> Par l'or périssent les Amans. *Ode XLVI.*

Tome I.

Enfin, combien douce doit nous paroître la peinture naïve qu'il fait lui-même de la candeur de ses mœurs !

> Je hais l'envie & sa noirceur,
> Sans en redouter la morsure:
> Et mon cœur craint peu la blessure
> Des traits du calomniateur. *Ode XLII.*

D'après toutes ces citations & mille autres que la mémoire peut rappeller à ceux qui connoissent les Poésies immortelles d'*Anacréon*, il n'est plus étonnant, sans doute, que *Fontenelle*, dans ses *Dialogues des Morts*, faisant trouver ce Poëte & *Aristote* ensemble, ait donné toute la supériorité au Chantre divin de Téos : & il nous est permis aussi de conclure qu'*Anacréon* eut pu s'appliquer ce Vers d'*Ovide* :

> » Ma vie est pure & ma Muse joyeuse.
> *Vita verecunda est, Musa jocosa mihi.* Trist. Lib. II.

« Ce Poëte, dit l'Abbé *Batteux*, étoit sçavant dans l'art de plaire,.... il n'ignoroit
» pas combien il est important de mêler l'utile à l'agréable. Les autres Poëtes
» jettent des roses sur leurs préceptes pour en cacher la dureté. Lui, par un
» rafinement de délicatesse, mettoit des leçons au milieu des roses : il sçavoit que
» les plus belles images, quand elles ne nous apprennent rien, ont une certaine
» fadeur qui laisse après elle le dégoût; & que si la Sagesse a besoin d'être égayée
» par un peu de folie, la folie à son tour doit être assaisonnée d'un peu de
» Sagesse ».

Ce caractère dominant d'*Anacréon* se peignoit sur sa figure, on reconnoît sur notre Pierre & dans les médailles qui le représentent une physionomie douce, délicate, une gaité mêlé de gravité : le calme de son ame & sa candeur semblent y être peintes: & ses yeux, en décélant son esprit, ne nuisent pas à l'idée que son visage donne de son cœur. Ce Poëte Philosophe poussa très-loin sa carrière; mais la gaité qui sert d'aliment à la vieillesse ne suffisoit malheureusement pas : il se nourrissoit de raisins secs, & l'on rapporte qu'un pepin arrêté dans son gosier lui causa la mort. Sa pompe funèbre répondit à sa célébrité : ses concitoyens lui élevèrent un tombeau magnifique & lui dressèrent une Statue. Du tems de *Pausanias*, Athènes en possédoit une de ce grand homme, & l'on avoit cru devoir la placer au milieu de la citadelle entre *Périclès* & *Xantippe*.

De tous les ouvrages d'*Anacréon*, des Odes & quelques Épigrammes sont parvenues jusqu'à nous, & ces Odes & ces Épigrammes suffisent à sa gloire : les ans ont respecté ces productions du génie & l'immortalisent.

Nec si quid olim lusit Anacreon.
Delevit Ætas.... Horat.

PLANCHE LXI.

PHILÉMON.

No. I.

Fulvius Ursinus & *Léonard Agostini* ont l'un & l'autre publié une tête de *Philémon*. En voici encore une élégamment gravée sur une *Cornaline* : sa ressemblance, sur-tout avec celle de *Léonard Agostini*, ne nous permet pas d'en douter. Le nez de la nôtre est un peu plus fort, il est même un peu retroussé, ce que l'on ne trouve point sur la médaille de bronze citée par *Ursinus*; mais les trois têtes offrent un crâne chauve, la même coupure de l'œil, la même direction des soucis, la même disposition de la barbe & du peu de cheveux qu'elles portent, & enfin, ce qui est plus remarquable, le front élevé en bosse.

Philémon avoit choisi le genre de la Poésie-comique : il étoit fils de *Damon* & contemporain de *Ménandre*, dont il devint l'émule ; si cependant il l'emporta souvent sur ce Poëte, on l'attribue moins à son mérite qu'à ses intrigues. Une de ses Comédies intitulée, le *Marchand*, fut imitée par *Plaute*. On prétend que *Philémon*, à l'âge de 97 ans, mourut de rire en voyant son âne manger des figues.

PLATON.

No. II.

Sur la superbe *Cornaline* qui suit, plusieurs Sçavans croyent devoir reconnoître *Platon*, & nous ne sommes pas éloignés d'admettre leur conjecture. La manière dont les cheveux sont disposés & ce diadême qui, quatre fois ceint sa tête, nous portent à l'adopter ; nous trouvons d'ailleurs un rapport singulier entre cette tête & celle de *Fulvius Ursinus*, Plan. CXII.

Platon, Chef de la secte des Académiciens, étoit né d'une famille illustre. Appellé d'abord *Aristocle*, il fut ensuite surnommé *Platon* par son maître de Palestre, & ce nom, qu'il avoit tiré de la largeur & de la quarrure de ses épaules, est devenu celui sous lequel il est uniquement connu. Doué d'une imagination vive & brillante, il fit dans ses études les plus rapides progrès. A trente ans il s'attacha à *Socrate* & devint entre ses mains un sage consommé même à la fleur de l'âge. Des voyages en Égypte, dans la grande Grèce &

en Sicile contribuèrent à la perfection de ses connoissances. Enfin sa Patrie le vit revenir, & dans un fauxbourg d'Athènes, dans un quartier appellé *Académie*, ce grand Philosophe ouvrit son école & donna ses leçons. Son nom se répandit avec elles, & l'on ne fut pas plus étonné de voir *Denys le jeune*, tyran de Syracuse, presser *Platon* de venir à sa Cour, que de voir le Philosophe laisser le tyran victime de ses flatteurs, sans avoir pu amollir son cœur, dont les plus heureuses dispositions avoient paru d'abord annoncer le changement heureux. Formé dans la Physique sur les principes d'*Héraclite*, pour la Métaphysique d'après ceux de *Pythagore*, il n'eut de guide en Morale que *Socrate* dont il perfectionna les leçons. Appellé le *cygne de l'Académie* par Socrate, *l'Homère des Philosophes*, *l'abeille Athénienne* & *le Divin*, il ornoit sa doctrine précieuse des fleurs choisies de l'expression, l'assaisonnoit d'un sel exquis, & donnant à son style la noblesse, la grandeur & la majesté, il parloit moins, dit *Quintilien*, le langage des hommes que celui des Dieux. Après une carrière de quatre-vingt-un ans, *Platon* mourut le jour anniversaire de sa naissance, & son tombeau fut orné de cette inscription digne du grand homme qu'il renfermoit. « Cette terre couvre le corps de *Platon*, le Ciel contient son ame » bienheureuse ; homme, qui que tu sois, si tu es honnête, tu dois révérer » ses vertus ».

N°. III.   La *Cornaline* N°. III, présente la tête d'un Philosophe qui nous est inconnu.

XÉNOCRATE.

N°. IV.   Une grande ressemblance entre cette *Améthiste* & une Pierre publiée par *Jean Chifflet*, sur laquelle est gravé le nom de *Xénocrate*, fixe notre opinion en ce moment, & nous croyons pouvoir donner notre tête pour être celle de ce Philosophe. Né à *Calcédoine*, *Xénocrate* fut un des plus beaux ornemens de la Philosophie antique. Disciple de *Platon*, il devint son ami, puis son successeur après *Speusippe*, & pendant vingt-cinq ans, au rapport de *Laërce*, il présida à son école. Bien des traits dans sa vie concourent à faire de lui le plus bel éloge : la jeunesse débauchée d'Athènes fuyoit sa rencontre, tant elle étoit frappée du changement subit qu'il avoit opéré dans les mœurs dissolues du jeune libertin *Polémon* : *Laïs*, honteuse de n'avoir pu le faire succomber, malgré ses charmes si célèbres, élevoit un monument à sa chasteté, en disant de lui qu'il n'étoit pas un homme, mais une statue : & les Magistrats d'Athènes éternisèrent sa probité en le dispensant lui seul de confirmer son témoignage par le ferment : enfin fon défintéreffement éclatta, tant dans fon ambaffade vers Philippe, que dans celle à Antipater, & dans fon refus d'accepter les cinquante talens que lui apportèrent les députés d'Alexandre : il n'étoit pas riche, cependant, ce Philofophe, puifqu'au rapport de *Plutarque*, l'Orateur *Licurgue* fut obligé de payer au tréfor d'Athènes le tribut que les Étrangers étoient tenus d'y porter, pour lui épargner la prifon où les Fermiers de cet impôt, barbares par-tout, le faifoient conduire. On reconnoît fur notre *Améthifte* le caractère du Philofophe dont elle offre la tête : un homme auftère, maître de fes paffions : fon front chauve eft large & ridé, la gaieté ne l'embellit pas, & l'on voit répandu fur tout le vifage ce férieux prefque trifte qui annonce la rudeffe que lui reprochoit fi agréablement *Platon*, en lui confeillant de *facrifier de tems en tems aux Grâces. Xénocrate* mourut âgé de quatre-vingt-deux ans, en laiffant plufieurs écrits & une mémoire refpectée. Ses écrits feuls ont été depuis la victime du tems.

PITTACUS.

Cette *Cornaline* ne paroît pas nous offrir une autre tête que celle de *Pittacus*, l'un des fept Sages de la Grèce : elle a trop de reffemblance avec une médaille de bronze de moyenne grandeur, citée par *Fulvius Urfinus*, Plan. CXI, que les Mityléniens avoient fait frapper en l'honneur de leur célèbre concitoyen, & qui porte le nom de ΠΙΤΤΑΚΟC, pour que nous puiffions héfiter à le reconnoître.

N°. V.

Mitylène a vu naître ce Philofophe, & il chaffa de fa Patrie le tyran *Méléagre* qui en faifoit le malheur. Les fervices qu'il rendoit à fes concitoyens lui firent donner par eux la fouveraineté de leur Ville, & l'on vit alors cette même Philofophie qui l'avoit toujours accompagné dans les combats lui dicter des loix fages dont il enrichit fa Patrie, &, comme fon bonheur feul avoit pu déterminer *Pittacus* à accepter le fouverain pouvoir, il le remit auffi-tôt qu'il l'eut fixé par fes fages ordonnances. Les Mityléniens voulurent au moins le dédommager du facrifice qu'il faifoit. Accepter les grands fonds de terre qu'ils lui offroient c'eut été fournir un aliment à l'envie : ne rien accepter du tout, c'eut été bleffer la noble générofité de la Patrie ; *Pittacus* lança donc un javelot & ne confentit à poffeder que ce qu'il avoit parcouru de terrein. Nous ne citerons de ce grand homme qu'une feule de fes maximes qu'on ne fçauroit trop répéter. *La preuve d'un bon Gouvernement*, difoit-il „

est d'engager les Sujets non à craindre le Prince; mais à craindre pour lui-même. Ce citoyen aussi estimable que grand Philosophe, mourut sous l'archontat d'Aristomène, la troisième année de la LII Olympiade, âgé de soixante-dix ans.

DIOGÈNE.

N°. VI.   Voici une *Cornaline* qui nous offre la tête d'un Philosophe. Ses traits rapprochés de celle du *Diogène* cité par *Léonard Agostini* Plan. CLIV, semblent nous indiquer que celle-ci pourroit bien être son image. Son front est chauve, rien ne le couvre, & pour vêtement il ne paroît avoir qu'un manteau dont on apperçoit les bords sur ses épaules.

Né à *Sinope*, ville du Pont, un crime bas fit chasser *Diogène* de sa Patrie: il tenoit de famille; son père fut banni pour le même crime. De faux Monnoyeur il devint Philosophe, & ses leçons se ressentirent de ses premiers goûts: il *altéra* la Philosophie comme les monnoies. La secte des *Cyniques* lui plut par-dessus toutes les autres: il lui en coûtoit peu de renoncer comme eux à tout, il n'avoit rien : & quand on n'a rien à risquer, on peut insulter impunément à l'Univers.

Une écuelle pour tout meuble, un tonneau pour maison, un manteau, une besace formoient toutes ses possessions; mais cet attirail de la modestie ne pouvoit pas cacher son orgueil qui sortoit par ses pores. Sa réponse à Alexandre : la folle recherche qu'il fit d'un homme avec sa lanterne en plein midi, décèlent son caractère: ses mœurs peu délicates ont fait dire qu'il *ne falloit pas regarder au fond de son tonneau*, & il est à croire que le peu de vertus qu'il avoit étoient plutôt des vertus de tempéramment que des heureuses inclinations ou des louables victoires de son cœur. Il devoit presque tout à son esprit & à sa gaité.

PLANCHE LXII.

CAIUS GRACCHUS.

N°. I.   Nous croyons que cette *Cornaline* offre le portrait de *Caïus Gracchus*, fils de *Sempronius Gracchus* & de *Julie*, qui avoit pour père *Scipion l'Africain*. Ce Romain avoit reçu de sa mère l'éducation la plus soignée. Il avoit pour frère *Tiberius Gracchus*, si célèbre par l'exécution de la loi *Agraire*, & auquel il succéda. Son frère, victime des Grands & des riches dont il avoit fait repartir les trop grandes poſſeſſions entre les plus pauvres citoyens, fut maſſacré au milieu de ſes partiſans. Douze ans après *Caïus* eut le même ſort, & par ſa mort la Nobleſſe reprit toute l'autorité que les deux *Gracques* leur avoient fait perdre. Leur zèle pour le peuple étoit juſte, ſans doute; mais ſon motif étoit-il pur? C'eſt ce dont, avec fondement, on pourroit douter: l'ambition qui emploie toutes ſortes de voies pour réuſſir, ſe ſert heureuſement quelquefois de moyens équitables. *Caïus*, au rapport de *Cicéron*, étoit un Orateur éloquent & fécond, il ſemble même douter *qu'il eut pu trouver ſon égal s'il eut vécu plus long-tems* (1).

ARISTOTE.

Cette tête qui annonce un âge avancé, dont les cheveux ſont coupés très-courts, dont le menton & les joues ſont raſés, dont l'œil eſt petit & le nez aquilain, ſemble indiquer un portrait d'*Ariſtote*. On ſçait que ce Philoſophe avoit ſoin, contre l'uſage de *Platon*, de ſe raſer lorſqu'il fut vieux, ainſi que le rapportent *Ælien* & *Laërce*. On faiſoit remonter ſon origine juſqu'à *Eſculape*: *Nicomachus* ſon père étoit du moins un de ſes ſucceſſeurs, puiſqu'il exerçoit l'art de la Médecine. Le père d'*Ariſtote* mourut trop tôt pour ſon fils jeune encore & qui avoit beſoin de ſes conſeils. Abandonné à lui-même, *Ariſtote* alors n'eut de guides que ſes ſens; ils étoient vifs, & il les écouta trop; bientôt ſon bien fut diſſipé: le parti des armes devint celui du jeune débauché; mais enfin il le quitta pour ſuivre les leçons de Philoſophie. D'après un avis de l'Oracle Delphique, ce fut de *Platon* qu'il voulut en recevoir les principes, & *Platon* qui l'accueillit reconnut avec ſatisfaction que cet homme feroit la gloire de ſon école. Son zèle pour l'étude ſecondoit l'habileté de ſon maître. La nuit ne l'invitoit point au repos: elle ne lui ſembloit tirer ſes voiles ſur toute la Nature, & ne faire naître un ſilence général que pour lui épargner des diſtractions & prolonger au ſein de la paix & de la tranquillité les heures délicieuſes de ſon travail: ſi l'on en croit même *Diogène Laërce*, il craignoit tant d'être

N°. II.

---

(1) *Utinam non tàm fratri pietatem, quàm Patriæ præſtare voluiſſet! Quàm ille facilè tali ingenio, diutiùs ſi vixiſſet, vel paternam eſſet, vel avitam gloriam conſecutus! Eloquentiâ quidem neſcio an habuiſſet parem neminem: grandis eſt verbis, ſapiens ſententiis, genere toto gravis: manus extrema non acceſſit operibus ejus, præclarè inchoata multa, perfecta non planè. Legendus eſt hic Orator, Brute, ſi quiſquam alius juventuti; non enim ſolùm acuere, ſed etiam alere ingenium poteſt.* Cicero de claris Oratorib.

surpris par le sommeil, qu'il s'armoit contre lui d'une boule d'airain qui, au moindre assoupissement, s'échappoit de ses mains &, tombant avec fracas dans un bassin de même métal, le chassoit à l'instant. Après la mort de *Platon* il se retira dans la Mysie où il épousa la sœur d'*Hermias*. Philippe le choisit pour Précepteur d'Alexandre, qu'il ne quitta qu'au moment où son auguste élève alloit commencer le cours de ses conquêtes. Athènes fut alors le lieu de sa retraite, & ce fut dans son sein qu'il ouvrit son école. La secte qu'il forma, de la manière qu'il avoit adoptée de donner ses leçons en se promenant, fut surnommée la *secte des Péripatéticiens*. Malgré la considération dont il paroissoit jouir à Athènes, il ne mourut cependant pas dans cette ville. Sa passion pour sa femme *Pythaïs* qu'il honora comme *Cérès*, le fit accuser par le Prêtre *Eurymedon* de ne pas croire à cette Divinité, & le Philosophe, pour empêcher qu'on ne le traitât comme *Socrate*, & que *l'on ne commit une seconde injustice contre la Philosophie*, se retira à *Chalcis*. Il avoit soixante-trois ans lorsqu'il mourut. La gloire d'*Aristote* ne fut pas enfermée avec lui dans le tombeau ; surnommé le *Prince des Philosophes* il fut pendant long-tems l'Oracle unique de toutes les écoles Philosophiques, & si ses écrits ne jouissent plus des mêmes honneurs qu'autrefois, ne seroit-ce pas la faute de nos têtes modernes plutôt que celle de cet Écrivain ? Les lumières de notre siècle peuvent bien avoir fait un peu pâlir celles que le Philosophe de *Stagyre* offre à nos yeux ; mais elles ne peuvent pas l'éclipser totalement.

Gori, qui n'avoit d'abord vu sur notre *Jaspe* mêlé de *Calcédoine* que le portrait d'*Aristote*, en l'indiquant dans sa table, paroît hésiter, & il avertit que l'on pourroit en cette même tête reconnoître *Senèque*. En effet, si nous la rapprochons de l'*Aristote* de *Fulvius Ursinus* Plan. XXXV, que *Gori* nous donne comme un moyen de comparaison, nous ne retrouvons pas ce nez aquilain sur-tout qui doit cependant être un des traits les plus caractéristiques de la figure. Si au contraire nous la comparons avec le *Camée* publié par *Léonard Agostini* Planche XXVIII, nous remarquons une bien plus grande ressemblance ; nous laissons donc aux Sçavans à prononcer, s'il faut plutôt indiquer notre *Camée* comme tête d'*Aristote* que comme celle du Stoïque, fils d'*Helvia*.

CATON, *LE CENSEUR.*

No. III.   Un des hommes les plus célèbres de la République Romaine fut *M. Porcius Caton*, que l'on surnomma *le Censeur*. En voici la tête sur un beau *Camée* de *Calcédoine*.

Calcédoine. Il étoit originaire de *Tufculum*, & fa famille étoit Plébéienne; mais fa fageſſe & fes vertus l'élevèrent aux premières charges de la République. Homme jufte, mais inflexible, il eut des appréciateurs & des ennemis: ceux-ci ne purent empêcher qu'on lui élevât une ſtatue qui portoit cette mémorable inſcription: *A la gloire de Caton, qui a remédié à la corruption des mœurs*. Orateur célèbre, il fut furnommé le *Démofthènes* des Romains, ainſi que le rapporte *Plutarque*. Il reſtoit encore, du tems de *Cicéron*, cent cinquante de fes diſcours & d'autres ouvrages: nous n'avons de lui maintenant que des fragmens de ſon *hiſtoire des origines des Villes d'Italie* & fon traité d'Œconomie rurale, (de re ruſticâ), traduit par M. *Saboureux* de la *Bonneterie*. Nous ne pouvons réſiſter à donner ici une copie du portrait de ce grand homme, tracé de la main de *Tite-Live*: « il avoit, dit cet Écrivain, tant de vigueur dans
» l'ame & tant d'efprit, que quelque fut fon origine, il ne fembloit avoir
» befoin que de lui-même pour établir fa fortune. Perſonne ne poſſédoit
» mieux que ce Romain le grand art de conduire les affaires particulières
» & de traiter les intérêts publics. Également il étoit verfé dans les connoiſ-
» fances néceſſaires au fein des Villes & dans celles qu'exigent les champs;
» les uns doivent leur élévation à l'étude qu'ils ont faite de la Jurifpru-
» dence, les autres à leur éloquence: des exploits guerriers en ont conduit
» beaucoup aux honneurs; mais *Caton* avoit tellement l'efprit propre à tout,
» qu'il paroiſſoit deftiné par la Nature à chacune des chofes qu'il entrepre-
» noit. Homme brave & courageux, on pouvoit célébrer fes hauts faits dans
» la guerre, & les grades militaires qu'il acquit ne faifant qu'augmenter fa
» valeur, il put être mis au rang des plus grands Généraux d'armée. Dans la
» paix on pouvoit avec confiance lui propofer toute efpèce de difficulté fur
» les Loix: la Jurifprudence fembloit être fa fcience favorite. Falloit-il parler?
» A l'inſtant fe déployoit fon éloquence qu'atteſtent encore fes écrits qui lui
» ont furvécu. Combien n'a-t-il pas prononcé de harangues pour lui, pour
» les autres & contre les autres? Car il vainquit fes ennemis, & par les
» coups qu'il leur porta & par fes défenfes. Si des envieux tentèrent de laſſer
» fon courage, il réuſſit bien plus à les fatiguer, & l'on ne fçauroit trop décider
» fi les Grands le tourmentèrent plus qu'il ne les tourmenta. Il avoit, à la
» vérité, un caractère âpre, une langue trop vive & trop mordante; mais fon
» cœur étoit invincible aux attaques des paſſions. Intact, irrépréhenſible, il
» mépriſoit & la faveur & les richeſſes: la fobriété faifoit fa force. Prefqu'im-
» paſſible au milieu des plus pénibles travaux, on eut cru que dans un corps

» de fer il poſſédoit une ame de pareil métal, & la vieilleſſe, qui briſe tout,
» n'avoit point d'empire ſur elle : à quatre-vingt-ſix ans il écrivit & plaida pour
» lui-même, &, à plus de quatre-vingt-dix, il accuſa *Galba* devant le peuple ».
Les rides que l'on remarque ſur ſon front, dans notre *Camée*, ſemblent ajouter
à la nobleſſe de ſa figure & prouvent l'habileté du Graveur. La Planche CXVI
de *Fulvius Urſinus* offre une tête de ce même Romain, dont on voit au premier
coup-d'œil la reſſemblance avec la nôtre; mais elle repréſente *Caton* dans un
âge encore bien plus avancé.

N°. IV. La tête ſuivante, gravée ſur une *Cornaline*, eſt le portrait de quelque
perſonnage Conſulaire qui nous eſt inconnu.

P. VALERIUS POPLICOLA.

N°. V. *Fulvius Urſinus*, Plan. CXLVII a publié un *Terme de P. Valerius Poplicola*,
auquel manque la tête; qui ne voit donc combien eſt précieuſe cette *Cornaline*,
puiſqu'elle nous repréſente le très-rare portrait de ce même Romain, ce dont les
lettres gravées des deux côtés du col ne nous permettent pas de douter? Ces
lettres ſont de la même main que la figure dont on doit admirer la beauté.

P. Valerius témoin de la mort de Lucrèce, jura avec Brutus ſur le poignard
dont elle s'étoit percée, & de venger l'outrage qui lui avoit été faite & d'exter‑
miner les *Tarquins*. Quand Tarquin & la royauté eurent été bannis de Rome, il
fallut un nouveau Gouvernement : alors on créa des Conſuls. *P. Valerius* ne le
fut point à cette première élection, & l'on donna *Collatin* pour collègue à
Brutus. Il ne fut pas inſenſible à cette préférence; mais ſon cœur étoit trop
grand pour ſe reconcilier avec les ennemis de la liberté, & quand *Brutus*
voulut lier par un ſerment le Sénat contre les Rois, *P. Valerius* jura le
premier. Après la retraite de *Collatin*, le Conſulat ne put lui échapper. Il ne
gouverna pas long-tems avec *Brutus*, qui mourut en donnant la mort au fils
de *Tarquin*, à la tête de la Cavalerie Romaine; mais ayant continué le com‑
bat & étant reſté maître du champ de bataille, il fut le premier des Conſuls qui
rentra dans Rome en triomphe porté ſur un char attelé de quatre chevaux.
Demeuré ſeul Conſul, &, ſur le *Vélia*, au plus haut du Mont Palatin,
ayant conſtruit une maiſon, *P. Valerius* devint ſuſpect au peuple, tant il
faut peu de choſe pour l'allarmer! Averti par ſes amis, le Conſul fit à ce
peuple ſoupçonneux un diſcours digne de lui, & dans la nuit même il fit

DE FLORENCE.

abattre cette maifon funefte, qui dans fa chûte entraîna les moindres foupçons. Alors fortirent du cœur du Conful ces loix populaires qui firent fa principale gloire, & qui furent l'origine du beau nom de *Poplicola*, fous lequel on l'a connu depuis. Le père de Lucrèce devint enfuite fon collégue, puis Horace remplaça ce dernier que la mort enleva peu de jours après fon élection. Enfin après quatre Confulats, après deux victoires fignalées fur les Étrufques & fur les Sabins, après plufieurs triomphes, mourut paifiblement *P. Valerius Popli-cola*, couvert de gloire, fans craindre aucun reproche de fa Patrie : & celui qui tant de fois avoit eu l'occafion d'augmenter le petit bien qu'il avoit reçu de fes pères, ne laiffa pas même de quoi faire fes funérailles : elles furent magnifiques cependant; mais le public en fit les frais : les Dames Romaines voulurent porter fon deuil, & le pleurèrent comme elles avoient pleuré *Brutus*: elles ne voyoient en ces deux hommes que deux Pères de la Patrie, deux Vengeurs de la liberté & deux Fondateurs de la République. Il fut enterré par diftinction dans la ville au *Vélia*, & parmi les honneurs que les Romains fçurent lui rendre, on peut compter le *Terme* ou *Hermès* dont nous avons parlé au commencement de cet article, honneur qui, comme l'on fçait, ne fut jamais accordé qu'aux perfonnages les plus illuftres de la République.

M. ANTOINE TRIUMVIR.

Sur cette fuperbe *Cornaline* eft la tête du Triumvir *M. Antoine*, fi célèbre par les talens qu'il avoit reçus de la Nature, par fes débauches & par fon union avec *Cléopâtre*. On ne peut qu'être frappé de la reffemblance de cette Pierre avec celle qu'a publiée *Fulvius Urfinus*, Plan. XXIII, & que *Gori* croit être ou la même ou du moins fortie de la même main. *M. Antoine*, fils de *Marc Antoine le Cretique*, avoit en naiffant reçu les plus belles difpofitions pour l'éloquence & pour l'art militaire ; en Grèce, il perfectionna par l'étude ces penchans naturels, & devint excellent Orateur & meilleur Guerrier encore. On connoît fes liaifons avec *Céfar*, qui furent fi funeftes à l'un ou à l'autre, & fon union avec les affaffins de ce grand homme qu'il excita le peuple de punir enfuite. Sa haine pour l'héritier de cet Empereur n'eft pas moins célèbre, ainfi que le fameux Triumvirat qui les réunit avec *Lépide*, & qui fe cimenta par l'effufion du fang des plus illuftres citoyens dont *Cicéron* fut une des premières victimes. L'empire du monde fut enfuite partagé entre eux, la Macédoine, la Syrie & l'Afie échurent à *M. Antoine*. Ce fut alors qu'il

N°. VI.

connut *Cléopâtre* Reine d'Égypte, dont, jouet déjà des caprices de *Fulvia*, il devint l'esclave. Son amour pour cette femme, ainsi que ce qu'il fit pour elle, attira contre lui les armes des Romains, &, vaincu dans la fameuse bataille d'*Actium*, il ne connut d'autre ressource que la fuite dont *Cléopâtre* lui avoit donné l'exemple. Il ne tenta de se distraire de sa douleur que par des moyens honteux; enfin, l'année suivante, attaqué, en Égypte, par *Octave Auguste*, il le repoussa d'abord; mais bientôt, abandonné des siens, apprenant la fausse nouvelle de la mort de *Clopâtre*, qui la lui avoit elle-même fait annoncer, déterminé par l'exemple d'*Éros* son affranchi, il se perça d'un poignard : puis, découvrant que *Cléopâtre* vivoit encore, il fit panser sa plaie, & vint mourir entre ses bras, content, lui disoit-il, d'expirer sous ses yeux & de n'être vaincu que par des Romains. Sa vie n'eut que cinquante & quelques années de durée, & fut plus brillante que ses vices ne sembloient le faire espérer. Ils surpassèrent de beaucoup ses talens, & le rendirent tout-à-la-fois incapable de conserver la puissance qu'il pouvoit acquérir, & de profiter des ressources de sa propre bravoure, & de ses connoissances dans l'art militaire, qui le firent compter parmi les meilleurs Généraux. Bon naturellement, il fut cependant ou cruel ou ridiculement facile: exacteur & libéral, quelquefois il fut prodigue. Victime de l'amour désordonné des femmes, il est un des plus grands exemples de l'aveuglement que cette passion procure, & ce n'est pas sans raison que *Velleïus* a dit, qu'il étoit de l'intérêt de l'Univers que *M. Antoine* fut vaincu par *Octave Auguste*.

PLANCHE LXIII.

C. PLAUTIUS HYPSÆUS DECIANUS.

N°. 1.   Cette belle *Prime* nous conserve le portrait de *C. Plautius Hypsæus Decianus*, collègue de L. Æmilius Mamercinus dans le Consulat. A l'époque où ce Romain fut choisi pour Consul, le siége de Priverne dont les habitans, ainsi que ceux de Fundi, ravageoient les terres de leurs voisins amis du peuple Romain, étoit commencé. Plautius le continua, se rendit bientôt maître de la Ville, & fit conduire à Rome le principal auteur de cette guerre que les Privernates avoient remis entre ses mains. Plautius ne rentra dans Rome qu'en triomphateur. Après que les principaux auteurs de la révolte furent punis, il assembla le Sénat pour décider du sort des Privernates, & ce fut lui qui entraîna les voix vers la douceur & la clémence. La noble générosité avec laquelle, en faveur de leur liberté, répondoient les Ambassadeurs de Priverne aux Sénateurs qui les interrogeoient, méritoit le droit de bourgeoisie Romaine qu'on leur accorda, & qu'ils durent au Consul, qui disoit hautement, *qu'il n'y avoit que ceux qui étoient uniquement jaloux de leur liberté qui fussent dignes de devenir Romains.*

CŒLIUS CALDUS.

Sur cette *Cornaline*, des personnes très-versées dans la connoissance des Antiquités ont cru reconnoître *Cœlius Caldus*, collègue de *L. Domitius Ahenobardus* dans le Consulat, & qui, pendant le Proconsulat de *Cicéron* en Cilicie, fut Questeur. Il est certain qu'à l'âge, la maigreur & la barbe près, il y a quelque ressemblance entre cette tête & celle que *Fulvius Ursinus* a publiée Plan. XLVII, & qui est tirée d'une médaille d'argent qui porte son nom; mais cependant la ressemblance n'est pas assez parfaite pour qu'il ne reste aucun doute sur cette conjecture.

N°. II.

CN. CORNELIUS LENTULUS MARCELLINUS.

Un des Républicains le plus zélés pour la liberté de Rome, *Cn. Cornelius Lentulus Marcellinus* deux fois Consul, est représenté sur cette *Cornaline*. A la manière dont l'Artiste lui a fait froncer le sourcil, au rapprochement des lèvres & à l'ame qu'il a mise dans toute la figure, on croit voir ce Romain prêt à invectiver *Pompée* en plein Sénat, ou terminant la harangue véhémente qu'il fit au peuple contre l'énorme puissance du même *Pompée*, &, qu'applaudi par les Auditeurs, il finit ainsi : « *Applaudissez, Romains, témoignez ce que vous pensés* » *par vos cris, vous le pouvez encore: bientôt vous ne le pourrez plus, impuné-* » *ment:* » *Acclamate, Quirites, acclamate, dùm licet. Jam enim vobis impuné facere non licebit.*

N°. III.

PLANCHE LXIV.

HOMÈRE.

Pline dit, qu'*Asinius Pollion*, ce Romain célèbre, qui, le premier, composa une Bibliothèque pour l'utilité publique, voulant l'orner des figures des Auteurs les plus fameux qui entroient dans cette collection, & ne trouvant pas celle d'*Homère*, ne lui en éleva pas moins une d'après son imagination. *Pausanias* cependant parle de deux statues de ce grand homme: l'une, *Scymithus* l'avoit fait faire par *Denys d'Argos*; l'autre décoroit le temple de

Nos. I & II.

Delphes, étoit de bronze & posée sur une colonne. *Bellori* cite aussi Plan. LIII, une statue mutilée; mais dont la tête est bien conservée, & que, d'après l'autorité d'*Allatius*, il donne pour un véritable portrait d'*Homère*, fait d'après ce grand homme, & qui passé de main en main est venu à la postérité. On connoît encore les médailles frappées par les habitans de Chio, par les Amasiriens, celle de *Smyrne*, que l'on appelloit OMHPEION, & qui toutes portent une tête d'*Homère*; mais, d'après l'autorité de *Cicéron*, de *Spanheim* & de *Spon* qui regardent ces médailles comme bien postérieures au tems d'*Homère*, il est vraisemblable que ces figures ne sont qu'idéales, &, comme le remarque très-bien *Léonard Agostini*, la grande différence qui se trouve entre elles prouve que les Anciens n'avoient pas le véritable portrait de ce Prince des Poëtes. Ainsi lorsque nous mettons sous le nom d'*Homère* les têtes gravées sur ce *Jaspe rouge* & sur ce *verre bleu*, nous suivons la première idée de *Gori*; mais sans avoir plus de certitude que cet Auteur, qui, dans sa table, annonce que ces mêmes têtes paroissent à quelques Sçavans représenter *Esculape*, parce, qu'ajoute-t-il, on n'a jamais vu de couronne de laurier sur la tête d'*Homère*. Ce qu'il y a de certain, c'est que nos deux têtes ressemblent beaucoup à celle que *Fulvius Ursinus* a publiée Plan. LXXII, d'après une médaille de bronze où est le nom d'*Homère*, ainsi qu'à une médaille citée par *Bellori*, où d'un côté se voit la tête de *Marc Aurèle* & de l'autre celle d'*Homère*, &, si ce n'est point une représentation quelconque de ce Poëte que l'on a voulu faire, nous avouerons pourtant que nous ne sommes pas détournés de le croire, par la raison qu'apporte *Gori*; car, quoique sur les médailles les plus antiques & sur les têtes connues d'*Homère*, on ne voie point de couronne de laurier, mais simplement un bandeau Poétique, cependant sur un marbre antique représentant l'apothéose de ce Poëte, publié par *Bianchini*, on peut remarquer un Génie qui le couronne de laurier. Sur le revers de la médaille de *Smyrne* est aussi une couronne de laurier, & à qui conviendroit donc mieux ce genre de couronne, qu'au plus cher savori d'*Apollon*?

Pausanias n'a rien pu découvrir sur la Patrie d'*Homère* & sur les parens de ce grand Poëte. Sept Villes, comme l'on sçait, se sont disputé l'honneur de lui avoir donné le jour. On croit avec assez de fondement qu'à la manière de nos anciens *Troubadours*, ce Poëte parcouroit la Grèce récitant ses ouvrages, qui, sans mériter peut-être toutes les louanges excessives que l'enthousiasme leur a prodiguées, doivent toujours néanmoins passer pour l'œuvre du Génie, & rendre son Auteur immortel malgré les efforts des *Zoïles* anciens & modernes,

HÉSIODE.

Jean le Fevre, dans fes explications des Pierres antiques de *Fulvius Urfinus*, N°. III. dit qu'une belle *Cornaline* fur laquelle étoit gravée la tête d'*Héfiode*, dont le nom étoit infcrit au bas, a péri victime du tems. Quoique la nôtre ne porte pas la même infcription, nous ne doutons pas qu'elle ne repréfente la tête de ce Poëte faite avec beaucoup d'art. Le marbre qu'a publié *Urfinus*, Planche LXVIII, a une reffemblance frappante avec elle.

Héfiode, né à *Cumes* en *Éolide*, fut élevé en *Béotie* à *Afcra*, dont on lui donna le furnom fur une *Hermès* de marbre que cite *Fulvius Urfinus*. On a de lui les *Travaux & les Jours*, la *Théogonie* & le *Bouclier d'Hercule*. Sa *Théogonie* eft, dit M. *Bergier*, l'hiftoire des Dieux la plus complette & la plus fuivie. On peut admirer, fuivant ce même Auteur, la beauté du génie de ce Poëte, les graces naïves de fon ftyle, le fublime même auquel il s'élève quelquefois. *La defcription du combat des Titans*, ajoute-t-il, *celle de la naiffance de Typhon, celle du bouclier d'Hercule, peuvent être mifes en parallèle avec les beaux endroits d'Homère. Si on ne trouve pas le même feu, la même vivacité dans le refte de fes ouvrages, c'eft que la matière ne le comportoit pas. On ne peut difconvenir qu'il n'y ait répandu tous les agrémens dont elle étoit fufceptible : auffi Quintilien lui donne-t-il le premier rang parmi les Poëtes qui ont écrit dans le ftyle médiocre.* Les Écrivains font fort peu d'accord fur le tems où ce Poëte a vécu : les uns, tels que *Velleïus*, le difent de plus de cent ans antérieur à *Homère* : les autres le font fon contemporain ; mais *Cicéron* & le plus grand nombre des Auteurs croyent qu'il lui eft poftérieur. Sa vie a été très-longue, & *Plutarque* dit que la *vieilleffe d'Héfiode* étoit paffée en proverbe. *Paufanias* fait mention de plufieurs de fes ftatues, & fur-tout d'une de bronze que les Thefpiens lui avoient élevée. Sur notre *Cornaline* on doit remarquer la couronne de laurier dont la tête eft ceinte, & qui convient parfaitement à un Poëte que les Mufes ne dédaignoient pas de vifiter, comme il l'annonce au commencement de fa Théogonie.

PINDARE.

Le tems a frappé de fa faulx deftructrice une belle ftatue de *Pindare* que N°. IV, *Fulvius Urfinus* a publiée, Plan. CX : le corps entier a réfifté ainfi que la bafe où fe lit le nom du Poëte ; mais la tête a difparu. Ce *Jafpe rouge* nous dédommagera-t-il de cette perte ? Quelques Sçavans le croyent, & prennent la tête que l'on y voit pour celle de *Pindare*. Malgré la singulière ressemblance qui se trouve entre elle & celle que *Bellori* a citée, Plan. LIX, nous n'oserions l'affirmer. Il seroit bien flatteur pourtant de revoir les traits du Prince des Poëtes lyriques, qui, dressé à l'art de faire des Vers par *Lasus d'Hermione* & *Myrthis*, dame Grecque, s'est acquis ensuite cette brillante réputation qu'a respectée dans sa postérité le Conquérant de l'Univers, lorsque ses troupes pilloient la ville de Thèbes qui l'avoit vu naître : & l'on aimeroit à chercher dans sa figure des traces de cet enthousiasme qu'il a répandu dans ses Odes immortelles qu'aucun Poëte n'a pu se flatter encore d'atteindre. *Pindare* vivoit du tems d'Hyéron : de Syracuse, à qui il fut cher, sa vie fut de cinquante-cinq ans, & après sa mort les Athéniens lui consacrèrent une statue dans le temple de Mars.

SOPHOCLE.

N°. V.   *L'Abeille* ou la *Syrène attique*, *Sophocle*, est représenté avec la plus grande habileté sur cette belle *Cornaline*. Seroit-ce la même Pierre dont parle *Jean le Fèvre* en examinant la tête de ce Poëte qu'a publiée *Fulvius Ursinus*, Planche CXXXVI ? C'est ce que nous ignorons. Mais au moins est-il certain que cette dernière & celle que l'on voit sur notre Pierre ont une singulière ressemblance malgré la différence de position. Au lieu du bandeau Poétique que porte *Sophocle* sur la Plan. d'*Ursinus*, la nôtre a une couronne de laurier. Une sévérité mêlée de douceur & beaucoup de graces annoblies par l'âge embellissent sa figure. Ce Poëte étoit né à Athènes : il se distingua de bonne heure par les talens pour la Poésie & le Gouvernement. Archonte, il se signala à la tête des armées de la République. *Eurypide* fut le théâtre l'eut pour rival : une jalousie mutuelle entre ces deux Poëtes tragiques nous a valu des chef-d'œuvres, dont leur reconciliation nous permet de jouir sans amertume. Le tems nous en a ravi la majeure partie ; mais les sept tragédies que nous avons de *Sophocle* doivent bien suffire à sa gloire, puisque leurs simples traductions contribuent le plus à celle de quelques-uns de nos contemporains.

ARISTOPHANE.

N°. VI.   Sur cette *Cornaline*, on voit, couronnée de laurier, la tête d'*Aristophane*, que l'on peut reconnoître facilement d'après l'*Hermès* de marbre conservé au *Muséum des Médicis*, & qu'a fait graver *Fulvius Ursinus*, Plan. XXXIV, quoiqu'on
                                                           put

put defirer une plus parfaite reſſemblance. Athénien, Poëte-comique, uniſ-
ſant à la pureté la beauté du langage, *Ariſtophane* avoit le talent de *mordre
en riant*, comme le dit une Épigramme de l'Anthologie : il n'épargnoit perſonne, parmi les Grands ſur-tout, & ſa famille n'étoit pas à l'abri de ſes coups ;
en reconnoiſſance des traits lancés contre les Chefs de la République, on lui
décerna par un décret ſolemnel une couronne de l'*olivier ſacré*. Seroit-ce une
pareille récompenſe qu'auroit eſpéré de nos jours un Auteur hardi, dont ſauf
la pureté de ſtyle & les élans du Génie, les œuvres dramatiques n'ont que
trop de reſſemblance avec les productions du Poëte Grec que l'on a regardé
ſouvent, malgré toutes les graces, la fineſſe, l'élégance qui les faiſoit aimer,
comme des ſatyres atroces qui n'épargnoient pas plus les Dieux que les Grands,
& dont les plaiſanteries ne dégénéroient que trop ſouvent en turlupinades & en
obſcénités ? Quelque ait été le mérite d'*Ariſtophane*, la poſtérité ſenſée aura
toujours à lui reprocher l'inhumanité avec laquelle il a attaqué *Socrate* par
des ſarcaſmes indécens qui ont peut-être préparé, dans le cœur corrompu
des Juges Athéniens, le honteux arrêt qu'ils ont prononcé contre le plus
vertueux de leurs concitoyens.

PLANCHE LXV.

VIRGILE.

Deux *Cornalines* nous offrent ici *Virgile* le Prince des Poëtes Latins. Sur la N^{os}. I & 2.
première, ſon front eſt ceint de laurier & ſa figure reſſemble beaucoup à une
autre qu'a publiée *Bellori*, Plan. LXVIII ; ſur la ſeconde, ce Poëte eſt plus fluet
& ſemble mieux s'accorder avec les Auteurs anciens qui ont écrit ſa vie & qui
l'ont peint d'une haute ſtature, ayant le corps grêle, des couleurs pâles & peu
de forces. On remarque à ſa main ou devant lui une eſpèce de *maſque aîlé*, dont
il n'eſt pas facile de donner l'explication. Suivant le *Févre*, ce maſque déſigne
la *Poéſie bucolique*, que, dit-il, on ne récitoit autrefois que maſqué, Poéſie
dans laquelle *Virgile* a excellé. *Léonard Agoſtini* veut que ce maſque ſoit l'emblême de la mémoire que les Poëtes invoquent pour l'ordinaire : il veut que
les traits âgés du maſque caractériſent le tems paſſé, & les aîles, la facilité avec
laquelle la mémoire nous rapproche de ces tems : il s'appuie même pour étayer
ſon ſyſtême ſur une figure de la Prudence à laquelle le Sculpteur n'a donné
pour attribut un maſque, qu'afin de montrer que c'eſt le tems écoulé, &

l'expérience qui la font naître. *Gronovius* pense qu'il n'est que le symbole des Dieux mânes & des ombres que l'on disoit avoir apparu à *Virgile* pour lui dévoiler leurs mystères : *Gori* qui penche beaucoup pour adopter le sentiment de *Gronovius*, ajoute que l'on ne l'a placé près de *Virgile* que pour indiquer que ce Poëte regardoit comme fausse toute la doctrine des anciens sur les enfers ; c'est parce qu'il n'y croyoit aucunement, continue-t-il, que ce Poëte, après avoir fait parcourir à son Héros les Royaumes sombres de *Pluton*, les lieux destinés aux tourmens des méchans & les champs délicieux de l'Élysée, le fait sortir par la porte d'yvoire, porte que, suivant les Mythologues, Morphée n'ouvroit que pour faire passer les songes, comme si ces châtimens & ces plaisirs ne méritoient pas plus de foi que les chimères dont le sommeil effraie ou recrée notre imagination.

Virgile étoit né près de Mantoue, son caractère est peint dans ses écrits. On y retrouve sa douceur & son aménité. Poëte célèbre, il eut des approbateurs & des envieux : sa modestie souffroit plus, pour ainsi dire, des louanges des premiers, que des satyres des seconds. Il se déroboit en rougissant aux applaudissemens, & répondoit simplement aux sarcasmes, *il faut que l'Artiste porte envie à l'Artiste & le Poëte au Poëte*. Sa santé n'étoit pas brillante comme son génie : toujours elle fut chancelante, & la mort le moissonna au milieu de sa carrière. Son corps fut porté près de Naples, & l'on mit sur son tombeau l'humble épitaphe qu'il avoit composée lui-même en mourant.

Mantua me genuit, Calabri rapuere, tenet nunc
Parthenope : Cecini Pascua, Rura, Duces.

SAPHO.

N°. II & III. La *Cornaline* N°. II que *Léonard Agostini* a déjà publiée Plan. LXXV, porte dans son contour une couronne de laurier, au milieu de laquelle se voit la tête de *Sapho*, cette femme si célèbre par ses Poésies, qu'elle fut surnommée la *dixième Muse*, qu'on la mit au nombre de neuf fameux Poëtes lyriques, & que les habitans de Mytilène, où elle avoit pris naissance, firent frapper son image sur leurs monnoies. Au rapport de *Strabon*, cette femme n'avoit point de rivale qu'on pût lui opposer. Sans être belle, elle étoit aimable : elle avoit la taille médiocre, le teint brun, les cheveux noirs, le sourire doux, agréable, & ses yeux pleins de feu nâgeoient dans la volupté pour laquelle son cœur sembloit respirer ; on ne peut pas assurer quel fut le nom de son père : *Scamandronime* passa néanmoins pour l'être. Sa mère s'appelloit *Éléis*, & ce fut ce nom qu'elle donna à une fille qu'elle eut de *Cercola*, jeune homme très-riche de l'Isle d'Andros auquel elle étoit unie par les liens du mariage. Devenue veuve avant d'avoir quitté l'âge aimable de la jeunesse, *Phaon* fixa son cœur; mais ce jeune homme fut insensible à ses soupirs: envain lui écrit-elle en Sicile, où il s'étoit retiré, les lettres les plus tendres & les plus pressantes, il ne répond que par un silence dédaigneux. Va-t-elle près de lui? Sa présence ne le rend pas plus sensible, & la malheureuse *Sapho*, victime de son amour & du préjugé que les amants infortunés, en se précipitant du haut du rocher de Leucade, guérissoient de leur passion, mourut au sein de la Mer, où elle se jetta du haut de ce roc fatal, & ne perdit qu'avec la vie le souvenir de l'insensible qu'elle adoroit; M. *Moutonnet de Clairfonds*, dans sa vie de *Sapho*, ne peut pas se décider à croire aux inculpations dont on noircit cette femme célèbre: il attribue plus volontiers ces bruits à la jalousie des Mytiléniennes qui voyoient des femmes étrangères composer la principale société de leur concitoyenne. En effet, la réponse de *Sapho* à *Alcée*, qu'il cite en note, & les titres de *chaste & vertueuse* que ce même *Alcée* donne à *Sapho*, semblent singulièrement contrebalancer ces imputations; & d'ailleurs, comme le raconte très-bien M. *Moutonnet*, la pluralité des *Sapho* étant certaine, l'existence d'une *Sapho* d'Érèse, fameuse courtisanne étant prouvée, ce qui déshonore le *Sapho* de *Mytilène*, pourroit fort bien ne lui devoir point être attribué. On retrouve dans les fragmens de ses Poésies immortelles une harmonie touchante, une énergie attirante, une chaleur que le génie & l'amour seuls peuvent donner; enfin, pour dire en notre langue ce que disoit si poétiquement *Horace* dans la sienne:

> En ses Vers brûlans il respire
> L'amour qui consumoit son cœur,
> Et nous ressentons la chaleur,
> Des feux confiés à sa lyre.

Le Fèvre, dans son explication d'une médaille d'argent tirée du Muséum du Cardinal *Farnèse*, & publiée par *Fulvius Ursinus*, Plan. CXXIX, où l'on voit le portrait de *Sapho*, parle d'un *Camée* sur lequel la tête de cette *Muse* étoit couronnée de laurier & d'une autre Pierre où elle avoit une couronne de lierre. *Cicéron*, dans les *Verrines*, fait mention de la statue. *Pausanias* dit, qu'à Athènes, près de celle d'*Anacréon*, on en avoit placé une de *Sapho* faite avec beaucoup d'art par le Sculpteur *Léon*, & *Tatien* en cite une autre, fruit du ciseau de *Silanion*.

La *Cornaline* N°. III offre encore une tête de *Sapho*.

CORINNE.

N°. V. La tête que nous voyons sur cette *Cornaline* est-elle celle de la célèbre *Corinne* qui vainquit cinq fois *Pindare*? Nous laissons les Sçavans prononcer. Cette femme, surnommée la *Muse lyrique* dût ses victoires plutôt à sa beauté qu'à ses talens, qui étoient bien inférieurs à ceux de son rival, à ce que dit *Pausanias*. *Ælien* parle aussi de cette femme à laquelle, d'après ses succès, convient parfaitement le laurier que nous croyons ceindre son front.

EUTERPE.

No. VI. Les Muses qui inspirent les Poëtes, les Orateurs & les grands Écrivains se trouvent naturellement auprès d'eux. La *Cornaline* N°. VI représente *Euterpe* tenant d'une main une patère, & de l'autre approchant de sa bouche une petite flûte dont elle joue.

Winkelmann dans *la description des Pierres gravées du feu Baron de Stosch*, IIe. *Classe*, pag. 208, N°. 1253, indique notre Pierre, dont le Baron avoit une copie sur une *Pâte de verre*, sous le nom de *Melpomène*. « Celui qui a dessiné notre
» Pierre, ajoute-t-il, a pris le volume roulé qu'elle tient à la main gauche
» pour une tasse, & ce que la Muse tient à la main droite, il l'a mis trop proche
» de la bouche. Le Prévot *Gori* n'en a donné aucune explication. Pour moi,
» je prends ce que la Muse porte à la bouche & tient du bout des doigts
» pour quelque chose qu'elle veut manger, & peut-être est-ce du laurier;
» car les Anciens croyoient que le laurier inspiroit l'enthousiasme Poétique:
» c'est par cette raison que les Poëtes étoient appellés δαφνηφαγοι, Mangeurs
» de laurier ».

Il nous est impossible en ce moment de prononcer entre *Winkelmann* & *Gori*, puisque nous n'avons pas la Pierre sous nos yeux & qu'au contraire nous ne voyons que la gravure que *Winkelmann* dit être infidelle; nous ferons notre possible pour avoir au plutôt un dessin conforme à la Pierre, & alors on pourra voir qui de ces deux Sçavans est dans l'erreur.

DE FLORENCE.

PLANCHE LXVI.

MELPOMÈNE.

La Mufe grave de la Tragédie, *Melpomène* eft repréfentée fur la *Cornaline* N°. I & II. N°. I & fur la *Sardoine* N°. II. La *Cornaline* nous offre cette Mufe vêtue de la *Stola*, par-deffus laquelle eft la *Palla*, cette efpèce de manteau que décrit fi bien *Winkelmann* & dont on apperçoit deux des glands. *Melpomène* en eft tellement enveloppée que fon avant-bras feul eft nud. A la main elle tient un mafque de Vieillard qu'elle regarde avec réflexion. Des gouttes de fang retombent de deffus l'autel fur lequel la Mufe s'appuie & défignent la nature de la Tragédie.

Communément le mafque tragique que l'on met dans les mains de *Melpomène* a le caractère trifte, & infpirant la terreur : fa bouche largement ouverte, eft un emblème de la grandeur que doit avoir le ftyle de la Tragédie, qui, au rapport de Lucain, fe déclamoit avec force, ufage qui faifoit defirer par *Cicéron* dans l'Orateur les poulmons & la voix des Tragiques.

Un mafque de cette efpèce fe trouve entre les mains de *Melpomène* fur le beau *Camée de Sardoine* N°. II, & c'eft ce qui nous fait croire que *Léonard Agoftini* s'eft trompé, lorfque Plan. CXLIII, dans l'explication d'un *Camée* qui femble être le même que le nôtre, il donne le nom de *Thalie* à la Mufe qu'il repréfente.

Les épithètes même, *Comica* & *Petafata*, que cet Auteur donne au mafque qu'il voit entre les mains de la Mufe, ne feroit-elle pas une feconde erreur, la même dans laquelle eft tombé *Cupper*, & que *Winkelmann*, quoiqu'en parlant d'une autre Pierre, relève en ces termes : « C'eft, dit cet Auteur, » fans contredit, un mafque tragique, comme démontre l'élévation fur la tête » appellée ὄγκος en Grec. Ὄγκος étoit une coëffure de cheveux qui alloit » quelquefois en pointe, témoin quantité de Pierres gravées, & non pas un » cône, tout nud, comme un chapeau pointu, ainfi que prétend *Cupper*.

ÉRATO.

La Mufe, gravée fur un *Jafpe verd*, que nous défignons fous le nom d'*Érato*, N°. III. ne diffère prefque en rien de celle qui fe voit fur la *Prîme d'Eméraude* publiée, Plan. CXLIV, par *Léonard Agoftini*. Quoique'indiquée fous le nom de *Therpficore*, ce Sçavant Auteur croit que celui d'*Érato* lui conviendroit mieux, & à l'appui de son opinion il cite la description que *Virgile* fait de cette Muse dans ce Vers si connu :

Plectra gerens Érato, saltat pede, carmine, vultu.

Cette description, en effet, est tellement conforme à sa Pierre, ainsi qu'à la nôtre, qu'il est impossible d'hésiter un instant. Tout est en action dans ces deux figures : les pieds touchent à peine à terre : le mouvement des vêtemens accompagne le mouvement du corps, & le vent, en se jouant, les fait voltiger, ainsi que les cheveux. La gaité anime le visage, la bouche entr'ouverte semble produire de doux sons, qui se marient avec ceux de la lyre légèrement touchée par ses doigts.

URANIE.

N°. V. PL. LXVII.   Pour ne pas interrompre ce qui tient à *Thalie* & à la Comédie dont on la regarde comme l'inventrice, nous allons placer ici la *Cornaline* N°. V de la Plan. suivante, qui représente une Muse. Le volume que tient sa main gauche, le croissant de la Lune placé derrière elle, le Soleil qui est à ses pieds, ne permettent pas de douter que ce soit *Uranie*.

THALIE.

N°. IV. PL. LXVI.   On ne peut méconnoître *Thalie* sur l'*Onyx* que nous examinons : sa main droite tient un masque-comique. A sa gauche elle a le *Pedum* qui désigne l'origine de la Comédie dont les premiers Auteurs sont les Bergers. Sa jambe droite posée sur un espèce de rocher pourroit fort bien annoncer que les ridicules viennent échouer contre elle, & la demie nudité du corps, en caractérisant la fonction de cette Muse, dont le soin est de découvrir les défauts pour les corriger, n'indiqueroit-elle pas que tout Poëte qui se vante de répéter ses leçons, malgré la liberté dont il jouit, ne doit jamais blesser la décence ?

François Ficoroni n'eut peut-être pas voulu sous ces traits reconnoître *Thalie*. Persuadé que les *Muses* ne sont jamais représentées que voilées, dans plusieurs figures qu'il a publiées & sur-tout dans la troisième de la Plan. XXXIX de son sçavant ouvrage *le Maschère Sceniche*, cet érudit Écrivain ne voulut retrouver que des femmes célèbres par l'art avec lequel elles ont joué la Comédie ; mais non pas *Thalie* elle-même, &, si dans la quatrième figure de la Planche XXXVII du même ouvrage, il croit voir cette Muse ; ce n'est que parce

DE FLORENCE

qu'elle est vêtue décemment, & que tout annonce en elle cette ame & ces mœurs pures qu'un Poëte a si bien désignées dans ce Vers qu'il cite :

Comica vita Thalia tibi est, moresque reperti.

PLANCHE LXVII.

Cette *Prime*, sur laquelle nous voyons un jeune homme assis, tenant de la main gauche un masque qu'il pose sur une espèce de pieux grossier ou de borne, & de l'autre portant un bâton court avec lequel il gesticule, ne présente à notre imagination que l'idée d'un Poëte qui travaille à ses Vers ou qui les récite. S'il est assis sur des Pierres, ne seroit-ce point par allusion à l'usage d'*Euripide*, qui, pour composer ses Tragédies, se retiroit dans le creux des cavernes ou dans les grottes profondes ?   N°. I.

Voici, sur un *Onyx*, une autre figure qui nous semble représenter, non pas précisément un Poëte ; mais un Auteur qui répète son rôle, à moins que l'on ne veuille que ce soit le Poëte lui-même, qui, pour ses amis ait, pris le costume de l'Acteur, ce qui reviendroit à notre première idée. Au surplus, Acteur ou Poëte, il est debout, le coude gauche appuyé sur une colonne & sa main tenant un masque ; à la main droite, il a une espèce de verge ou de *bâton de mesure* ; son corps est nud ; à son col seulement est suspendue la *Chlamyde* qui recouvre son dos, & que *Jules Pollux* met au nombre des vêtemens propres aux Acteurs comiques. Peut-être cette figure représenteroit-elle un *Pantomime* prêt à jouer le rôle d'une Divinité, d'Apollon ou de Mercure. Peut-être, enfin, seroit-ce un *modérateur des chœurs*, ce que désigneroit alors le *bâton de mesure* qu'il porte à la main.   N°. II.

Le sujet qu'offre le *Jaspe rouge*, N°. III, est une scène de Comédie. On y voit trois personnages : un Vieillard est au milieu, à gauche se voit une femme, & du côté droit se trouve un esclave. La femme est enveloppée de la *Palla*, l'esclave a une espèce de tunique courte (1) ; & le Vieillard couvert   N°. III.

---

(1) Le sentiment de *Gori* est que cette tunique qui recouvre l'esclave est *l'Exomide*. *Servus a ictus Exomide* ; effectivement *l'Exomide* étoit un habillement en usage chez les anciens Romains qui le laissèrent aux esclaves & aux Comédiens ; mais il seroit difficile de le reconnoître dans le vêtement que porte l'esclave de la Pierre que nous examinons. Les Auteurs du Dictionnaire de Trévoux, d'après *Ferrarius*, disent, *que cet habillement étoit taillé de façon qu'il laissoit l'épaule droite découverte, & qu'il n'avoit qu'une manche.*

d'un manteau tient à la main le *Pedum* ou bâton paſtoral (1), on remarque une eſpèce de pièce quarrée couſue ſur le devant de ſon vêtement : ce genre d'ornement, ainſi que des bordures d'or ou de pourpre, ſe voyoit communément ſur les habillemens des Acteurs.

N°. IV.   On reconnoît facilement à tout l'enſemble de la belle gravure que nous ofire ce *Jaſpe* mêlé de *Grenat*, le *génie du Théâtre*. Aſſis ſur la porte d'un Théâtre orné de bandelettes & de guirlandes, les aîles étendues, il tient en ſes mains un maſque très-remarquable par la couronne de laine ou de cheveux qui le décore. Quoique l'on voie ici le génie du Théâtre ſous les traits d'un jeune homme, on le repréſentoit plus ordinairement ſous l'image d'un ſerpent.

PLANCHES LXVIII — à LXXXI.

MASQUES.

Une des diſſertations, qu'on liſe avec le plus d'intérêt dans l'ouvrage de *MM. le Blond* & *de la Chau*, ſur les *Pierres gravés du Cabinet d'Orléans*, est ſans doute celle qu'ils ont faite ſur les *Maſques* antiques. L'érudition y eſt ſi adroitement voilée par un ſtyle brillant & agréable, qu'on n'en ſent point la ſéchereſſe ; & cependant elle y eſt tellement répandue que la force & la vigueur s'y trouvent réunies aux Grâces.

---

ce qui lui fit donner le nom d'*Exomide*, dérivé d'ἐξ, ἔξω dehors, & ὦμος épaule : dans notre Pierre on diſtingue viſiblement les deux manches qui retombent juſqu'aux poignets ; nous ne pouvons donc pas prononcer avec *Gori* que c'eſt l'*Exomide* dont eſt vêtu cet eſclave.

(1) Nous croyons devoir citer ici, au ſujet de ce *Pedum* ou bâton Paſtoral, ce que nous liſons *Article* 1310, II*e Claſſe, Mythologie ſacrée*, dans *Winkelmann*, à la deſcription d'un *Agate-Onyx* du Cabinet de *Stoſch*. « Les Comédiens, ſur-tout ceux qui repréſentoient
» le Comique, portoient un bâton courbé appellé λαγωβόλον ; & quoique *Pollux* en cet
» endroit ne ſemble le donner qu'à ceux qui faiſoient le rôle de Payſan, on peut pourtant
» inférer d'un autre paſſage, où il eſt dit, que les Paraſites & les ma.... aux portoient un bâton
» droit, appellé ἄριστος ; on peut, dis-je, en inférer, que le bâton courbé étoit plus commun
» ſur la Scène ; il étoit auſſi propre à ceux qui feſoient le rôle de Vieillard.... on voit même
» (dans *Ficoroni*) des Actrices avec ce bâton ; l'Hercule d'Euripide ſe ſoutenoit ſur un bâton
» courbé (σκολιῷ).... » *Ficoroni* en expliquant un marbre qui a pluſieurs reſſemblances avec notre Pierre, regarde ce bâton comme un ſymbole qui déſigne le maître : *Dignus quidem conſideratione eſt baculus inflexus, ſeu pedus Paſtorum & Sylveſtrium deorum præcipuum & proprium inſigne, quem Herus præ manibus tenet uti Pater familias*, Trad. de Ficor.

Ne pouvant dire que ce que ces doctes Auteurs ont dit, & qu'ils ont pris aux Écrivains qui les ont devancés, il feroit tout simple de renvoyer nos Lecteurs à leur ouvrage & aux sources où ils ont puisé ; mais comme on ne sçauroit trop multiplier ce qui est bon, nous allons faire de ce que nous avons lû sur cet objet une espèce d'abrégé qui, quelque suffisant que nous nous efforcions de le rendre, ne fera sans doute que donner plus d'envie de les consulter.

Rien de plus épais que les ténèbres qui couvrent tout ce qui tient au théâtre des Anciens, & la critique, avec son flambeau, n'a pu parvenir encore à les dissiper.

L'Art Dramatique a pris naissance, ainsi que la Poésie, au sein des innocentes campagnes. Les hommes, simples Agricoles, comme le chante Lucrèce :

> Ensemble renversés sur la molle verdure,
> Sous des arbres touffus, près des rives des eaux,
> Ne connoissant de biens que ceux de la Nature,
> Se délassoient entre eux par les jeux, les bons mots,
> Et les ris animoient leur Muse agreste & pure.

Le jus de la vigne donna plus de vivacité à leurs plaisirs, & c'étoit parmi eux des fêtes toutes les fois qu'ils recueilloient ses dons. Les Colons de l'Attique héritèrent sur-tout de cet usage, & par la suite il est passé de Grèce en Italie, ainsi que le dit Virgile dans ses Géorgiques :

> Aussi le Dieu du vin pour expier ce crime,
> Par-tout sur ses Autels veut un bouc pour victime :
> Un bouc étoit le prix de ces grossiers Acteurs
> Qui, de nos jeux brillans, barbares inventeurs,
> Sur un char mal orné promenoient dans l'Attique
> Leurs théâtres errans, & leur scène rustique,
> Et, de joie & de vin à la fois enivrés,
> Sur des outres glissans bondissoient dans les prés.
> Nos Latins, à leur tour, ont des fils de la Grèce
> Transporté dans leurs jeux la bachique allégresse :
> Ils se forment d'écorce un visage hideux,
> Entonnent pour Bacchus des Vers grossiers comme eux,
> Et de l'objet sacré de leurs bruyans hommages
> Suspendent à des pins les mobiles images (1).

---

(1) Ces Vers sont tirés de la traduction des Géorgiques ; par M. l'Abbé *Delile*, Lib. II.

Les masques sont aussi anciens que l'art Dramatique. La Lie, des feuilles de figuier, celles de la plante *Arction*, ou des écorces d'arbres, fournirent les premiers dont on se servit; mais lorsqu'un théâtre stable eut été construit par *Agatharque*, *Eschyle* donna aux Acteurs une chaussure, des vêtemens & des masques; de sorte que, d'accord avec *Horace*, on pourroit attribuer à *Eschyle* l'invention des masques proprement dits. *Chœrille* passa dans quelques écrits pour avoir cet honneur, que l'Auteur de l'*Éthymologicum magnum* accorde, avec trop peu de fondement, à *Hermon*, qui, pour en avoir exécuté, ne doit pas recevoir le titre d'inventeur. Peut-être vaudroit-il mieux regarder comme très-incertain l'Auteur des masques, qui étoit inconnu du tems d'*Aristote*, & l'on pourroit croire avec M. de *Caylus* que l'on est redevable de l'usage d'en porter aux Étrusques, maîtres des Grecs eux-mêmes dans les arts.

Suivant l'emploi que l'on faisoit des masques, ils avoient des noms différens. On distinguoit, entre eux, les *Tragiques*, les *Comiques*, les *Satyriques*, les *Orchestriques* qui, tous compris sous le mot de *Scéniques*, ne doivent pas être confondus avec les masques employés dans les cérémonies religieuses, les triomphes & les festins. Plusieurs raisons semblent avoir concouru pour faire naître l'usage des masques sur le théâtre: la loi rigoureuse des convenances, afin que le visage de l'Acteur parut assujetti à son rôle, & que sa physionomie fut conforme à son caractère: l'éloignement du lieu de la scène aux siéges des Spectateurs & la grandeur du théâtre, la voix ayant besoin de prendre dans les concavités des masques plus de force, d'étendue & de résonnance: la nécessité de faire jouer par des hommes des rôles que la délicatesse des poulmons des femmes ne leur auroit pas permis de rendre: le besoin de cacher les difformités des Acteurs, comme dans *Roscius* les yeux louches l'exigeoient: l'avantage d'ajouter au jeu de l'imagination, qui, séduite par la vue d'un objet horrible ou ridicule, se le fait à elle-même plus horrible & plus ridicule qu'il n'est, ainsi que le remarque très-bien *Ficoroni*.

La plus grande diversité se remarque dans les masques. Les tragiques & les comiques sont sans nombre: il y en avoit pour tous les âges, pour les sexes différens, pour désigner les états, pour fixer les caractères. Si les masques tragiques sont si horribles & si outrés, ne pourroit-on pas en attribuer la cause à *Eschyle*, comme le disent MM. *le Blond & de la Chau*, ce Poëte ayant eu l'intention de tout exagérer, & de donner à ses Acteurs des proportions *sur-humaines*, proportions que l'habitude ensuite aura consacrées. Les masques satyriques sont moins variés, par la raison que les Satyres, les Sylènes & les Bacchantes, outre les traits généraux qu'on étoit convenu de leur donner, étoient presque toujours représentés dans la même situation. N'oublions pas d'indiquer ici une différence qui se trouve entre les masques de l'ancienne & de la nouvelle Comédie, différence qu'ont fait remarquer les *Auteurs de la description des Pierres gravées d'Orléans*: c'est que dans l'ancienne Comédie les masques représentoient exactement les personnes qu'on mettoit sur la scène, en chargeant seulement la ressemblance pour les rendre plus ridicules, & que dans la nouvelle on s'efforçoit d'exprimer l'âge, la perfection, les mœurs des particuliers, sans jamais offrir aucuns traits de leurs figures.

Quant aux masques employés dans d'autres circonstances, il est certain que l'on en faisoit usage pour les cérémonies religieuses & dans les fêtes de plusieurs Divinités. Aux solemnités de Bacchus, on les employoit sur-tout: Ovide, Virgile & les Écrivains les plus anciens nous l'attestent, & les monumens les plus authentiques confirment, à cet égard, les récits des Historiens & les descriptions des Poëtes. Suivant Ovide & Censorin, pendant les fêtes de Minerve, connues sous le nom de *Quinquatres*, on couroit les rues, le visage masqué. Aux fêtes de Cybèle, d'Isis & de la Déesse de Syrie, les masques étoient aussi en usage, si l'on en croit *Hérodien* & *Apulée*, que MM. *le Blond* & *de la Chau* ont cités, & *Panvinius*, dans son ouvrage *De Ludis circensibus* auquel ces doctes Auteurs nous renvoyent, indique l'usage que l'on faisoit des masques dans les jeux, les cérémonies religieuses & même dans les pompes funèbres. Ficoroni d'après Zonare, & les *Auteurs de la description des Pierres gravées d'Orléans*, d'après ceux-ci, disent que l'on se servoit beaucoup de masques dans les triomphes, qui eux-mêmes avoient tirés leur nom des masques de figuier dont se couvroient ceux qui chantoient des *Iambes* en l'honneur de Bacchus, dérivant ainsi le mot de triomphe de θριον & d'ιαμβος. Denys d'Halicarnasse, Démosthène, Ulpien & plusieurs autres Auteurs fournissent les preuves de l'usage que l'on faisoit des masques dans les pompes triomphales & les fêtes publiques.

D'un espèce d'argument de *Démosthène* contre *Eschine*, que rapporte *Ficoroni*, on conclud facilement que les Grecs avoient coutume de paroître masqués dans leurs festins solemnels. Ne seroit-ce pas cet usage qu'*Anacréon* auroit voulu peindre dans son Ode VIe., intitulée χωμος, que plusieurs traducteurs ont rendu par *mascarade*, & qui ne seroit qu'indiquer un déguisement agréable sous lequel une compagnie alloit se rendre à la salle du festin?

Pour que l'on juge plus facilement de notre conjecture, nous allons essayer de traduire les Vers du Poëte de Théos :

> De roses couvrons notre tête,
> Et livrons-nous, dans cette fête
> Aux douceurs de la volupté.
> Qu'elle est vive cette beauté
> Dont le tyrse est orné de lierre !
> Elle danse, & son pied léger
> Effleure à peine la poussière
> Qu'il ne peut faire voltiger.
> La lyre guide la cadence.
> Comme le doux zéphyr balance
> Les cheveux de ce beau garçon !
> Sa bouche rend ce tendre son
> Qui se marie & se nuance
> Aux tons du luth harmonieux.
> Enfin l'amour aux blonds cheveux
> Des ris nous amène le père
> Il nous amène aussi la Reine de Cythère
> Et déployant ses étendards,
> Nous conduit chez Comus, si chéri des Vieillards.

Suivant *Athenée*, Alexandre-le-Grand prit les dehors de Jupiter Hammon, de Mercure, d'Hercule & même de Diane, pour paroître dans divers festins solemnels : & Suétone rapporte qu'Auguste, dans un repas qu'il donna à ses amis, se déguisa en Apollon, les autres convives ayant pris aussi le costume de quelque Divinité.

Ficoroni, que nous nous plaisons à citer sur cette matière, parce qu'il l'a singulièrement approfondie, fait mention d'une autre circonstance dans laquelle les masques servoient très-utilement, & dont ne parlent point les *Auteurs des Pierres gravées d'Orléans*, qui se rencontrent si souvent cependant avec cet Écrivain, dans leurs recherches communes. On se servoit encore, nous dit-il, de masques à la guerre, comme *Frontin* & *Polien* nous l'apprennent, pour tendre des pièges aux ennemis & faire réussir plus sûrement les ruses que l'on vouloit employer. Ainsi, ajoute-t-il, *Solon*, pour tromper les habitans de

Mégare, prit le masque d'une femme, & *Conon* se déguisa en Perse pour surprendre les Perses ses ennemis.

Enfin les masques chez les Anciens étoient en usage jusques dans les sépultures : on en figuroit sur les pierres sépulchrales, pour indiquer le genre de Poésie auquel un Auteur s'étoit livré pendant sa vie ; c'est pour cette raison, nous dit *Ficoroni*, qu'au haut de l'épitaphe de *Tiberius Claudius Tiberinus*, qu'il a fait graver, Plan. I, de son ouvrage sur les masques antiques, on a mis en relief ceux que nous y voyons. Si c'étoit un Acteur que l'on vouloit honorer, les masques, dont on décoroit son tombeau, rappelloient ou le genre dans lequel il excelloit, ou le rôle qu'il jouoit avec le plus de succès. Quelquefois même on mettoit dans la tombe avec les défunts des masques réels pris sur leur figure : *Winkelmann* parle de cet usage dans sa *description des Pierres gravées de Stosch*. Au surplus, cet usage ancien n'est pas entièrement perdu, souvent on a employé ce moyen pour conserver les traits d'une personne chérie ; ainsi les habitans de Naples offrent à l'œil curieux du peuple le masque d'un Théatin mis au nombre des Saints. Ainsi dans l'instant même où la main d'un monstre venoit de frapper le plus regretté de nos Rois, une main respectueuse prit l'empreinte de sa figure que l'on conserve avec vénération dans plusieurs Cabinets.

Parlons maintenant des masques qui composent les différentes Planches que nous avons annoncées, suivant les divisions sous lesquelles nous avons classé les masques divers.

MASQUES TRAGIQUES.

Nous croyons pouvoir indiquer comme tragiques les masques suivans.

Le *Camée de Grenat*, N°. III, Plan. LXVIII (1), offre une tête chauve, dont le front est ridé, les yeux sont effrayés & la bouche est horriblement ouverte.

La *Cornaline* N°. V de la même Planche, représente une tête de Vieillard ceinte d'une couronne, ayant des yeux creux, une bouche fortement ouverte & une barbe arrangée en boucles.

---

(1) Suivant *Ficoroni* & *Léonard Agostini*, en jugeant d'après leurs explications d'un masque presque semblable à celui-ci, ce *Grenat* pourroit fort bien représenter un masque comique, que les *Latins* avoient imaginé pour effrayer les Spectateurs par la largeur & l'ouverture de la bouche, qui sembloit vouloir les avaler.

Sur la *Calcédoine* mêlée de *Saphir*, N°. II, Plan. LXIX, est gravée une tête de femme grandement affligée, la bouche très-ouverte, & laissant voir les dents de la mâchoire inférieure, son front est orné d'une couronne de ses propres cheveux, qui retombent encore en longues boucles droites & parallèles aux côtés des joues (2).

Sur la *Cornaline*, la *Pâte de verre bleu* & l'*Onyx* N°s. IV, V, VI, Planche LXXIV, on remarque quatre têtes de femmes, ayant le caractère de la douceur, les cheveux de la première sont bouclés, retombent le long des joues & dans la partie supérieure, sont ornés de bayes de lierre; les cheveux des deux têtes de la *Pâte de verre* forment une espèce de couronne de Bacchantes, & ceux de la dernière, élevés au-dessus du front, présentent la figure d'un Λ & sont disposés par boucles jointes ensemble.

La *Cornaline* N°. VI, Plan. LXXVI, présente une tête de Soldat ornée d'un casque, sur lequel est sculpté un animal qui ressemble beaucoup à un loup. Le casque est surmonté d'un panache de crins flottans. Son menton est ombragé d'une barbe assez épaisse.

MASQUES COMIQUES.

On reconnoîtra facilement pour masques comiques, ceux qui vont suivre; cependant parmi eux il se trouve quelques têtes de Vieillards qui pourroient se classer avec les masques tragiques; *Jules Pollux* parle de masques qui servoient à la Tragédie & à la Comédie.

Le *Camée* de *Cornaline* N°. I, Plan LXVIII, représente une tête de *Silène* ou de Vieillard chauve, dont les sourcils sont *renfrognés*, la bouche est plus que demie-ouverte, & la barbe dont son menton est garnie est divisée en plusieurs boucles.

Sur un *Camée* de *Calcédoine*, même Planche, se voit une tête de *Silène buveur*. Son front a deux petits bouquets de cheveux, le crâne est chauve,

---

(1) On ne sera pas fâché de retrouver ici ce que dit *Ficoroni* sur les masques de femmes. *Antiquitùs muliebres larvæ in more ad-huc non erant. De hac re Pitiscum Consule. An verò mulieres sinè larvis Comœdias agerent omninò me latet. Non credas, si originem theatrorum spectes. Citò tamen mulieres in scenam fuerunt invectæ, easque primus invexit Polyphradmonis filius Atheniensis.* Voy. Suidas, in voc. Νίοφρος & Φρύνιχος Trad. de *Ficor*. pag. 46.

les tempes sont accompagnées de petits frisons de cheveux très-courts, & la barbe est divisée en quatre ou cinq boucles.

Un *Silène* souriant est à remarquer sur un autre *Camée* de *Jaspe* mêlé de *Calcédoine*, N°. VI, même Planche. Son sourire n'est point désagréable, son front, ainsi que le sommet de la tête, sont dégarnis. Les cheveux qui sont au-dessus des oreilles sont plus longs & moins frisés que dans la tête précédente, & les boucles de la barbe, sont plus rapprochées.

La tête d'un Vieillard ou d'un *Silène* qui paroît paisible, est gravée sur l'*Agathe-Sardoine*, N°. III, Plan. LXIX. Sa bouche est peu ouverte, le sommet de sa tête est chauve : sur son front on remarque deux protubérances ou verrues bien sensibles, & placées symmétriquement ; sa barbe est large & touffue.

La *Cornaline*, N°. IV, de la même Planche, offre une tête de femme, garnie au front de cheveux qui retombent en boucles parallèles, & qui, de même, accompagnent les joues : le caractère de cette tête est tranquille & souriant.

Au N°. VI de la même Planche, sur une *Cornaline*, est gravée la tête d'une espèce de Faune, autour de laquelle est une couronne faite de ses cheveux : sa bouche est fortement ouverte, & l'on remarque dans tous les muscles du visage la contraction d'un rire forcé, qui, devenue permanente, le fait grimacer. Cinq boucles distinctes & parallèles partagent sa barbe, qui ne garnit que le bas du menton. Derrière ce masque on a placé le *Pedum*, dont nous avons déjà plusieurs fois indiqué l'emblème & l'usage.

Le N°. I de la Plan. LXX présente sur une *Cornaline* une tête que l'on peut reconnoître pour celle de *Silène* : son front chauve est orné de feuilles de lierre, dont les baies retombent comme de grosses perles aux deux côtés des joues. Les sourcils froncés font former un plis épais à la peau qui est au-dessus du nez entre les yeux. La bouche horriblement ouverte est garnie en haut d'une rangée de dents & le menton est couvert d'une barbe étendue & presque lisse.

L'*Onyx*, N°. II, même Planche, offre une tête grave de Vieillard, vue de profil ; son caractère annonce la douceur. Cette tête est presque entièrement chauve, à l'exception du derrière & des tempes, dont les cheveux très-courts viennent s'unir à la barbe qui est très-épaisse.

Deux masques de jeunes personnes sont en regard sur le *Jaspe-Grenat* N°. II, Plan. LXXII, l'un est souriant, l'autre moins gai. Tous deux ont autour du front une couronne de leurs cheveux qui se terminent par derrière en une seule boucle.

Un *Jafpe* femblable nous offre N°. V, même Planche, deux mafques de Vieillards, dont la barbe eft bouclée; l'un a la bouche entrouverte & l'autre fermée : fa lèvre inférieure eft très-faillante.

Planche LXXIV, N°. II, on voit fur une *Cornaline* une tête chauve de *Silène* ou de quelque Philofophe : elle eft de profil : fa barbe eft très-touffue.

Un mafque comique de femme eft placé fur la *Cornaline* N°. II, Plan. LXXV, en regard d'un mafque fatyrique auquel on a donné quelques traits de reffemblance avec *Socrate*.

Sur un *Onyx* N°. III, de la même Planche, eft gravée une main qui tient un rameau d'olivier, & des deux côtés font de petits mafques, l'un d'un femme & l'autre femble avoir le caractère d'un jeune homme.

Une *Cornaline* N°. III, Plan. LXXVI, nous offre la tête de *Socrate*. Depuis le moment où *Ariftophane* introduifit ce Philofophe fur la fcène pour le ridiculifer, on a fait beaucoup de mafques qui rappellent fes traits.

MASQUES SATYRIQUES.

La *Cornaline* N°. IV, Plan. LXVIII, offre un mafque de fatyre, barbe épaiffe, cheveux courts & frifés, deux cornes au front.

Sur l'*Onyx* N°. I, Plan. LXIX, eft un autre mafque fatyrique à cheveux & barbe de bouc.

N°. V, même Planche, l'*Agathe variée* repréfente un mafque fatyrique de Vieillard chauve & à longues oreilles.

Le *Jafpe bleu*, N°. I, de la Plan. LXXII, préfente une tête de *Silène* à longues oreilles, barbe épaiffe, derrière laquelle eft la flûte inventée par *Pan*, & dont *Longus*, dans fa naïve Paftorale de Daphnis & Chloé, peint fi agréablement la première ftructure & l'art admirable d'en tirer toute efpèce de fons.

Sur une *Cornaline* N°. III, même Planche, eft gravée la tête d'une jeune Faune, fous laquelle eft une flûte & un inftrument connu fous le nom de tambour-de-bafque. Sur notre Pierre, on reconnoîtroit peu ces inftrumens; mais il faut croire que le deffin n'en a pas été fait correctement, & l'on peut confulter la Planche XII de *Léonard Agoftini*, où une *Cornaline* femblable à la nôtre, & peut-être la même eft repréfentée. La flûte compofée de rofeaux y eft très-diftincte ainfi que le tambour. Ce dernier inftrument eft défigné dans *Athenée*, par le mot de κριμβαλυ.

La *Cornaline* N°. IV, même Planche, offre deux mafques affemblés : ces mafques, prefque femblables à ceux que nous voyons, Planche C, de *Léonard Agoftini*,

Agostini, & qui, comme eux, font posés sur une base ronde en forme de l'acreterre d'un autel, représentent deux têtes de satyres. L'un a la barbe bouclée & le front chauve orné de feuilles de lierre ; l'autre a une barbe de bouc.

Sur l'*Onyx* N°. VI, même Planche, sont deux masques d'un Faune & de Pan : au-dessus de leur base est un bâton Pastoral.

On peut remarquer avec beaucoup de plaisir sur la *Cornaline* N°. I, Planche LXXIV, un masque de Bacchante couronnée de lierre.

Planche LXXV, N°. I, une *Cornaline* offre un masque de satyre, qui rappelle quelques-uns des traits de Socrate. Ses oreilles sont longues, & au-dessous on remarque une flûte Pastorale.

Un beau *Camée* fait d'*Onyx* N°. I, Planche LXXVI, représente une large tête de Faune, à la barbe crépue, nez épaté, dont le front est orné de larges feuilles de vigne qui le couronnent.

Le N°. II, de la même Planche, est un *Jaspe verd*, représentant un masque de *Pan* bien reconnoissable aux cornes qui surmontent son front.

On voit un masque de Bacchante sur l'*Onyx*, N°. IV, de la même Planche.

MASQUES ASSEMBLÉS.

Que l'on retourne du haut en bas les deux *Agathes variées*, N°s. III & IV de la Planche LXX, & les deux *Cornalines* N°s. IV & V de la Planche LXXV, on voit des masques dans un sens qui paroît naturel. Sur les *Agathes* il n'y a que deux figures, sur les *Cornalines* il y en a jusqu'à cinq.

Le N°. V de la Planche LXX, qui est une *Cornaline*, offre l'assemblage d'une tête de femme & d'un masque de Vieillard, dont une bandelette ceint le front.

Un *Jaspe rouge* N°. VI, même Planche, présente trois têtes, celle d'un jeune Faune derrière celle d'un Vieillard, dont le front est commun à une troisième qui les surmonte l'une & l'autre.

La *Cornaline* N°. I, Plan. LXXI, est presque semblable à cette dernière.

Aux deux côtés d'une fontaine qui les sépare se voyent, N°. II, même Planche, deux masques de jeunes personnes.

La tête d'un Vieillard chauve & barbu est adossée à celle d'une femme coëffée de cornes de chèvres, sur la *Pâte de verre* N°. III, même Planche.

Le derrière de la tête d'une femme aimable, dont on voit le buste entier, se trouve garni du masque d'un Vieillard, dont la barbe est formée par les cheveux de la femme, sur une *Cornaline* N°. IV, même Planche.

Sur l'*Agathe variée* N°. V, même Planche, se voit un buste double, dans le genre de ceux de *Janus*; il offre une tête d'homme & une tête de femme.

Les graces du beau sexe sont mises dans la plus heureuse opposition avec les formes austères d'un Vieillard sur le *Jaspe verd*, N°. VI, même Planche.

La Planche LXXIII contient cinq Pierres de la même nature que celles dont nous venons de faire la description.

Sur la *Cornaline* N°. I, se voyent deux masques adossés, l'un est tragique, l'autre comique : le premier est d'un homme dans la force de l'âge, l'autre d'un Vieillard qui tient beaucoup de *Silène*. Au-dessous est le *Pedum* & la flûte de *Pan*.

L'*Agathe variée*, N°. II, représente un assemblage de trois têtes, le buste d'une femme adossée à la tête d'un Vieillard que surmonte une autre tête, les cheveux de la première coëffent les trois.

Trois autres têtes réunies s'offrent sur la *Cornaline* N°. III, c'est un buste de femme casquée, pour ainsi dire, comme *Minerve*, avec deux autres têtes barbues, dont les fronts se confondent. Un panache est attaché à ces fronts chauves, & les barbes forment diverses parties du casque.

Un *Jaspe noir* présente au N°. V une réunion plus singulière encore : c'est celle d'un buste de femme, dont les cheveux retombant sur les épaules, forment la barbe d'un Vieillard qui lui est adossé : le front chauve de celui-ci conduit à une tête de mort posée sur les deux autres.

Une tête de femme surmontée d'une tête de *Socrate* est gravée sur l'*Onyx* N°. VI.

Planche LXXVI, est un assemblage de trois masques d'un satyre, de *Silène* & de *Pan*. Au-dessous de la barbe du *Sylène* & du satyre se voit une chèvre ou un bouc qui semble courir.

Deux réunions de même genre se trouvent sur les deux premières Pierres de la Planche LXXVII. Au N°. I qui est une *Cornaline*, se voit une espèce de buste de *Minerve*, dont le casque est formé d'un masque de *Socrate* uni par le front à celui de *Silène*, un panache termine ce casque. Au N°. II qui est encore une *Cornaline* se trouve le même assemblage dans la même disposition; mais le cou de la femme ne se termine pas comme dans la précédente par les épaules & la poitrine, on voit deux petits masques comiques qui sont en sens contraires.

Le N°. II de la Planche LXXVIII offre sur un *Héliotrope* un buste de femme, auquel est adossé un masque de Vieillard, dont le front se termine par une tête de mort.

Deux masques se présentent réunis au N°. III de cette Planche sur un *Jaspe rouge*, c'est la tête d'un jeune soldat casqué avec le front chauve d'un Vieillard barbu : de ce front sort un panache.

N°. IV, même Planche, on voit adossés & unis les masques de *Socrate* & d'un satyre, dont le front est garni de cornes.

Pan, *Silène* ou *Socrate* & un masque de Vieillard forment l'assemblage qu'offre le *Jaspe rouge*, N°. V, de la même Planche.

Un buste de femme, coëffé des masques réunis de deux Philosophes chauves, est gravé sur l'*Agathe variée*, N°. VI.

Une jeune femme dont on voit partie du dos, casquée avec deux masques de Philosophes à fronts chauves, auxquels est adapté un panache, se trouve sur l'*Emeraude*, N°. I, de la Planche LXXIX.

Un casque composé de même de deux masques Socratiques coëffe un masque de femme sur l'*Agathe variée*, N°. II, de la même Planche.

Un masque de *Silène*, couronné de lierre, uni à celui de *Pan*, remarquable par ses cornes, est gravé sur la *Cornaline*, N°. III, de cette même Planche.

Même Planche & N°. V, on voit sur une *Cornaline* la tête d'un jeune homme, dont les cheveux sont crépus, surmontée d'un masque tragique.

Planche LXXX, la *Cornaline* N°. I, présente un buste de femme coëffée des masques unis d'un Vieillard & d'une tête de mort, d'un des yeux de laquelle sort un ver.

Le *Beril*, N°. III de cette même Planche offre trois masques réunis, les cheveux sont communs aux trois têtes de deux desquelles ils viennent former la barbe.

Enfin, sur le *Jaspe rouge*, N°. IV de cette Planche est gravée, à mi-corps, une jeune femme svelte, dont les épaules & le sein jusqu'au cou sont couverts de la *Stola*, sa tête est coëffé du crâne chauve d'un masque de *Silène*, que l'on voit derrière.

Nous avons cru devoir mettre à la fin de ces masques rassemblés les Pierres sur lesquelles des figures humaines sont réunies avec des têtes d'animaux.

Telle est l'*Agathe-Sardoine*, N°. VI de la Planche LXXV, où l'on voit la tête d'un Vieillard portant barbe, unie à une tête de bélier, qui a entre ses dents un espèce d'épi de bled. Telle est la *Cornaline* N°. V, Plan. LXXX, qui représente l'assemblage des masques d'un Vieillard & d'un jeune homme surmontés d'une tête de cheval. Telle est la *Prime d'Emeraude*, N°. I, Plan. LXXXI, où la tête d'un Vieillard est unie à une hure de sanglier. Telle est la *Cornaline*, N°. I, de la Planche LXXVIII, où l'on remarque artistement gravée la tête d'une jeune femme que coëffe un mufle de lion, qui s'unit au bas du masque d'un Vieillard. Tel est encore le *Jaspe rouge* N°. IV, Plan. LXXIX, où le masque d'un Vieillard barbu est uni au masque d'une lion. On remarque en outre au-dessus de l'oreille une espèce de tête d'oiseau qui semble servir d'ornement.

C'est ici le lieu de placer plusieurs Pierres singulières que l'on voit sur quelques-unes des Planches que nous venons d'examiner, & comme elles doivent, ce nous semble, faire une classe à part, nous allons les réunir sous le titre suivant.

Enigmes, Animaux chimériques, &c.....

Gori croit d'après l'autorité de quelques Auteurs anciens & de plusieurs Sçavans qu'il cite, que les Pierres énigmatiques ont été inventées pour servir de sceaux à des lettres secrettes que des amis s'écrivoient entre eux, & qu'elles désignoient ce que souvent ils ne pouvoient s'écrire, d'après leurs conventions réciproques. Quant aux Pierres qui représentent des animaux chimériques, il croit qu'elles doivent leur origine à des imaginations originales, qui, par ces assemblages bisarres, vouloient peut-être désigner les différentes affections des hommes. Nous nous contenterons de faire une simple description de ces Pierres, & nous laisserons aux Sçavans à chercher le sens caché qu'elles peuvent voiler.

Planche LXXIII, N°. IV sur une *Cornaline*, on voit une tête barbue qui se termine en queue de dauphin: d'après une remarque de *Winkelmann*, N°. 1397, II°. *Classe de la description des Pierres gravées de Stosch*, il pourroit se faire que le Graveur de cette Pierre eut voulu indiquer un des Matelots transformés par Bacchus en dauphins.

N°. II, de la Planche LXXX, sur une *Cornaline* sont deux masques d'hommes, dont le front chauve de l'un est terminé par une espèce de trompe d'éléphant qui tient une palme.

Planche LXXVII, N°. III, un *Jaspe varié* nous représente un coq dont la tête est celle d'une chèvre retournée : le devant du corps est formé par une tête de Vieillard : le corps & les ailes sont composés d'une tête de bélier, & une branche de vigne dont cet animal mange les raisins fait sa queue.

N°. IV, est un autre coq ayant pour tête celle du cheval, derrière laquelle est une corne d'abondance, le devant du corps est une tête de Vieillard, les ailes sont formés par les cornes d'un bélier qui tient entre ses dents des épis de bled. La queue est naturelle, cet animal est gravé sur un *Jaspe verd*, une palme est plantée devant lui sur la terre où il est posé.

La *Cornaline* N°. V, même Planche offre un assemblage de quatre têtes d'animaux, cheval, chèvre, sanglier & bélier.

N°. VI de la même Planche, sur un *Onyx*, est encore un coq presque semblable au dernier que nous avons décrit, il est dans l'action de marcher tandis que l'autre semble seulement s'élever sur ses pattes, le bélier n'a point d'épis, il n'y a point de corne d'abondance derrière la tête du cheval qui tient à sa bouche une couronne.

Dans le même genre est composé le coq de l'*Onyx*, N°. VI de la Planche LXXIX, un aîle d'oiseau forme sa queue, & la tête d'homme qui est sur le devant du corps est la caricature de *Socrate* ou de *Silène*.

N°. VI, Plan. LXXX sur une *Agathe variée* est un coq, dont le devant du corps offre une tête de Vieillard : le corps est fait d'un bélier.

Autre coq composé dans le genre des précédens, sur la *Cornaline* N°. II, Planche LXXXI.

L'*Agathe-Sardoine*, N°. III, même Planche, offre un animal plus chimérique encore, composé de pattes de coq, d'une tête de sanglier d'où sort un espèce de cou de serpent; sur le dos est un masque; au-dessous est une tête de bélier qui forme le derrière.

Une autre *Agathe-Sardoine*, N°. IV, de la même Planche représente un oiseau posé sur une branche : la tête emmanchée à un cou mince & reployé, a deux aigrettes & un long bec: fur le dos & fous le ventre font des mafques à figures d'hommes barbus, & l'extrémité du corps eft faite d'une tête de bélier qui tient un ferpent.

Enfin, la *Cornaline* N°. VI de la même Planche eft l'affemblage de deux têtes d'animaux, l'une de chèvre, l'autre de bélier.

PIERRES GRAVÉES.
QUATRIÈME CLASSE.
PLANCHES LXXXII.— XCV.
JUPITER, JUNON, &c.

IL eſt impoſſible de déchirer entièrement le voile qui couvre la Mythologie : ſon origine eſt due à tant de cauſes, qu'il ne nous eſt pas permis d'indiquer la véritable ; ſans chercher donc ce qui a fait ſuppoſer l'exiſtence de tous les Dieux que les Égyptiens, les Grecs, les Latins & les différens idolâtres qui ont habité cet Univers ont adorés, contentons-nous de parler d'eux à meſure que nos Pierres nous en fourniront l'occaſion.

PLANCHE LXXXII.

Le premier qui ſe préſente eſt Jupiter, le ſouverain des Dieux, qui, à raiſon des biens qu'il étoit cenſé poſſéder & de ſa puiſſance, fut par les Anciens, ainſi que l'atteſtent encore leurs Autels, ſurnommé *Maximus, Summus, Exſuperantiſſimus*. Parmi les Pierres du Muſeum des Médicis, il y en a pluſieurs qui le repréſentent ; mais la plus belle, aſſurément, eſt l'*Agathe-Sardoine*, dont un Sculpteur habile a fait un buſte ſuperbe que nous donnons à nos Lecteurs, Plan. LXXXII. Le caractère de Jupiter dans ce buſte n'eſt point cette tranquillité, cette douceur qui lui avoient fait donner les noms de *Placidus*, de *Serenus*, & que *Polyclète*, au rapport de *Pauſanias*, avoit ſi bien exprimées ; mais l'Artiſte lui a donné au contraire un air grave & ſévère qui rappelle la peinture que le Poëte *Eſchyle* a faite de ce Dieu, lorſqu'il a dit que ſon cœur étoit implacable : δυσπαραίτητοι φρενες, *implacabile pectus*. On remarque facilement la différence de la figure de Jupiter ſur ce buſte & ſur les Pierres des Planches ſuivantes. On ſçait que les Anciens donnoient aux Dieux, tantôt un air de douceur, tantôt un air irrité, ce que confirment d'anciens monumens. Le Jupiter Ὅρκιος ou *vengeur de faux ſermens*, décrit par *Pauſanias*, fut très-célèbre chez les Athéniens ; ſes regards étoient terribles pour en impoſer aux parjures, & ſes deux mains armées l'une & l'autre de la foudre, ſembloient les menacer & prêtes à les punir. Dans un Dialogue de Lucien, Jupiter converſant avec l'Amour, lui dit que les hommes mourroient de frayeur, s'il leur montroit ſon viſage irrité. A Florence, dans le

Museum du *Marquis Riccardi*, est un Autel sur lequel se lit un surnom de Jupiter qui ne se voit point ailleurs, il y est surnommé le *Dieu redoutable*, *Deus metuendus*.

Sur notre buste, les cheveux de Jupiter sont très-abondans, ils retombent en floccons & en boucles: sa barbe est épaisse & paroît dure; mais elle est bouclée. La poitrine du Dieu est large & belle: enfin, tout dans cet ouvrage annonce & les connoissances & les soins & l'habileté du Sculpteur.

PLANCHE. LXXXIII. N°. I.

Jupiter porte dans les anciens monumens différentes couronnes. Sur l'*Agathe-Sardoine*, N°. I de la Plan. LXXXIII, où sa tête est accouplée avec celle de Junon, il est couronné d'*Olivier*, & *Pausanias* nous apprend qu'il a vu une statue de Jupiter Olympien couronnée des feuilles de cet arbre; sur les médailles des Achéens & des Arcadiens, Jupiter est décoré de cette couronne: *Phornutus* croit que les Anciens n'ont ainsi donné à Jupiter des couronnes d'*Olivier*, que parce que cet arbre, toujours verd & gras, est de la plus grande utilité, &, par conséquent, convient parfaitement à une Divinité toujours prête à secourir les humains, à une Divinité qui, à raison de ses bienfaits, a reçu les doux noms de *Sospitator*, *Hospitalis*, *Salutaris*, *Obsequens*, &c.

N°. II.

Sur l'*Agathe-Heliotrope*, N°. II de la même Planche, est *Jupiter*, *Empereur* ou *Roi*, comme l'appelle *Cicéron*: son front est ceint du diadème, son visage est plein de majesté, & le manteau rattaché sur ses épaules est le *Paludamentum*, vêtement des Empereurs & des Rois.

N°. III.

La *Cornaline*, N°. III, nous offre la tête du Jupiter, que les Anciens appelloient *Placidus*, *Obsequens*. Il ne porte aucune couronne. Le manteau que l'on apperçoit sur son épaule semble indiquer par sa position que l'autre épaule & la poitrine sont à nud: c'étoit un ancien usage parmi les Sculpteurs & les Peintres de représenter ainsi le souverain des Dieux.

N°. IV & VI.

La tête de Jupiter *Ammon* se voit sur la *Cornaline* N°. IV & sur la *Prime* N°. VI de cette Planche. Elle est bien reconnoissable aux cornes de bélier qu'elle porte. Sous ce nom d'*Ammon*, Jupiter jouit de la plus grande célébrité: son Oracle étoit consulté par les Lacédémoniens, qui firent élever un temple à ce Dieu. Les Éléens faisoient des libations en son honneur. Dans l'Arcadie, en Crète, dans la Thrace, il recevoit un culte. Pindare fit pour lui des

hymnes,

hymnes, & l'un d'eux, que lut Paufanias, étoit gravé fur une colonne près d'un Autel élevé à ce Dieu par Ptolémée fils de Lagus. Nous tirons ces détails de l'ouvrage de MM. le Bond & de la Chau : il nous en offrent bien d'autres encore fur la pofition du lieu où étoit placé l'Oracle d'*Ammon*, & fur l'origine de ce furnom de Jupiter. Après avoir cité le témoignage de *Catulle*, celui de *Silius Italicus*, le fentiment de *Martianus Capella* & l'interprétation de *Voffius*, ces doctes Écrivains concluent « que le fentiment le plus probable eft celui
» qui place le Temple & l'Oracle dans la Lybie, à l'Orient de la Cyrénaïque,
» proprement dite, à l'Occident de l'Égypte & au Nord des Garamanthes.
» Il étoit, continuent ces mêmes Auteurs, fitué entre la Cyrénaïque & la
» Marmarique, dans un lieu arrofé de ruiffeaux & planté de palmiers, pofition
» d'autant plus agréable, que le refte du pays étoit aride & défert. Près du
» Temple, on voyoit une fontaine, nommée la *Fontaine du Soleil*, dont *Quinte-*
» *Curce* & *Arrien* racontent des chofes merveilleufes. Ses eaux étoient froides
» le jour ; mais s'échauffant par degrés, à mefure que le Soleil difparoiffoit, elles
» étoient brûlantes pendant la nuit ». L'origine du nom d'*Ammon* a fait auffi l'objet des recherches des Sçavans. Ceux qui regardent l'hiftoire de Bacchus comme fabuleufe, ne croiront sûrement pas que ce foit lui qui ait donné ce nom à Jupiter pour perpétuer la connoiffance d'un bienfait accordé par ce Dieu qui, par le moyen d'un bélier, lui fit au milieu des fables brûlans de la Lybie reconnoître une fource où il fe défaltéra. Ceux qui aiment les étymologies pourront croire que le mot d'*Amun*, qui, chez les Égyptiens, fuivant Hécatée, fignifie quelque chofe d'inconnu, a dû fervir à caractérifer Jupiter le fouverain des Dieux. Les hommes pieux qui ne voyent dans le nom de Jupiter que celui de *Jehovah*, qui défignoit le vrai Dieu, applaudiront bien davantage encore à ce fentiment. Les amateurs du fyftème qui fonde la Mythologie fur l'Aftronomie, préféreront l'opinion de ceux qui prétendent que Jupiter eft le Soleil, & qu'*Ammon* dérivé du mot *Cham*; qui, chez les Hébreux, fignifie également le Soleil & la chaleur, eft l'épithète naturelle de ce Dieu. Enfin, les Écrivains qui veulent que la Fable ne foit qu'une corruption de l'hiftoire, fouriront avec plaifir au fentiment d'après lequel *Ammon* eft dérivé de *Cham*, père de *Mitsraïm* & des Égyptiens, qui fut adoré en Afrique fous le nom de Jupiter *Ammon*.

Au furplus, l'Oracle de Jupiter *Ammon*, fi célèbre d'abord, comme nous l'avons dit, & qui avoit fait former & exécuter par Alexandre le projet de paffer pour le fils de ce Dieu, avoit beaucoup moins de vogue du tems de

Strabon ; on n'en faifoit prefqu'aucun cas dans celui de Plutarque : il n'en étoit enfin plus queſtion fous Théodofe. Cette remarque des *Auteurs de la defcription des Pierres gravées d'Orléans*, eſt fuivie d'une autre qui peut encore faire plaiſir, c'eſt que l'on reconnoît fon ancienne poſition dans un lieu nommé aujourd'hui *Sant-Rich*.

La tête de Junon eſt accouplée à celle de Jupiter fur la Pierre N°. VI. Cette Déeſſe porte auſſi dans quelques monumens des cornes femblables à celles que nous voyons ici fur la tête de fon époux, &, au rapport de Paufanias, fous ces dehors & fous le nom d'*Ammonia*, elle reçut un culte folemnel chez les Éléens.

N°. V.   La tête que préfente la *Cornaline* N°. V eſt-elle auſſi celle de Jupiter *Ammon*? Nous laiſſerons les Sçavans prononcer : nous hafarderons feulement une conjecture. Ni la barbe qui eſt prefque liſſe, ni les traits du vifage ne femblent annoncer Jupiter. La tête n'a pas feulement des cornes de bélier ; mais tout le fommet eſt garni de l'effigie de cet animal, & l'on apperçoit derrière un diadême orné de pierreries. Cet ornement nous fembleroit indiquer *Ammon*, Roi de Lybie, ou quelque Souverain des Perfes, dont la coutume, du tems d'*Ammien Marcellin*, qui l'atteſte, étoit d'orner leurs têtes d'une figure de bélier en or garnie de pierreries, qui leur fervoit de diadême.

N°. V.   L'*Onyx*, N°. V, Planche LXXXVII, offre Jupiter entièrement nud, appuyé
Pl. LXXXVII. d'une main fur une *Hafte* fans fer, & de l'autre tenant la foudre. Le premier attribut joint au diadême qui ceint le front du Dieu, pourroit donner l'idée de *Jupiter Roi* ; mais la foudre dont fa main droite eſt armée, jointe à la nudité entière de la figure, nous porte à croire que l'Artiſte a voulu faire un Jupiter fulminant ; le pouvoir de lancer la foudre eſt attribué par les Théologiens du Paganifme à Jupiter. Homère peint les airs embrâſés des feux de fon tonnère, Virgile, qu'a ſi bien rendu M. l'Abbé *de Lille*, femble s'être plû à faire auſſi ce tableau :

Géorg. IV. 129.   Dans cette nuit affreufe, environné d'éclairs,
   Le Roi des Dieux s'aſſied fur le trône des airs :
   La terre tremble au loin fous fon maître qui tonne:
   Les animaux ont fui, l'homme éperdu friſſonne :
   L'Univers ébranlé s'épouvante.... Le Dieu,
   D'un bras étincelant dardant un trait de feu,

DE FLORENCE.

> De ces Monts si souvent mutilés par la foudre,
> De Rhodope ou d'Athos met les rochers en poudre,
> Et leur sommet brisé vole en éclats fumans ;
> Le vent croît, l'air frémit d'horribles sifflemens ;
> En torrens redoublés les vastes Cieux se fondent,
> La rive au loin gémit, & les bois lui répondent.

D'autres peuples que les Grecs & les Romains honorèrent Jupiter sous ce titre de *Foudroyant*. Nos pères l'adoroient sous le nom de *Taranis*, dérivé du mot *Taran*, qui en Celtique signifie *Tonnerre*. Les Saxons avoient leur *Thor*, & les Teutons leur *Thouder* ou *Douder*, qui veulent dire *Fulminant*.

Nous n'oublirons pas ici de parler d'une remarque de MM. le Blond & de la Chau sur le Jupiter foudroyant, c'est que l'épithète d'*Élicius* qu'on lui donna sembleroit indiquer que les Anciens avoient quelque connoissance de l'Électricité, sur-tout quand on rapproche de ce surnom, ce que Pline raconte que Numa eut l'art d'attirer la foudre, & que Tullius Hostilius en fut frappé pour n'avoir pas suivi les procédés de Numa : quand on pense enfin que, selon Ovide, le surnom d'*Elicius* ne fut donné à Jupiter que parce que l'on avoit le secret de le faire descendre du Ciel.

Sur la *Cornaline* N°. II, Planche LXXXVIII, on voit encore un Jupiter *Fulminant*. N°. II. PL. LXXXVIII.

Les *Cornalines* N°. IV, Plan. LXXXVIII & N°. I, Plan. suivante offrent la figure de Jupiter ; mais dans l'une & l'autre de ces Pierres le Dieu est assis, vêtu, dans la partie inférieure du corps, d'un manteau qui, dans la première, retombe de l'épaule gauche sur laquelle il est jetté. A ses pieds, Jupiter a son aigle. N°. IV. PL. LXXXVIII, N°. V. PL. LXXXIX.

Le N°. II de la Planche LXXXIX offre sur un *Jaspe* mêlé de *Calcédoine* un autre Jupiter assis, vêtu comme sur la *Cornaline* précédente, ayant un aigle à ses pieds ; mais de la main droite il tient une patère qu'il semble renverser. Cette patère indique tout-à-la-fois le culte qui étoit dû à ce Dieu qui se laissoit fléchir par des libations & des offrandes, & le caractère de *Sospitator* ou *Conservator* que l'Artiste a voulu lui donner. N°. II. PL. LXXIX.

N°. I.
Pl. LXXXVIII.
  Gori croit reconnaître le Jupiter Confiliarius fur le Jafpe bleu, N°. 1, de la Plan. LXXXVIII; cette figure eft belle & bien compofée. De la main gauche le Dieu tient un fceptre, le coude du bras droit eft appuyé fur le dos de fon fiége. Son marche-pied eft orné de guirlandes, & fon aigle eft à fes pieds étendant fes aîles, dont l'une paffe fous la cuiffe droite du Dieu.

N°. II.
Pl. XCII.
  Sur la Cornaline N°. II, de la Plan. XCII, eft gravé Jupiter monté fur un quadrige, pourfuivant un Titan, fur lequel il eft prêt à lancer la foudre dont fa main droite eft armée. Le Titan combat avec une branche d'arbre : fes cuiffes fe terminent en queues de dragons, à l'extrémité defquelles font des têtes de ferpens. Les anciens Poëtes donnèrent des chars aux Dieux. Platon dit que celui de Jupiter étoit fuivi d'une troupe de Génies & de Divinités.

  On peut remarquer fur plufieurs de nos Pierres les principales métamorphofes de Jupiter.

N°. V.
Pl. LXXXIX.
  La Cornaline, N°. V, Plan. LXXXIX repréfente Danaë, qui, renfermée par fon père Acrife dans une tour d'airain fous terre, reçut néanmoins dans fon fein la pluie d'or que le fouverain des Dieux répandit fur elle, & fous laquelle il s'étoit voilé pour fatisfaire fon amour. Jupiter affis fur fon trône, ayant à fes pieds fon aigle, répand à pleines mains & les bras ouverts cette pluie puiffante : accroupie, Danaë le reçoit dans fon fein, & un cigne, autre emblème d'une métamorphofe de Jupiter, porte la foudre. L'efpèce de boëte dans laquelle on voit Danaë défigne-t-elle la prifon d'airain où l'avoit enfermée fon père, ou feroit-ce, par anticipation, la boëte même dans laquelle il la mit enfuite pour la jetter à la Mer, en punition de la défobéiffance à fes ordres ? c'eft ce que nous laiffons aux Sçavans à décider. Suivant plufieurs Ecrivains, cette Fable a un fond hiftorique. Prœtus, oncle de Danaë étoit devenu épris des charmes de fa nièce, le père la fit renfermer & furveiller ; mais, à force d'argent, Prœtus fe fit ouvrir les portes, & les Gardes l'introduifirent chez Danaë, dont il eut Perfée.

N°s. II & IV.
Pl. XC.
  Nemefis ou Leda, pour lefquelles Jupiter prit la figure d'un cigne, fe voit fur la Cornaline N°. II & fur l'Agathe variée N°. IV de la Plan. XC; on ne peut trop admirer les formes pures du corps de la première. Le cigne femble fuir pour la rendre plus ardente à la pourfuivre. Sur la feconde Pierre cet animal forme grouppe avec la beauté qu'il careffe.

DE FLORENCE.

La fille d'Agénor, Europe, sœur de Cadmus, dont les Anciens ont tant vanté la beauté qui la fit aimer du souverain des Dieux, est gravée par d'habiles Artistes sur les *Cornalines* N°. V, Plan. XC & N°s. I & II, Plan. XC, au moment où Jupiter caché sous la figure d'un taureau l'enleva. Voici comme les Phéniciens qui ont rendu cette Fable célèbre racontoient ce rapt fameux. Europe avoit coutume d'aller avec ses compagnes se promener sur les bords de la Mer. Jupiter ravi de sa beauté devint amoureux d'elle, & pour la tromper prit la figure d'un superbe taureau blanc, qui se mit à paître sur le même rivage où la belle Europe devoit se promener. La fille d'Agénor arrive, en effet ; elle est frappée de la beauté du taureau, s'avance vers lui, le caresse avec plaisir ; charmée de sa douceur, elle s'élance légèrement sur son dos & s'y asseoit. Aussi-tôt ce taureau si doux l'enlève à la vue de ses compagnes, lui fait traverser la Mer & la porte en Crète, où reprenant sa forme naturelle, il obtient les faveurs d'Europe, & pour éterniser l'avantage qu'il tire de sa métamorphose, place le taureau parmi les astres. Ovide décrit cette Fable avec les graces qu'il sçait répandre sur tous les sujets qu'il traite ; Lucien, dans un de ses Dialogues fait peindre par Zéphire ce trait fabuleux qu'il embellit encore, en donnant pour suite, au Dieu ravisseur, une troupe joyeuse d'Amours qui chantent l'Hymenée dont ils portent les torches, & en faisant applaudir à cette ruse toutes les Divinités de la Mer. Anacréon nous a laissé quelques Vers qui pourroient servir d'inscription au bas des Pierres que nous expliquons, en voici la traduction :

N°s. V. Pl. XC & N°. I & II, Pl. XCI.

> Ce taureau que tu vois, c'est Jupiter lui-même :
> C'est le maître des Dieux : reconnois sur son dos
> La fille d'Agénor, ce tendre objet qu'il aime.
> Docile, sous ses pieds, la Mer ouvre ses eaux :
> Un taureau vigoureux, sortant du pâturage,
> Ne pourroit pas ainsi franchir l'humide plage,
> Il n'appartient qu'aux Dieux de commander aux flots. *Ode XXXV.*

Sur la première de nos *Cornalines*, Europe est gravée assise sur le dos du taureau divin, se tenant à une de ses cornes ; son *Peplum* voltige légèrement au-dessus de sa tête ; elle est vêtue de la *Stola*, qui ne laisse à découvert que ses bras & l'extrémité de ses pieds. Sur la seconde Pierre, l'Artiste, pour faire voir la beauté du corps d'Europe, l'a couchée le long du taureau dont elle embrasse une corne, & un simple voile qui part de son épaule voltige au-dessus d'elle & laisse l'œil parcourir à nud le charme de ses formes. Le taureau lui-même paroît triomphant & semble déjà jouir de sa ruse, il est déjà entré dans les eaux. Enfin la dernière de nos Pierres offre une variété bien précieuse. Europe vient de se jetter sur le dos du taureau, dans sa main elle tient une espèce de lance que *Winkelmann* dit être un thyrse, & le taureau prêt d'entrer dans les eaux a une figure humaine. *Winkelmann*, par suite d'une erreur que MM. le Blond & de la Chau ont habilement relevée en expliquant une Pierre où est gravé un *bœuf à face humaine*, dit que sous la figure de ce taureau *Jupiter paroît avec la tête du Minotaure*. Non, ce n'est point le Minotaure que le Graveur a voulu exprimer sur sa Pierre : qu'a de commun le Minotaure avec Europe ? Cet animal ne sçauroit être cependant ici *le symbole de l'Agriculture*, ainsi que le croyent les doctes *Auteurs de la description des Pierres gravées d'Orléans*, en le considérant isolément. Ici la jeune fille posée sur le dos du taureau, l'eau dans laquelle entre l'animal, ne permettent pas de douter du sujet, & nous croyons simplement que le Graveur n'aura donné au taureau la figure humaine que pour indiquer qu'il servoit de voile au ravisseur Jupiter.

Suivant *Hérodote, Lib. I*, la beauté d'Europe la fit enlever par des Crétois : en admettant ce sentiment du père de l'histoire, tout ce que l'on raconte du taureau ne seroit plus qu'une altération de ce fait, & vraisemblablement la fille d'Agénor n'aura été censée enlevée par un taureau, que parce que le Vaisseau dont se seront servis ses ravisseurs, aura eu sur sa proue la figure de cet animal.

Noël le Comte croit que les Anciens ont voulu désigner par cette Fable qu'il n'est rien de bas & de honteux à quoi ne nous conduise la passion des sens, qui nous avilit & nous abaisse jusqu'à la condition des brutes.

N°. III.
Pl. XCI.

L'*Améthyste* N°. III, Plan. XCI, représente *Io* sous la forme d'une vache, gardée par le frère de sa mère, *Argus*, que l'on voit assis sous un arbre, ayant un chien près de lui.

Io, fille d'*Inachus*, devint comme l'on sçait l'objet de la jalousie de Junon, quand elle apprit que son époux Jupiter lui avoit prodigué ses caresses sous le voile d'un nuage. Le Dieu, son amant, aussi-tôt la métamorphosa en vache blanche ; Junon l'ayant vue la lui demanda : elle l'obtint, la confia à *Argus*, Mercure la délivra de sa captivité ; mais Junon s'en vengea d'une manière cruelle. Io entra en fureur, traversa plusieurs Mers, parvint enfin en Égypte où, reprenant son ancienne forme, suivant Apollodore, elle mit au jour le fruit

DE FLORENCE.

de fes infortunés amours. On dit qu'elle fut mile enfuite au rang des Dieux.

On peut voir dans *Noël le Comte* les différentes conjectures que cette Fable a fait naître: comment, appuyés fur Hérodote, des Écrivains n'ont cru devoir reconnoître en tout ce récit fabuleux qu'une hiftoire furnaturelle de l'amour d'*Io* avec un Pilote Phénicien, qui, dans la crainte des parens de fa bien-aimée, l'enleva de fon confentement fur un vaiffeau qui portoit à fa proue la figure d'une vache: comment, en ne voulant trouver dans la Fable que des allégories relatives à la Phyfique, d'autres Auteurs voyent dans *Io* l'emblême de la Lune, ou plutôt encore le fymbole de la terre: alors cette métamorphofe en vache n'annonce que la fertilité que l'on doit en partie au travail de ces animaux: les cent yeux d'*Argus* font ces étoiles qui femblent être les gardiennes de la terre. Si la moitié des yeux fe repofe tandis que l'autre fait fes fonctions, c'eft pour défigner les deux hémifphères; Argus tué par Mercure, les courfes d'*Io* qui retrouve enfin fa première nature en Égypte, n'indiquent que les fruits de la raifon & de l'induftrie, & le triomphe de l'Agriculture, qui, à raifon de la fertilité de l'Égypte, femble, dans ce pays, être dans fes propres États. Enfin, *Noël le Comte* tourne à fon ordinaire cette Fable en leçon de morale, & nous voyons Jupiter, emblême des ames fragiles des hommes, fe livrer d'abord avec *Io* aux plaifirs, qui, femblables à la nuée épaiffe qu'il emprunta, obfcurciffent notre entendement: Mercure ou la raifon délivre dans l'âge mûr de la captivité des fens: on reprend fa forme première, & enfin une conduite pure, fondée fur la juftice, rend les hommes dignes d'habiter parmi les Dieux.

Sur le *Jafpe* mêlé de *Calcédoine* N°. IV de la Planche XCI, on voit les trois Dieux Capitolins Συνναοι, ou *Contemplanei*. Les Romains les regardoient comme leurs Pénates. Si l'on confidère l'origine de cette Pierre, il fera facile de remarquer que ces Dieux font placés comme ils l'étoient au Capitole, Jupiter au milieu, Minerve à droite & Junon à la gauche. *Fabretti* a publié une Pierre prefque femblable à celle-ci, & *Buonarotti* a fait graver un petit bas-relief d'yvoire fur lequel Minerve tient auffi la droite: Junon couronne Jupiter, & fur une petite colonne on remarque un vafe d'Ambroifie. Dans les infcriptions votives, comme on le peut voir dans *Grutter*, Jupiter eft nommé le premier, Junon le fuit, Minerve vient enfuite.

N°. IV.
PL. XCI.

N°. III.
Pl. LXXXIX.

On peut croire que *Junon*, connue fous les noms de *Nuptialis* & de *Pronuba*, Παυζλιον, eft repréfentée fur le *Jafpe-Héliotrope* N°. III de la Planche LXXXIX; elle porte, comme dans les médailles des *Germanicus*, une torche ardente; fes mouvemens & l'agitation que le zéphir caufe à fes vêtemens, furtout au *Péplum* qu'il agite comme un voile, femblent indiquer qu'elle danfe. On fçait qu'aux folemnités des mariages on avoit coutume de porter des torches ou flambeaux devant les époux : les mères elles-mêmes avoient l'ufage d'en faire briller devant leurs enfans quand elles les marioient; & *Junon*, fuivant la Fable, en porta de même aux nôces de Thétis. *Cupidon Arcitenens*, armé de fon arc, précède ici fa mère : il l'accompagne fur le bas-relief d'un farcophage antique appartenant aux *Médicis*.

Il fe pourroit néanmoins que l'Artifte eut voulu, fur cette Pierre, graver la Vénus *Sponfa* dont parle *Paufanias* dans fes *Corinthiaques*.

N°s. I & III.
Pl. XC.

Gori a cru devoir, après *Jupiter* & *Junon*, devoir placer *Ganimède*, & plufieurs motifs bien plaufibles ont pu le déterminer. Suivant *Lucien*, le beau jeune homme étoit Berger, *Virgile* en fait un Chaffeur : les Artiftes qui ont gravé les Pierres N°. I & III de la Plan. XC ont eu cette diverfité d'opinion. Sur le *Jafpe rouge* N°. III, Ganymède tient le *Pedum* qui défigne un Berger, & fur la *Prime* N°. I ce même jeune homme a fur fes épaules un carquois qui indique un Chaffeur. Celui-ci eft debout : la *Chlamyde* attachée à fon col retombe fur fes épaules & laiffe voir le devant du corps tout à nud; de la main gauche Ganymède careffe l'aigle de Jupiter, qui de plaifir foulève fes aîles. On voit fur une petite colonne un vafe qui annonce fes fonctions auprès des Dieux. Le Ganymède Berger eft affis entièrement nud, & préfente à boire à l'aigle du fouverain de l'Olympe. Ces deux figures font l'une & l'autre coëffées du bonnet Phrygien.

SERAPIS, ISIS & autres Dieux des Égyptiens.

Nous faifons fuivre les Pierres qui repréfentent *Jupiter* par celles fur lefquelles eft gravée la tête de *Serapis*, que les Égyptiens regardoient comme le plus grand des Dieux, & qu'ils confondoient avec *Jupiter*, *Ofiris*, *Bacchus*, *Pluton*, *Pan*, *Efculape* & *Apollon* ou le *Soleil*. C'eft ainfi que nous l'enfeignent principalement *Plutarque*, *Diodore de Sicile* & *Macrobe*. Dans les anciennes infcriptions & fur les Autels antiques qui lui furent confacrés, ce Dieu reçut les plus brillans

brillans furnoms. On l'appelloit ΜΕΓΑΣ, ΜΕΓΑΛΟΣ, ΜΕΓΙΣΤΟΣ; *Magnus, Maximus*, le *Grand*, le *très-Grand*. Le nom d'ΥΨΙΜΕΔΩΝ qu'Homère donne à Jupiter lui fut aussi donné, & conséquemment il étoit regardé comme *Maître Tout-Puissant* dans les Cieux. Il reçut encore les épithètes d'*Auguste*, de *Tres-Bon*, de *Conservateur*, d'*Invincible*. On lit sur un fragment d'inscription publié par *Fabretti* ΖΕΥΣ. ΣΕΡΑΠΙΣ *Jupiter Serapis*. L'*Agathe-Sardoine* N° I. Planche LXXXIV, nous offre la tête de ce Dieu ornée d'un boisseau, de rayons & de cornes de bélier. Le boisseau qu'il porte désigne la fertilité dont on le regardoit comme l'Auteur; nous avons parlé déjà des cornes de bélier données à Jupiter Hammon, que quelques Écrivains ont dit être un témoignage de la reconnoissance de Bacchus, lorsque, par la protection de Jupiter, un bélier lui découvrit une source d'eau vive au milieu des sables brûlans de la Libie; enfin les rayons qui accompagnent cette tête indiquent que ce Dieu se confondoit avec le Soleil, & ces conjectures se trouvent appuyées sur d'anciennes inscriptions qui portent ces titres. I. O. M. SARAPIDI; ΔΙΙ. ΗΛΙΩ. ΜΕΓΑΛΩ. ΣΑΡΑΠΙΔΙ. *Jovi, Soli Magno Sarapidi*; notre Pierre jette beaucoup de jour sur une ancienne inscription que citent *Grutter* & *Fabretti*, & que nous allons figurer.

N°. I. Pl. LXXXIV.

   I O V I. S O L I
  I N V I C T O. S A R A
  P I D I. T. A E L I V S. A N
  T I P A T E R. P R O C
  A V G G. C V M. V M B R I C I A
  B A S S A. C O N I V G E. G R A T I A S
  A G E N T E S. P O S V E R V N T.

Sur bien des médailles nous voyons des attributs de Jupiter accordés à *Serapis* : tantôt c'est le sceptre, le trône ; tantôt on met un aigle près de lui comme sur l'*Onyx* N°. III, Plan. LXXXVI, sur les *Cornalines* N°s. IV & V de la même Planche, & sur celle du N°. III, Plan. suivante. Quelquefois on a donné pour attribut à ce Dieu un bélier, ainsi que cela se voit sur l'*Onyx* N°. V de la Plan. LXXXVI. Cet animal peut indiquer & l'origine du surnom d'*Hammon* que nous avons rapportée, & faire allusion à celui de ΜΗΛΩΣΙΟΥ. *Pecuarii* ou *Pecoralis*, sous lequel Jupiter recevoit un culte spécial dans l'Isle de Naxos, où l'on trouva une inscription qui lui avoit été consacrée & que Spon a publiée.

Une très-belle Pierre que cite le Chevalier *Maffèi* offre avec la tête de *Serapis*, non-seulement le boisseau, les rayons & les cornes de bélier ; mais on y voit encore un trident autour duquel tourne un serpent. Ces symboles semblent indiquer clairement que les Anciens confondoient *Serapis* avec le Jupiter *Superus*, le Jupiter *Terrestris* & le Jupiter *Inferus*. Considérant cette Divinité comme l'emblème de l'Univers & de ses premiers principes, l'air, le feu, l'eau & la terre, ils firent le Dieu du feu Jupiter ou le Soleil, le Dieu des eaux Neptune, le Dieu de la terre Pluton, & Serapis étoit à leurs yeux cette triple Divinité. Le serpent que plusieurs monumens antiques prouvent avoir été consacré à *Serapis*, annonce le titre de *Salutaire* qui lui fut aussi donné, & cette puissance bienfaisante que l'on reconnoissoit en lui.

On appelle *Panthées* des figures de Dieux chargés d'un grand nombre d'attributs qui ne peuvent convenir à une seule Divinité ; de ce nombre sont la Pierre citée par *Maffèi*, dont nous venons de parler, & une autre du *Museum de Brandebourg* que *Beger* a publiée : sur celle-ci, le Serapis est sans barbe comme sur notre *Jaspe rouge* N°. II de la Planche XCIII. Cette dernière Pierre représente *Serapis* jeune ou *Osiris* ou *Mithra*, (c'est le même Dieu) conversant avec *Isis* & gesticulant de la main droite. Sa tête est ceinte d'une couronne radiale : elle porte le boisseau : le Dieu a près de lui un petit chien qui aboie : ce chien étoit consacré à *Mithra*, considéré comme Soleil, Auteur de la Génération.

Sur la majeure partie des Pierres que nous mettons sous les yeux de nos Lecteurs, les têtes de *Serapis* portent le *boisseau* ou *corbeille* ou *petite colonne*, comme le pense *Philippe Bonarotti*. Ce boisseau, que *Macrobe* regarde comme un emblème de l'élévation du Ciel, ou comme le symbole de cette puissance du Soleil qui pompe & attire à lui toutes les vapeurs de la terre qu'il échauffe, est tantôt orné de perles ou de pierreries, ainsi qu'on le remarque sur la *Cornaline* N°. I, Plan. LXXXV, tantôt il est décoré de la feuille du *Persea*, comme on le voit sur l'*Agathe-Sardoine* & sur la *Cornaline* N°s. II & III de la même Plan. Quelquefois on n'y voit qu'un espèce de *Guillochis* ou des cavités. Le diadème ceint aussi assez souvent la tête de Serapis, plusieurs Pierres parmi celles que nous citons & sur-tout la *Cornaline* N°. III, Plan. LXXXIV en offrent la preuve, cet ornement convient singulièrement bien au souverain des Dieux, ainsi que le *Paludamentum* dont il semble couvert sur la *Cornaline*, N°. VI de la même Planche.

DE FLORENCE.

Le *Jaspe rouge*, N°. I, Planche LXXXVII & les *Cornalines* N°ʳ. II & III de la même Planche repréſentent des ſujets très-rares, & qui offrent à l'érudition un champ vaſte à défricher. Elles ſemblent d'abord être des preuves de la reconnoiſſance de ceux qui les ont fait graver pour des bienfaits reçus de *Serapis* : & nous penſons avec *Gori* qu'ils les portoient en bagues pour avoir toujours préſens à leur eſprit la mémoire de la protection de ce Dieu. On ſçait que *Serapis* étoit mis au rang des Divinités bienfaiſantes, & les anciens monu-mens atteſtent qu'il reçut des vœux ſolemnels, des actions de graces, & qu'on lui éleva, pour preuves de gratitude, des temples & des Autels.

La première de ces Pierres nous ſemble donc repréſenter *Serapis* ΙΑΤΡΟΣ ou *Dieu de la Médecine*, ou, comme on l'appelle dans les anciennes inſcriptions *Serapis* ΣΩΤΗΡΟΣ, *Salutaris*, *Servator*, Conſervateur. Ce pied d'homme, auquel eſt fixée par un eſpèce de clou la tête du Dieu, devant laquelle eſt un aſtre, déſigne peut être une offrande de la reconnoiſſance pour le ſuccès d'un voyage & le plus heureux retour : peut être auſſi cet emblème annonce-t-il la guériſon d'une maladie dont on ſe croyoit guéri par le ſecours de *Serapis*. Cette Pierre a pu ſe porter au doigt comme un ſigne toujours préſent de cette guériſon & un témoignage toujours ſubſiſtant de la gratitude, ou bien elle aura ſervi d'*Ex voto* offert à la Divinité elle-même ; car c'étoit un uſage conſtant chez les Anciens de faire offrande aux Dieux de ces ſortes de repré-ſentations ſur des Pierres, que, dans les inſcriptions antiques, on voit déſi-gnées par les mots σωστρα καὶ χαριστηρια, pro *Salute* & *Gratiarum actione*. Ils ſuſpendoient encore au temple des Dieux bienfaiſans, ſoit en or, ſoit en argent, ſoit en quelqu'autre matière, la reſſemblance de la partie du corps qui avoit éprouvée la guériſon ; ainſi le pied de notre Pierre pourroit indi-quer la goutte que l'on auroit regardée comme guérie par *Serapis*. *Fabretti* déduit la même conjecture d'un Autel votif ſur lequel M. *Vibius Oneſimus* a fait ſculpter, entre des Sphinx, ſon pied qu'entoure un ſerpent à l'endroit où la douleur la plus aigüe ſe fait ſentir quand on a cette maladie, & *Fabretti* pouvoit appuyer ſon ſentiment par un autre exemple que lui fourniſſoit *Grutter*, d'une Pierre votive ſur laquelle on lit que *C. Valerius* a été guéri par *Serapis a Carpis*, ce qui caractériſe la goutte aux mains qui fait ſouffrir les jointures du *carpe* ou poignet. Ces guériſons opérées par *Serapis* & par les autres Divinités *Salutaires*, les malades les obtenoient, pour l'ordinaire, en dormant la nuit dans leurs temples. Ce n'étoit cependant pas ſans raiſon, que nous avions dit d'abord, que le pied gravé ſur notre Pierre pouvoit annoncer

N°. I Pl. LXXXVII.

le succès d'un voyage & son heureux retour : car, sur différentes tables votives citées par *Fabretti*, l'on voit des vestiges de pieds allant & revenant, ce qui ne peut désigner absolument que d'heureuses courses entreprises & terminées par la protection d'*Isis* & de *Serapis* dans les temples desquels on posoit ces figures. Quant à l'astre que l'on remarque en face de la tête du Dieu sur notre *Jaspe*, il n'y a pas de doute qu'il ne soit le symbole du Soleil, qui étoit le même que *Serapis*, & dont l'influence bénigne sur les malades étoit autrefois sollicitée par des vœux particuliers, ce que prouvent d'antiques inscriptions. Très-souvent on rencontre sur les Pierres, près de *Serapis*, de ces sortes d'astres : tantôt il y en a deux semblables comme sur la *Cornaline* N°. IV de la Planche LXXXVI : tantôt c'est un astre & un croissant comme sur le *Jaspe-Héliotrope* N°. IV de la Planche LXXXV & l'*Onyx* N°. III de la Planche suivante, & l'on voit au premier coup-d'œil que de ces deux astres l'un se rapporte à *Serapis* ou *le Soleil* & l'autre à *Isis* que *Plutarque* prouve avoir été la même que *Diane* ou *la Lune*. Le culte de ces Divinités fut, pour ainsi dire, individuel. On n'adoroit pas l'une que l'on n'adorât l'autre, & les têtes votives qui sont consacrées à toutes deux ensemble le prouvent clairement.

N°. II. Pl. LXXXVII. C'est un autre trait de la bienfaisance de *Serapis* que représente la Pierre très-rare que l'on voit N°. II de la Planche LXXXVII ; malgré les coups que le tems lui a portés, on distingue encore parfaitement la tête de *Serapis* surmontée du *boisseau*. Devant lui est une lampe brûlante qui lui semble consacrée & qui est posée sur un chandelier terminé en trépied dans la partie inférieure & en colonne dans le haut. Un rat grimpe le long de ce candelabre.

L'usage de poser des lampes sur de hauts candelabres, soit dans les temples, soit dans les maisons particulières, étoit connu des Anciens : les Saintes-Écritures l'attestent. On en voyoit aussi dans les salles de repas & dans celles de bains. Une ancienne inscription Grecque consacrée au grand *Serapis Jupiter Soleil*, & trouvée à Rome dans les débris d'un temple, peut-être même de celui de cette Divinité, jette beaucoup de jour sur la Pierre que nous examinons : elle nous apprend que *A. Cassius Eutique Néocore* ou gardien du temple du *grand Serapis*, comblé des bienfaits du Dieu, par reconnoissance & en actions de graces lui consacra, ainsi qu'aux autres Divinités *Contemplaneis*, une lampe d'argent, trois Autels, une espèce de lustre & une cassolette ou encensoir.

Deux autres inscriptions antiques que nous allons citer peuvent encore ne pas paroître étrangères au sujet que nous traitons. La première est gravée sur une petite colonne quarrée en marbre de la hauteur d'un pied, de l'épaisseur de trois pouces que *Gori* a vue & que lui a communiquée M. *Jacques-Philippe d'Orville*, Professeur d'éloquence à Amsterdam, sa Patrie. La seconde est tirée du corps d'inscriptions antiques recueillies par *Marquard Gudius* & publiées par *Hadrien Roland* dans ses Fastes Consulaires.

P. FVFICI	O P I. D I V I N E. S.
V S. P R I M I	M. P V R E L L I V S. M. F.
G E N I V S	P A L. T V T E L I A N V S
S A N C T O	F L A M E N. F L A V I A L.
S I L V A N O	C V R A T O R. A E D I V M
	S A C R. P A T R O N. C O L L.
	A V R I F. Q V I N Q V E N N
	III. DD. S I G N. C A N D E L A B R.
	B A S E M. E T. H Y P O B A S.
C O L V M E L	C V M. A R.
L A M. C V M	I I I. N O N. F E B R.
L V C E R N A	L. T O R Q V A T O. III. E T
A E R E A	C. J V L I A N O. V E T E R E
D. D.	C O S.

De ces inscriptions il suit évidemment qu'autrefois on offroit aux Dieux & aux Déesses des lampes ou posées sur de petites colonnes ou sur des candèbres, & que l'on plaçoit devant leurs statues. On peut donc croire d'après ces exemples que quelqu'un, en mémoire d'un bienfait reçu de *Serapis*, lui aura consacré une lampe placée sur un candélabre, & que pour se perpétuer à lui-même le souvenir de son offrande il aura fait graver, afin de la porter en bague, la Pierre qui nous occupe.

Elle nous offre encore un objet de discussion. Que signifie le rat qui monte le long du chandellier vers la lampe? Seroit-ce une plaisanterie du Graveur, par allusion à la gourmandise de ces sortes d'animaux, qui sont très-avides de l'huile & des mèches des lampes qu'ils renversent souvent pour satisfaire leurs defirs? ce qui fit agréablement refufer par Minerve à Jupiter fon père les fecours qu'il lui demanda en faveur des rats dans le Poëme ingénieux de la *Batrachomyomachie* d'Homère. Pouvoit-elle protéger des animaux qui, rodant toujours dans fes Temples, les infectoient de leurs ordures, ravifloient leur part des victimes, mangeoient les couronnes, renverfoient fes lampes pour en avoir l'huile, & venoient ronger jufqu'au *Peplum* qui la couvroit? *Gori* a vu une autre Pierre fur laquelle un rat rongeoit les cordes d'une lyre. Dans la Table Iliaque, deux de ces animaux font placés fur le marche-pied d'Homère.

Mais fi ce rat qui grimpe le long du candelabre confacré à *Serapis*, n'eft pas une plaifanterie de l'Artifte, on pourroit croire qu'il indique le fecours de ce Dieu obtenu contre des rats deftructeurs. On fçait que plus d'une fois ces animaux trop multipliés ont forcé les hommes de quitter leurs demeures & leurs Villes: *Pline* le raconte des habitans de la Troade & des Infulaires de Gyare, *Juftin* des Abdéritains, *Ælien* de plufieurs peuples d'Italie. Ce dernier Écrivain dit qu'après une grande pluie des troupeaux de rats couvrirent les campagnes d'Égypte, que mangeant & coupant les épis ils causèrent aux Égyptiens une très-grande calamité, & qu'enfin ceux-ci ne pouvant parvenir à les faire périr s'adressèrent à leur Dieu. *Ælien* tait le nom de ce Dieu qui pourroit bien être *Serapis*, & alors il ne feroit pas furprenant de voir un rat fur un candelabre confacré à cette Divinité. Ce pouvoir de *Serapis* contre les rats n'eft pas plus étonnant que celui d'*Ifis* contre les venimeux fcorpions, & l'on fçait que pour en être délivré on faifoit invoquer cette Déeffe par des femmes qui, toutes en pleurs & nuds pieds, venoient la prier dans fes Temples. D'ailleurs il n'eut pas été plus ridicule de voir un rat fur un candelabre de *Serapis* que fur le trepied d'*Apollon*, & cependant, au rapport d'*Ælien*, certains habitans de la Troade en avoient fait fculpter un deffus ce trepied. Cet Apollon s'appelloit *Smynthien* ou deftructeur de rats, & fous ce nom il avoit un Temple dont parle *Euftathe*, où l'on voyoit une ftatue du fameux Sculpteur *Scopas*, qui, pour caractérifer ce Dieu, lui avoit mis un rat fous le pied.

Enfin ce même rat pourroit indiquer la reconnoiffance d'un particulier, qui, par la protection de *Serapis*, auroit échappé à la chûte d'un mur ou d'une maifon, & qui en confacrant au Dieu cette lampe & ce candelabre y auroit fait graver expreffément un rat pour défigner le genre de bienfait obtenu de la Divinité. Les rats en effet paffent pour connoître d'avance la chûte des mazures qu'ils habitent, & pour les fuir à tems, afin de ne pas être écrafés,

DE FLORENCE.

Cette conjecture paroîtra moins étonnante à ceux qui se rappelleront l'épygramme de l'Antologie, où le Poëte dit, que *Serapis* apparut en songe à un voleur qui dormoit contre un vieux mûr, que le voleur s'éveillant à l'instant se mit à fuir, vit en fuyant tomber ce mûr qui l'auroit écrasé dans sa chûte, & dès le matin courut au Temple offrir à son bienfaiteur, τὰ σῶστρα, un monument de sa reconnoissance.

La *Cornaline*, N°. III de cette même Planche LXXXVII, nous offre de même une Pierre votive : elle n'est pas d'un aussi beau travail que les deux précédentes. On y voit gravée la tête de *Serapis* entre deux enseignes militaires, placée au-dessus d'un aigle, qui semble, en étendant ses aîles, vouloir voler. L'Aigle à raison de sa force, de la hauteur à laquelle il s'élève, & de la rapidité de son vol, étoit consacré, comme l'on sçait, à *Mythra Soleil*, & par conséquent à *Serapis*. Dans un des coins de la Pierre on remarque un Militaire qui paroît se reposer & s'appuie d'une main sur sa pique, de l'autre sur son bouclier. On peut croire que le Militaire ayant obtenu un *honorable congé* ou sa promotion à des grades supérieurs qu'il désiroit, avantage qu'il croyoit devoir à *Serapis*, a fait graver ce monument, ou pour le lui offrir, ou pour se rappeller sans cesse ses bienfaits. Il est en effet certain que les Soldats vétérans après avoir quitté la milice & reçu du Prince un honorable congé, en rendoient graces aux Dieux, & constatoient leur reconnoissance par des monumens & des inscriptions dont plusieurs nous restent. Nous allons en citer une qui convient d'autant mieux à la circonstance, qu'elle fut offerte par *P. Ælius Amandus*, après un honorable congé, au *Soleil Dieu invincible*, dénomination qui peut se donner & s'est donnée à *Serapis*, comme nous l'avons déjà vu. Elle avoit au-dessous un buste du Soleil, la tête rayonnante ainsi, que l'atteste *Fabretti* qui l'a publiée.

N°. III. PL. LXXXVII.

```
SOLI . INVICTO . DEO
EX . VOTO . SVSCEPTO
ACCEPTA . MISSIONE
HONESTA . EX . NVME
RO . EQ . SING . AVG . P
AELIVS . AMANDVS
D . D . TERTVLLO . ET
SACERDOTI .       COS.
```

On a plusieurs exemples de semblables offrandes faites aux Dieux par des Militaires reconnoissans dans de pareilles circonstances.

C'est ici le lieu de parler des Pierres que les Anciens appelloient σωτήριαι *Salutares* dont il se servoient en forme d'*amulettes*, & qui portoient l'image de *Serapis*, de ce Dieu qu'ils regardoient comme un des plus bienfaisans & qu'ils mettoient au nombre de ceux qu'ils nommoient τερασίως, ἀλεξικάκως, *Autores prodigiorum*, *malorum depulsores*, *Auteurs des prodiges*, *Préservateur des malheurs*. Gori, à cette occasion, cite un *Onyx* consacré à cette Divinité, espèce d'*amulette* sur laquelle on lisoit ces mots : ΝΙΚΑ Ο ΣΕΡΑΠΙΣ ΤΟΝ ΦΘΟΝΟΝ. *Serapis a vaincu l'envie*. L'envie est prise en cet endroit pour les maux, le *Destin envieux*, peut être même pour la *mort* : car on sçait que les Anciens en parlant d'un homme enlevé par une *mort* prématurée, disoient que l'envie l'avoit ravi.

N°. III.
PL. XCII.
La protection que *Serapis* accordoit aux Navigateurs est bien désignée par le *Jaspe rouge* N°. III, Plan. XCII, le vaisseau que l'on y a gravé semble fendre les eaux poussé par un vent favorable qui enfle ses voiles, & ce bon vent paroit dû à *Serapis*, dont la tête est placée sur la pouppe ou les Anciens avoient coutume de mettre les images des Dieux tutélaires, que l'on distinguoit toujours des simples ornemens qu'ils peignoient ou sculptoient à la proue. On peut encore inférer de l'exemple que nous avons sous les yeux que les Trirèmes & les autres vaisseaux des Anciens n'avoient pas seulement les noms des Divinités protectrices, mais en portoient encore les simulacres. Ces effigies des Dieux tutélaires se sculptoient en yvoire ou en quelqu'autre matière précieuse, & on les doroit quand elles n'étoient que de bois. Une de ces Divinités, la plus honorée comme protectrice des Navigateurs, fut *Isis*, dont les anciens Auteurs nous apprennent que l'on donnoit le nom aux Trirèmes & aux vaisseaux. On croyoit qu'elle étoit l'inventrice des voiles, qu'elle commandoit aux tempêtes & aux flots, & c'étoit d'elle qu'on se flattoit d'obtenir d'heureuses traversées : aussi les murs de ses Temples furent-ils couverts souvent de tables votives, témoignages de la reconnoissance de ceux qui avoient échappé à quelque naufrage ou qui étoient arrivés à bon port.

N°. I.
PL. XCII.
C'est à titre semblable de Divinité tutélaire que l'Artiste qui a gravé le *Jaspe* N°. I, Plan. XCII, a placé dans la partie supérieure la tête de *Minerve* au-dessus de la Trirème qui porte *Jupiter Serapis* assis sur un trône, & placé entre la *Fortune* & *Isis* qui gouverne ce vaisseau. La Divinité que nous venons d'indiquer sous le nom de la *Fortune* pouvoit bien être Proserpine que l'on voit

réunie

réunie avec *Isis* & *Serapis* dans une ancienne table votive. *Hygin* raconte qu'*Isis*, pour chercher son fils *Harpocrate* qu'elle avoit perdu, monta dans une barque à laquelle elle adapta des voiles. C'est cette course sur Mer qui fit surnommer *Isis Pelagia* dans une inscription citée par *Grutter*. La barque même, dit-on, étoit de *Papyrus*, & *Plutarque*, dans son traité d'*Isis* & d'*Osiris*, prétend que les crocodiles ne faisoient aucun mal à ceux qui voguoient sur des barques faites de *Papyrus*, parce qu'*Isis* en avoit monté une semblable. La Pierre que nous avons sous les yeux pourroit peut-être désigner la fête solemnelle d'*Isis* & des autres Dieux connus que les Égyptiens célébroient tous les ans, que l'on appelloit *Navigium Isidis*, & dont le Calendrier des Romains fait mention au mois de Mars.

Le *Jaspe rouge* N°. V, Plan. XCI, sembleroit indiquer le moment où *Serapis* présente à *Isis Harpocrate* après l'avoir retrouvé. *Serapis* est bien désigné par ses attributs, la haste ou sceptre, le boisseau que porte sa tête & les rayons qui la couronnent; l'herbe qui pousse à ses pieds ne semble pas y avoir été gravée sans raison: ce pourroit bien être le *Serapias* consacré à ce Dieu dont il avoit pris le nom. *Isis* ne peut pas plus être méconnue; à ses pieds est un serpent: de la main gauche elle porte un *sistre*, à sa droite est suspendu un vase, emblème de celui que l'on portoit plein d'eau dans toutes les Processions qui se faisoient en son honneur, & que suivant l'observation de *Winkelmann* les Latins appelloient *Cymbium* ou *Sitella*. *Harpocrate* a des attributs qui le caractérisent de même: il est jeune, nud, pour ainsi dire, n'a de vêtement que la *Chlamyde*; sa tête est orné de la feuille du *Persea*: de sa main gauche il soutient une corne d'abondance, pleine de fruit, qui est posée contre son épaule, & sa main droite élevée vers sa bouche, fait le signe que la plus grande partie des interprètes a pris pour le signal du silence.

Harpocrate se voit dans un âge un peu plus avancé, mais jeune encore, &, à l'exception de la *Chlamyde*, avec les mêmes attributs que dans cette Pierre, sur la *Cornaline* N°. III, l'*Onyx* N°. IV de la Plan. XCIII, ainsi que sur le *Jaspe varié* N°. I & le *Jaspe* N°. II de la Plan. suivante; il est pourtant accoudé sur un appui dans la dernière de ces Pierres.

Il ne paroît pas douteux qu'*Harpocrate* chez les Égyptiens ait été l'un des emblêmes du Soleil: la corne d'abondance désigne la fertilité que l'on doit à cet astre fécondant. Rien n'est plus naturel que ce que disent, d'après M. Jablouski, les *Auteurs de la description des Pierres gravées d'Oléans*, touchant

Harpocrate, confidéré comme emblême du Soleil: ils croyent que ce Dieu défigne le Soleil dans le folftice d'Hiver, & ils rapportent, pour appuyer le fentiment de l'Écrivain qu'ils fuivent, les autorités de *Plutarque*, de *Macrobe* & de *Martianus Capella* qui paroiffent concluantes.

Dans toutes les figures d'*Harpocrate* que nous mettons ici fous les yeux de nos Lecteurs, la tête de cette Divinité eft garnie de cheveux : & la diverfité de fentimens fur les cheveux de ce Dieu exige que nous nous arrêtions un inftant ici pour en parler. Macrobe dans un paffage fur lequel s'appuyent MM. *le Blond & de la Chau*, pour foutenir le même fyftême, dit que les Égyptiens repréfentoient *Harpocrate* la tête rafée, à l'exception d'une boucle de cheveux qu'ils laiffoient du côté droit pour indiquer que le Soleil eft toujours vifible dans quelque partie de l'Univers. Ces doctes Écrivains citent encore à l'appui de leur opinion une ftatue de marbre du Capitole, & un autre *Harpocrate* publié par M. le Comte *de Caylus*. Mais *Winkelmann* dans la defcription des *Pierres gravées de Stofch, I^e. Claffe, §. 3, N°. 81*, en décrivant une *Agathe-Onyx* fur laquelle *Harpocrate* a la tête rafée, fait cette réflexion bien effentielle dans cette circonftance. « Cette Pierre eft remarquable par cette fingularité, » dit-il, car *ce Dieu fe voit par-tout ailleurs avec des cheveux* » ; concluons donc d'après cette autorité, qui en vaut bien une autre, que fi la tête rafée de la figure qu'expliquent MM. *le Blond & de la Chau* défigne vraiment un *Harpocrate*, les cheveux qui fe voyent fur les têtes des figures qu'offrent nos différentes Pierres, ne peuvent pas faire foupçonner une erreur de notre part lorfque nous donnons ces figures pour être celles du même Dieu.

Il paroît que les mêmes *Auteurs de la defcription des Pierres gravées d'Orléans* n'ont pas ofé foufcrire entièrement au fentiment de M. *Jablouski*, touchant la pofition de la main droite que l'on voit toujours approchée de la bouche d'*Harpocrate*. Ce n'eft, dit M. Jablouski, qu'une preuve de la foibleffe de ce jeune Dieu, &, l'interprétation de gefte, par le filence, eft une pure invention des Grecs. Nous avouons franchement que nous ne pouvons concevoir l'analogie qu'il y a entre la foibleffe & la pofition des doigts d'*Harpocrate* contre fa bouche : il nous paroît au contraire très - naturel d'adopter la conjecture de *Bannier*, qui, dans *la Mythologie, & les Fables expliquées par l'hiftoire, Lib. VI. Ch. II. Art. III* s'exprime ainfi : « Dans toutes les » figures d'*Harpocrate* fon attitude eft de porter le doigt fur la bouche; les » Égyptiens, dont la Théologie étoit extrêmement myftérieufe, vouloient mar- » quer par-là qu'il falloit honorer les Dieux dans un filence refpectueux,

» on, comme dit Plutarque, que les hommes qui connoissoient ces Dieux n'en
« devoient point parler témérairement. Il y avoit même, au rapport de *Varron*,
» une loi qui défendoit, sous peine de la vie, de dire que *Serapis* eut été un
» homme mortel : & comme dans le Temple d'*Isis* & de *Serapis* il y avoit une
» idole, c'est-à-dire, un Harpocrate qui mettoit le doigt sur sa bouche, le
» même *Varron* disoit qu'il étoit-là pour recommander le silence sur cet
» article ».

Orus a été souvent confondu avec *Harpocrate*, *Cuper* n'en fait qu'une même
personne, & tout concourt en effet à établir ce sentiment.

Dans plusieurs des Pierres que nous venons d'expliquer, &, assez communément sur les Pierres antiques, *Isis* se trouve jointe à *Serapis*; mais sur ces
Jaspes rouges Nos. I & II, Plan. XCIII, elle accompagne *Osiris*. *Osiris* est
encore, suivant le sentiment le plus général, un emblême du Soleil : il est sans
barbe parce qu'il a une éternelle jeunesse, & on l'a souvent confondu avec
Bacchus. Son culte fut très-célèbre en Égypte, & personne n'ignore quelle
vénération les habitans de ce pays avoient pour le bœuf *Apis*, qui représen-
toit, disoient ses Prêtres, l'ame du Dieu. D'après son opinion particulière,
chaque Sçavant a interprèté le sens de l'histoire fabuleuse d'*Osiris*. Celui qui
veut qu'il soit le Soleil, ne trouve rien dans son culte qui ne rappelle quelque
idée de la fécondité. Celui qui consent à admettre l'existence d'*Osiris* comme
Prince de l'Égypte, en le mettant au nombre des humains qui ont le plus
perfectionné l'Agriculture, en voit les symboles les plus clairs jusques dans
ce bœuf héritier de son ame. Enfin parmi ceux qui cherchent dans l'histoire
l'origine des Fables, les uns croyent reconnoître Moyse, les autres Joseph
& ne font pas attention qu'à l'époque de l'existence de ces deux saints personnages, le culte d'*Osiris* existoit en Égypte, puisque l'adoration du veau
d'or n'en fut qu'une image : les autres s'imaginent retrouver en lui *Mesraïm*,
fils de *Cham*, & qui, par cette raison, fut dit fils de Jupiter, puisque dans leur
opinion *Cham* est la source du nom d'*Ammon* donné à Jupiter ; il en est
aussi qui veulent qu'*Osiris* soit le même que *Cham* qu'ils regardent comme
confondu avec le premier Roi d'Égypte ; & comme le premier Roi d'Égypte,
ainsi que le remarque *Africanus* d'après *Manéthon*, a été dévoré par un crocodile, *Osiris* tué par *Typhon*, que l'on représente sous la figure de ce cruel
animal, leur paroît évidemment être ce fils de Noë.

Quant à *Isis* confondue avec la Lune, Cérès, Cybèle & Junon, elle étoit l'emblême de l'universalité de la Nature; l'inscription qu'*Arrius Babinus* fit graver en son honneur, & que l'on trouva à Capoue, n'en laisse pas de doute: la voici telle que *Grutter* la rapporte.

TE TIBI
VNA QVAE
ES OMNIA
DEA ISIS
ARRIVS BA
BINVS. V. C.

Je suis ce qui a été, ce qui est & ce qui sera: & nul mortel n'a levé mon voile, lui fait-on dire à elle-même dans une autre inscription que cite *Plutarque*, & la manière dont elle s'exprime est bien conforme à l'idée des Matérialistes, qui regardoient comme éternelle la nature à laquelle ils transportoient les perfections de son Auteur.

Le culte d'*Isis*, né & répandu dans l'Égypte, passa dans la Grèce vers le tems d'Alexandre-le-Grand & dans l'Italie, à-peu-près au tems de Sylla, comme le remarquent très-bien MM. *de la Chau*, qui rappellent encore les contradictions qu'il éprouva dans la Capitale de l'Univers: l'Italie le communiqua à la Germanie, à plusieurs autres pays, & sur-tout aux Gaules où nous en retrouvons mille vestiges, entre lesquels le nom même de la ville de *Paris* est mis par beaucoup de Sçavans.

Sur la Pierre du N°. I, *Hécate* est à la droite d'*Osiris*; Hécate, qu'il est impossible de méconnoître à sa triple figure, & que l'on appelloit la Lune dans les Cieux, Diane sur la terre & Proserpine dans les Enfers.

Le sistre, qu'*Isis* tient à la main sur cette même Pierre, suivant l'interprétation de *Servius*, signifie les variations du Nil, &, suivant *Plutarque* les changemens & l'origine des choses. Le vase que porte l'autre main, disoient quelques Philosophes, que ridiculise *Lucien*, indique le pouvoir d'*Isis* d'attirer à elle les vapeurs de la Mer pour en former la boisson des Astres.

N°. V.
Pl. LXXXV.
L'*Agathe-Sardoine* N°. V, de la Planche LXXXV, presque semblable au beau Camée qu'a publié *Léonard Agostini*, Plan. LXVIII, représente ou bien *Isis*,

ou, sous la figure de cette Déesse, quelque Reine d'Égypte que l'on aura voulu flatter par ce rapprochement. Ses cheveux sont bouclés à la manière Égyptienne : sa tête est ceinte d'une couronne formée de feuilles qui croissoient au bord du Nil : son vêtement est rendu avec art & la tête a beaucoup de finesse. A la main cette figure tient un sistre, attribut particulier à *Isis*, comme on peut l'avoir remarqué plusieurs fois. Le fruit sacré du *Persea* s'élève au milieu des feuilles qui couronnent sa tête. On la remarque communément sur celle de cette Divinité, ainsi que sur le front de *Serapis*, d'*Harpocrate*, d'*Hécate* & *de Canope*, ce dont les Pierres que nous avons sous les yeux offrent la preuve. Voici la note que MM. *le Blond* & *de la Chau* ont donnée sur ce fruit en décrivant un *Camée d'Isis*. « Le *Persea* est décrit
» dans *Dioscoride*, (I. 187), comme un arbre dont le fruit est stomachique
» & qui croit principalement dans la Thébaïde. *Strabon* en parle aussi,
» (*Lib. XVII*). Il dit qu'il est toujours verd, que son fruit est de la grosseur
» d'une poire, qu'il est oblong & enveloppé d'une écorce comme l'amande.
» Selon *Plutarque*, (de *Iside* & *Osyride*, pag. 378), cet arbre est consacré
» à *Isis*. *Galien* dit avoir vu en Égypte un *Persea* comparable aux grands
» arbres, il assure que son fruit est un poison si subtil, qu'il fait périr ceux
» qui en mangent ; mais que transplanté en Égypte le même fruit devient
» très-bon. Cela suffiroit pour faire croire que le *Persea* est tout-à-fait différent du Pêcher. *Diodore de Sicile* (*Lib. I.*) dit que cet arbre a été porté
» en Éthyopie par les Perses sous Cambyse, il ajoute que son fruit est très-
» doux. Les Romains avoient fait une loi par laquelle il étoit défendu de
» couper ces sortes d'arbres ; on n'en trouve à présent que très-difficilement
» en Égypte ». *Léonard Agostini* regarde le fruit de cet arbre comme l'emblème du silence & de la vérité : il a, nous dit-il, *la forme du cœur*, tandis que ses feuilles ressemblent à une langue qui, d'accord avec le cœur, ne peut dire que la vérité préférable à tout aux yeux des Égyptiens.

Le même *Léonard Agostini*, Plan. CIII, a publié une *Cornaline* qui a beaucoup de ressemblance avec celle que nous avons placée, N°. VI, de notre Planche LXXXV ; elles offrent une tête jeune sur laquelle est une espèce de petit boisseau d'où sortent des pavots. Autour du col, en retombant sur les épaules & la poitrine, qui sont entièrement couvertes, est un collier très-ample des extrémités duquel, si nous considerons la Plan. d'*Agostini* sortent

N°. VI.
Pl. LXXXV.

des cygnes, si nous ne regardons que notre Gravure, ce sont deux rubans ou liens, & si nous lisons *Gori* ce sont des serpens ou aspics. Une autre différence entre ces deux têtes, c'est que les cheveux de la nôtre sont à découvert, & que celle d'*Agostini* porte une espèce de bonnet qui les couvre.

Au surplus, si ces deux *Cornalines* ont beaucoup de ressemblance, il ne s'en trouve aucune entre les explications qu'en donnent *Agostini* & *Gori*. Suivant *Agostini*, sa figure n'est qu'un masque symbolique, emblême du *sommeil* qu'indiquent les pavots, plantes somnifères. Le vase qui est au-dessus de la tête contient de l'eau du *Léthé*, & les deux cygnes, animaux qui chantent à l'approche de leur mort sont bien faits pour désigner le *sommeil* qui est l'image la plus parfaite de la mort elle-même. *Gori*, dans le vase reconnoît le boisseau d'*Isis*; dans les pavots il voit la fécondité. Les *aspics* étant consacrés à *Isis*, comme le prouve la Table Isiaque, où cette Divinité en a un sur la tête, lui conviennent parfaitement sur notre Pierre, & cet attribut d'ailleurs lui pouvoit être donné à raison de son sexe, puisqu'autrefois on faisoit aux femmes des colliers avec de petits dragons d'or ou d'argent, ainsi que l'atteste *Lucien*. Entre ces deux explications, les Sçavans pourront choisir à leur gré celle qui leur paroîtra convenable.

N°. I.
Pl. LXXXVI.
Isis souvent confondue avec *Cérès*, regardée en elle-même comme l'emblême de la Nature & de la fécondité, appellée dans les anciennes inscriptions *Fugifere*, *Frugifera*, *Fruclifera*, est évidemment représentée sur le *Saphir*, N°. I, de la Plan. LXXXVI. Tout l'annonce, & les grappes de raisins ornées de pampres, & les paquets de glands accompagnés de leurs feuilles qui retombent des deux côtés de la tête & les pommes qui la surmontent.

N°. II.
Pl. LXXXVI.
Nous ne dirons pas la même chose de la Pierre qui suit immédiatement celle-ci. C'est une *Agathe-Sardoine* où l'on voit une tête avec deux oreilles & deux cornes de taureau, au milieu de trois astres. *Gori* croit devoir reconnoître en elle l'*Isis* Κερατοφόρος que les Égyptiens, nous dit-il, ont adorée avec ces attributs, ainsi qu'*Hérodote* & *Nonnus* l'attestent, soit à raison de ce qu'elle avoit été confondue avec *Io*, soit parce qu'ils la consideroient comme la Déesse *Astarté*. Ces cornes ne lui paroissent en aucune manière

étonnantes, parce, qu'ajoute-t-il, les Anciens en donnoient à presque tous leurs Dieux, comme on peut s'en convaincre en lisant *Spanheim*. Cette explication paroît *si peu vraisemblable* aux *Auteurs de la description des Pierres gravées d'Orléans*, qu'ils ne daignent pas même en rendre compte: ils regardent au contraire une tête singulièrement ressemblante à celle-ci, comme l'emblême d'un fleuve, & nous ne sommes pas du tout éloignés d'appliquer à notre *Agathe-Sardoine* l'explication que ces Sçavans font de leur Pierre. Ce qu'il y a de certain, c'est que notre tête a un caractère mâle, qui ne convient en aucune manière à une Déesse.

La *Cornaline* N°. IV, Plan. LXXXVII, offre une figure bien rare d'*Isis*: sa tête est voilée, ses mammelles fortement protubérantes, ses bras au lieu de mains ont des pattes de crocodile: & l'on voit un de ces animaux grimper le long de l'*Hermès* qui termine cette Divinité. Le crocodile chez plusieurs Nations étoit regardé comme symbole du Soleil, & dès-lors peut accompagner très-bien la figure d'*Isis*. Peut-être cette figure représente-t-elle quelqu'*Hermès* placé aux bords du Nil, & que l'on avoit pu regarder comme formidable aux crocodiles. Enfin le Graveur peut l'avoir ainsi placé près de la Déesse pour annoncer la métamorphose de *Typhon*, meurtrier d'*Osiris*, en cet animal soumis au pouvoir d'*Isis*.

N°. IV.
Pl. LXXXVII.

Le *Lotus* étant cher aux Divinités dont nous venons de parler, & les Anciens l'ayant fait servir de siége à *Harpocrate*, d'ornement aux têtes de *Serapis* & d'*Isis* comme le fruit du *Persea*, il est assez naturel de placer ici l'*Agathe* de diverses couleurs, N°. III, Plan. XCIV, sur laquelle est gravée la Nymphe pudique, qui, pour échapper aux poursuites de *Priape*, se changea en *Lotus*. On y voit cette Nymphe nue debout: la moitié des jambes est cachée dans la touffe principale & inférieure des feuilles de la plante, & les pieds semblent y avoir pris racine; de cette touffe s'élèvent des deux côtés du corps des tiges menues, & l'on en voit une sortir d'une des mains déjà métamorphosée.

N°. III.
Pl. XCIV.

Si ce n'est point la Nymphe *Lotis* que cette Pierre représente, ce pourroit bien être *Dryopé* qui fut changée en cette même plante pour en avoir cueilli des fleurs, & dont Ovide fait raconter ainsi la métamorphose par sa sœur. « Parmi les beautés de l'*Æchalie*, l'une des plus célèbres par ses charmes, » *Dryopé*, fille unique de sa mère, car mon père m'eut d'une autre, après » avoir éprouvé la violence du Dieu de Delphes & de Delos, obtint la main

» d'*Andrœmon*, & les nœuds de cette Hymen la rendoient heureuse. Il est
» un étang dont les bords sont couronnés de myrthes. Ignorant son destin,
» *Dryopé* vint pour y apporter des couronnes aux Nymphes : dans ses bras,
» sur son sein elle portoit le doux fardeau d'un fils qui n'avoit pas encore
» un an & qu'elle nourrissoit de son lait. Non loin de l'étang, en attendant
» les fruits, brilloit de l'éclat de ses fleurs empourprées l'aquatique *Lotus*.
» Ces fleurs plurent à *Dryopé*, elle en cueillit pour amuser son enfant &
» j'aillois en faire autant, j'étois à côté d'elle, quand je vis des goutes de
» sang tomber de la fleur, & tous les rameaux du *Lotus* tressaillir; elle souf-
» froit apparemment la Nymphe *Lotis*, que les habitans de ces campagnes
» nous ont dit trop tard être ce *Lotus* en qui elle fut convertie pour
» échapper aux poursuites de l'obscène *Priape*.

» Las! ma sœur l'ignoroit: effrayée, elle vouloit fuir & quitter ces lieux
» après en avoir adoré les Nymphes; mais ses pieds ont déjà pris racine.
» Elle veut envain les arracher de la terre où ils se fixent, elle ne peut
» remuer que le haut du corps: d'en bas s'élève insensiblement une écorce
» qui l'entoure. A cette vue, *Dryopé* veut s'arracher les cheveux; elle y porte
» la main & sa main n'arrache que des feuilles dont sa tête étoit déjà cou-
» verte. Le petit *Amphissus*, (son ayeul lui avoit donné ce nom) sent se
» durcir le sein de sa mère, & le lait qu'il aspire envain ne peut plus couler
» dans sa bouche. J'étois spectatrice de ce sort, & je ne pouvois, ô ma sœur,
» te porter aucun secours: autant qu'il m'étoit possible je tentois par mes
» embrassemens d'empêcher l'arbrisseau de se former; je desirai même alors
» d'être voilée sous la même écorce; *Andrœmon*, & notre infortuné père
» arrivent: ils cherchent *Dryopé*, & pour elle je leur montre le *Lotus*:
» aussi-tôt ils couvrent de baisers le bois chaud encore & ils s'attachent à
» cet arbre naissant: tu n'avois plus rien d'humain que le visage, ô chère
» sœur! Ses larmes coulent encore sur les feuilles nouvellement sorties de
» son corps métamorphosé, & tandis qu'elle peut encore parler, elle se
» plaint en ces termes.

» Si l'on doit croire aux témoignages des malheureux, j'en atteste les
» Dieux, je n'ai pas mérité ce qui m'arrive. Sans crime je souffre ce châti-
» ment. Je ne suis point coupable, & si je ne dis pas la vérité, que je sois
» aussi-tôt dépouillée de ces feuilles qui me couvrent, & que desséchée je
» tombe sous la coignée sévère du Bûcheron. Enlevez cet enfant aux rameaux
» que forment les bras de sa mère infortunée, & qu'il passe sur le sein d'une
» nourrice :

» nourrice : amenez-le souvent pour lui faire boire du lait sous mon ombrage :
» qu'il y vienne s'amuser à de doux jeux. Quand il pourra parler, apprenez-
» lui à saluer sa mère, & qu'il dise avec sensibilité, cette écorce, pourtant, me
» cache ma mère. Apprenez-lui à redouter les étangs : qu'il ne cueille jamais
» les fleurs d'un arbre, & qu'il croie que tous les arbrisseaux sont autant de
» Déesses. Adieu, cher époux, tendre sœur, & vous mon père, adieu : si vous
» conservez quelques affectueux sentimens pour moi, défendez mes branches du
» tranchant de la serpe & mon feuillage de la dent des animaux : &, puisque je
» ne puis plus me courber vers vous, élevez-vous vers moi, atteignez à ma
» bouche & cueillez mes baisers, tandis qu'on peut les sentir encore ; sur-tout
» approchez mon fils ; je ne puis plus parler, l'écorce commence à gagner
» mon col : le sommet de ma tête s'enferme sous elle : retirez vos mains &
» qu'elle couvre, sans vous, mes yeux mourans. En cet instant elle cessa de
» parler : elle cessa d'être, & long-tems encore la chaleur de son corps se
» sentit à travers cette écorce & sous les rameaux de cet arbre ».

D'après *Pline*, *Théophraste* & *Dioscoride*, MM. *le Blond* & *de la Chau* décrivent ainsi le *Lotus*. « Il croît, disent-ils, dans les marais d'Égypte : il
» ne paroît qu'après l'inondation du Nil : il ressemble à la fève & son fruit
» à celui du pavot : ce fruit se resserre & se couvre de ses feuilles au coucher
» du Soleil : il se développe à son lever, jusqu'à ce qu'il ait acquis son degré
» de maturité, alors la feuille, devenant blanche, tombe d'elle-même ».

Planche XCV.

CANOPE.

On a toujours compté parmi les superstitieuses folies des Égyptiens le culte de *Canope*, dont on voit ici la représentation. Cette figure tire une grande valeur de son travail, & de la matière dont elle est faite : elle est d'*Agathe Orientale* & fort bien sculptée.

Dans tous les monumens d'Égypte, *Canope* est représenté sous la forme d'un de ces vases dans lesquels les Égyptiens conservoient & laissoient se purifier l'eau du Nil. De ces vases, couverts ordinairement de figures Hiéroglyphiques, sort une tête d'homme ou de femme, quelquefois il en sort aussi des mains (1). A la

---

(1) Dans un recueil d'Antiquités qui ont appartenues à M. *de Peiresc* & que conserve la Bibliothèque de Saint Victor, on voit un *vase* ressemblant par la forme à ceux sous lesquels

première inspection de notre Planche, on voit que la description que nous venons de faire du *Canope* Égyptien, lui convient parfaitement. Quant aux figures Hyéroglyphiques qui embellissent notre *Canope*, on doit, entre elles spécialement, remarquer les deux astres qui sont des deux côtés, & l'œuf qui est suspendu au cou ; l'œuf qui est comme cette *Bulle* que les Égyptiens suspendoient au col d'*Harpocrate*, orne ici celui de *Canope* pour indiquer la génération de tout ce qui existe, dont, suivant *Plutarque*, il est le symbole. Ce symbole convenoit parfaitement à ce Dieu, puisque, dans la Philosophie des Égyptiens, l'eau étoit le principe de tous les êtres, comme ils l'enseignèrent à Thalès qui en fit le fondement de son système, & que chez eux *Canope* étoit le Dieu des eaux. Les deux astres désignent le Soleil & la Lune, causes générales de la fécondité.

Ruffin, dans son histoire Ecclésiastique, cite un prétendu miracle de ce Dieu dû à l'adresse de l'un de ses Prêtres. Le voici. Les Chaldéens vantoient la supériorité de leur Dieu sur les Divinités des autres peuples. Ils alloient donc de pays en pays livrer l'attaque aux simulacres des Dieux que l'on y adoroit : le leur étoit toujours vainqueur : leur Dieu *feu* réduisoit en poudre les statues de bois, fondoit l'or, l'argent & le bronze. Il eut sans doute aussi par sa chaleur fait éclatter le vase qui formoit la figure de *Canope* sans la ruse d'un de ses Prêtres qui le rendit victorieux du *feu* des Chaldéens. Les vases dans lesquels les Égyptiens déposoient l'eau du Nil, étoient percés d'une infinité de trous imperceptibles : le Prêtre en prend un, bouche les trous adroitement avec de la cire, colore le tout, remplit le vase d'eau, y ajuste ensuite la tête de son Dieu & attend courageusement l'adversaire. Arrivés, les Chaldéens donnent de l'aliment à leur Divinité qui se montre plus brillante que jamais : au milieu des flammes qui forment son essence, ils placent la cruche divine : ils croyoient déjà la voir céder à l'activité puissante de leur Dieu ; mais tout-à-coup la cire se fond, l'eau comme une pluie miraculeuse inonde le Dieu des Chaldéens qui perd tout-à-coup sa force & s'éteint à la honte de ses adorateurs. Ce fait est-il vrai ? *Ruffin* n'en cite aucun garant ; nous ne le garantirons donc pas davantage ; nous dirons seulement que, parmi les Abraxas rapportés par *Chifflet*, se trouve un vase percé de mille trous qui, surmonté d'une tête & terminé

---

on figuroit *Canope*, il est couvert d'Hyéroglyphes ; mais il a une tête de chien, il est dans ce recueil N°. LXXVI.

par des pieds, est également un *Canope*, & atteste la possibilité de la ruse Égyptienne.

Sur la *Cornaline* Nº. IV de la Planche précédente est encore une figure de *Canope* portée par un gryphon, dont la patte est posée sur une roue. Cette Pierre est, dans presque toutes ses parties, ressemblante à la *Cornaline* qu'a publiée *Léonard Agostini*, Planche CCV. D'accord avec ce Sçavant, *Gori* croit que cette figure est le symbole du pouvoir du Soleil sans lequel l'eau, dont *Canope* est l'emblème & le Dieu, ne peut rien produire, & c'est pour cette raison, ajoute *Agostini*, qu'on a placé son image sur le dos du gryphon.

PLANCHE XCVI.

CYNOCÉPHALE.

Les Mythologues prennent souvent les figures *Cynocéphales* pour des *Anubis* & se trompent en cela, nous dit l'Abbé *Bannier*, dans la *Mythologie expliquée par l'histoire*, Lib. *VI*, *Ch. II*, *Art. IV*. Est-ce une figure purement *Cynocéphale*, est-ce un *Anubis* que représente la *Calcédoine* que nous avons sous les yeux ? La forme humaine que l'on remarque dans le corps, jointe à la tête de chien, semble désigner *Anubis*. L'espèce de *Mantelle* faite comme un filet en forme d'écailles qui recouvre les épaules indique la connexion de toutes les parties de la Nature. La tête de chien donnée à *Anubis*, dit l'Abbé *Bannier*, peut avoir plusieurs origines. Comme, suivant ce Mythologues, *Anubis* a été à la guerre des Indes, & qu'il peut y avoir porté la dépouille de cet animal, cela peut lui avoir fait donner une tête de chien. Peut-être aussi, dit-il, ayant été Capitaine de Gardes d'*Isis* & d'*Osiris*, aura-t-on voulu désigner sa vigilance dans cet emploi par l'emblème de l'animal, symbole de la vigilance & de la fidélité. On voit à Paris, dans la Bibliothèque de Saint-Victor un précieux recueil d'Antiquités, qui ont appartenues à M. de *Peiresc*, dont quelques figures d'*Anubis* sembleroient confirmer cette idée.

Gori paroît distinguer la figure que nous examinons de l'*Anubis*. Le *Cynocéphale* chez les Égyptiens étoit, nous dit-il, le symbole de la Lune, à raison de ce qu'il éprouvoit, suivant les influences de cet astre. Le même *Gori* regarde encore cette petite statue comme un don fait à quelques Dieux

Égyptiens, tels qu'*Ifis* ou *Anubis*, & il s'appuie dans cette conjecture sur l'autorité de *Lucien*, qui raconte que des voleurs sacriléges avoient enlevé du Temple d'*Anubis*, des phioles d'or, un caducée de même métal & des *Cynocéphales* d'argent.

Nous finirons cet article par une remarque intéressante de *Winkelmann*, §. IV, de la I^e. *Classe de la description des Pierres gravées du Baron de Stosch*, N°. CIII. « Les Chrétiens du moyen âge, nous dit-il, ont figuré Saint-Chris-
» tophe avec une tête de chien, comme *Anubis*, pour signifier que ce Saint
» étoit du pays des *Cynocéphales*. Tel le voit-on, ajouta-t-il, sur un ancien
» ménologue peint sur bois, dans la Bibliothèque du Vatican ; cette rare
» Pierre y est entrée avec la Bibliothèque du Marquis *Capponi* ».

Fin du Tome premier des Pierres gravées.

TABLE DES PLANCHES.

TABLE

DES PIERRES ANTIQUES

Qui font expliquées dans ce Volume.

CLASSE I.

Cette Claſſe contient les portraits des Empereurs, des Céſars, des Perſonnages auguſtes, de leurs femmes & des plus illuſtres Romains, diviſés en XXIX Planches.

Nota. *L'Aſtérique* * *mis devant un chiffre déſigne un Camée : le chiffre Romain qui précède les noms indique le* N°. *des Pierres ſur les Planches : & le chiffre Arabe qui les ſuit annonce la page où ſe trouve l'explication.*

PLANCHE I.

I. II.	Numa Pompilius,	page 1
III.	Lucrèce,	ibid.
IV.	L. Junius Brutus,	1, 2
V.	C. Sulpicius,	2
VI.	Sext. Pompée,	2, 3

PLANCHE II.

I. II.	C. Julius Céſar,	3
*III.	M. Junius Brutus,	4
IV. V. *VI.	Auguſte,	4, 5

PLANCHE III.

*I.	Auguſte,	5
II.	Auguſte, peut-être Tibère encore jeune,	ibid.
III. *IV.	Livie,	5, 6
V.	M. Claudius Marcellus,	6
*VI.	M. Agrippa,	7

Tome I.   H h

TABLE.

PLANCHE IV.

*I.	M. Agrippa,	7
II.	Caïus Céfar,	7, 8
III.	Lucius Céfar,	8
IV. V.	Caïus & Lucius Céfar en regard. Sur le revers de la même Pierre eft la louve qui allaite Rémus & Romulus fous le figuier ruminal, en préfence du Berger Fauftule,	8, 9

PLANCHE V.

*I.	Bufte de Tibère Céfar,	ibid.

PLANCHE VI.

*I.	Tibère Céfar & Livie ou Julie,	10
II. *III.	Tibère Céfar,	ibid.

PLANCHE VII.

*I.	Tibère Céfar,	
II.	Néron Claude Drufus, ou Drufus fils de Tibère,	10, 11, 12
III.	Antonie Augufte,	12
IV. *V.	Germanicus Céfar,	12, 13, 14
VI.	Caïus Céfar Caligula,	14, 15

PLANCHE VIII.

I. *II.	Tib. Claude Céfar,	15, 16
III.	Les têtes accouplées de Tib. Claude Céfar & de Valerie Meffaline,	16, 17
*IV.	Cl. Britannicus Céfar,	17, 18
V.	Julie Agrippine,	18
VI.	Néron Claude Céfar,	19

PLANCHE IX.

*I. *II.	Néron Claude Céfar,	19, 20
III.	Octavie Augufte,	20, 21, 22
IV.	Sabina Poppéa,	22, 23, 24
V. VI.	Serv. Sulpicius Galba,	24, 25

TABLE.

PLANCHE X.

I.	M. S. Othon César,	25, 26
II. III.	A. Vitellius,	26, 27, 28
*IV.	Fl. Vespasien,	28, 29, 30, 31
V.	Julie Auguste, fille de Tite César,	31, 32
*VI.	Tite César Vespasien Auguste,	32

PLANCHE XI.

*I.	Buste de Tite César Vespasien Auguste,	32, 33
*II.	Buste de l'Empereur Nerva,	33
*III.	Buste de l'Empereur Trajan,	33, 34

PLANCHE XII.

I. *II.	Domitien,	34, 35, 36
III. *IV.	Trajan,	33, 34
V.	Plotine Auguste,	36, 37
VI.	Marciane Auguste,	38

PLANCHE XIII.

I.	Matidie Auguste,	38
II.	Matidie, fille de Matidie Auguste,	38
III.	Adrien, Empereur,	39, 40, 41
IV.	Sabine Auguste,	41
V. *VI.	Antinoüs,	38, 39

PLANCHE XIV.

*I.	Buste d'Adrien,	39, 40, 41
*II. *III.	Bustes de Sabine,	41

PLANCHE XV.

I.	L. Ælius Verus César,	41, 42
II. III.	L'Empereur Antonin,	42, 43, 44, 45
IV. V.	Faustine Auguste,	45
VI.	Marc-Aurèle,	45, 46, 47, 48, 49

Hh 2

TABLE.

PLANCHE XVI.

I.	Marc-Aurèle,	49
II. III.	Fauſtine Auguſte, fille d'Auguſte,	ibid.
*IV.	Fauſtine & M. Aurèle en regard,	49, 50

PLANCHE XVII.

I.	L. Verus Céſar,	50, 51
II.	Lucille Auguſte,	51
III. IV.	M. Aurèl. Commode,	51, 52, 53
V.	Criſpine Auguſte,	53
VI.	L'Empereur M. Didius Sevèr. Juli,	53

PLANCHE XVIII.

I.	Manlia Scantilla Aug.	53, 54
II.	Peſcennius Niger,	54, 55
III.	L. Septim. Sévère,	55, 56
IV.	Julie épouſe de Sévère,	57
V.	M. Aurèl. Baſſien,	57, 58, 59
*VI.	P. Septim. Geta,	59

PLANCHE XIX.

*I.	M. Opel. Macrin & Diadumène ſon fils en regard,	59, 60
II.	Macrin,	59
III. IV.	Héliogabale,	61, 62
VI.	Aquilia Severa,	62

PLANCHE XX.

*I. II. III.	Maximin, Empereur,	63
IV.	Jul. Ver. Maxime Céſar,	64
V.	M. Ant. Gordien le pieux,	64, 65
*V.	Dioclétien, Empereur,	65, 66

PLANCHE XXI.

*I.	Conſtantin le Grand, quelques-uns croyent que c'eſt Veſpaſien,	66
*II.	Conſtantin le jeune,	66, 67

TABLE

PLANCHE XXII.
* I.   Sacrifice de Julien à Ifis,   67, 68, 69, 70

PLANCHE XXIII.
* I.   Auguste,   70
* II.   Nerva,   ibid.
* III.   Trajan,   ibid.
* IV.   Trajan ou son père,   ibid.
* V.   Livie Auguste,   ibid.
* VI.   Faustine le jeune,   ibid.

PLANCHE XXIV.
* I.   Néron jeune encore ou Drusus fils de Germinicus,   70, 71
* II.   Matedie, fille de Marciane,   ibid.
* III.   Marc-Aurèle,   ibid.
* IV.   Adrien,   ibid.
* V. * VI.   Les deux Posthumes,   ibid.

PLANCHE XXV.
I.   Anthiocus ou Thésée,   ibid.
II.   Tête inconnue,   ibid.
* III.   Tête de jeune homme inconnue,   ibid.
* IV.   Antonin Bassien, Prince de la Jeunesse,   ibid.
* V.   Crispine,   72
* VI.   Julie Paule,   ibid.

PLANCHE XXVI.
I.   L'Empereur Albin,   ibid.
II.   Gordien le pieux,   ibid.
III.   Adrien & Ælius César,   ibid.
IV.   Julie Auguste, fille de Tite,   ibid.
* V. * VI.   Deux têtes de César inconnues,   ibid.

PLANCHE XXVII.
* I. * II. III. * IV. V. VI.   Têtes d'hommes illustres & vraisemblablement Consulaires qui sont inconnues,   ibid.

TABLE.

PLANCHE XXVIII.

I.	*Quirinus*,	73 — 81
II.	*C. César Caligula*,	ibid.
III.	*Claude & Agrippine*,	ibid.
IV.	*Claude & Antoine Auguste*,	ibid.

PLANCHE XXIX.

*I.	*Néron & Poppéa en regard*,	ibid.
II.	*Commode & Crispine en regard*,	ibid.
III.	*Plautille, fille du Consul Plautien, épouse de Caracalla*,	ibid.
IV.	*Auguste*,	82

CLASSE II.

Cette Classe contient des portraits de Rois, de Reines & de Héros partagés en XXIX Planches.

PLANCHE XXX.

I. II.	*Alexandre*,	83 — 103
*III.	*Lysimaque*,	103
IV. V. VI.	*Pyrrhus, Roi d'Épire*,	104, 105, 106

PLANCHE XXXI.

I.	*Cassandre, Roi de Macédoine*,	106, 107
II.	*Ptolémée Soter*,	107, 108
III.	*Bérénice la grande*,	108, 109
IV.	*Ptolémée Philadelphe*,	109, 110, 111

PLANCHE XXXII.

I.	*Ptolémée Aulète*,	111, 112
II.	*Ptolémée le jeune*,	112
III.	*Cléopâtre*,	112, 113, 114
IV.	*Mithridate Eupator, Roi de Pont*,	114
V.	*Massinissa, Roi des Numides*,	115, 116
VI.	*Diomède*,	116

TABLE.

PLANCHE XXXIII.

I.	Pergame,	117
II.	Ptolémée, fils aîné de Ptolémée Aulète,	ibid.
III.	Rhémétalcès, Roi de Thrace,	118
IV.	Tête de Vieillard inconnue,	ibid.
V.	Philiſtis,	ibid.
*VI.	Cléopâtre, dite Sélène,	119

PLANCHE XXXIV.

I.	Tête inconnue ſous la coëffure de Fauſtine,	ibid.
II.	Artemiſe, Reine de Carie,	119, 120
III.	Bérénice,	ibid.
*IV.	Reine d'Égypte inconnue,	ibid.
V.	Peut-être Arſinoé,	ibid.
VI.	Ptolémée Apion,	120, 121

PLANCHE XXXV.

I.	Sémiramis, ou Rhodogune ou une Muſe,	121, 122
II. *III.	Sémiramis ou Rhodogune,	ibid.
IV.	Tête de Reine, ou de Veſtale inconnue,	122
*V.	Auguſte,	ibid.
*VI.	Tête inconnue peut-être Cotyos, Reine des Thraces,	122, 123

PLANCHE XXXVI.

*I.	Reine d'Égypte inconnue,	123
II.	Tête inconnue, peut-être a-t-on voulu repréſenter Livie,	ibid.
*III.	Tête inconnue, peut-être d'une Reine des Amazones,	ibid.

PLANCHE XXXVII.

*I.	Buſte de femme, peut-être d'une Reine de Syrie,	124

PLANCHE XXXVIII.

I.	Tête inconnue, peut-être eſt-ce Hannon, Général des Carthaginois,	124

TABLE.

I I.	Tête inconnue peut-être d'un Roi de Thrace,	125
*I I I.	Tête incertaine, peut-être Antiochus II,	ibid.
I V.	Tête incertaine, peut-être Démétrius Poliocèrte,	ibid.
V.	Tête incertaine, peut-être Démétrius Soter,	125, 126

PLANCHE XXXIX.

*I. II. *III.	Têtes de Rois inconnues,	ibid.
I V. * V.	Têtes de Héros inconnues,	ibid.
V I.	Reine d'Égypte, peut-être Bérénice la grande,	ibid.

PLANCHE XL.

*I.	Buste de femme inconnue,	ibid.

PLANCHE XLI.

I.	Méléagre,	126, 127, 128
I I.	Thésée,	128 — 132
I I I.	Hyacinthe, fils d'Amycle,	132, 133
*I V.	Léandre,	133
V.	Tête de Méduse mourante,	133 — 135

PLANCHE XLII.

I. *II.	Têtes de Meduse languissante,	ibid.
*I. *II. *III.	Têtes de Méduse lançant des regards cruels,	ibid.

PLANCHE XLIII.

I. — V I.	Têtes de Méduse avec différentes expressions,	ibid.

PLANCHE XLIV.

I. — V.	Têtes de Méduse avec différentes expressions,	ibid.
V I.	Hercule jeune,	135

PLANCHE XLV.

I. *II.	Têtes d'Hercule jeune, la peau du lion attachée au col,	135 — 154
III.	Têtes d'Hercule coëffée du muffle du lion,	136
IV. V.	Têtes d'Héraclides, ou de zélés Sectateurs d'Hercule,	138
V I.	Hercule couronné d'Olivier,	136

PLANCHE XLVI.

TABLE. 249
PLANCHE XLVI.

I.	Hercule, la terreur des monstres,	ibid.
II.	Hercule buveur, couronné de lierre,	136, 137
III.	Hercule parcourant l'Univers,	ibid.
IV.	Tête nue d'Hercule,	135
V.	Hercule, Conservateur couronné de chêne,	137
*VI.	Tête nue d'Hercule,	136

PLANCHE XLVII.

I. II. *III. *IV. *V. *VI.	Têtes d'Omphale ou d'Iole,	138

PLANCHE XLVIII.

I. II. III.	Héraclides, ou Sectateurs d'Hercule,	138
IV. *V.	Hercule Pollens,	136
VI.	Hercule couronné de peuplier,	137

PLANCHE XLIX.

I.	Hercule enfant étouffant deux serpens & marchant sur un dauphin,	139 — 142
II.	Hercule Vainqueur couronné d'Olivier,	142
III.	Hercule, Propugnator, armé d'un arc & de sa massue,	143
IV.	Hercule Athlète,	144
V.	Hercule se reposant,	ibid.

PLANCHE L.

I.	Hercule de bout la main posée sur sa massue,	ibid.
II.	Hercule,	ibid.
III.	Hercule racontant ses travaux à Eurysthée qui les lui avoit ordonnés,	145
IV.	Hercule suffoquant le lion Néméen,	ibid.

PLANCHE LI.

I. *II.	Hercule suffoquant le lion Néméen,	ibid.
III.	Hercule revenant des Enfers,	151
IV.	Hercule suffoquant Ortrus,	ibid.

Tome I.   Ii

TABLE.

PLANCHE LII.

*I.	Hercule fuffoquant Ortrus,	151
II.	Hercule vainqueur de l'hydre de Lerne,	146, 147
III.	Hercule vainqueur du taureau de Crète ou du taureau d'Érix,	149
*IV.	Hercule vainqueur du taureau de Crète,	ibid.

PLANCHE LIII.

I.	Hercule vainqueur du taureau de Crète, Milon le Crotoniate, ou Hercule mange-bœuf avec le bœuf de Théodamas,	150
II.	Hercule chaffant les oifeaux du Lac Stymphale,	148, 149
III. IV.	Hercule fuccombant à l'Amour,	152

PLANCHE LIV.

I.	Hercule fuccombant à l'Amour,	ibid.
*II.	Les Amours voulant foulever la maffue d'Hercule,	143
III.	Hercule vaincu par l'Amour,	152

PLANCHE LV.

I. II. III.	Omphale portant la maffue d'Hercule & les dépouilles du lion Néméen,	152, 153
IV.	Hercule enfant étouffant les ferpens,	139 — 142

PLANCHE LVI.

I.	Hercule enfant étouffant les ferpens,	ibid.
II.	Hercule vainqueur du fanglier d'Érymanthe,	147, 148
III.	Amazone nue foutenant une autre femme,	153
IV.	Hercule, fuffoquant Ortus,	151

PLANCHE LVII.

I.	Hercule vainqueur de l'hydre de Lerne,	146, 147
II.	Hercule fauveur, après avoir délivré Prométhée,	151, 152
III.	Hercule orné d'une couronne radiale, la tête environnée d'étoiles,	138
IV.	Hébé, l'époufe d'Hercule, goûtant le nectar,	153, 154

TABLE.

PLANCHE LVIII.

*I. Hermhéraclès, 154

CLASSE III

Cette Claſſe eſt compoſée de portraits de Philoſophes, d'Orateurs, de Poëtes & de figures de Muſes, elle eſt partagée en XXIII Planches.

PLANCHE LIX.

I.	Zénon,	158, 159
II. III.	Mécéne,	159 — 163
IV. V. VI.	Socrate,	155 — 157

PLANCHE LX.

I. *II.	Socrate,	ibid.
III.	Thalès,	163, 164
IV.	Hippocrate,	164, 165
V.	Archytas,	165, 166
VI.	Anacréon,	166 — 169

PLANCHE LXI.

I.	Philémon,	171
II.	Platon,	171, 172
III.	Tête de Philoſophe inconnue,	172
IV.	Xénocrate,	172, 173
V.	Pittacus,	173
VI.	Diogéne,	174

PLANCHE LXII.

I.	C. Gracchus l'Orateur,	174, 175
*II.	Ariſtote,	175, 176
*III.	M. Porcius Caton,	176, 177, 178
IV.	Tête d'un perſonnage Conſulaire inconnu,	178
V.	Valerius Poplicola,	178, 179
VI.	M. Antoine Triumvir,	179, 180

PLANCHE LXIII.

I.	C. Plautius Hypſæus Decianus Conſul,	180, 181
II.	L. Cœlius Caldus Conſul,	181
III.	Cn. Cornelius Lentulus Marcellinus,	ibid.

TABLE.

PLANCHE LXIV.

I. II.	*Homère*,	181, 182
III.	*Hésiode*,	183
IV.	*Pindare*,	183, 184
V.	*Sophocle*,	184
VI.	*Aristophane*,	184, 185

PLANCHE LXV.

I.	*Virgile*,	185, 186
II. III.	*Sapho*,	186, 187, 188
IV.	*Virgile*,	185, 186
V.	*Euterpe ou Melpomène*,	188
VI.	*Corinne*,	ibid.

PLANCHE LXVI.

I.	*Melpomène debout tenant un masque*,	189
*II.	*Melpomène demie-nue tenant un masque*,	ibid.
III.	*Érato tenant une lyre & dansant*,	ibid.
IV.	*Thalie tenant un masque*,	190

PLANCHE LXVII.

I.	*Poëte composant ou récitant des Vers*,	191
II.	*Poëte, ou Acteur, ou modérateur des chœurs*,	ibid.
III.	*Scène de Comédie ou Pantomimes*,	ibid.
IV.	*Le Génie du Théâtre*,	192
V.	*Uranie*,	190

PLANCHE LXVIII.

*I.	*Masque de Silène*,	192 — 198
*II.	*Autre masque de Silène*,	198
*III.	*Masque d'homme chauve*,	197
IV.	*Masque de Satyre*,	200
V.	*Masque tragique de Silène*,	198
*VI.	*Masque comique souriant*,	199

TABLE.

PLANCHE LXIX.

I.	Masque de satyre,	200
II.	Masque tragique de femme,	198
III.	Masque d'un Vieillard à visage paisible,	199
IV.	Masque comique de femme,	ibid.
V.	Masque satyrique,	200
VI.	Masque d'un Faune,	199

PLANCHE LXX.

I.	Masque de Silène couronné de lierre,	ibid.
II.	Masque de Vieillard,	ibid.
III. IV.	Assemblage de têtes disposées pour être vues en différens sens,	201
V. VI.	Assemblage de masques de Vieillard & de femmes,	ibid.

PLANCHE LXXI.

I.	Assemblage de trois masques	ibid.
II.	Deux masques de jeunes personnes adossés surmontés d'une fontaine,	ibid.
III.	Masques d'une femme avec des cornes de chèvre & d'un Vieillard assemblés,	ibid.
IV.	Assemblage d'une tête de femme & d'un masque de Vieillard,	202
V.	Têtes d'homme & de femme représentant Janus,	ibid.
VI.	Tête de femme unie à un masque de Vieillard,	ibid.

PLANCHE LXXII.

I.	Masque satyrique à longues oreilles,	200
II.	Masques de jeunes personnes,	199
III.	Masque de Faune,	200
IV.	Assemblage de masques de Satyres,	ibid.
V.	Masques comiques de Vieillards,	ibid.
VI.	Assemblage de masques sous lesquels est le Pedum,	ibid.

PLANCHE LXXIII.

I.	Deux masques, l'un tragique, l'autre comique adossés. Le Pedum & la flûte de Pan sont au-dessous,	ibid.

TABLE.

II.	Assemblage de trois têtes,	202
III.	Assemblage de trois têtes,	ibid.
IV.	Tête de satyre finissant en dauphin,	204
V.	Assemblage de trois têtes parmi lesquelles en est une de mort,	ibid.
VI.	Assemblage d'un masque de femme & d'un masque de Socrate,	202

PLANCHE LXXIV.

I.	Masque de Bacchante,	201
II.	Masque comique de Vieillard,	200
*III.	Masque satyrique couronné de lierre,	201
IV.	Masque tragique de femme,	198
V.	Masques tragiques accouplés,	ibid.
VI.	Masque tragique de femme,	ibid.

PLANCHE LXXV.

I.	Masque de satyre,	201
II.	Masques scéniques d'un satyre & d'une femme,	200
III.	Une main qui tient une branche d'olivier entre deux masques scéniques,	ibid.
IV. V.	Assemblage de plusieurs têtes d'hommes destinées à être vues sous plusieurs sens,	201
VI.	Assemblage d'un masque de Vieillard & d'une tête de bélier,	204

PLANCHE LXXVI.

*I.	Masque de Faune couronné de Pampres,	201
II.	Masque de Pan,	ibid.
III.	Masque de Socrate,	200
IV.	Masque de Bacchante,	201
V.	Assemblage des têtes de Silène & d'un satyre,	200
VI.	Masque de Soldat,	198

PLANCHE LXXVII.

I.	Assemblage de trois têtes,	202
II.	Assemblage de têtes à-peu-près semblables,	202, 203

	TABLE.	
III.	Animal chymérique,	205
IV.	Animal chymérique,	ibid.
V.	Animal chimérique,	ibid.
VI.	Animal chymérique,	ibid.

PLANCHE LXXVIII.

I.	Masques d'un Vieillard & d'une femme,	204
II.	Assemblage des trois têtes, l'une de femme, l'autre de Vieillard, la troisième de la mort,	203
III.	Masques réunis d'un Vieillard & d'un jeune Soldat,	ibid.
IV.	Masque de Socrate ou de Silène adossé à celui d'une satyre,	ibid.
V.	Pan, Silène & un Philosophe, Masques réunis,	ibid.
VI.	Masques de deux Philosophes & d'une femme,	ibid.

PLANCHE LXXIX.

I.	Tête de femme coëffée de deux masques de Philosophes formant casque,	ibid.
II.	Assemblage de masques du même genre,	ibid.
III.	Masques adossés de Pan & de Silène couronné de lierre,	ibid.
IV.	Masque de Vieillard uni à un muffle de lion,	204
V.	Tête de jeune homme surmontée d'un masque tragique,	203
VI.	Énigme ou Animal chymérique,	205

PLANCHE LXXX.

I.	Assemblage de trois têtes, l'une de femme, l'autre d'un Vieillard, la troisième de la mort,	203
II.	Énigme ou composition chimérique,	205
III.	Assemblage de trois masques,	203
IV.	Femme avec un masque de Silène derrière la tête,	ibid.
V. VI.	Composition énigmatique, Animal chimérique,	204, 205

PLANCHE LXXXI.

I.	Masque de Vieillard uni à une hure de sanglier,	204
II. III. IV. V.	Animaux chymériques,	205, 206
VI.	Réunion d'une tête de bélier & d'une tête de chèvre,	206

TABLE

CLASSE IV.

Dans ce Volume il ne se trouve que quatorze Planches de cette Classe, les autres seront dans le Volume second : elles contiennent les images des Dieux, des Déesses avec leurs symboles.

PLANCHE LXXXII.

*I.	Buste de Jupiter,	207

PLANCHE LXXXIII.

*I.	Têtes accouplées de Jupiter Olympien & de Junon,	208
II.	Jupiter, Roi, orné du Paludamentum,	ibid.
III.	Jupiter obsequens,	ibid.
IV.	Jupiter Ammon,	ibid.
V.	Jupiter Ammon ou Hammon, Roi de Lydie,	210
VI.	Têtes accouplées de Jupiter Ammon & de Junon,	ibid.

PLANCHE LXXIV.

I.	Tête rayonnante de Jupiter Sérapis ornée des cornes d'Ammon,	217
II.	Tête rayonnante de Jupiter Sérapis,	
III. IV. V. VI.	Têtes de Jupiter Sérapis,	218

PLANCHE LXXXV.

I. II.	Têtes de Sérapis,	ibid.
III.	Têtes accouplées de Sérapis & d'Isis,	ibid.
IV.	Têtes, en regard, de Sérapis & d'Isis,	200
*V.	Une Reine d'Égypte représentée sous la figure d'Isis,	228, 229
VI.	Tête d'Isis ou emblême du sommeil,	229, 230

PLANCHE LXXXVI.

I.	Tête d'Isis frugifère,	230
II.	Tête de fleuve prise par Gori pour une Isis, 230,	231
III. IV. V.	Têtes de Jupiter Sérapis entre deux astres & ayant un aigle au-dessous : la troisième seule ne présente point d'astres,	217
VI.	Tête de Sérapis : au-dessous est un bélier,	220

PLANCHE LXXXVII.

TABLE.

PLANCHE LXXXVII.

I.	Tête de Sérapis attachée à un pied,	219
II.	Tête de Sérapis devant un candelabre, le long duquel monte un rat,	219, 220, 221, 222
III.	Tête de Sérapis entre des enseignes Militaires : au coin est un Soldat, au-dessous est un aigle,	217, — 223
IV.	Isis ayant des pattes de crocodille au lieu de mains & terminée en Hermès le long duquel grimpe un crocodile,	231
V.	Jupiter foudroyant, debout ;	210, 211

PLANCHE LXXXVIII.

I.	Jupiter Consiliarius, assis,	212
II.	Jupiter fulminant, debout,	211
III.	Sérapis & Isis en regard,	227
IV.	Jupiter fulminant assis,	211

PLANCHE LXXXIX.

I.	Jupiter fulminant, assis,	ibid.
II.	Jupiter Conservateur, assis,	ibid.
III.	Junon Pronuba, ou Vénus Sponsa,	216
IV.	Danaé recevant Jupiter métamorphosé en pluie d'or,	212

PLANCHE XC.

I.	Ganymède carressant l'aigle de Jupiter,	216
II.	Léda regardant le cygne,	212
III.	Ganymède offrant à boire à l'aigle de Jupiter,	216
IV.	Léda tenant sur son sein le cygne,	212
V.	Europe enlevée par Jupiter métamorphosé en taureau,	213, 214

PLANCHE XCI.

I.	Europe enlevée par Jupiter métamorphosé en taureau,	ibid.
II.	Europe enlevée par Jupiter métamorphosé en taureau : cet animal a la face humaine,	214
III.	Io, changée en vache, gardée par Argus,	214, 215
IV.	Les trois Dieux Capitolins, Jupiter, Junon & Minerve,	215
V.	Sérapis présentant à Isis le jeune Harpocrate retrouvé,	225

Tome I.   K k

TABLE.

PLANCHE XCII.

I.	Jupiter Sérapis porté sur un vaisseau que conduit Isis,	224, 225
II.	Jupiter monté sur un quadrige & prêt à foudroyer un Titan,	212
III.	Vaisseau portant à sa poupe une image de Sérapis,	224

PLANCHE XCIII.

I.	Osiris entre Isis & Hécate,	228
II.	Osiris & Isis en regard,	227
III.	Harpocrate,	225

PLANCHE XCIV.

I. II.	Harpocrate,	225, 226
III.	La Nymphe Lotis ou Dryopé changée en Lotus,	231, 232, 233
IV.	Canope porté par un gryphon,	225

PLANCHE XCV.

*.	Canope,	233, 234

PLANCHE XCVI.

*	Cynocéphale,	235, 236

Fin de la Table des explications des Planches du premier Volume.

LE MUSEUM DE FLORENCE;

o u

COLLECTION DES PIERRES GRAVÉES,

MÉDAILLES, STATUES ET PEINTURES

Qui se trouvent à Florence, principalement dans le Cabinet du grand Duc de Toscane.

Dédié à MONSIEUR, Frère du Roi.

Gravées par F. A. DAVID, Graveur de la Chambre & du Cabinet de MONSIEUR, Membre de l'Académie Royale des Beaux-Arts de Berlin, &c, &c.

Avec leurs Explications françoises.

6 Vol. *in-*4°.

PROSPECTUS.

Dans les anciens monumens des Arts, qui, vainqueurs du tems ont duré jusqu'à nos jours, les Sçavans trouvent les moyens sûrs de réformer les erreurs de l'Histoire, d'en éclaircir les doutes, ou d'en consolider les vérités ; les Artistes y puisent les caractères du vrai Beau & les loix du Goût : on les voit tous les jours épurer leurs principes, perfectionner leurs talens par l'étude de ces antiques modèles, au Génie des Anciens échauffer leur imagination, & tirer tout leur feu des marbres froids & de l'airain rouillé qu'ils consultent ; le Riche même, en amassant ces vénérables débris de l'Antiquité, s'est créé une jouissance que ne peut goûter le commun des hommes, & ne fut-il susceptible que d'en faire un trophée du luxe, il participe en quelque sorte au plaisir qu'il procure à l'homme instruit qui vient avec enthousiasme les baiser dans ses mains : c'est une distraction de plus que lui fournissent ses trésors. A l'aide de ces monumens on rapproche les distances des âges, &, sans avancer le terme de sa vie, on se vieillit de plusieurs milliers d'années. On assiste, pour

PROSPECTUS.

ainsi dire, à la formation des Empires, on admire leur splendeur, on considère leur décadence & leur chûte; on se trouve au milieu des Souverains qui ont fait le bonheur ou le tourment de l'Univers; il semble, qu'exprès pour nous, ils revivent dans leurs images, où sous leurs véritables traits se peint leur caractère; on croit commercer avec les peuples dont on touche les monnoies : on converse avec les Héros, & l'on contemple avec plaisir les grands Hommes & les Personnages célèbres de tous les pays : leurs Divinités elles-mêmes viennent se placer sous nos yeux : nous voyons les traits dont l'Homme les a revêtues, leurs attributs & leurs symboles : le secret de leurs Ministres ne s'oppose plus à nos desirs, les voiles qui cachoient leurs mystères sont déchirés, & nous devenons témoins de leurs cérémonies; rien donc n'est plus naturel que cet amour & ce respect pour les Antiquités, & rien de moins surprenant que de voir chez presque toutes les Nations amies des Lettres & des Sciences de ces Cabinets curieux où comme dans des Temples se recueillent & se conservent avec vénération ces précieuses dépouilles échappées au naufrage des siècles, & des Sçavans qui, secondés par des Artistes habiles, se communiquent mutuellement ces possessions qu'ils ne peuvent déplacer par de doctes explications & des imitations fidèles.

Entre toutes les productions de ce genre, il n'en est pas sans doute de plus précieuse, de plus intéressante & de plus considérable que la publication des richesses qui se trouvent à Florence, principalement dans le Cabinet du grand Duc de Toscane. On sçait que ce Cabinet est le fruit de l'Amour qu'a toujours eu pour les Arts la maison des Médicis que Spanheim appelle énergiquement, *l'immortelle Hôtesse & la Nourrice des Muses*. Ses plus illustres Héros, qui, comme Alexandre & César, se faisoient un noble délassement de l'étude de l'Antiquité, n'épargnèrent ni les soins ni l'or pour se procurer ce qu'ils pouvoient découvrir de plus rare, & recueillirent un si grand nombre de ces objets précieux, que leur collection ne cède qu'à celle de nos Rois (1).

Pour faire connoître aux autres Nations ce que ce dépôt renfermoit, de nobles Florentins, par zèle pour le progrès des Arts & par gloire pour leur pays, formèrent le projet d'en faire graver toutes les Antiquités, & avec elles ce que conservoient encore quelques particuliers de Florence. Cette entreprise étoit vaste, mais elle ne rebuta point; le célèbre Gori prit la plume, & sous le titre de *Museum*

---

(1) Spanheim de usu numism. Dissert. 1. p. 52.

PROSPECTUS.

Florentinum parurent en 1731 deux Volumes qui renferment sous différentes classes habilement divisées, les pierres gravées & les camées. Plusieurs années après, les médailles & les statues furent aussi publiées : puis une société nouvelle de Sçavans termina cet Ouvrage, par les portraits des Peintres les plus célèbres qui s'étoient peints eux-mêmes.

Ces Volumes, exécutés avec soin, répondent bien sans doute aux vues de leurs Auteurs, qui ont avec honneur rempli la tâche pénible qu'ils s'étoient imposée. Les richesses de leurs pays sont devenues communes à toutes les Nations; mais pour l'intérêt général, leur ouvrage, tout précieux qu'il est, n'est pas assez répandu; & le prix auquel on se le procure est tel que peu de personnes peuvent l'acquérir, & par une suite nécessaire, les Savans & les Artistes sont encore forcés de solliciter la complaisance des Riches qui le possèdent, ou d'aller, pendant quelques heures bien fugitives, le consulter dans nos Bibliothèques publiques.

Pour l'avantage des Sciences & des Arts, ainsi que de ceux qui les cultivent, nous avons donc cru pouvoir tenter de reproduire cet utile Ouvrage : en changeant son format, en diminuant le faste de l'édition, il nous sera facile d'en faire baisser le prix; l'accueil favorable que le public a fait à nos *Antiquités d'Herculanum* & à nos *Antiquités Etrusques*, nous a déterminés à cette entreprise. Nous nous estimerons heureux s'il daigne encore approuver ce nouveau projet. Par expérience, il peut juger de l'exactitude avec laquelle nous tiendrons nos engagemens, & du zèle que nous mettrons à traiter soigneusement cet Ouvrage. Nous nous flattons que les Gravures en seront plus terminées, & qu'on pourra recourir à lui comme à l'original même dont nous conserverons le beau style qui le caractérise. Alors on étudiera dans l'un ainsi que dans l'autre ces formes sévères & belles que l'on semble négliger de nos jours, pour s'attacher à un fini qui trop souvent sert de masque à l'ignorance.

M. MULOT, Chanoine Régulier de l'Abbaye Royale de Saint-Victor, chargé de la rédaction du texte qu'il nous a paru préférable de donner en François, ne s'astreindra cependant pas à une traduction littérale : quelquefois il abrégera : quelquefois il se permettra d'ajouter des Notes ou de proposer de nouvelles conjectures; mais jamais il ne le fera sans autorités & toujours avec les égards dûs aux Sçavans, qu'il osera contredire.

Chaque Volume contient 100 Planches, & il paroît tous les mois avec exactitude un N°. composé de 8 Planches & Explications. Prix 6 liv. *in-4.*

PROSPECTUS.

Il n'y a que 25 Exemplaires, premières épreuves imprimés au *Bistre-Sanguin-Anglois*, sur papier vélin, prix chaque N°.   9 liv.

La seconde Livraison est fixée au premier Avril prochain, & ainsi de suite tous les mois.

Il n'y a point de Souscription, & l'inscription qu'on propose ne sera point un engagement.

Toutes les Planches sont imprimées sur le plus beau papier, par M. *Sergent*, dont l'intelligence dans son Art mérite des éloges.

On invite seulement à raison de la distribution des Épreuves, de se faire inscrire

A Paris, chez M. DAVID, *rue des Cordeliers, au coin de celle de l'Observance, & chez les principaux Libraires de l'Europe.*

On trouve chez le même Auteur;

Les Antiquités d'Herculanum, 7 Volumes *in-4°*. contenant 570 Planches & Explications, à 54 liv. le Vol. en Feuille,   378 liv.
Les mêmes 7 Vol. *in-8o*. à 36 liv. le Vol.   252 liv.
Les Antiquités Etrusques, dédiée à M. le Comte de Neale, Chambellan du Roi de Prusse, 4 Vol. *in 4°*. contenant 288 Planches & Explications à 54 liv. le Vol.   216 liv.
Les mêmes 4 Vol. *in-8o*. 36 liv. le Vol.   144 liv.
L'Histoire d'Angleterre, représentée par Figures, accompagnées d'un Précis Historique, dédiée à MONSIEUR, Frère du Roi, 2 Vol. *in-4°*. contenant 96 Planches à 90 liv. le Vol.   180 liv.
Thésée domptant le Taureau de Marathon, d'après C. Vanloo,   16 liv.
Le Marchand d'Orviétan, d'après Carle du Jardin,   6 liv.

AVEC PRIVILEGE DU ROI.

Lu & approuvé ce 4 Décembre 1786. COCHIN.

Vu l'Approbation, permis d'imprimer le 5 Décembre 1786. DECROSNE.

De l'Imprimerie d'ANDRÉ-CHARLES CAILLEAU, rue Galande, N°. 64.

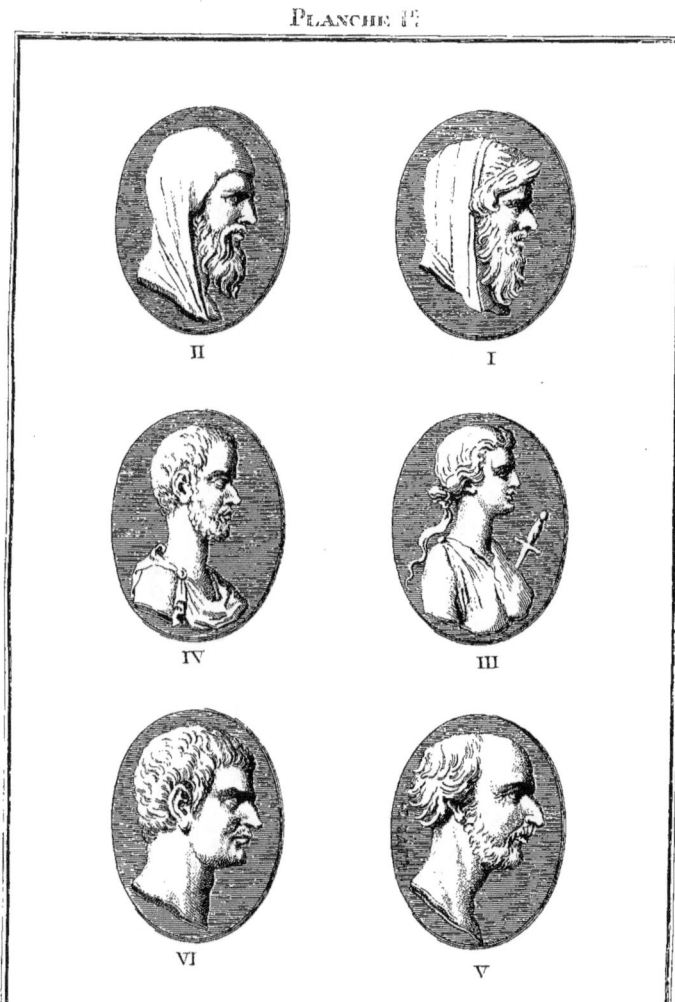

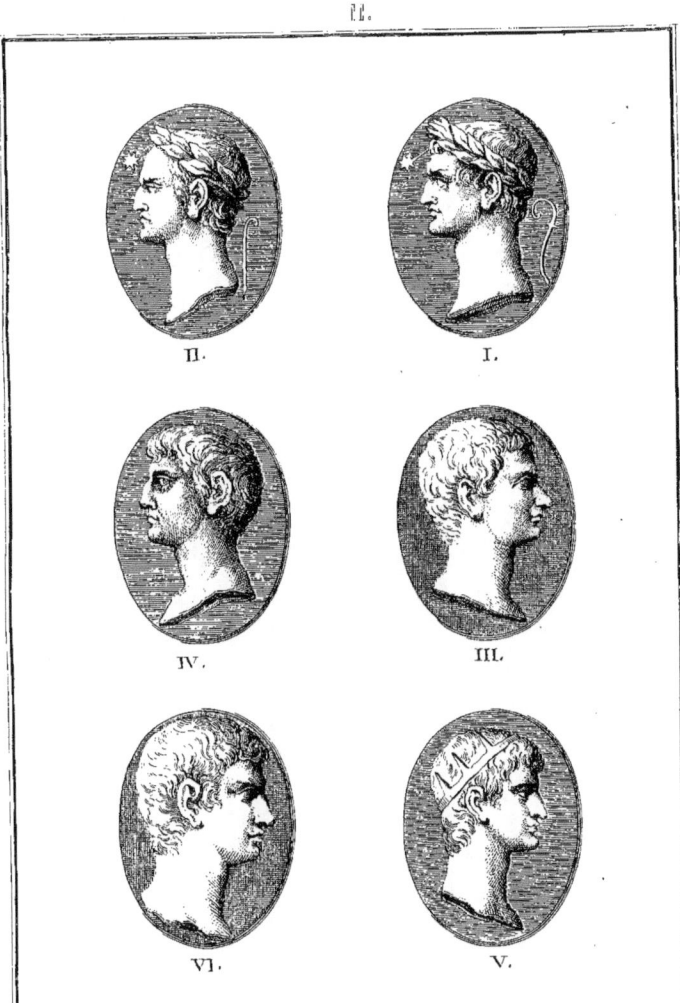

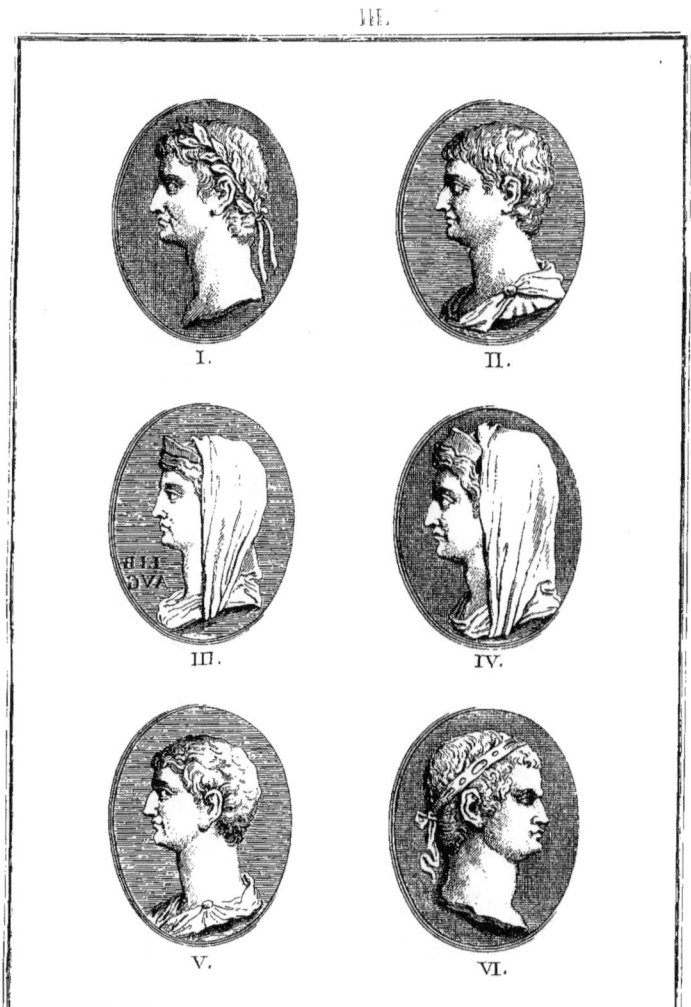

IV.

I.

II.

III.

IV.

V.

Tom. I.

V.

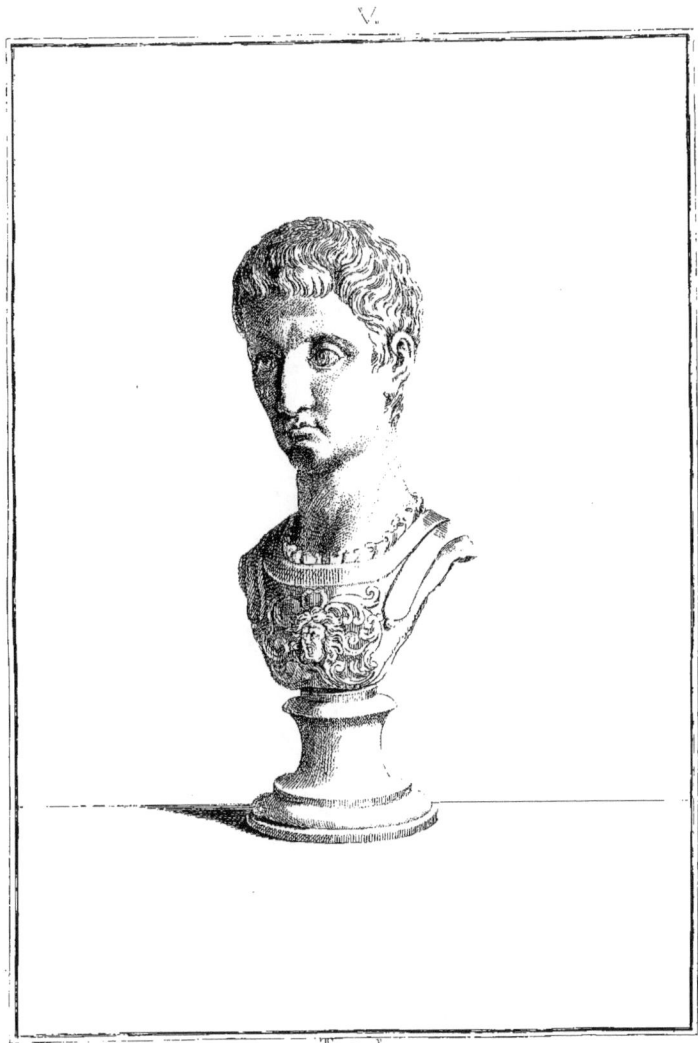

Tom. I.

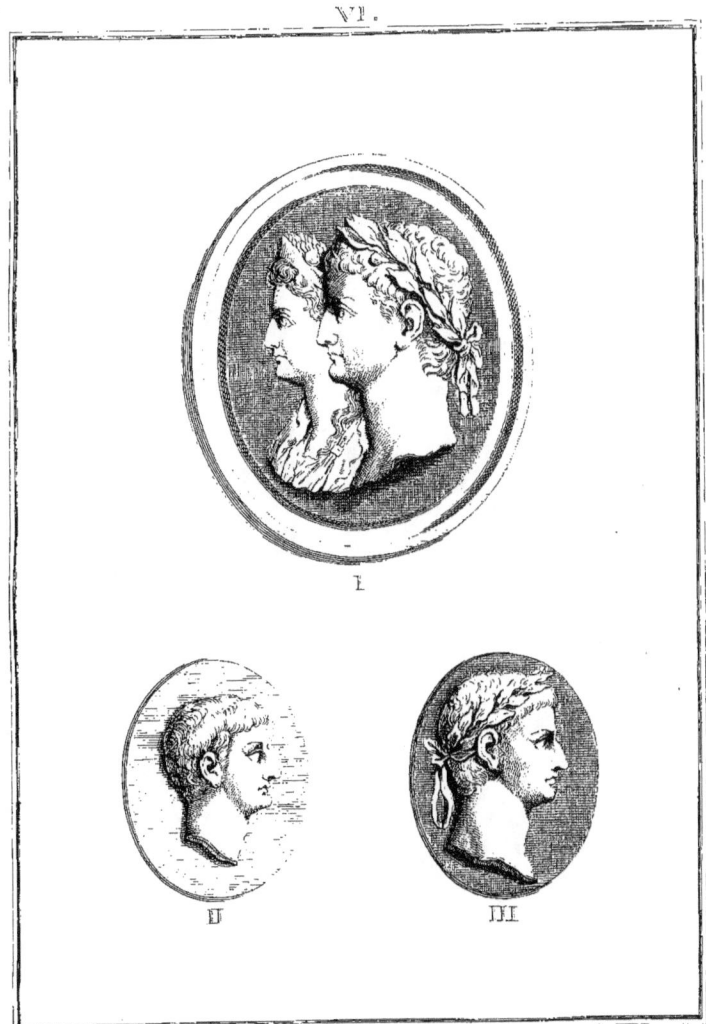

VII.

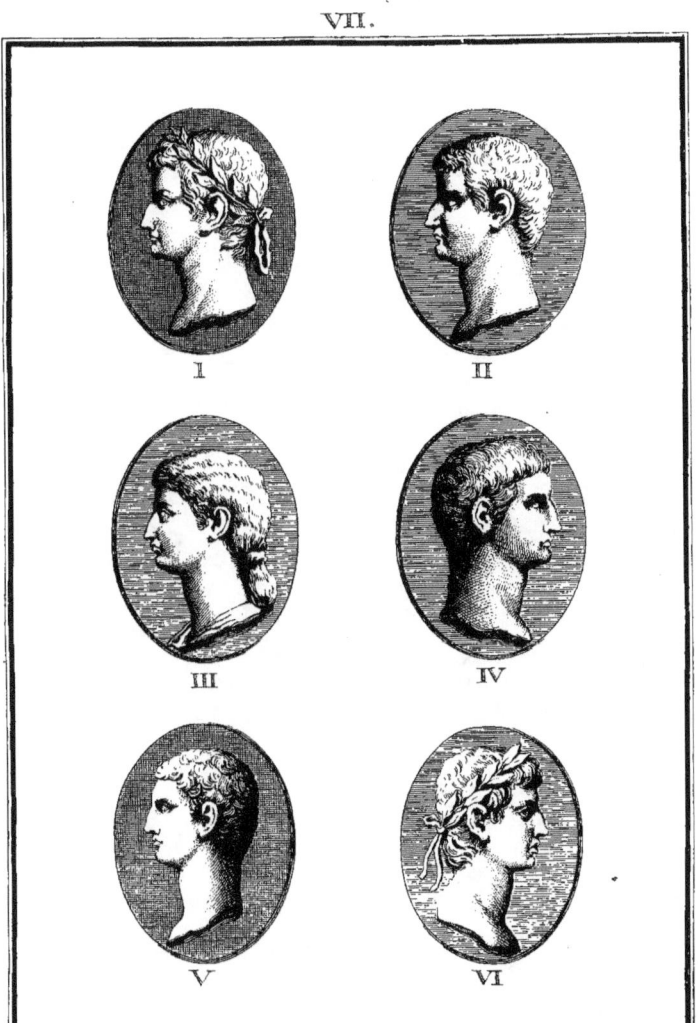

Tom. I.

VIII.

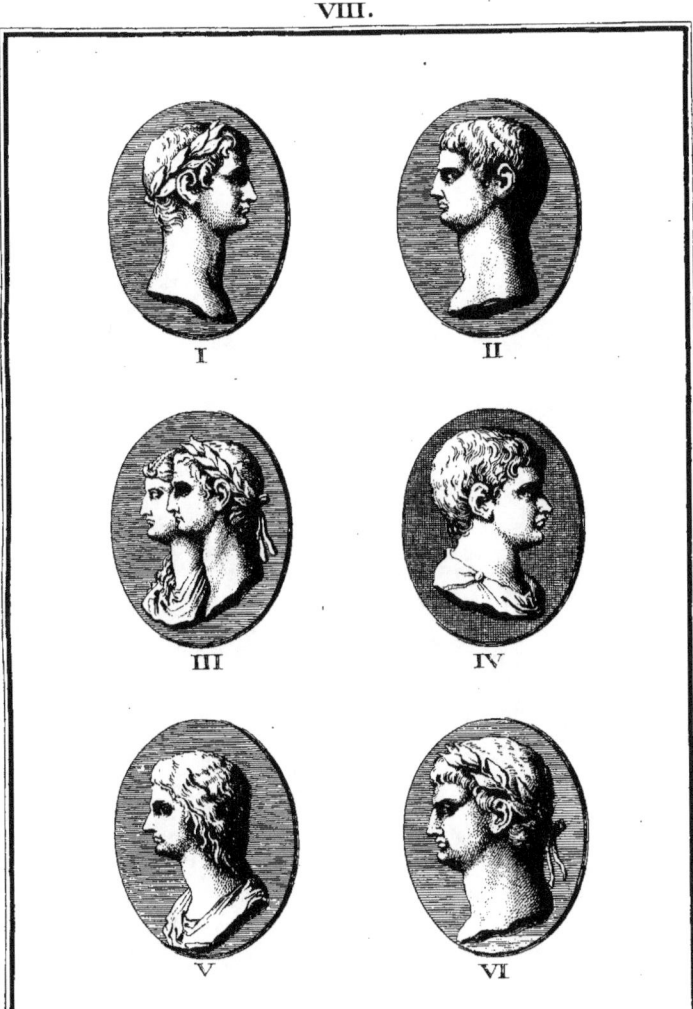

Tom. I.

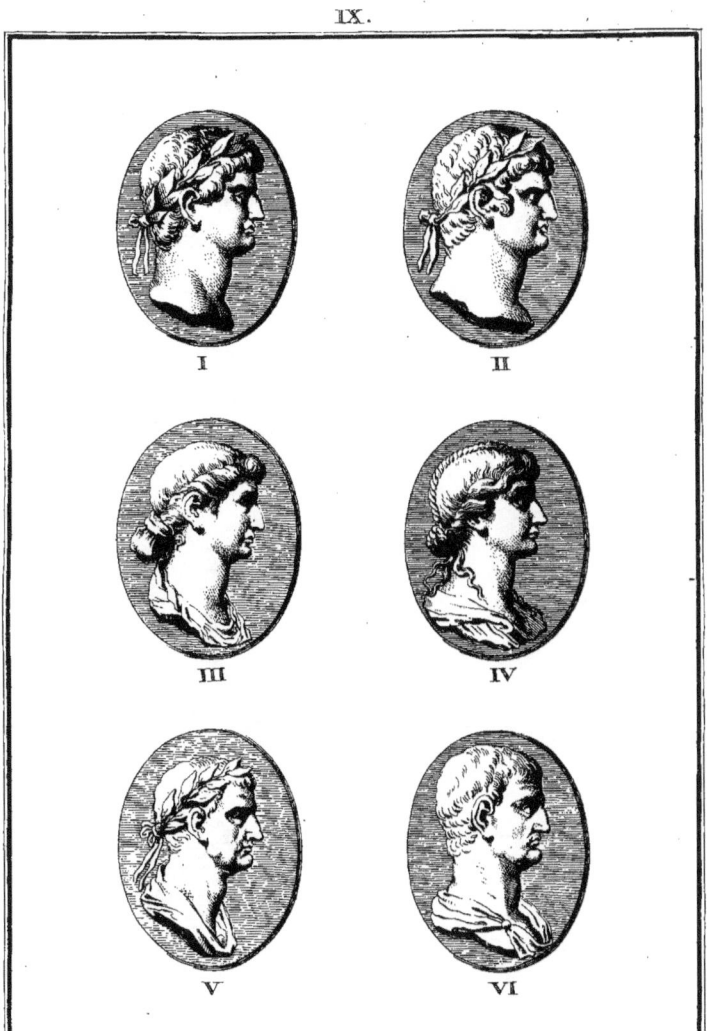

X.

I.

II.

III.

IV.

V.

VI.

Tom. I.

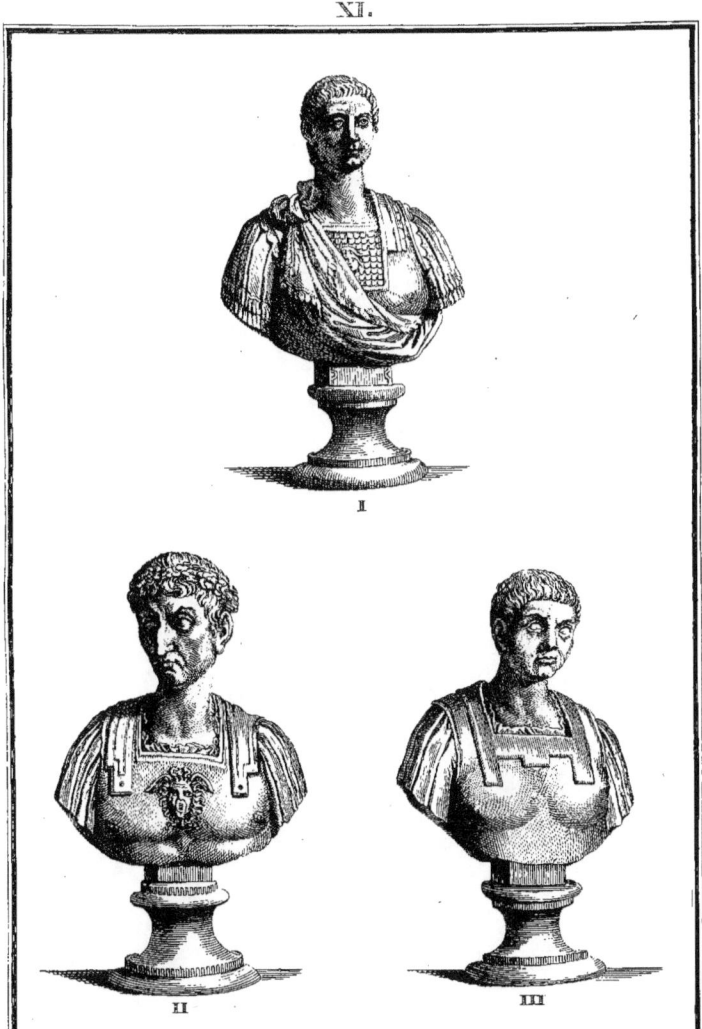

XII.

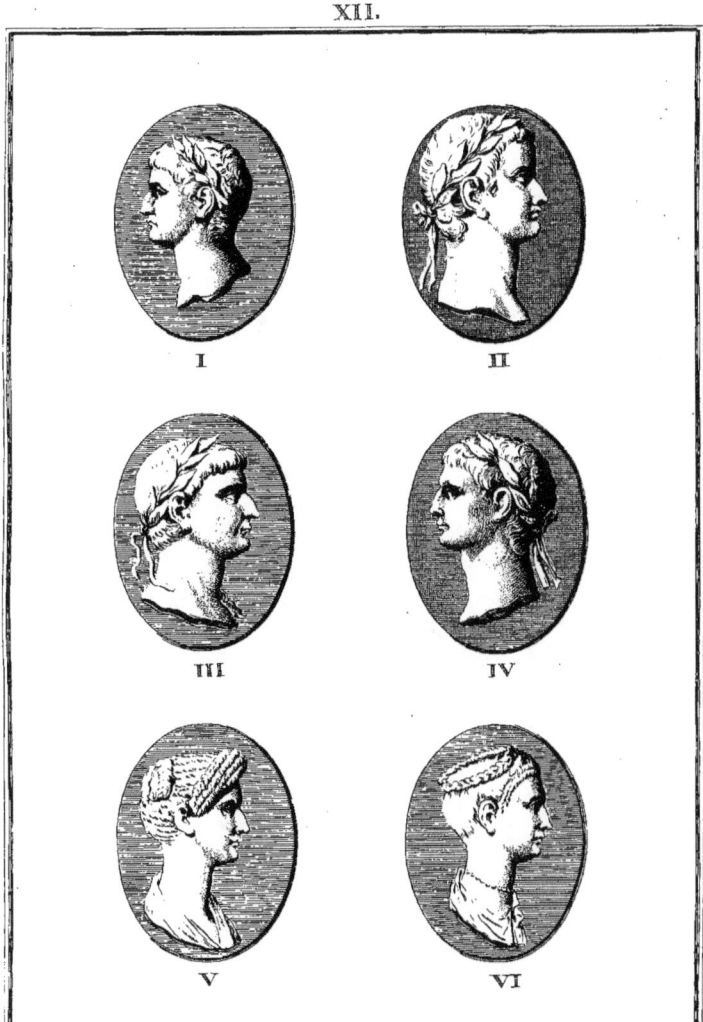

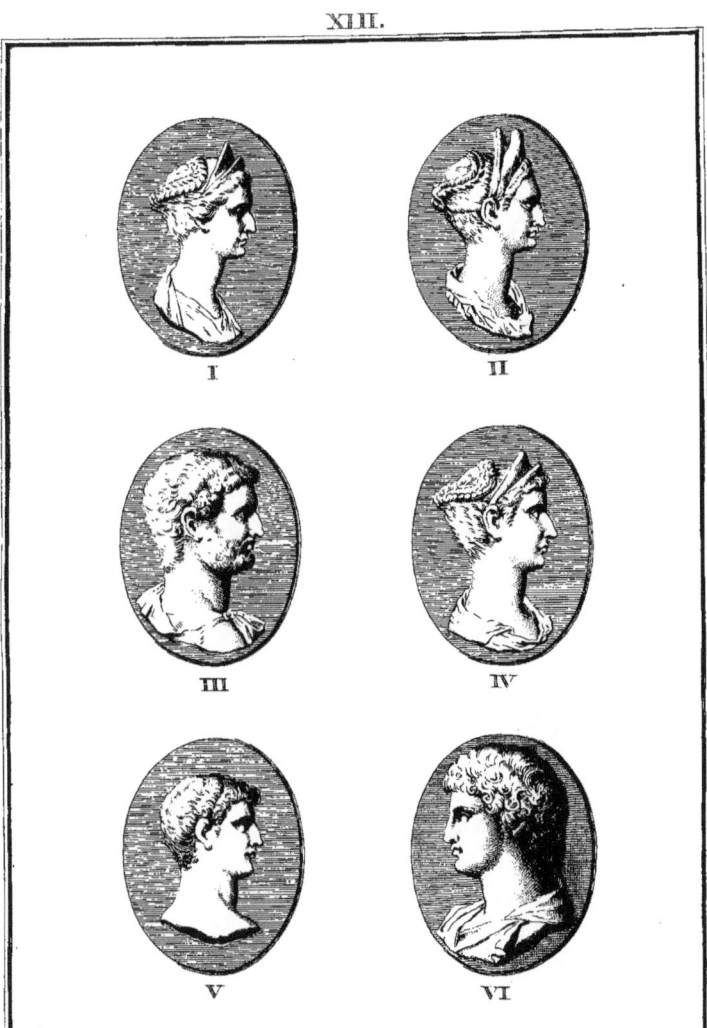

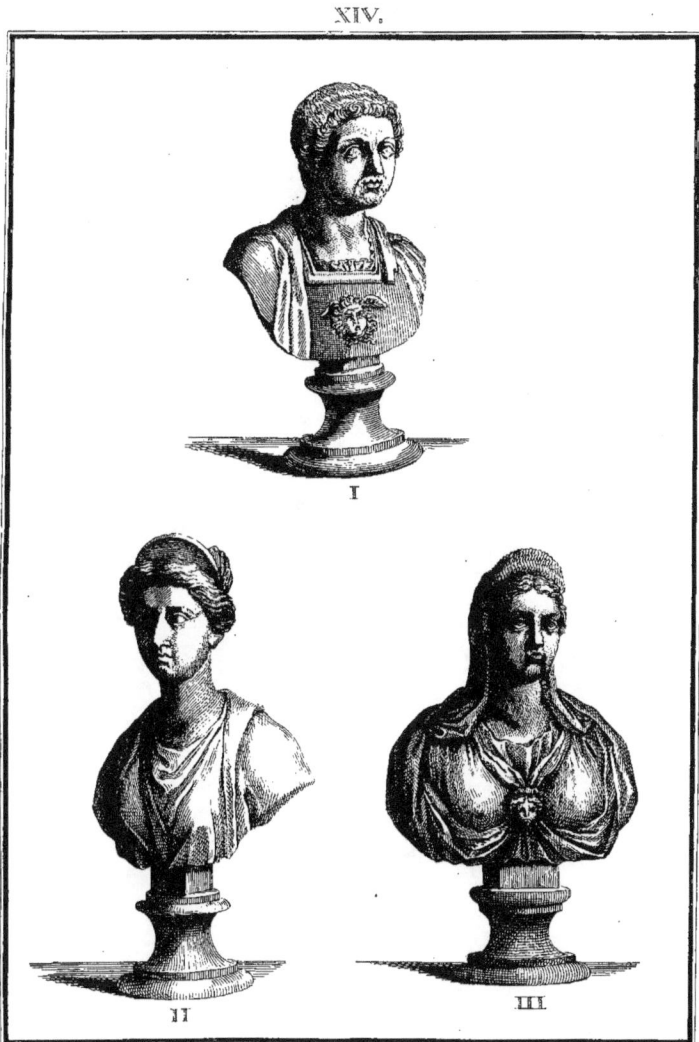

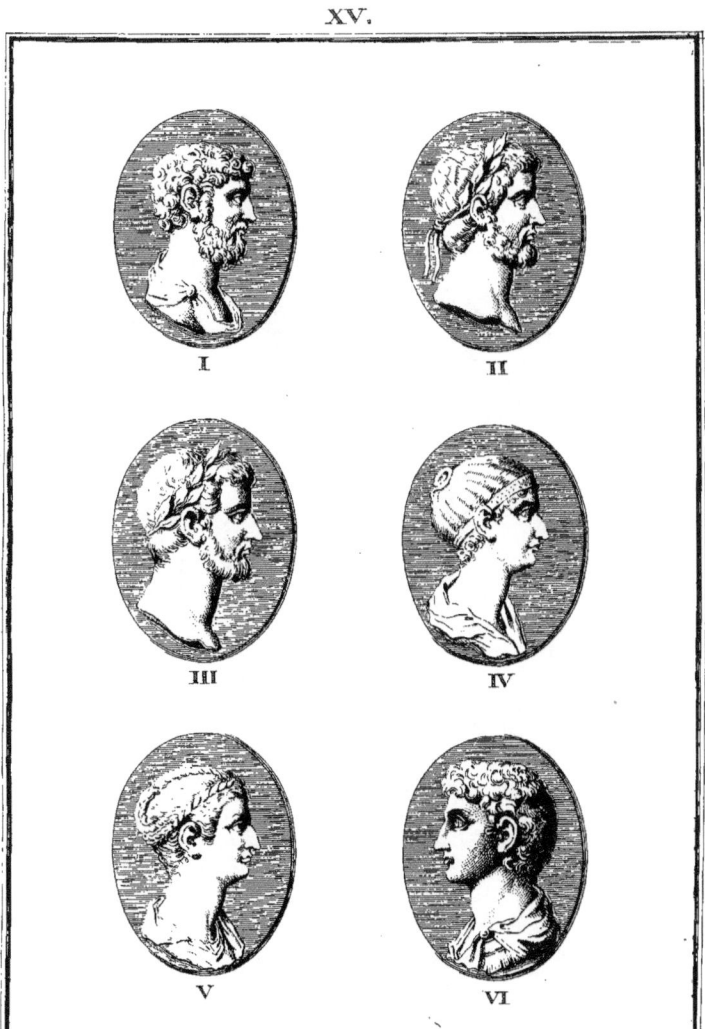

XVI.

I. II.

III.

IV.

Tom.I.

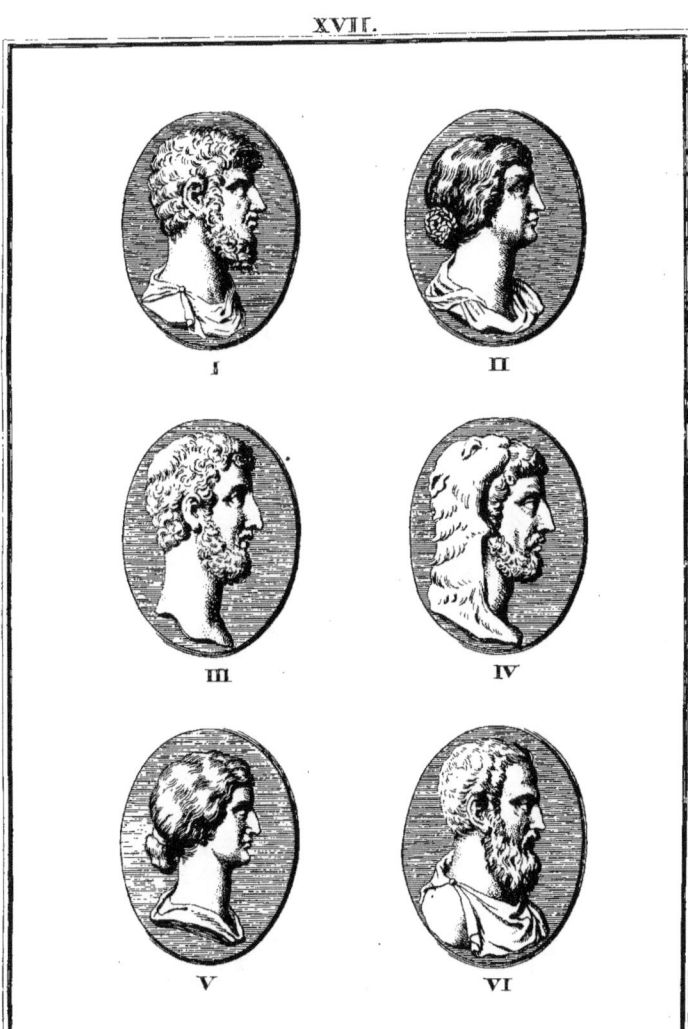

XVIII.

I
II
III
IV
V
VI

Tom. I.

XIX.

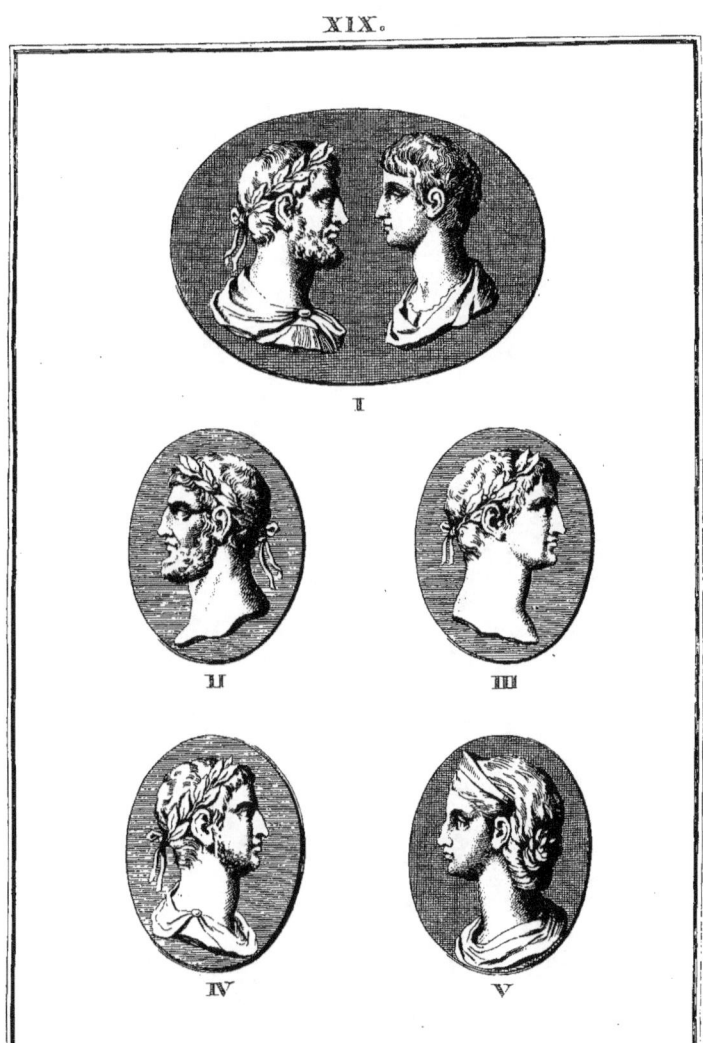

XX.

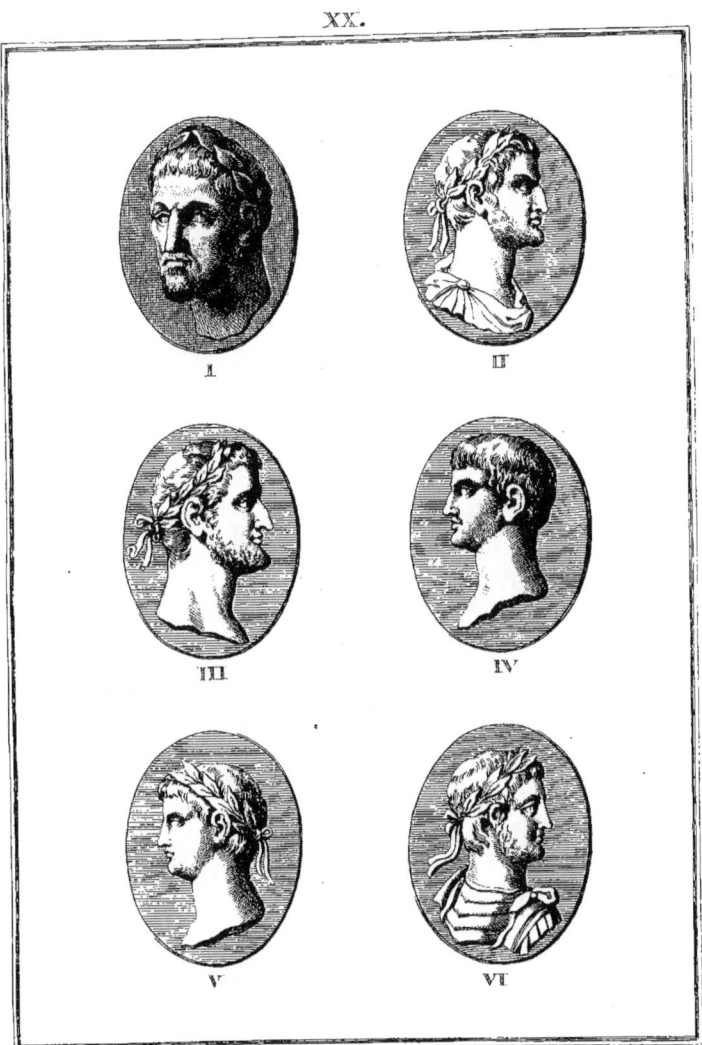

Tom. I.

XXI.

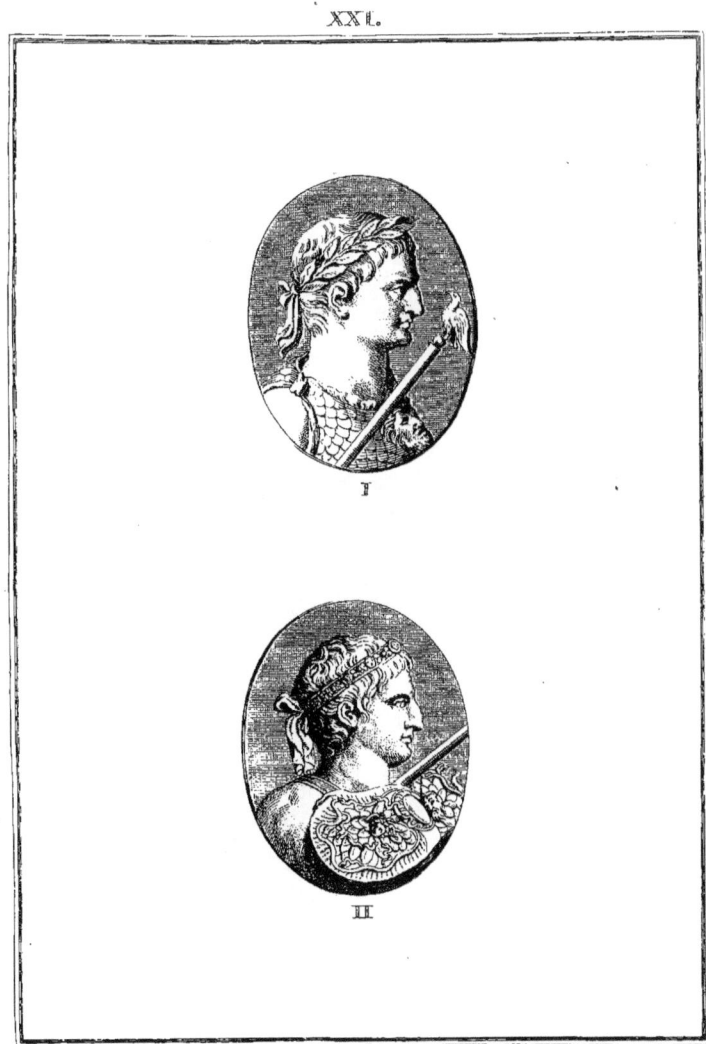

I.

II.

Tom. I.

XXII.

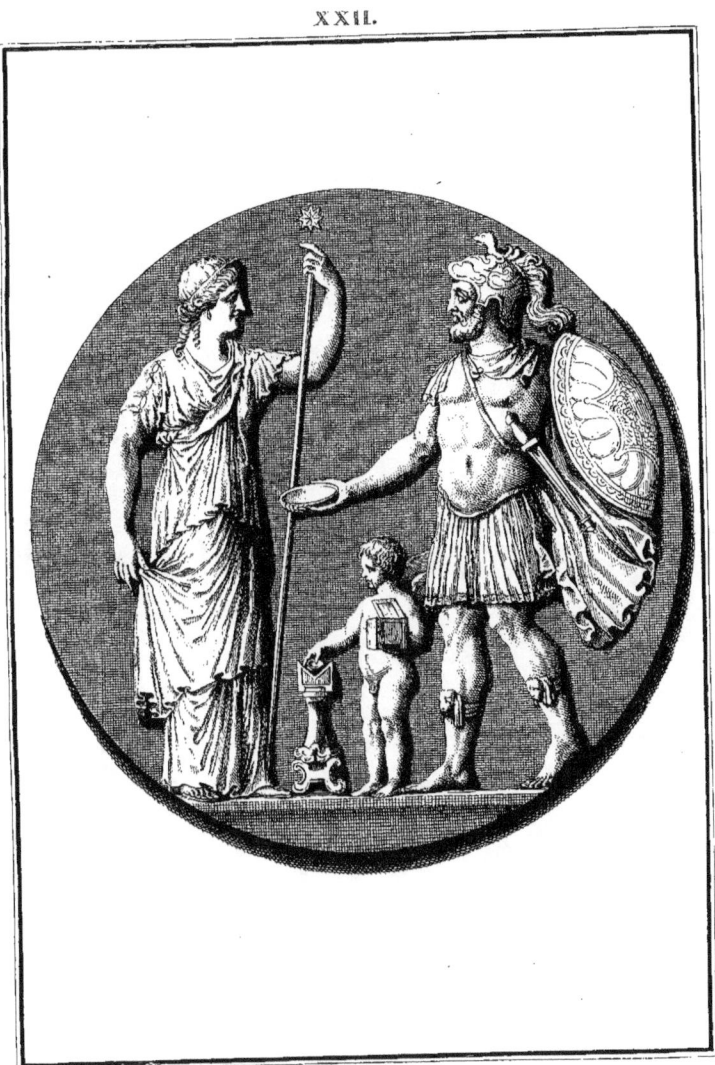

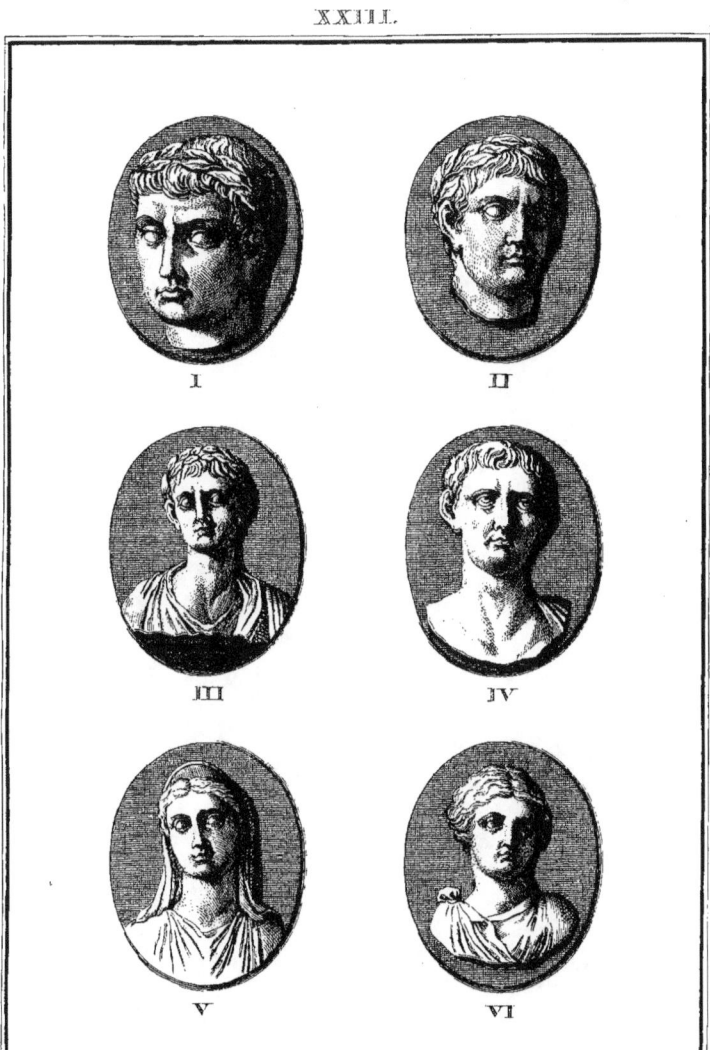

XXIV.

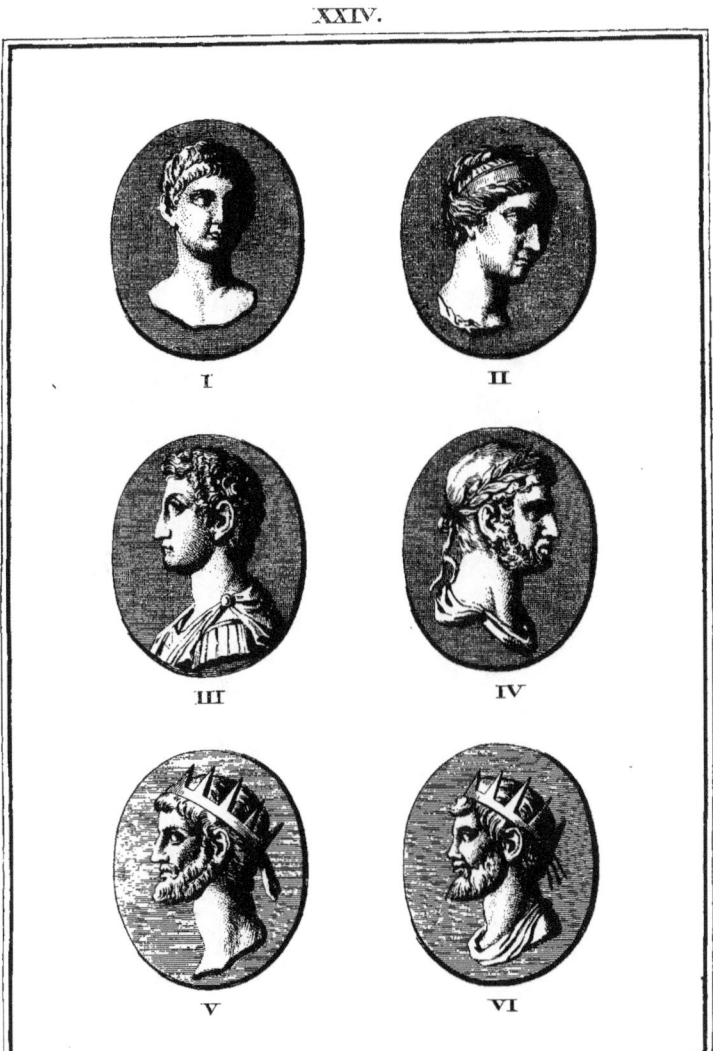

Tom. I.

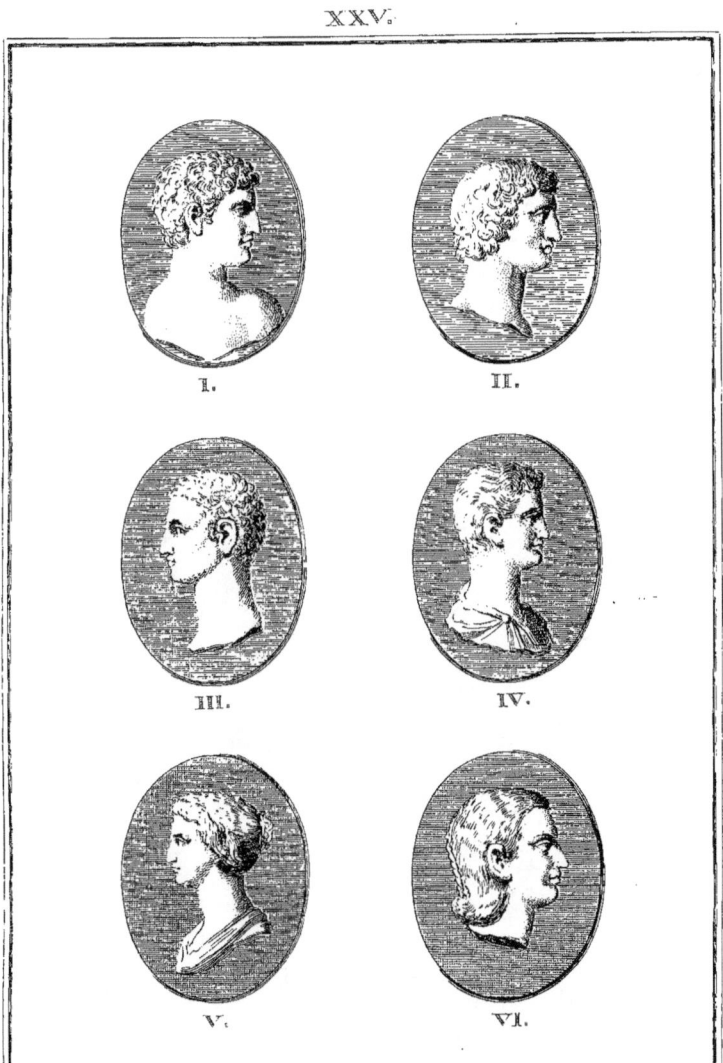

XXVI.

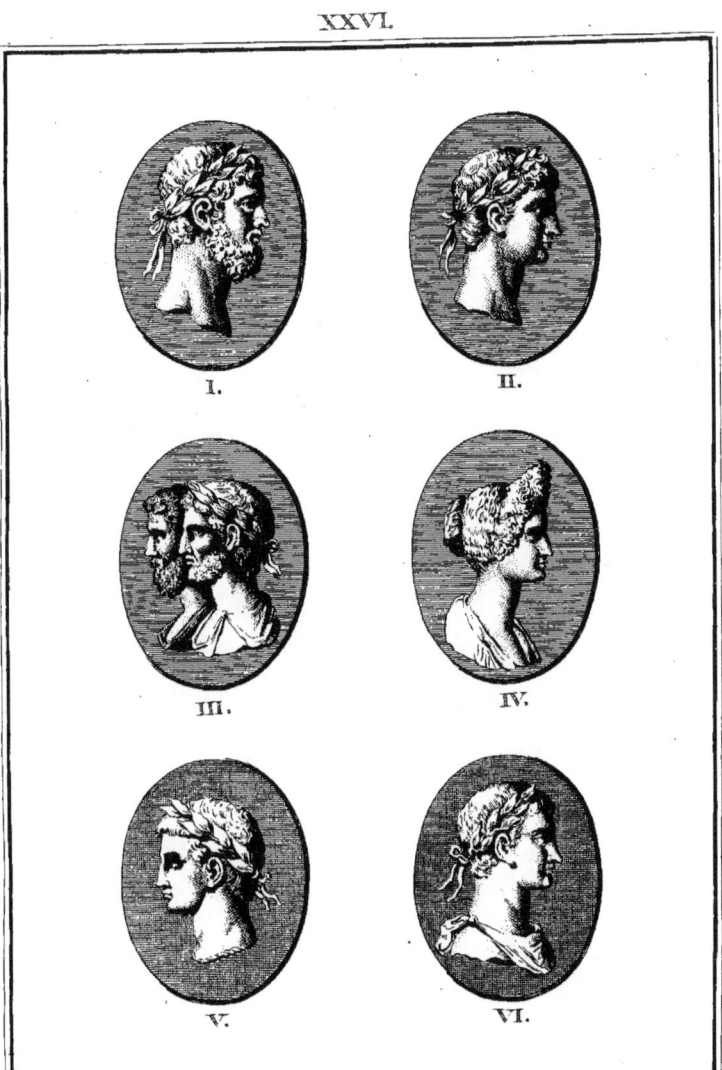

Tom.I.

XXVII.

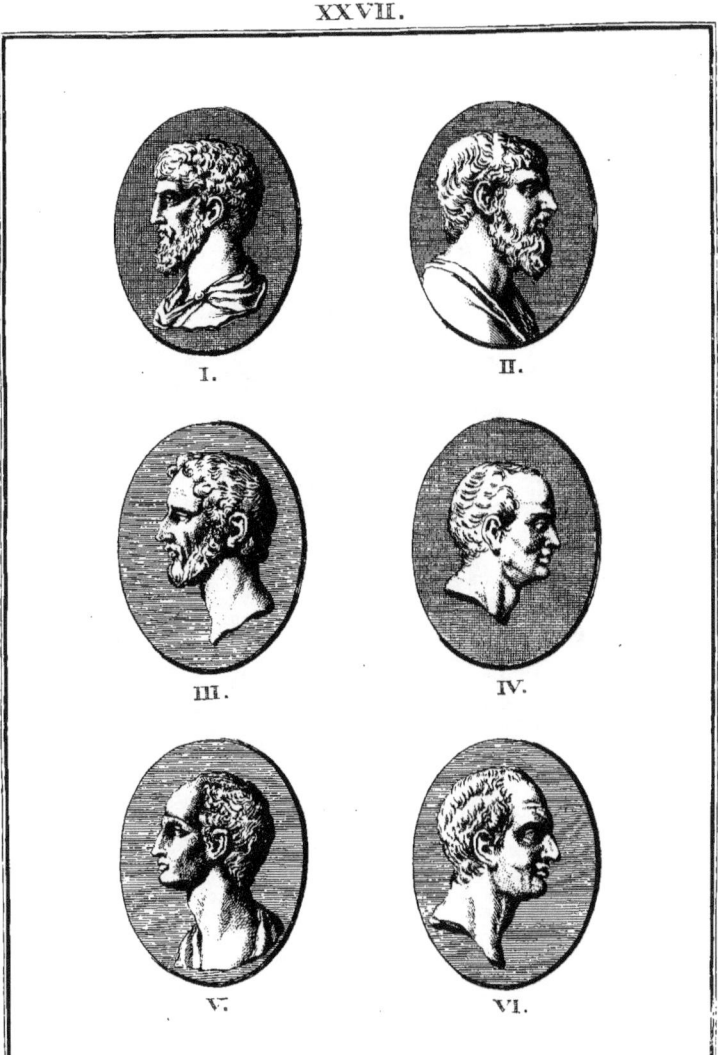

Tom. I.

XXVIII.

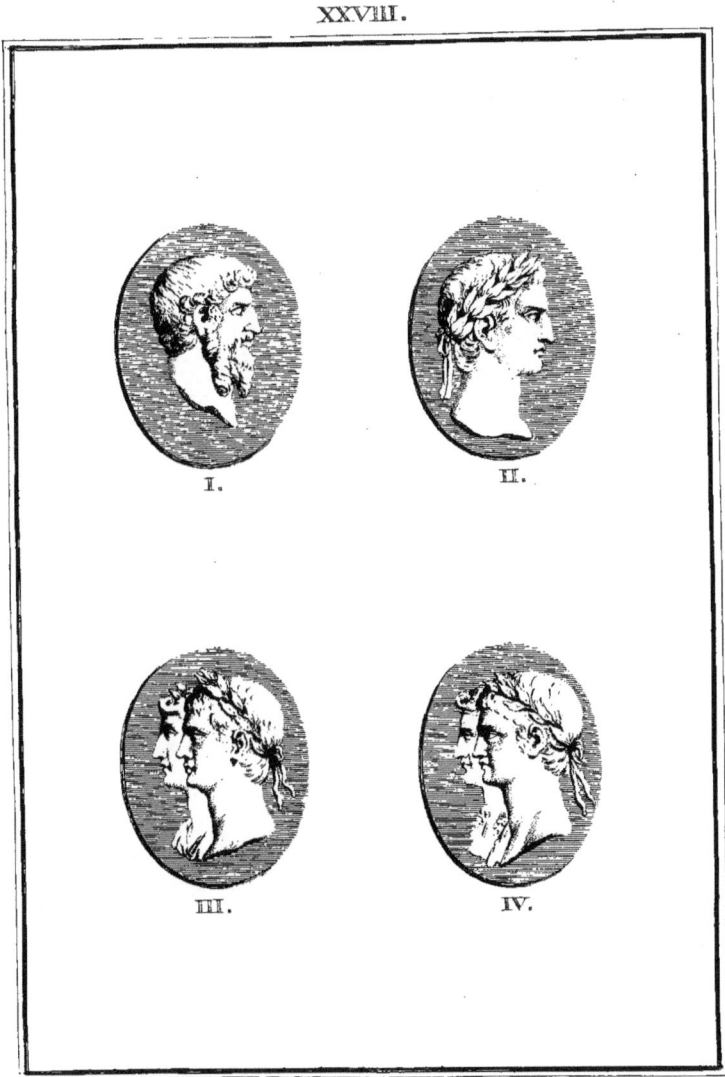

I.

II.

III.

IV.

Tom. I.

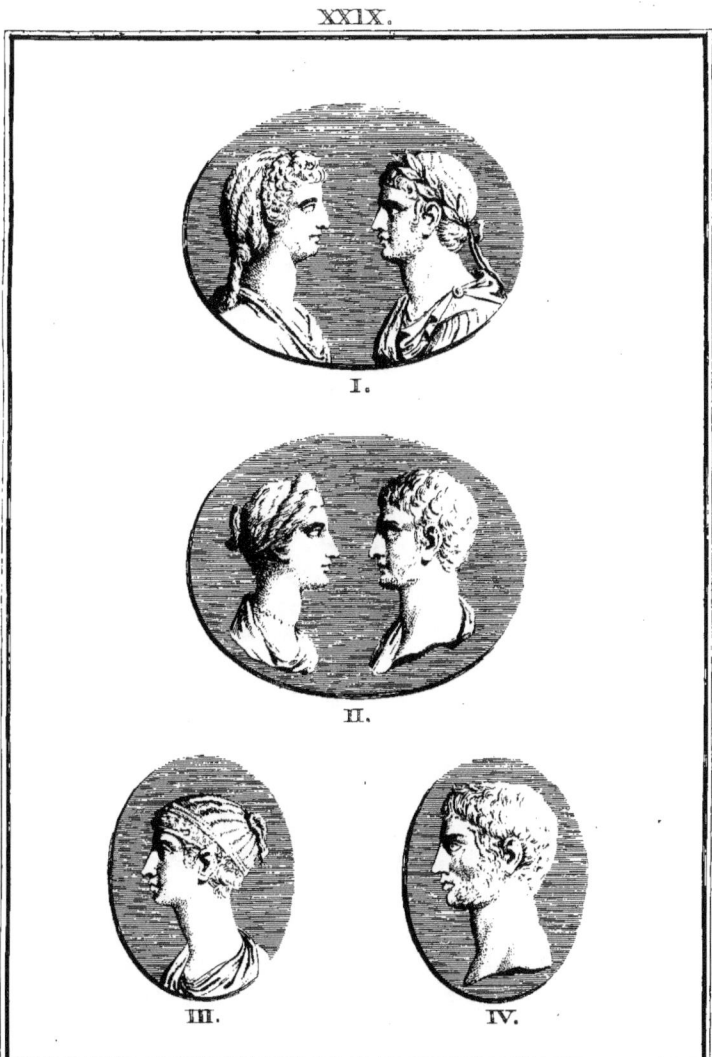

XXX.

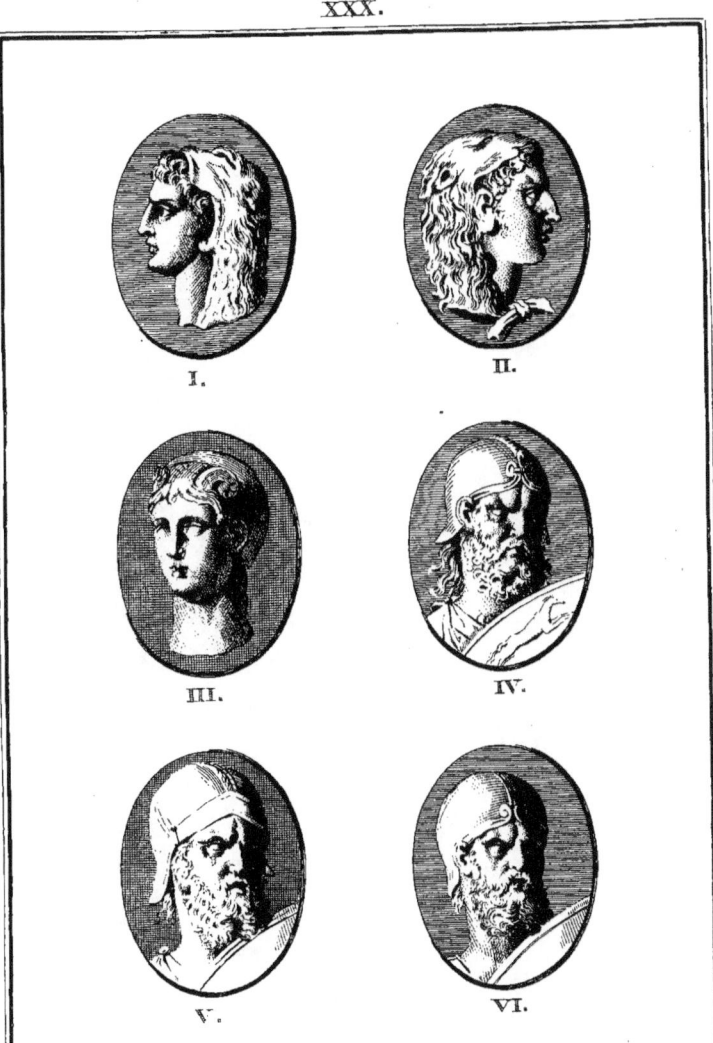

Tom. I.

XXXI.

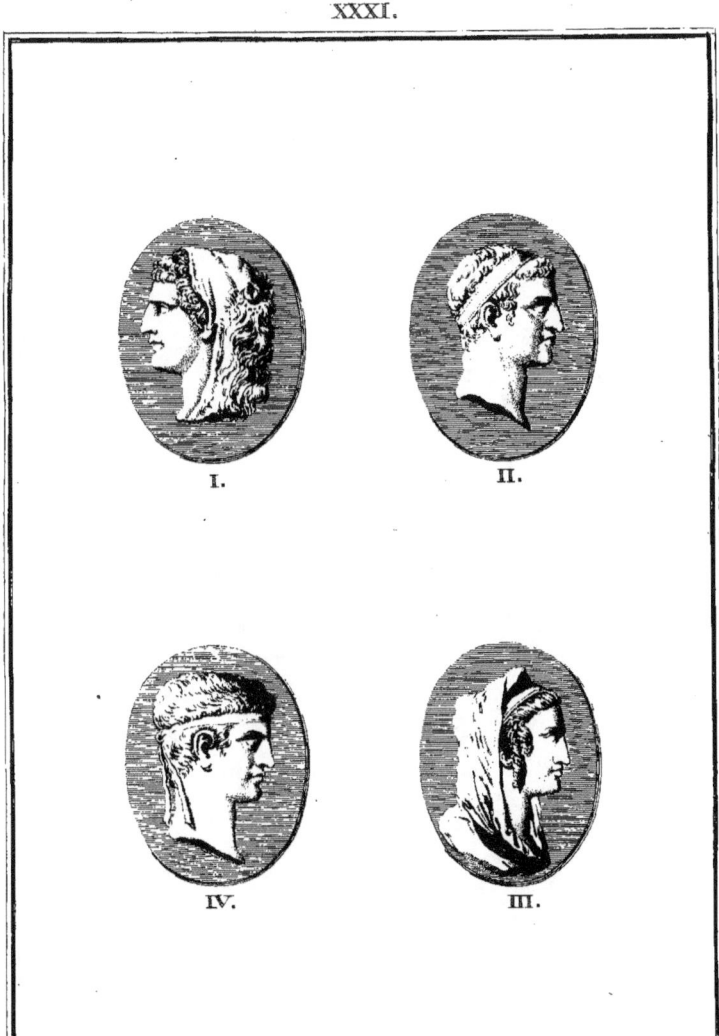

Tom. I.

XXXII.

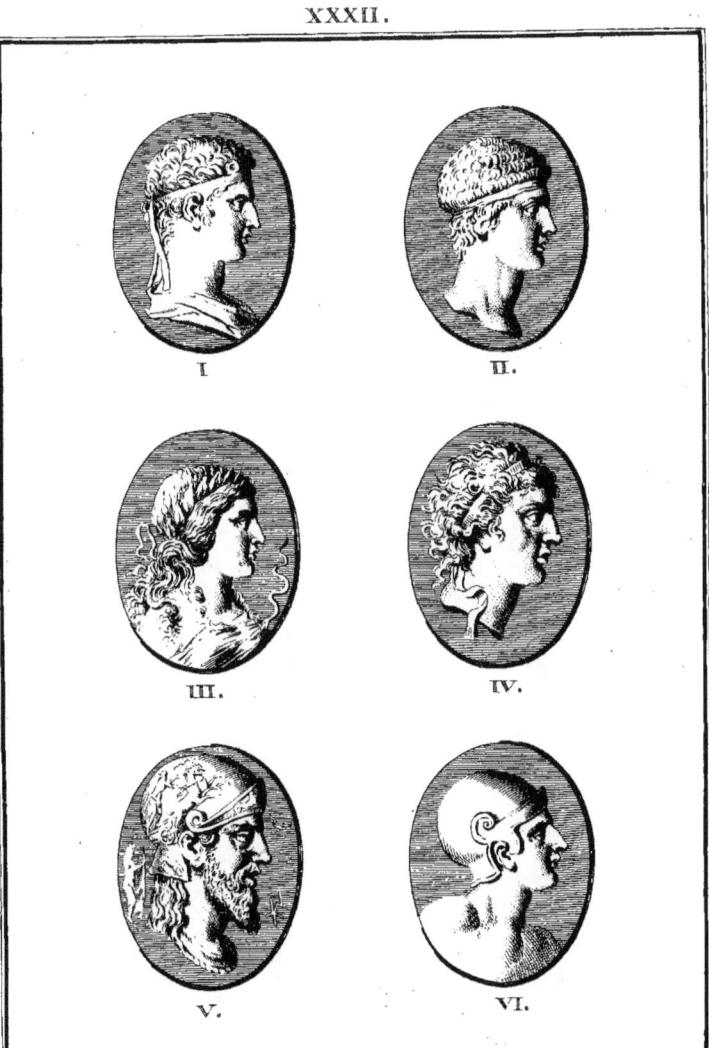

Tom. I.

XXXIII.

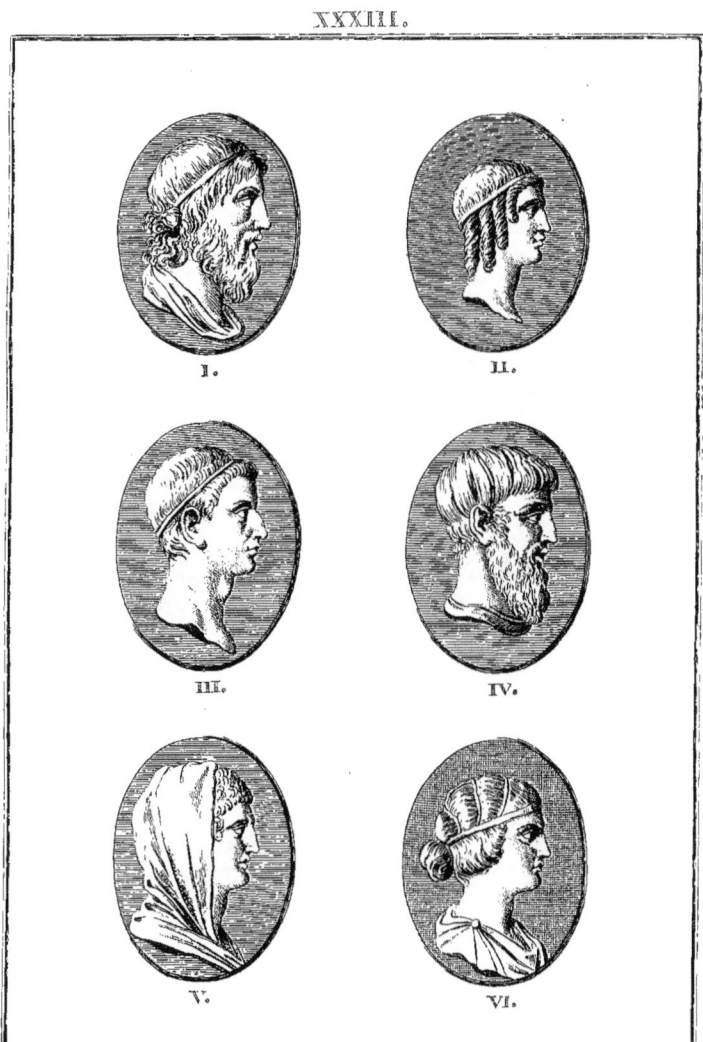

XXXIV.

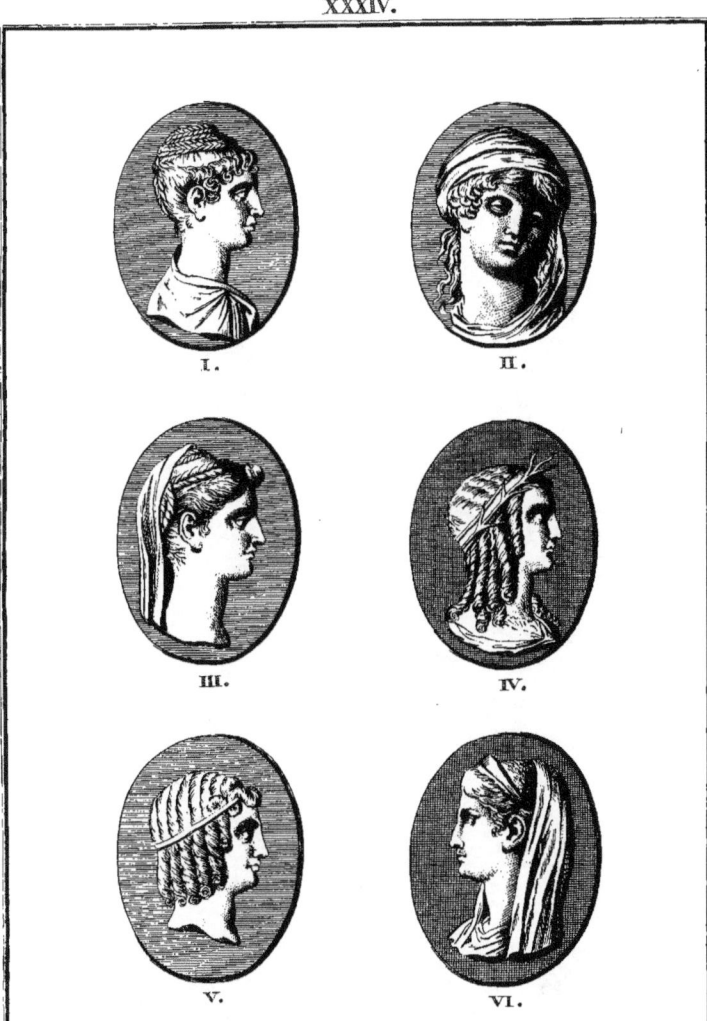

Tom. I.

XXXV.

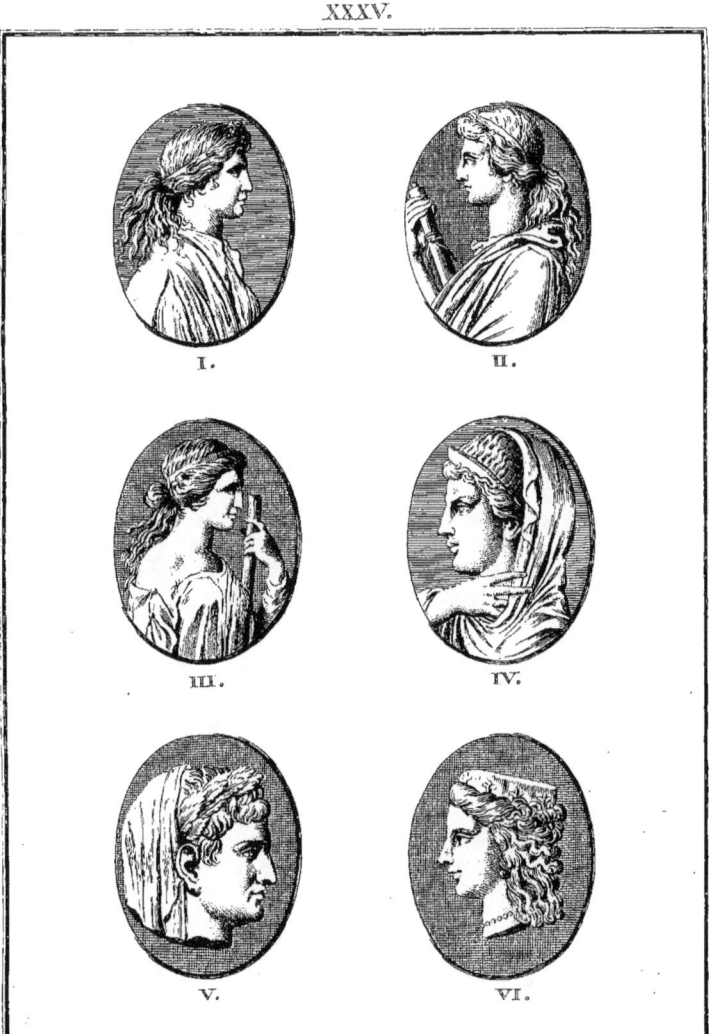

Tom. I.

XXXVI.

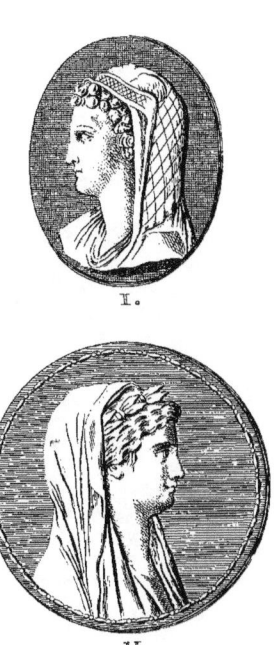

I.

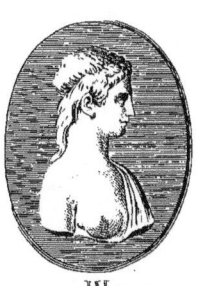

II.

III.

Tom. I.

XXXVII.

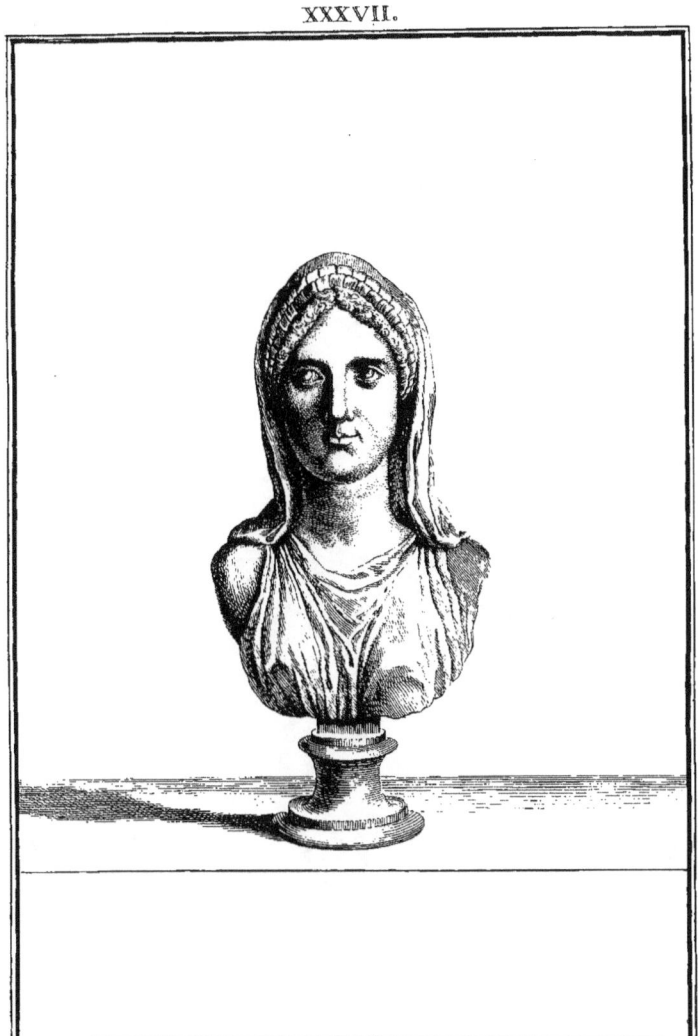

Tom. I.

XXXVIII.

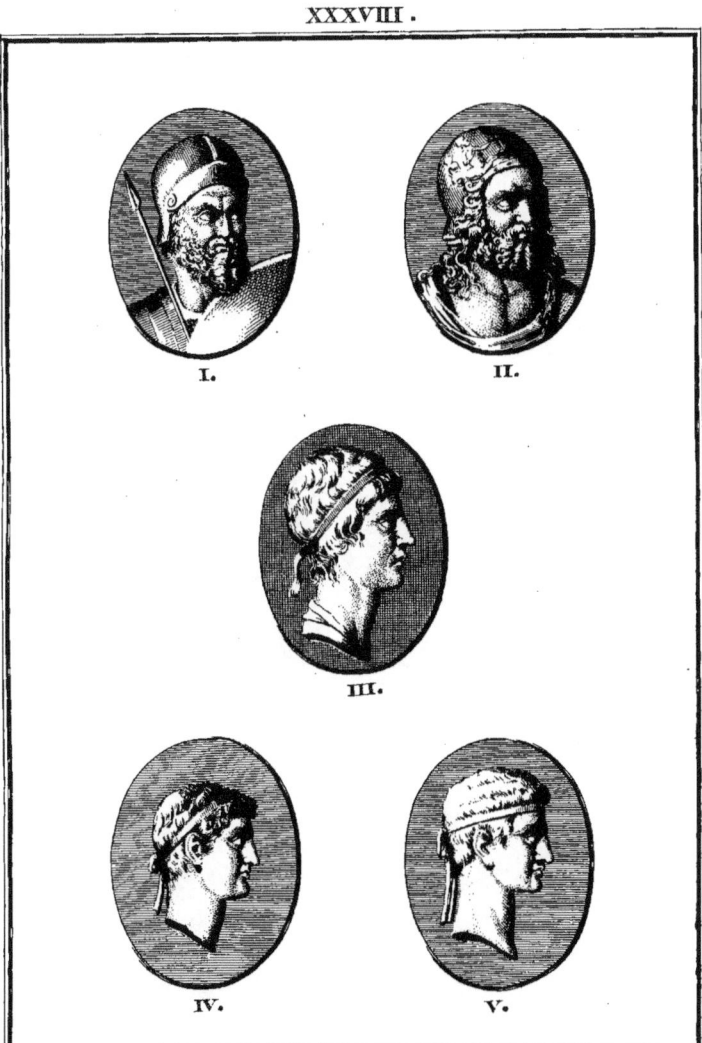

Tom. I.

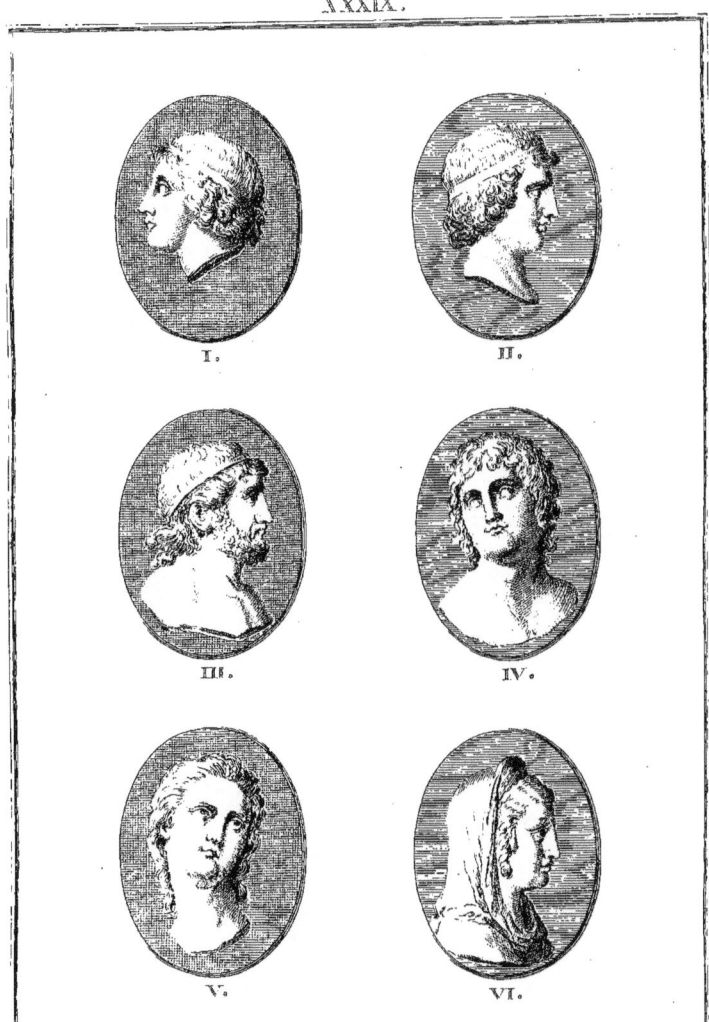

XL.

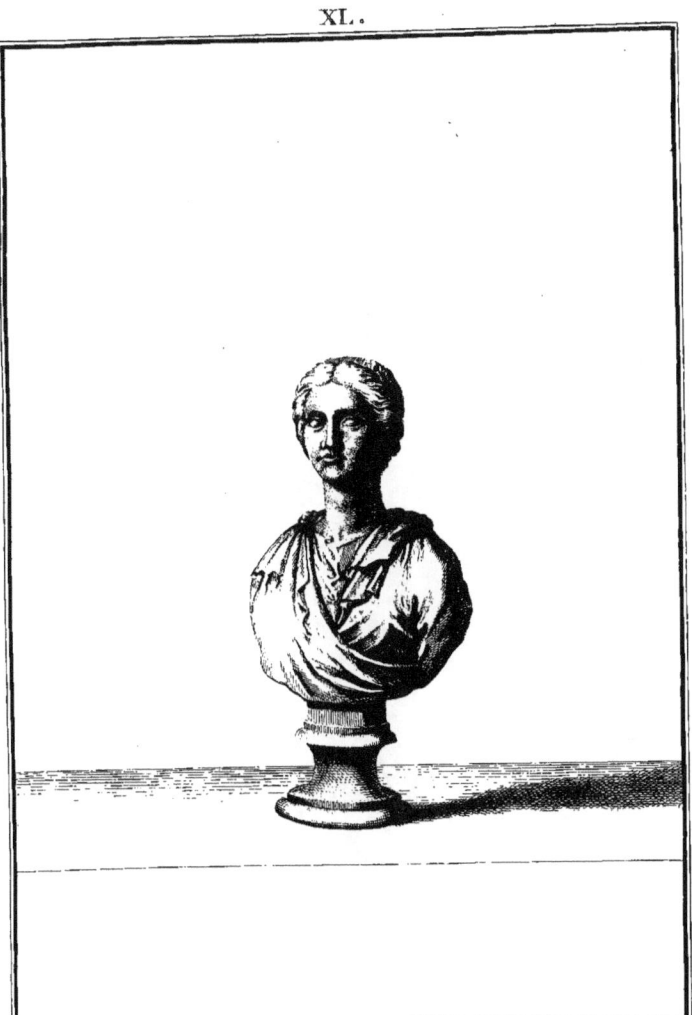

Tom. I.

XLI.

I.

II.

III.

IV.

V.

XLII.

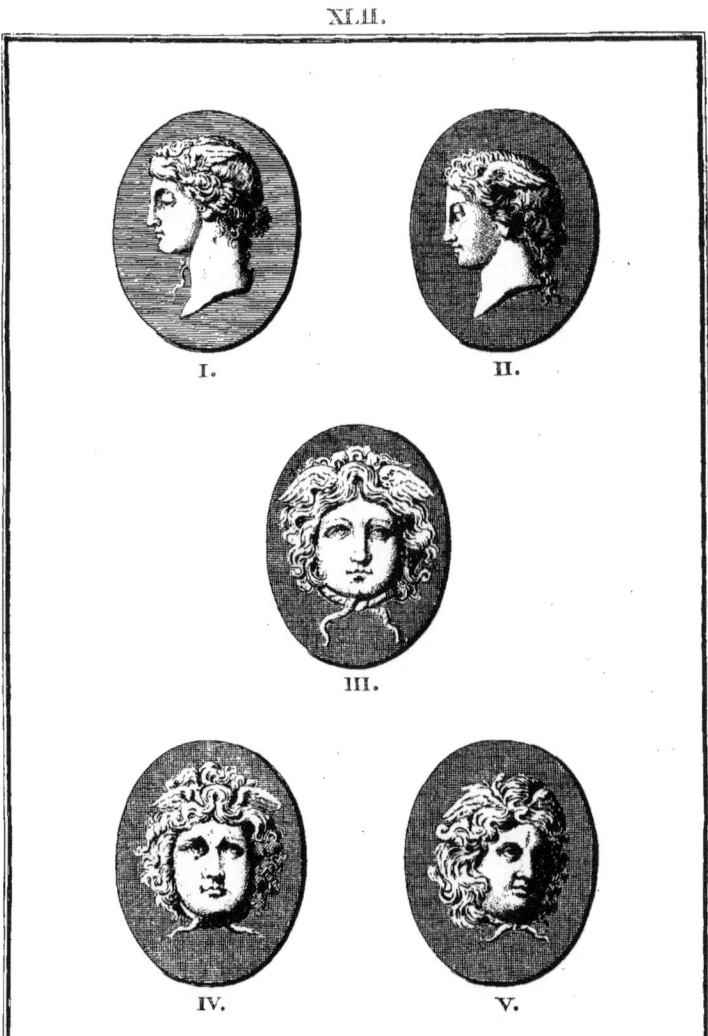

Tom.I.

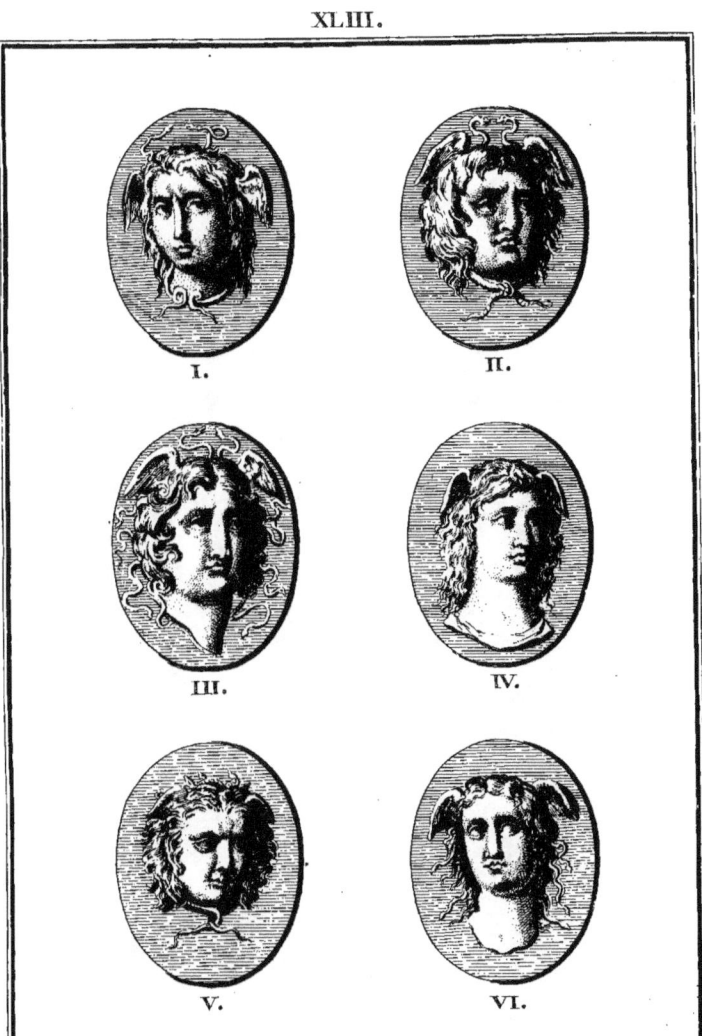

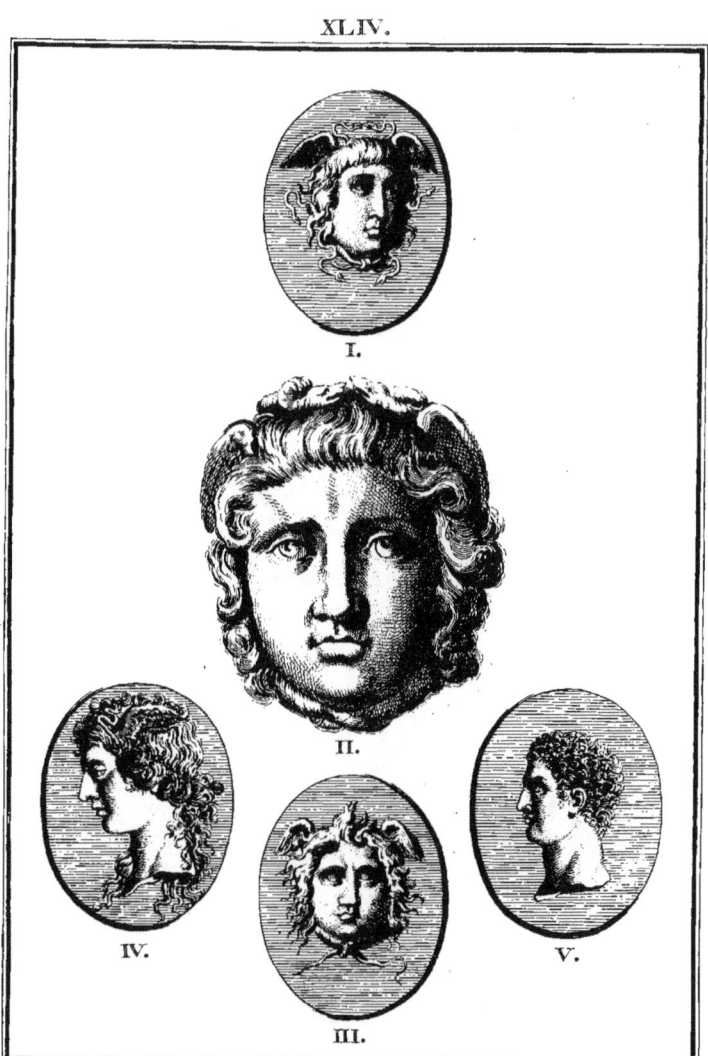

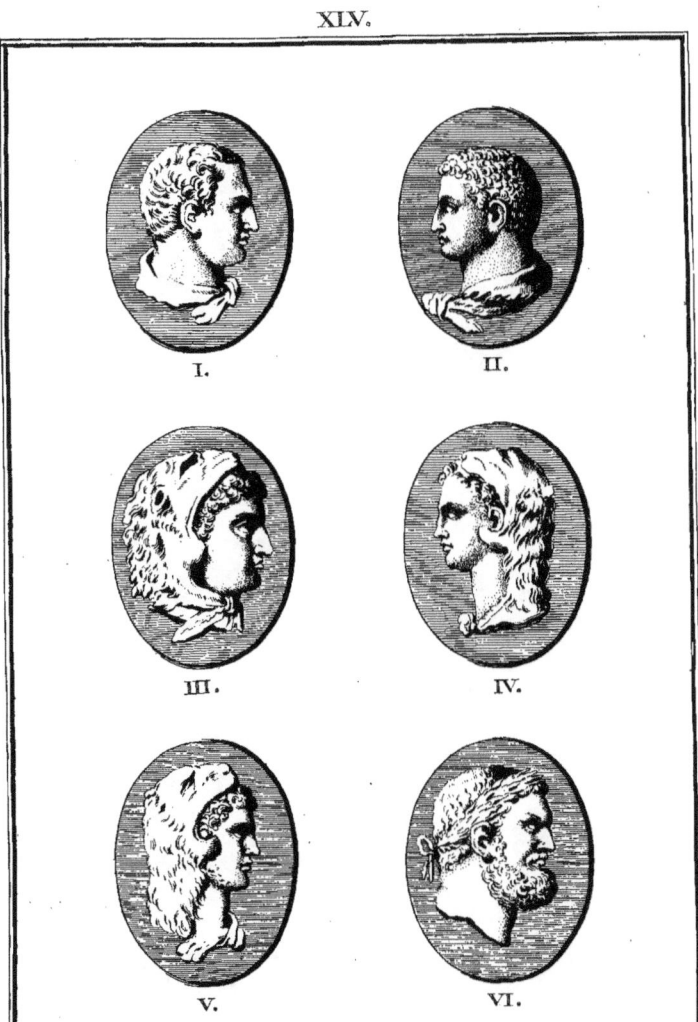

XLVI.

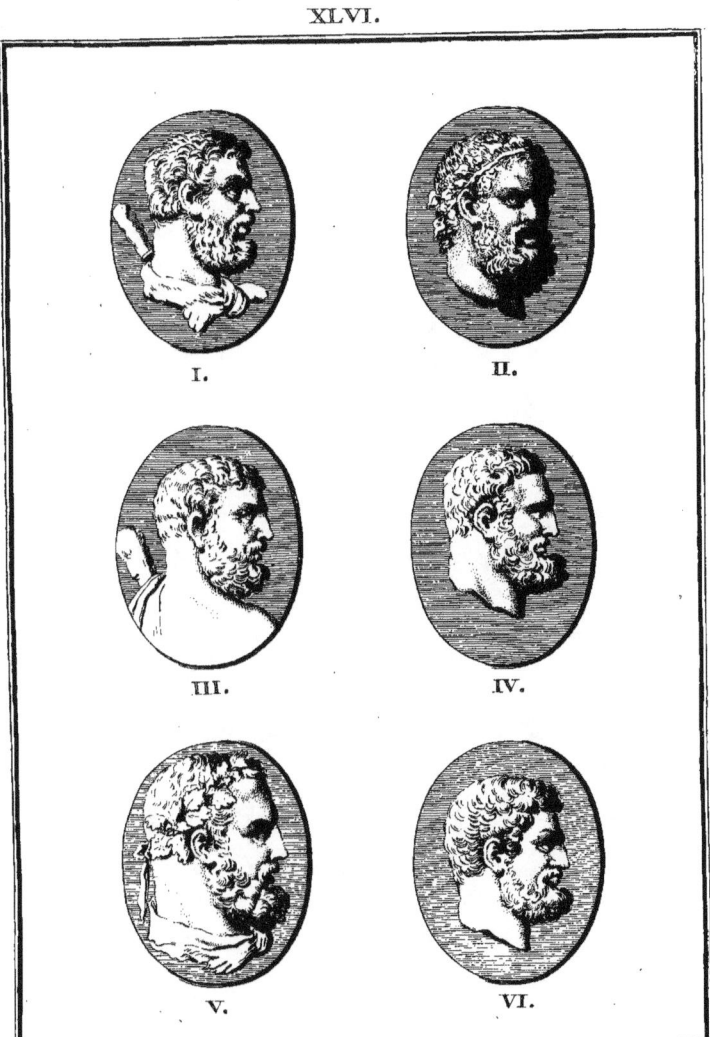

Tom. I.

XLVII.

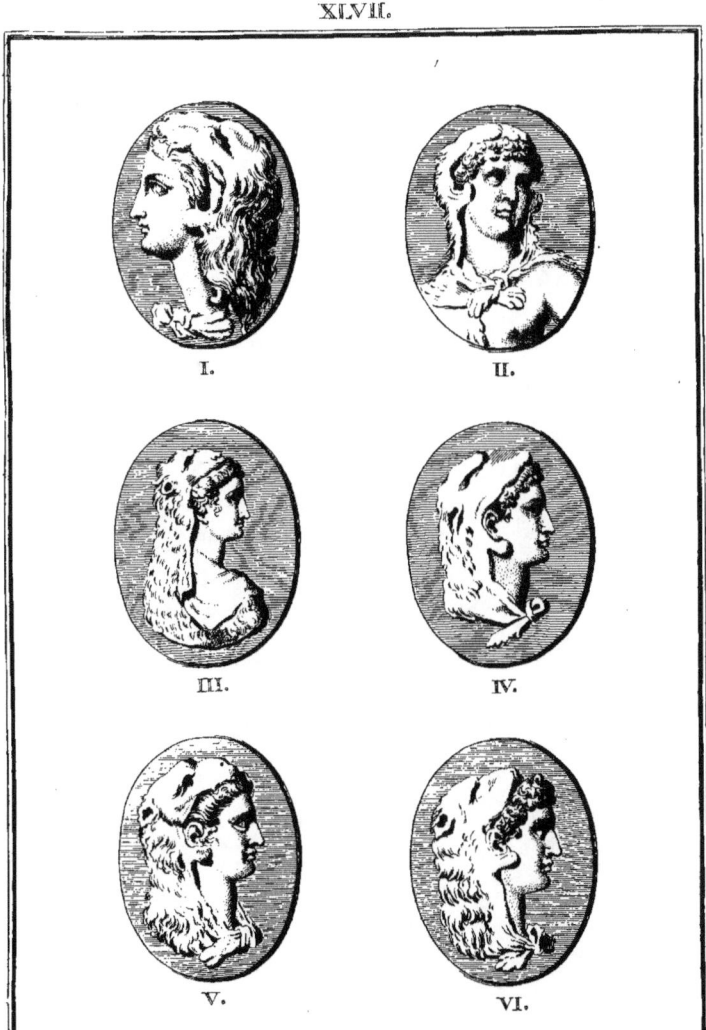

I.

II.

III.

IV.

V.

VI.

Tom. I.

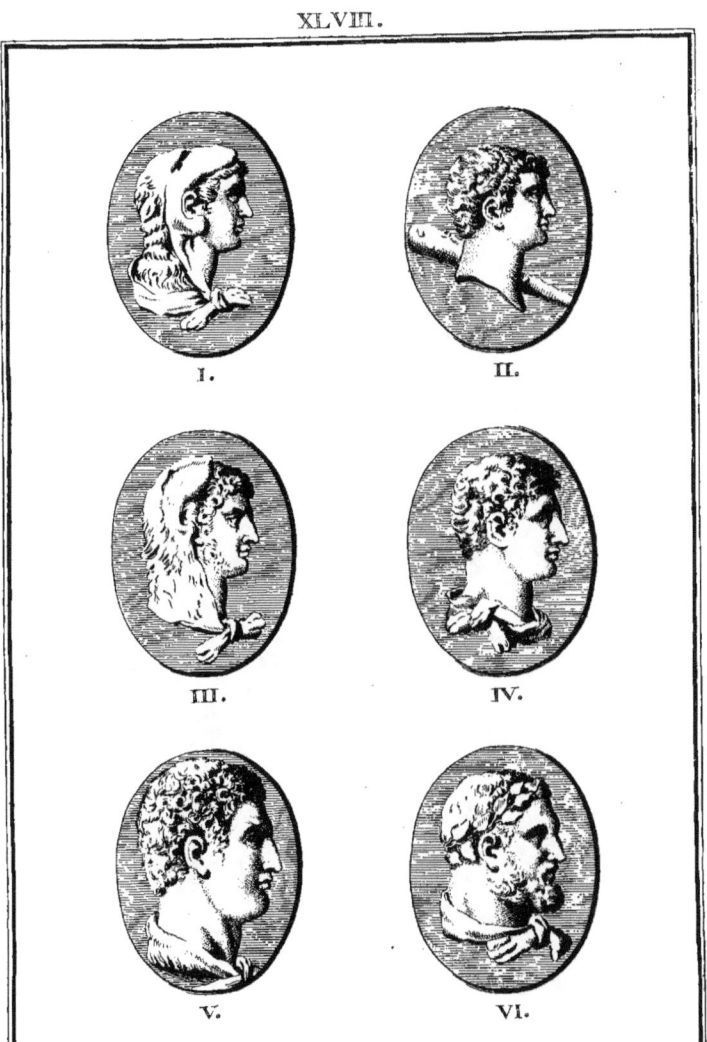

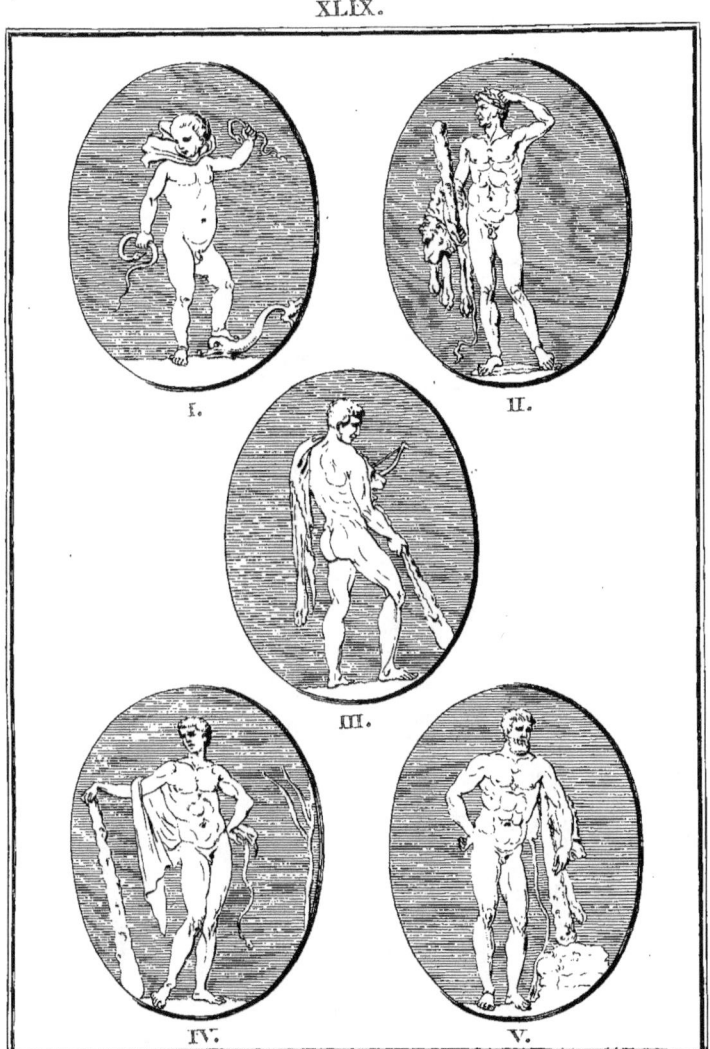

I.

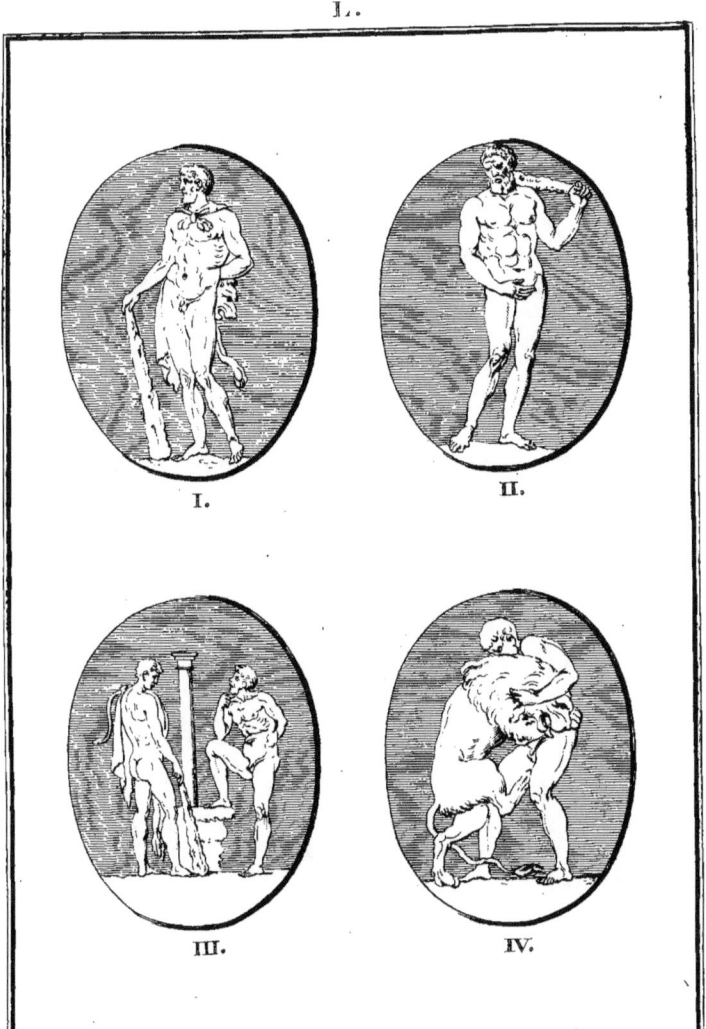

Tom. I.

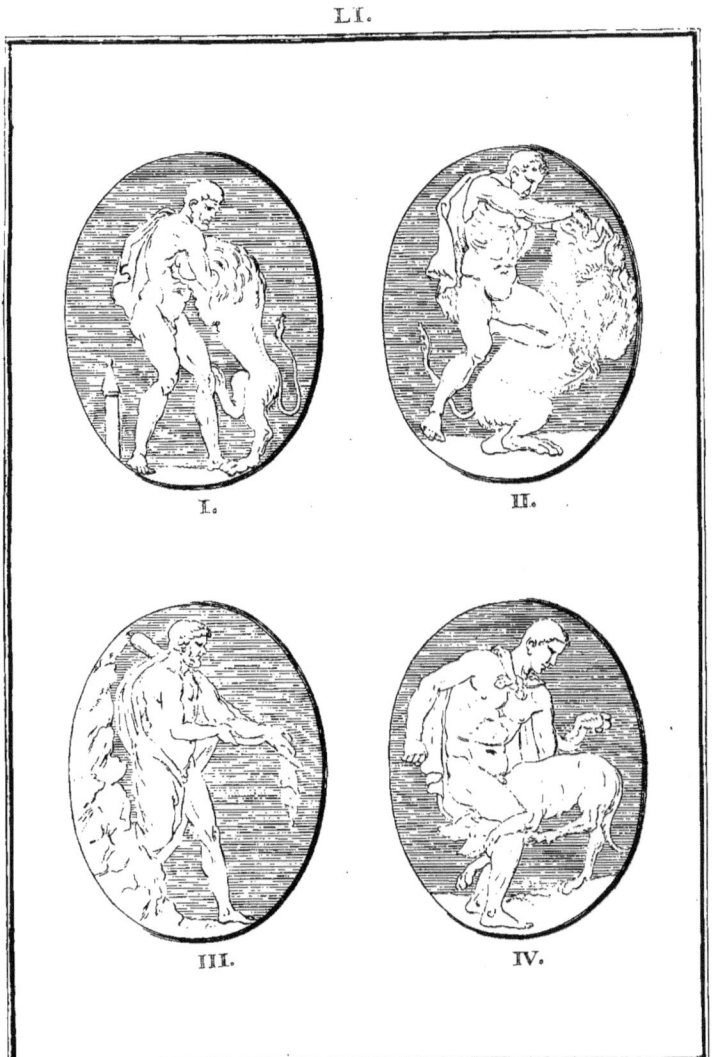

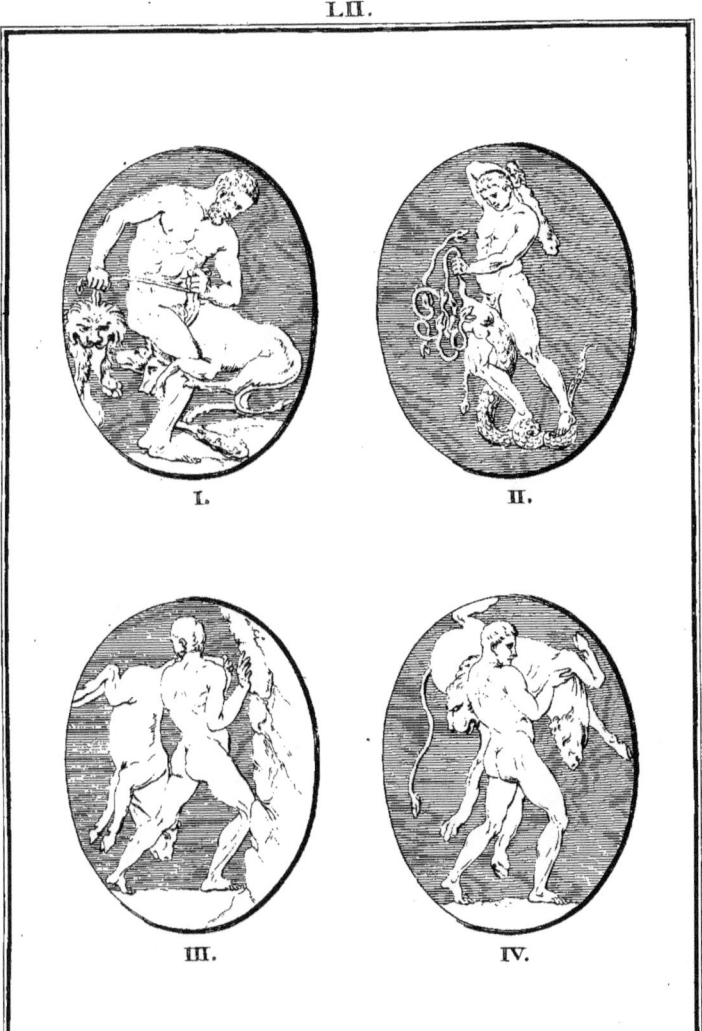

LIII.

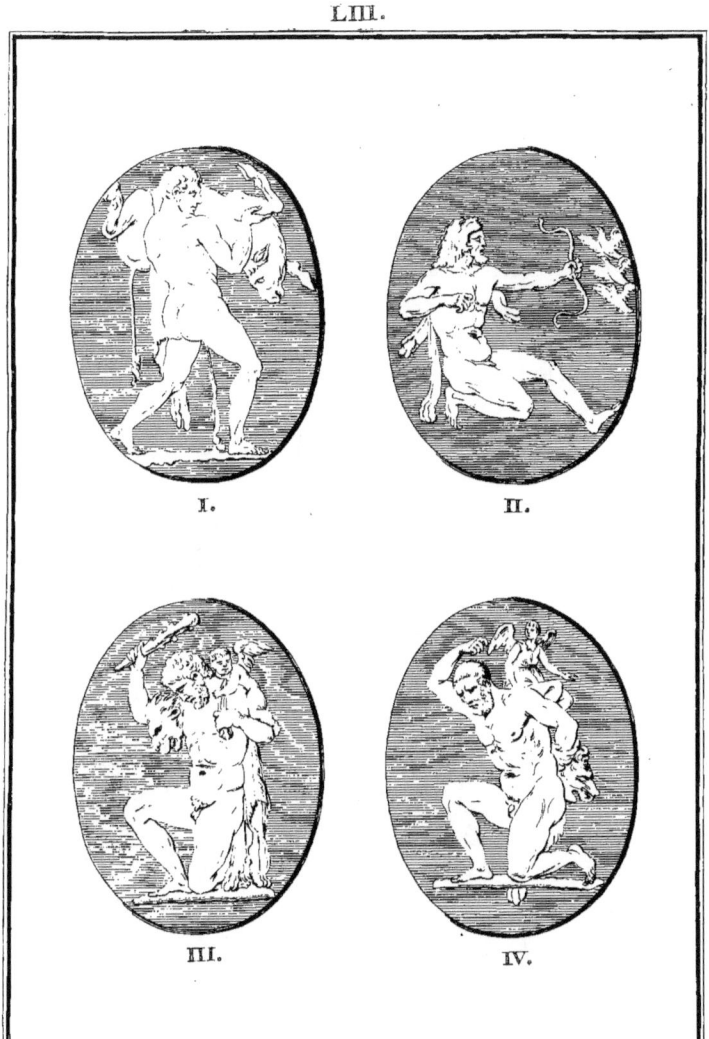

I. II.

III. IV.

Tom.I.

LIV.

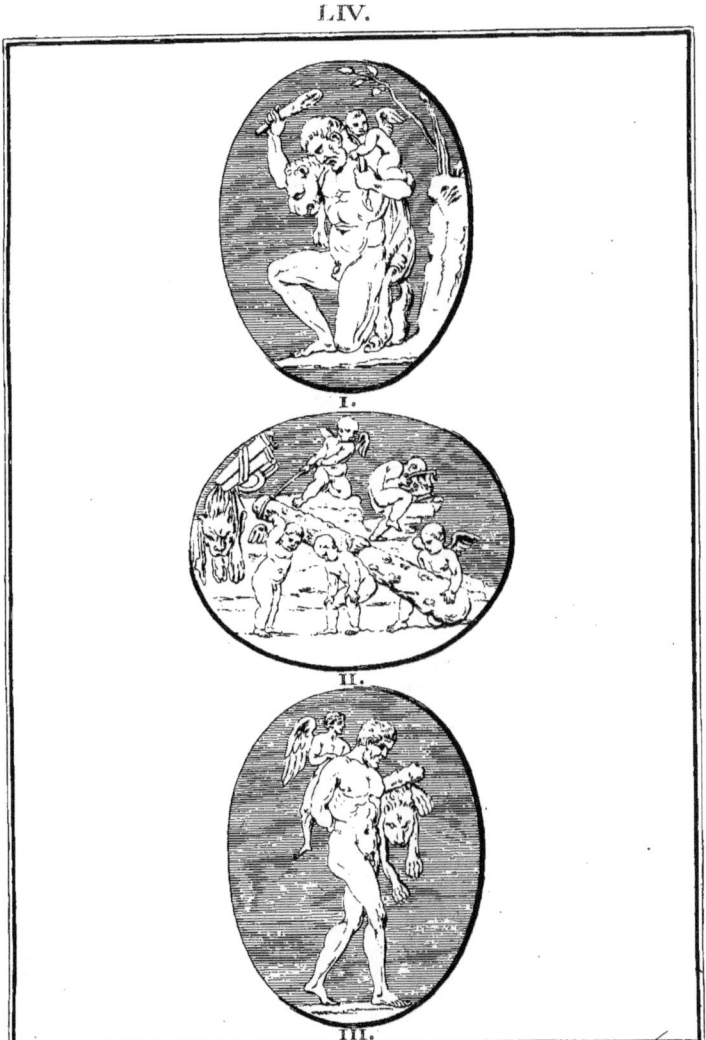

Tom.I.

LV.

I. II.

III. IV.

Tom. I.

LVI.

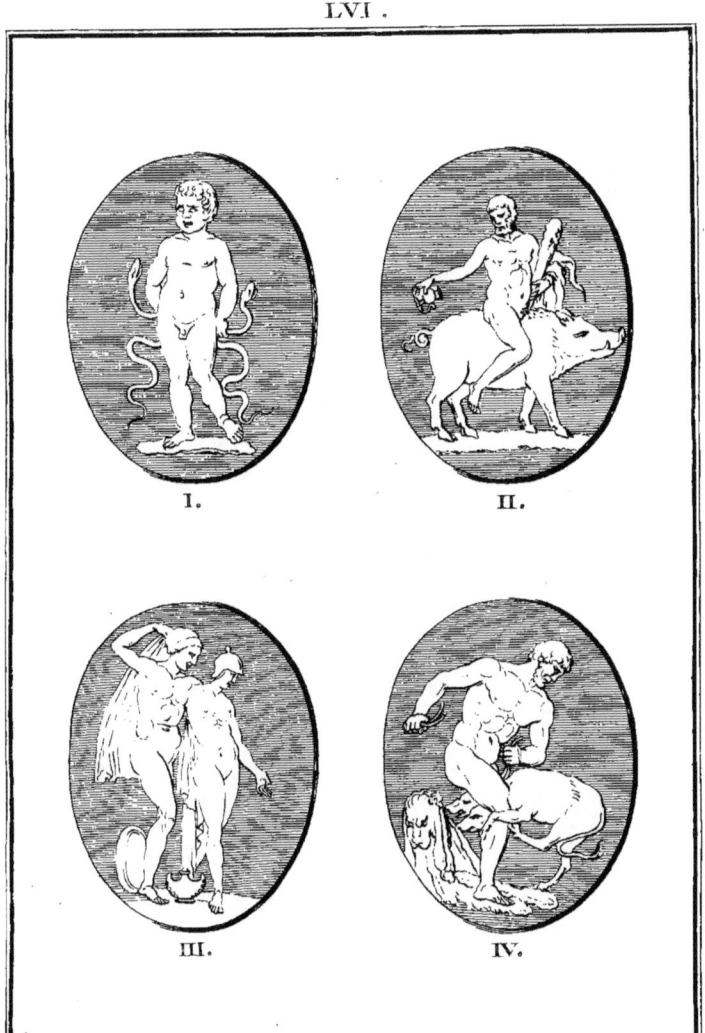

I. II.
III. IV.

Tom.I.

LVII.

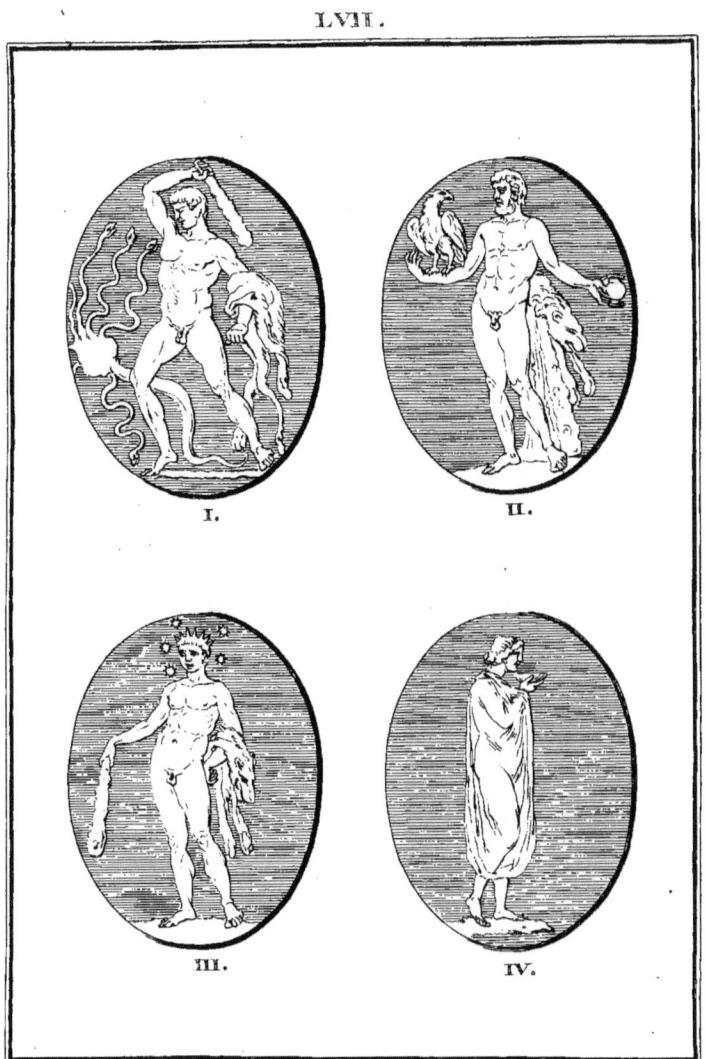

I. II. III. IV.

Tom. I.

LVIII.

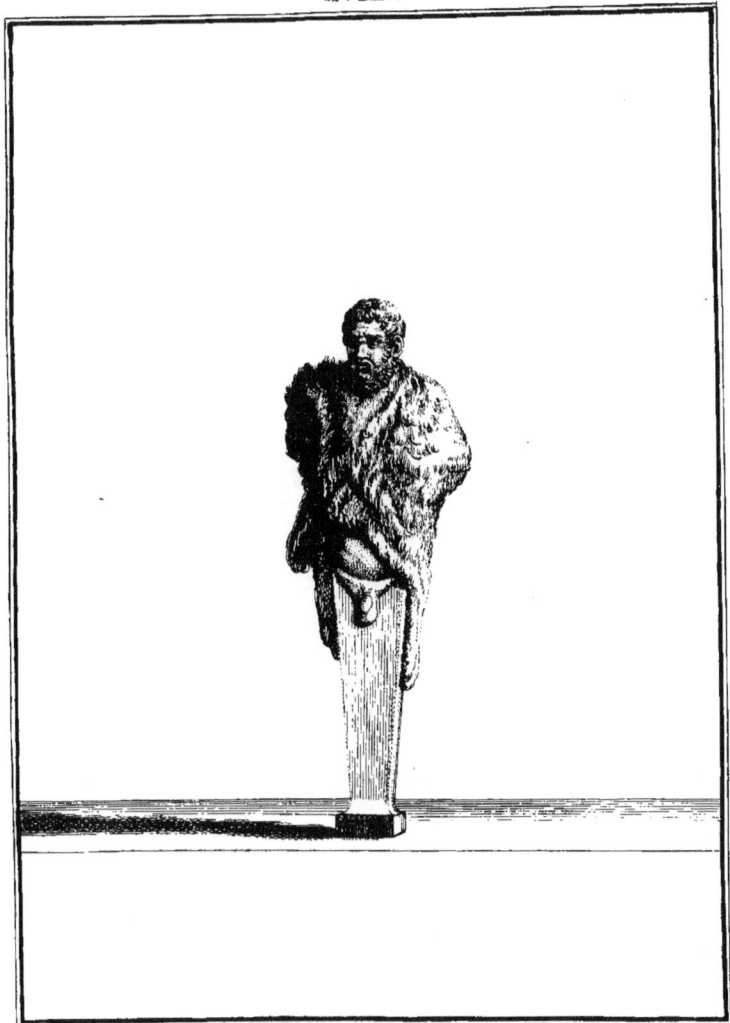

Tom. I.

LIX.

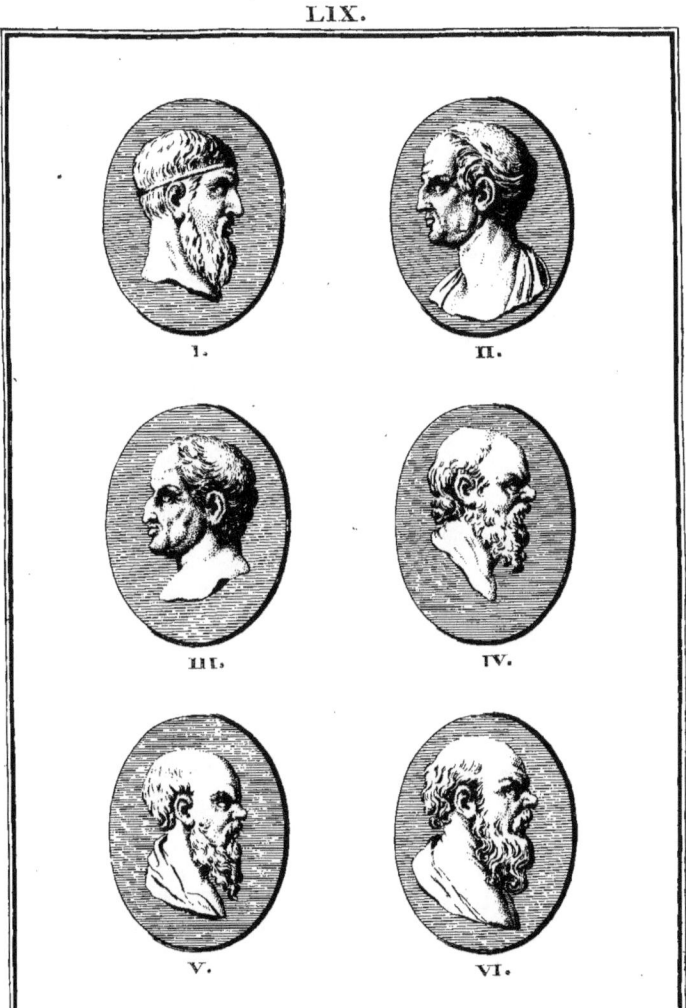

Tom. I.

LX.

I.

II.

III.

IV.

V.

VI.

Tom. I.

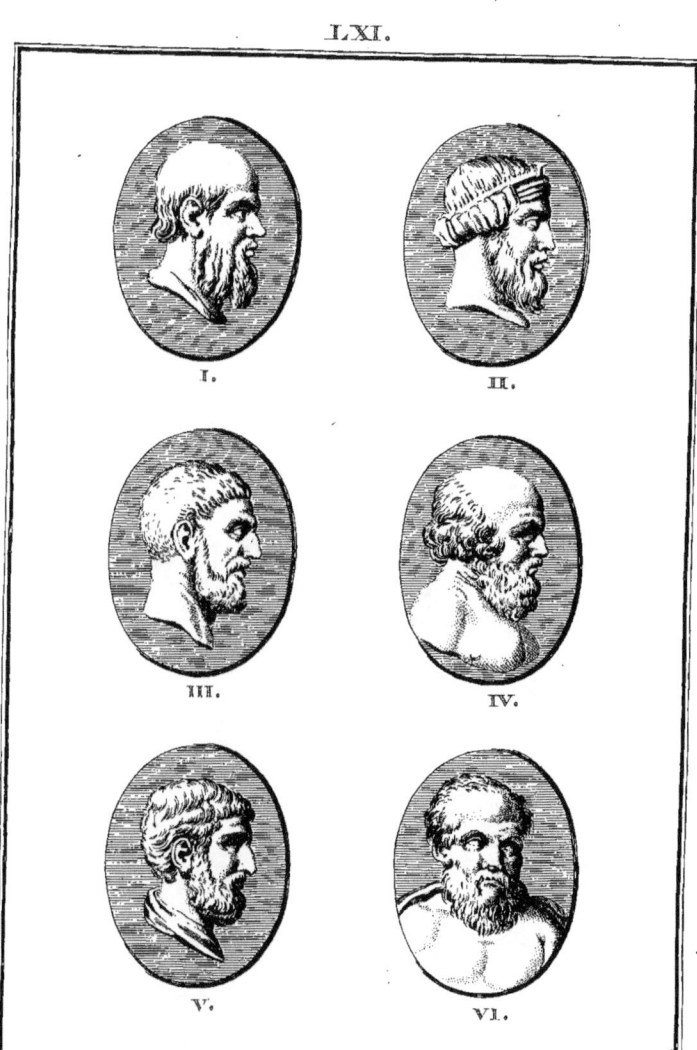

LXII.

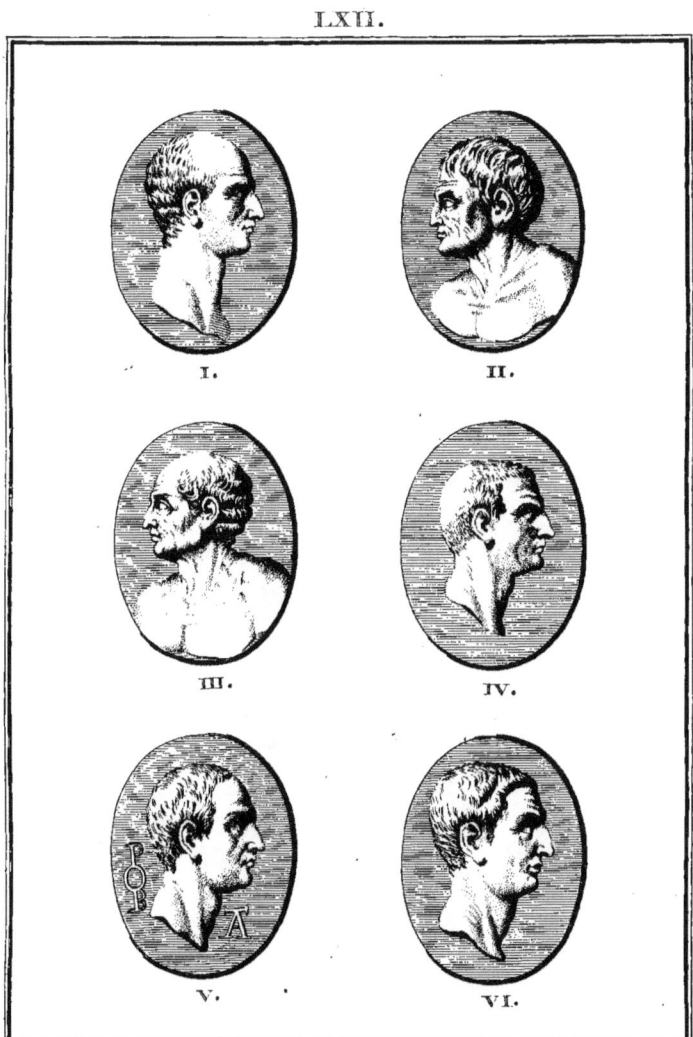

Tom. I.

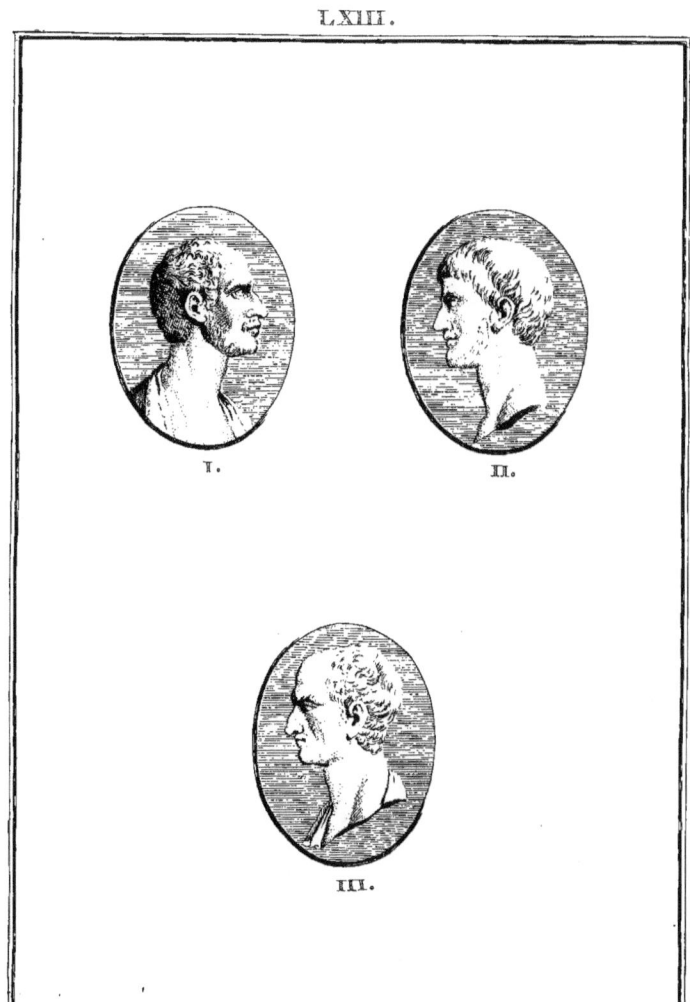

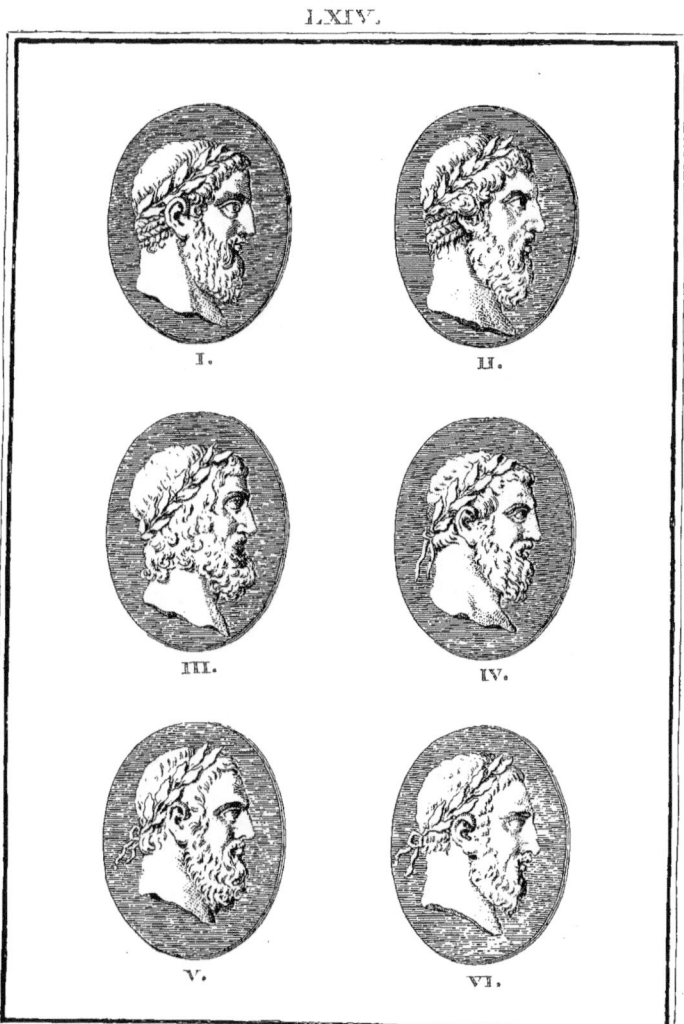

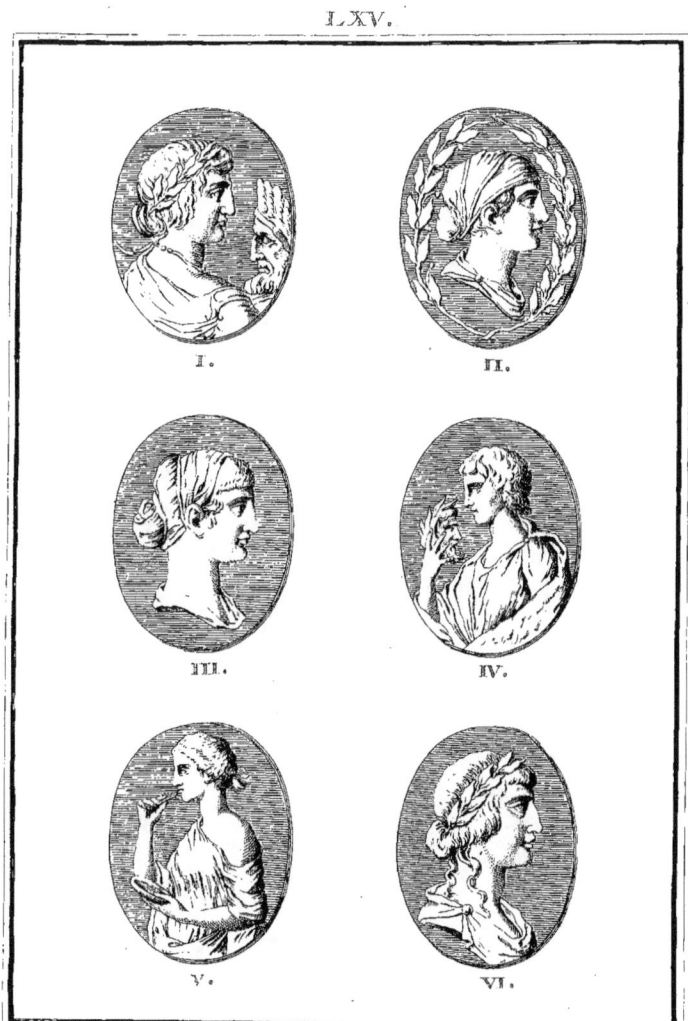

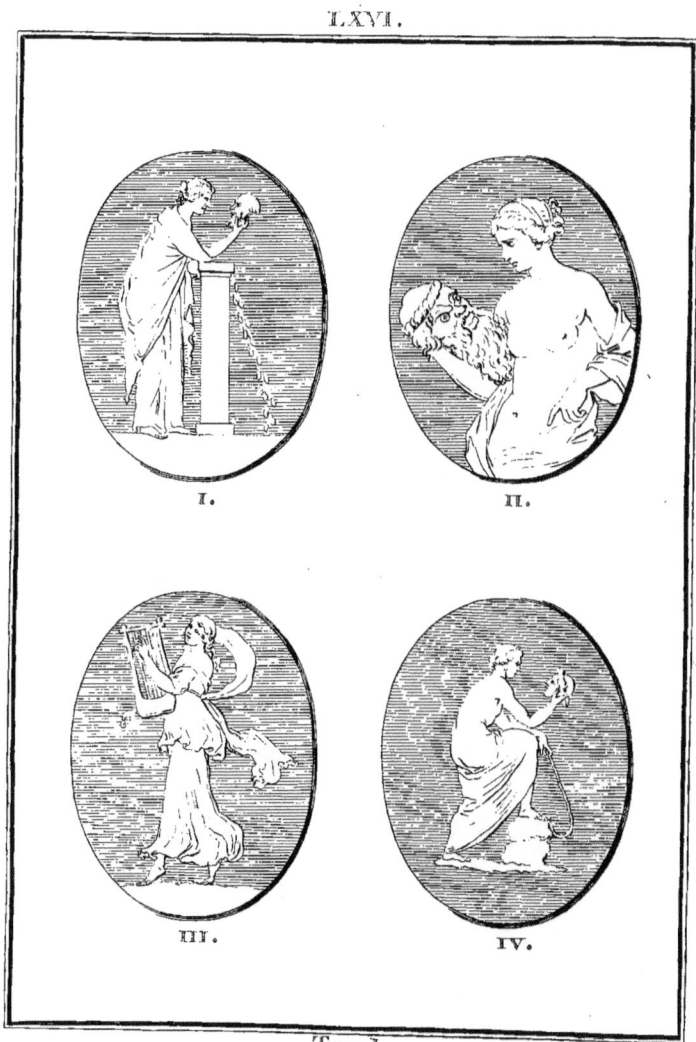

LXVII.

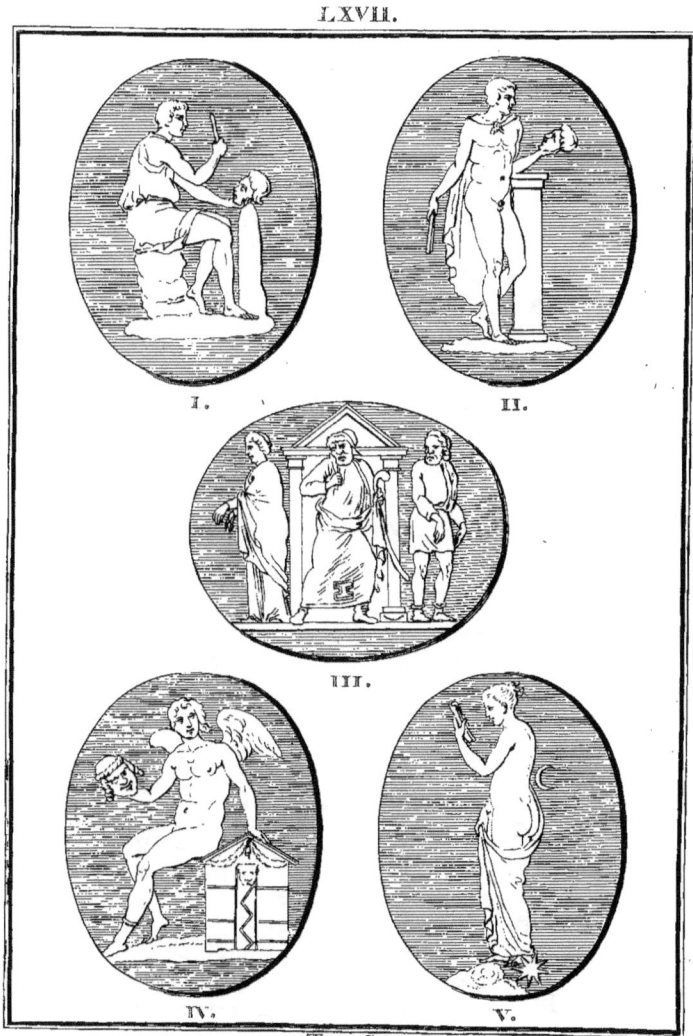

LXVIII.

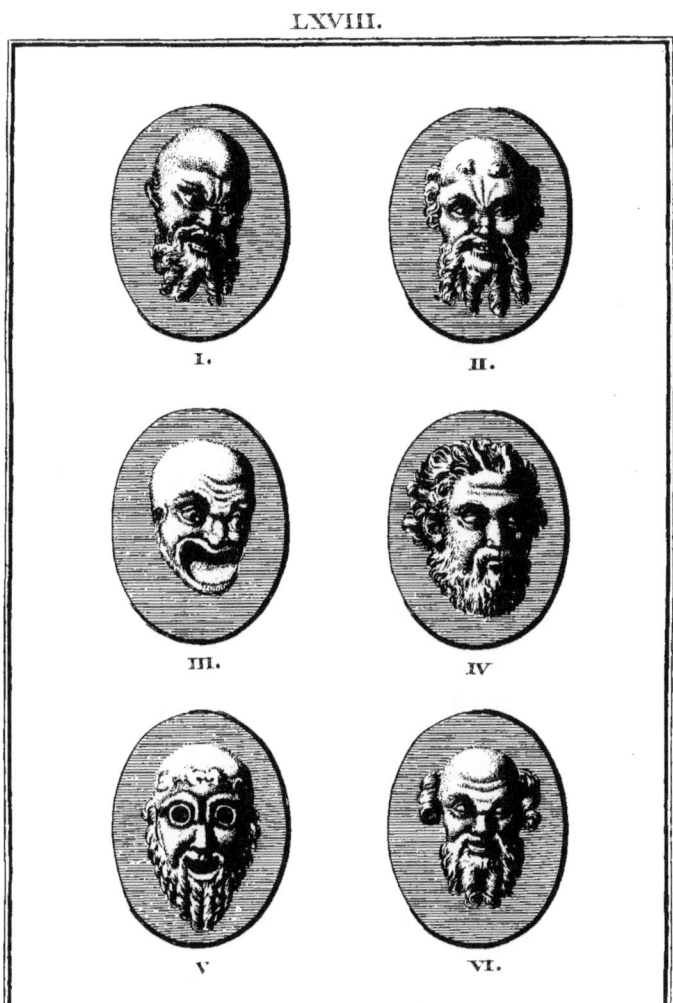

Tom. I.

LXIX.

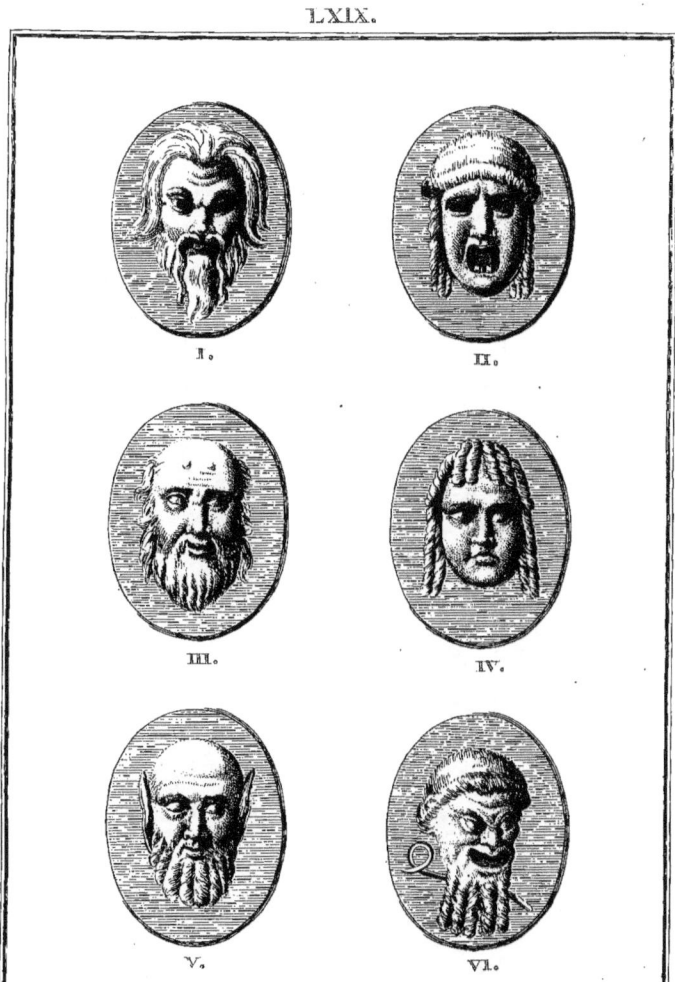

LXX.

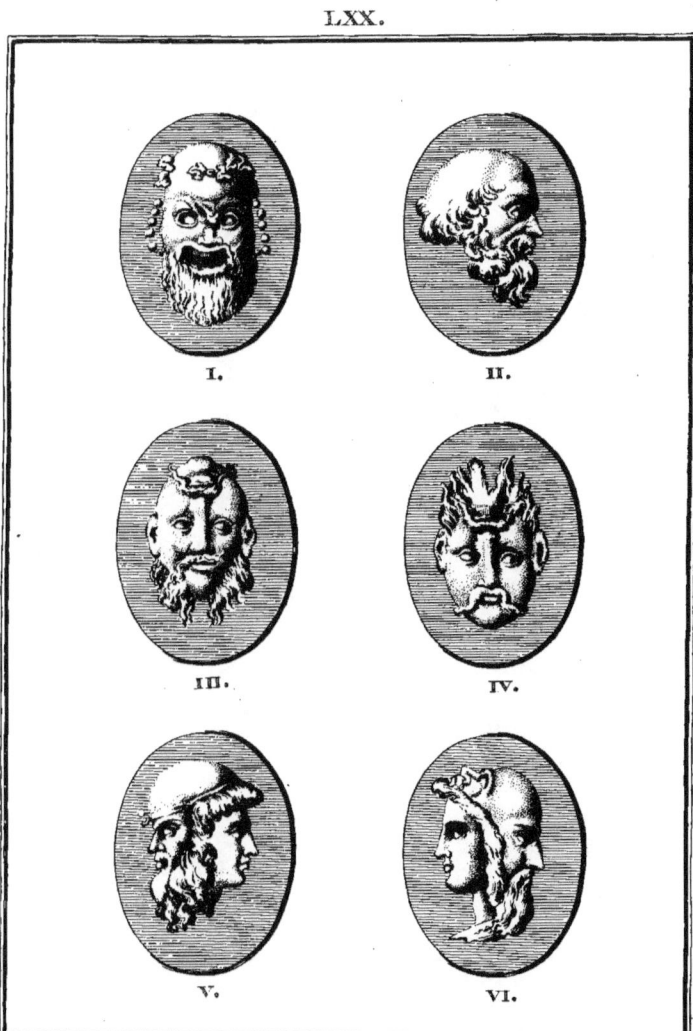

Tom. I.

LXXI.

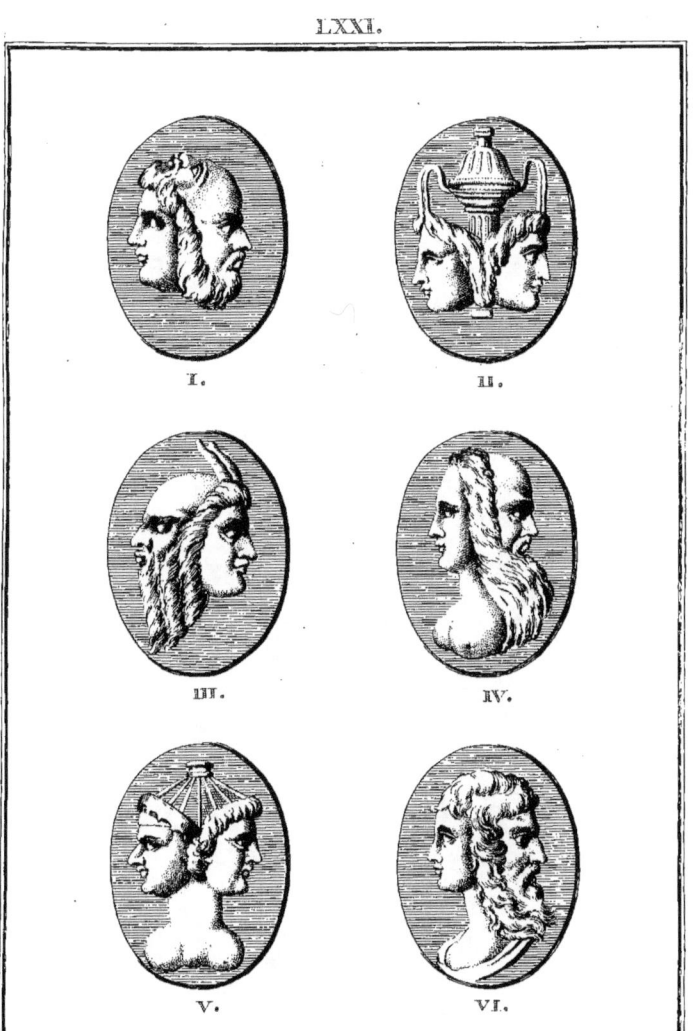

Tom.I.

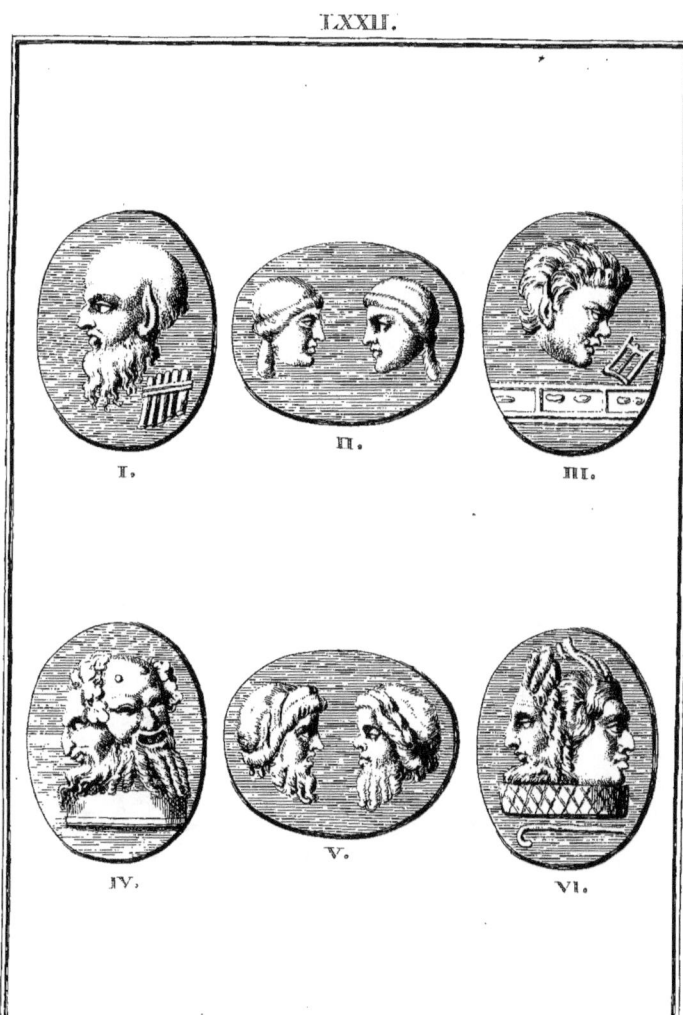

LXXIII.

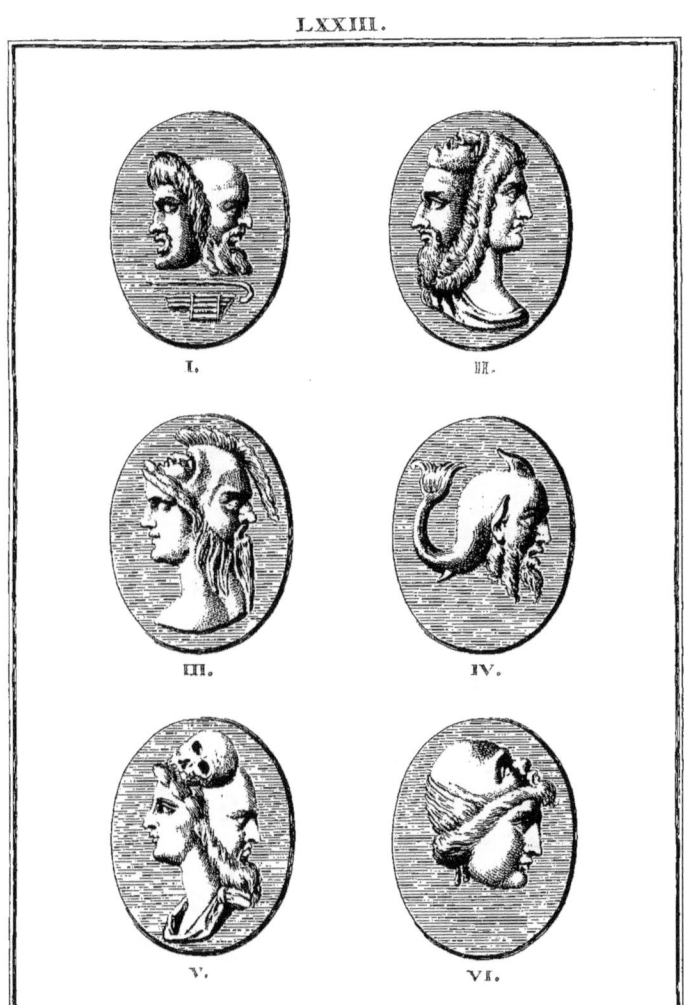

Tom.I.

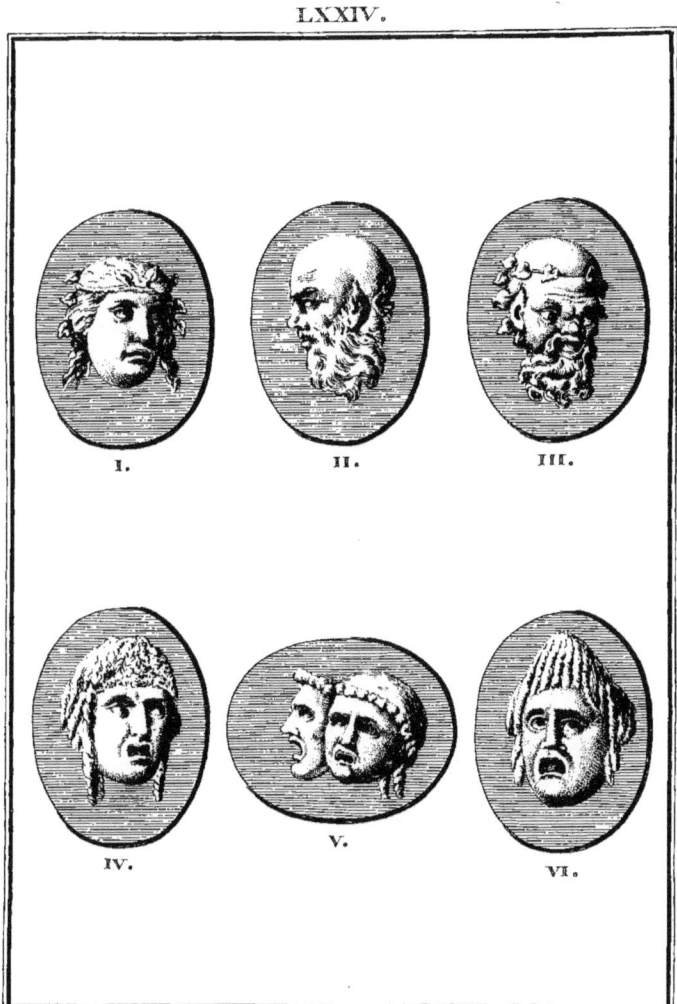

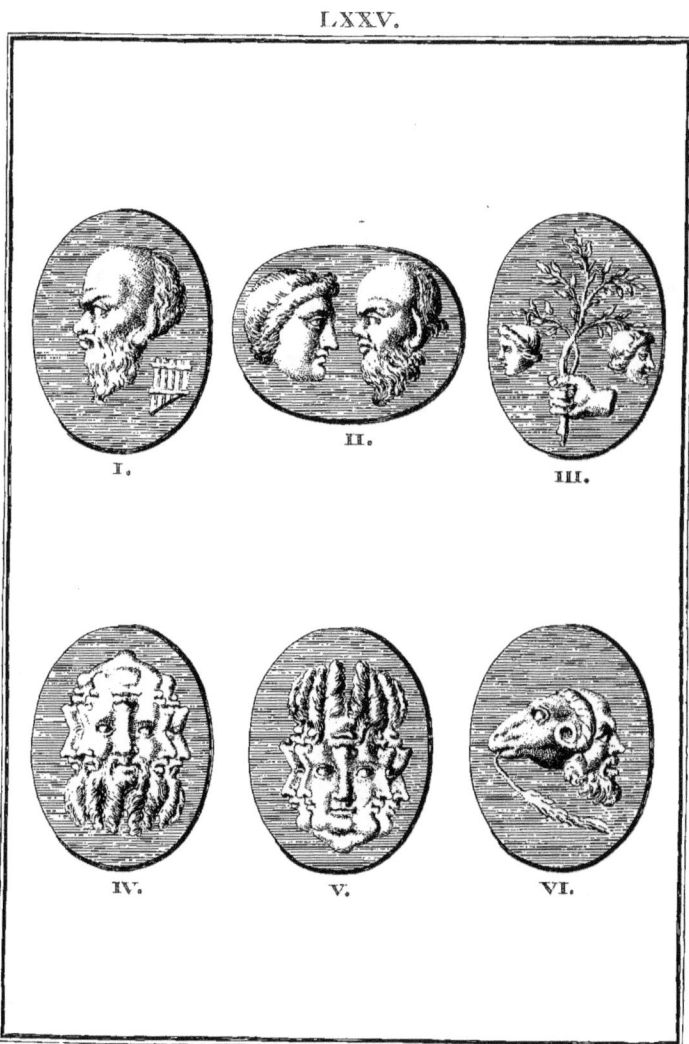

LXXVI.

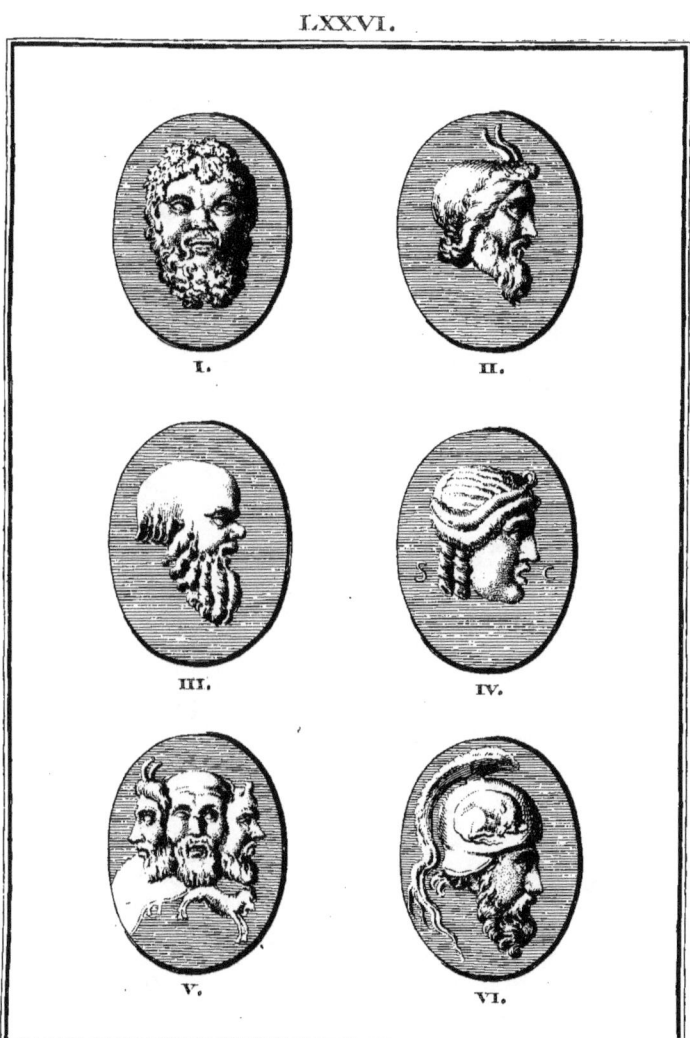

Tom. I.

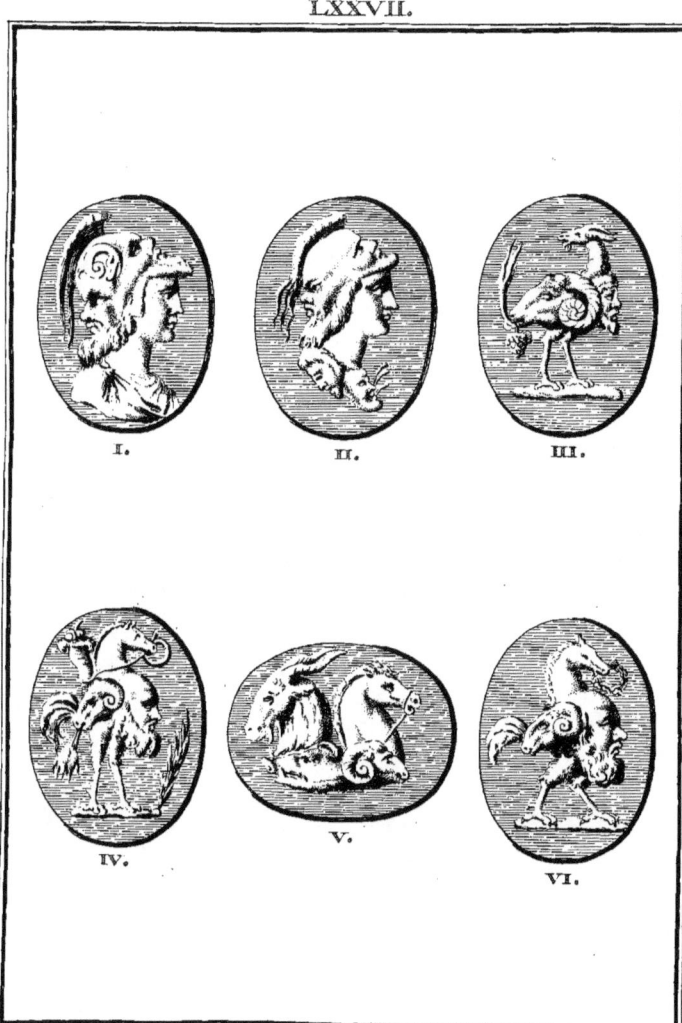

LXXVIII.

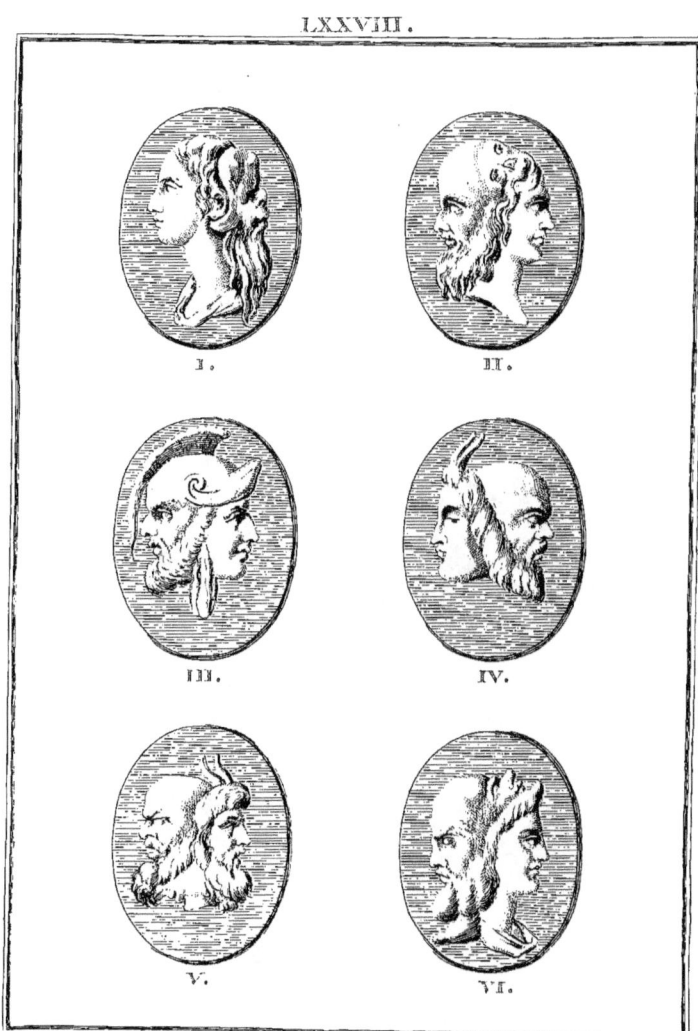

Tom. I.

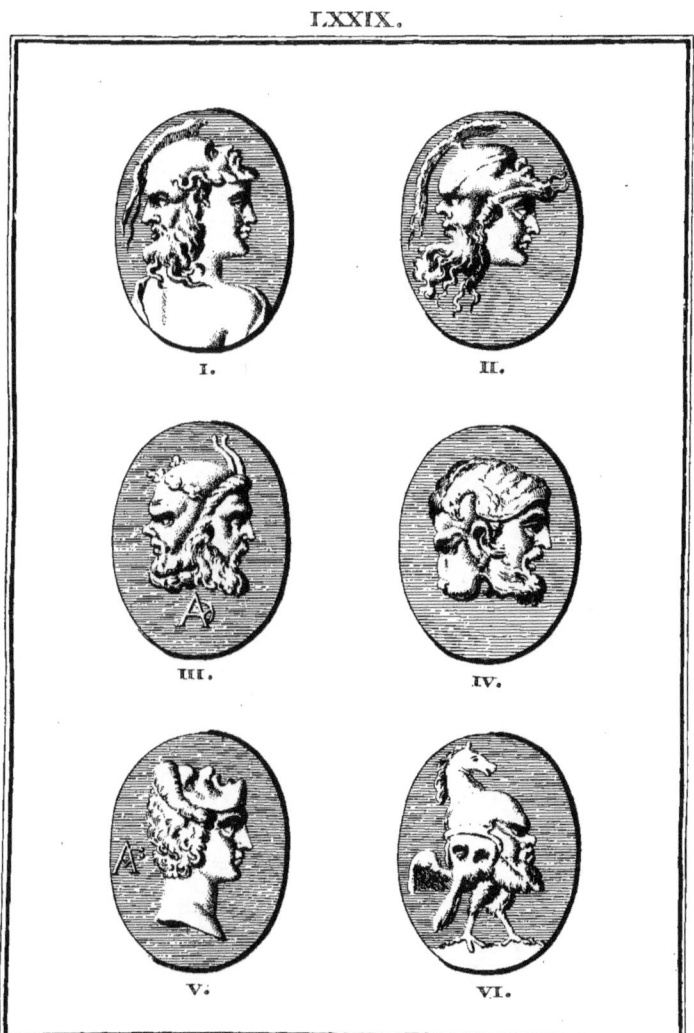

LXXX.

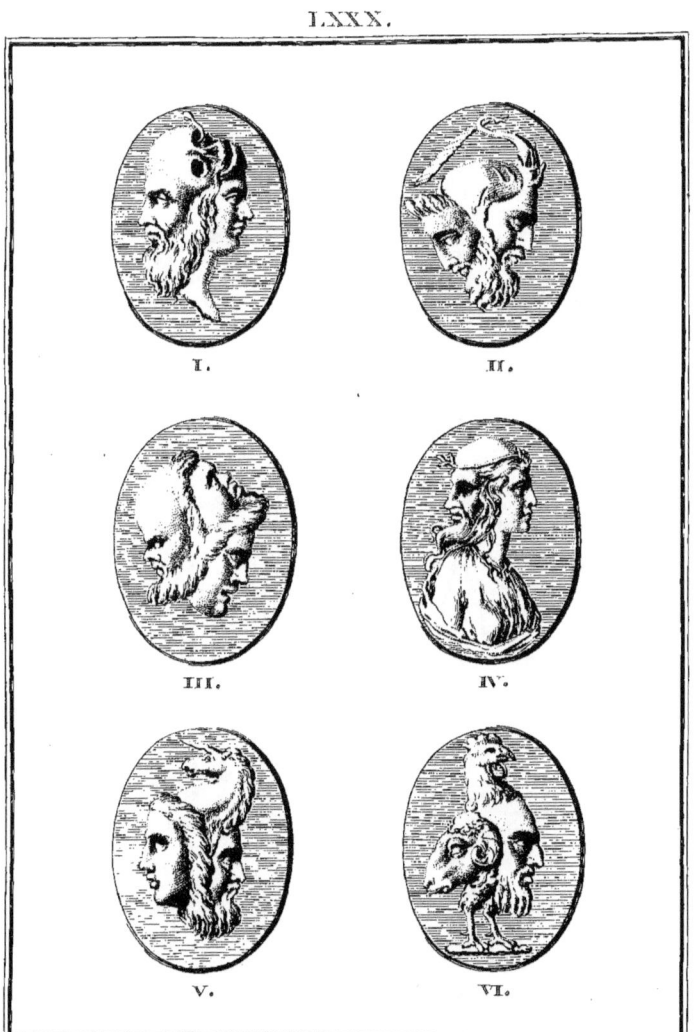

Tom.I.

LXXXI.

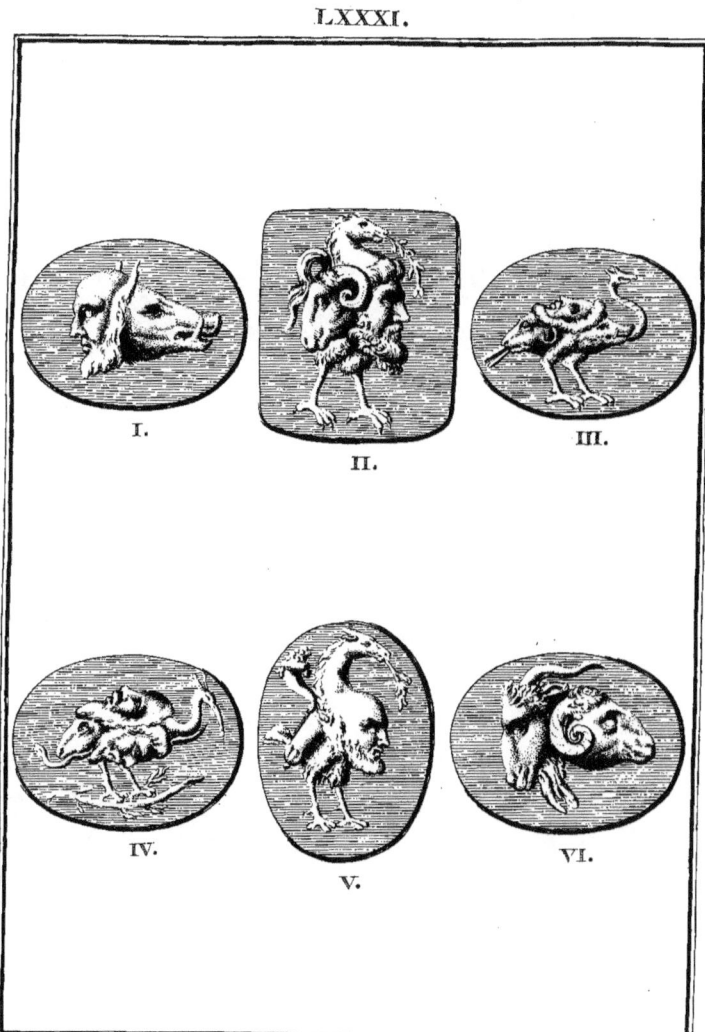

Tom. I.

LXXXII.

Tom. I.

LXXXIII.

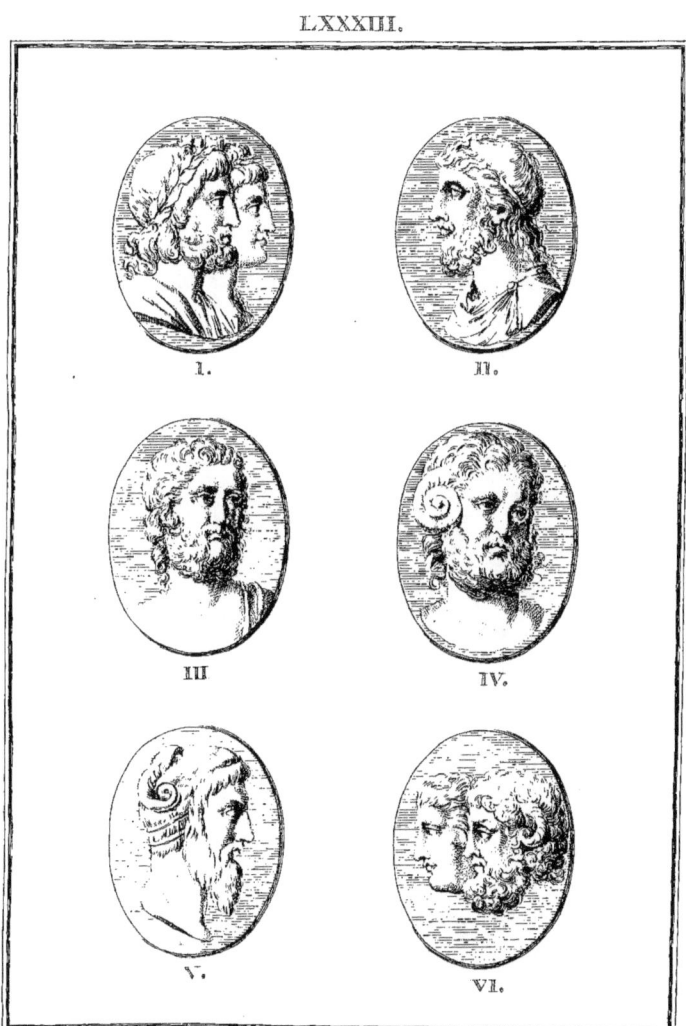

Tom. I.

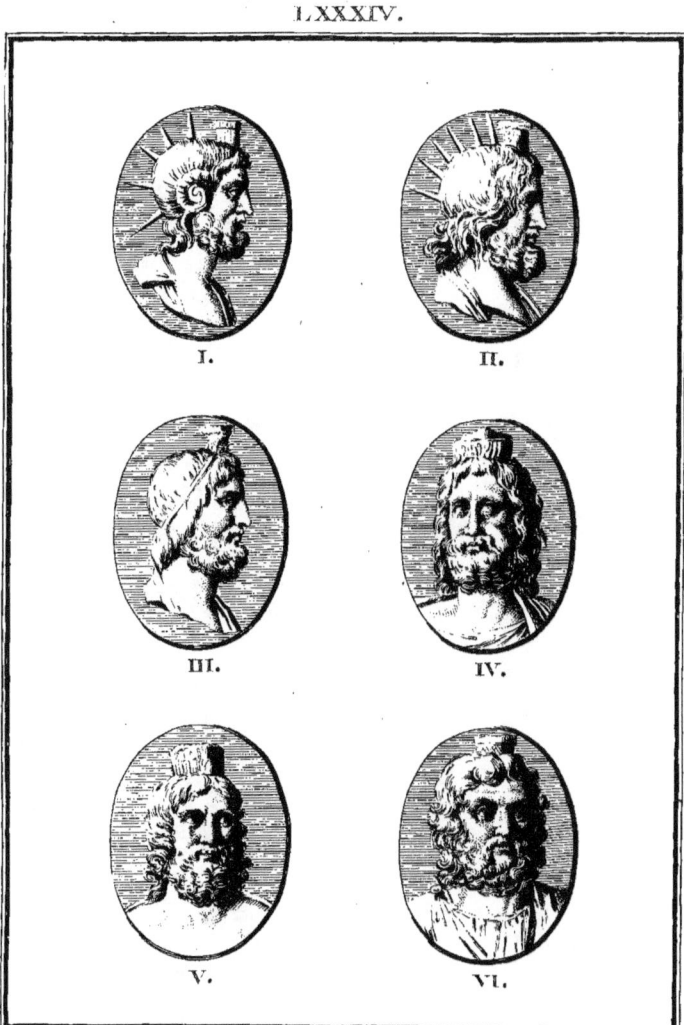

LXXXV.

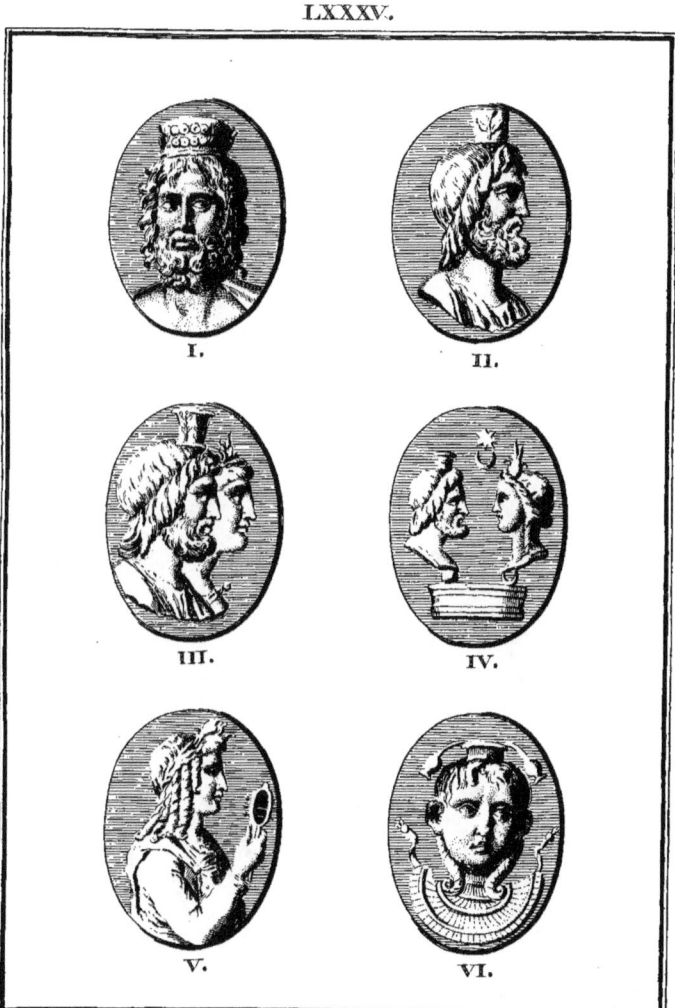

Tom. I.

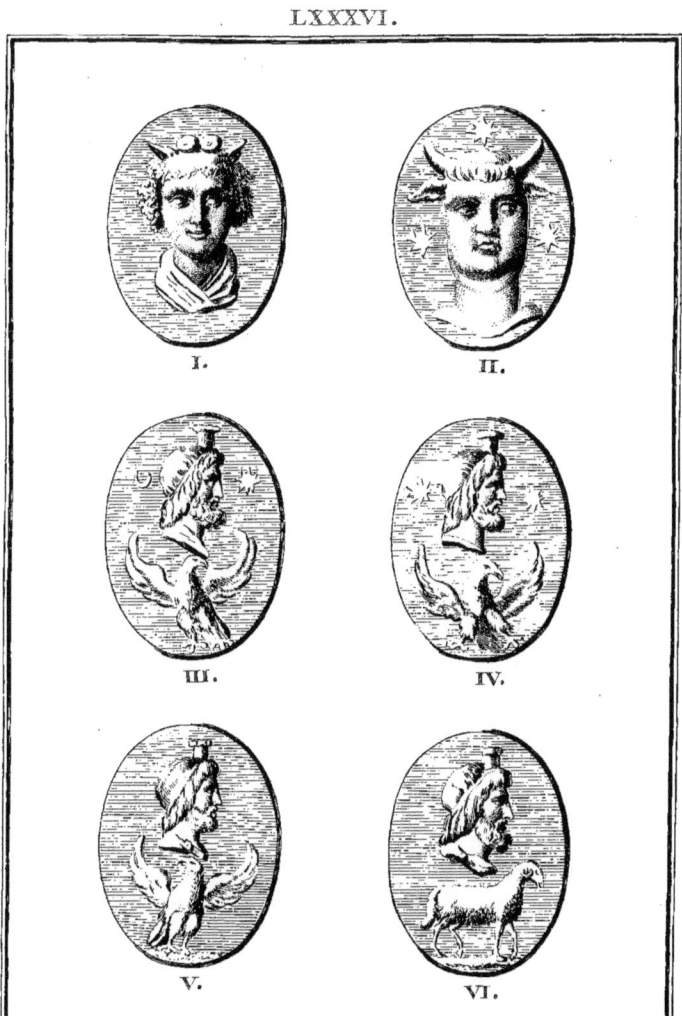

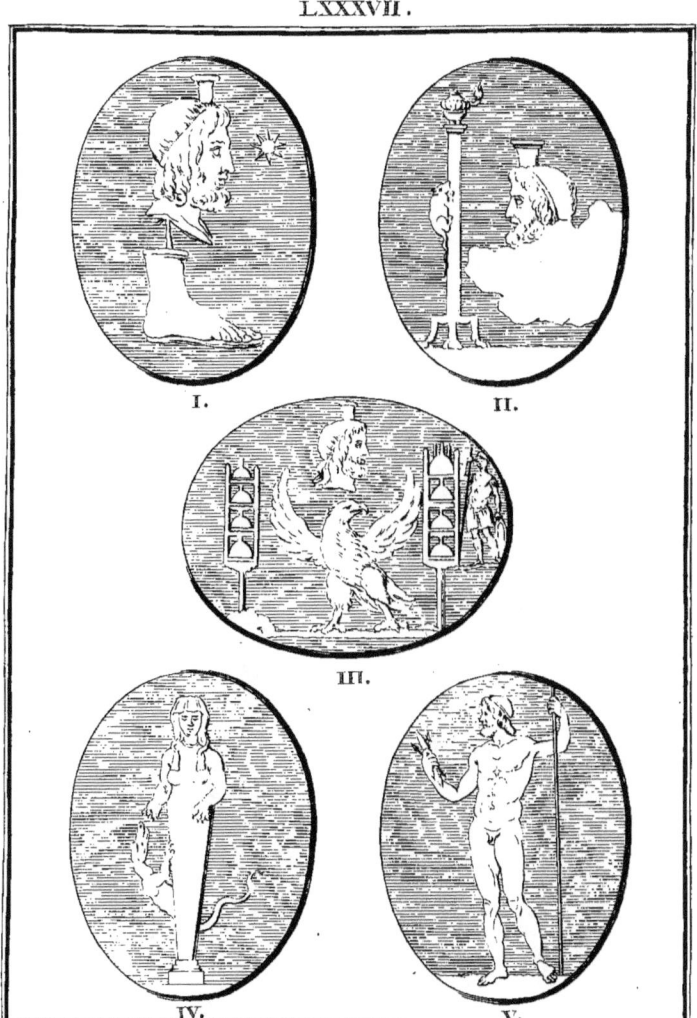

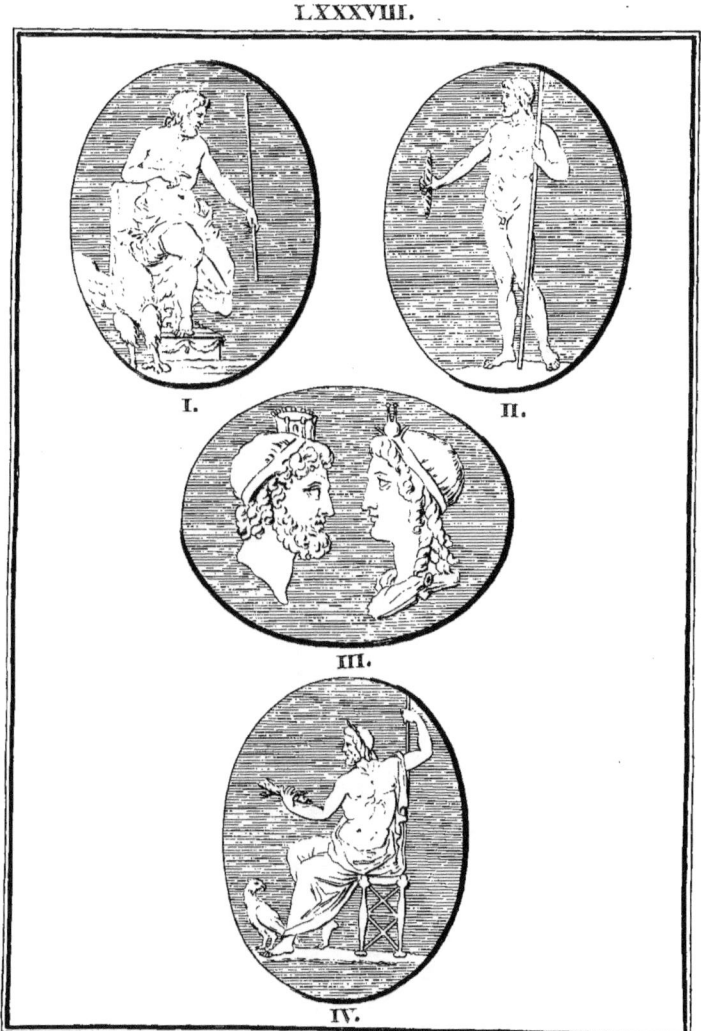

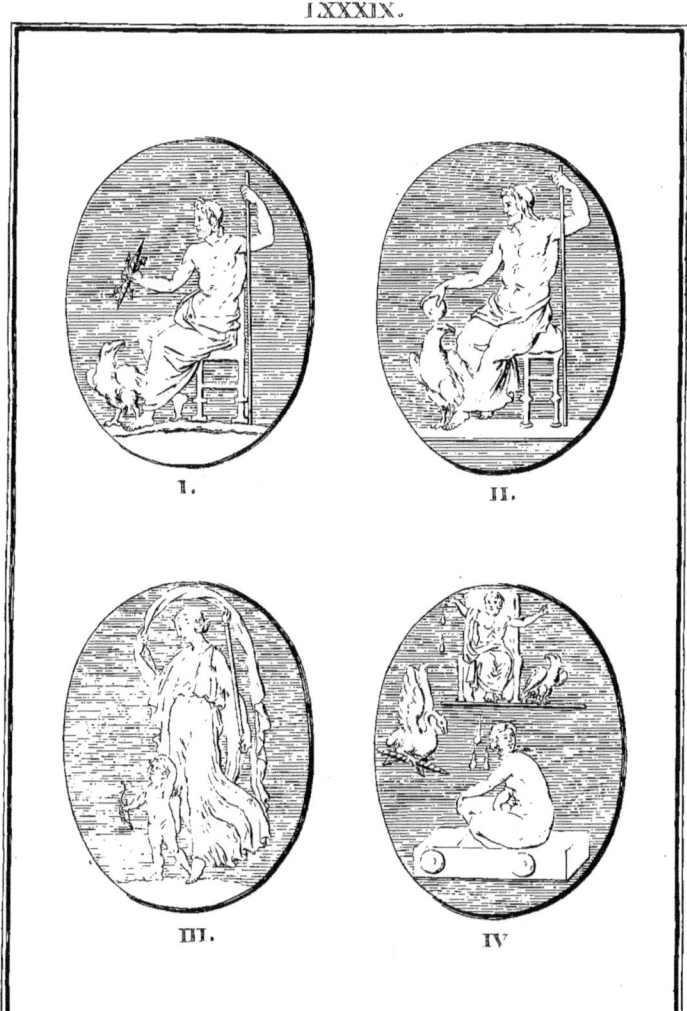

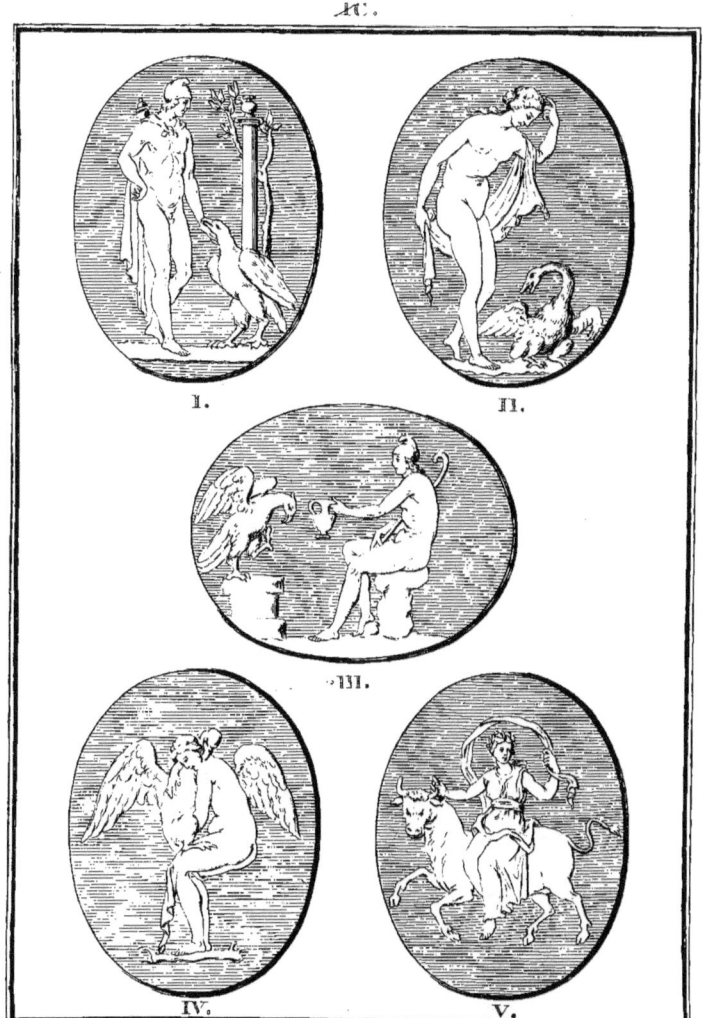

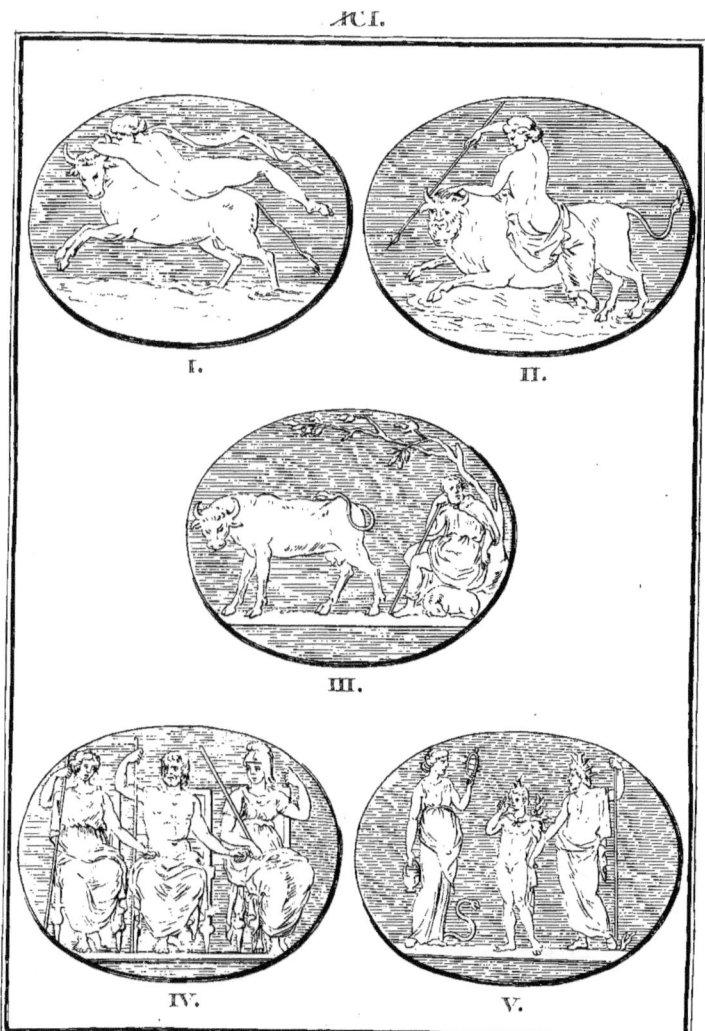

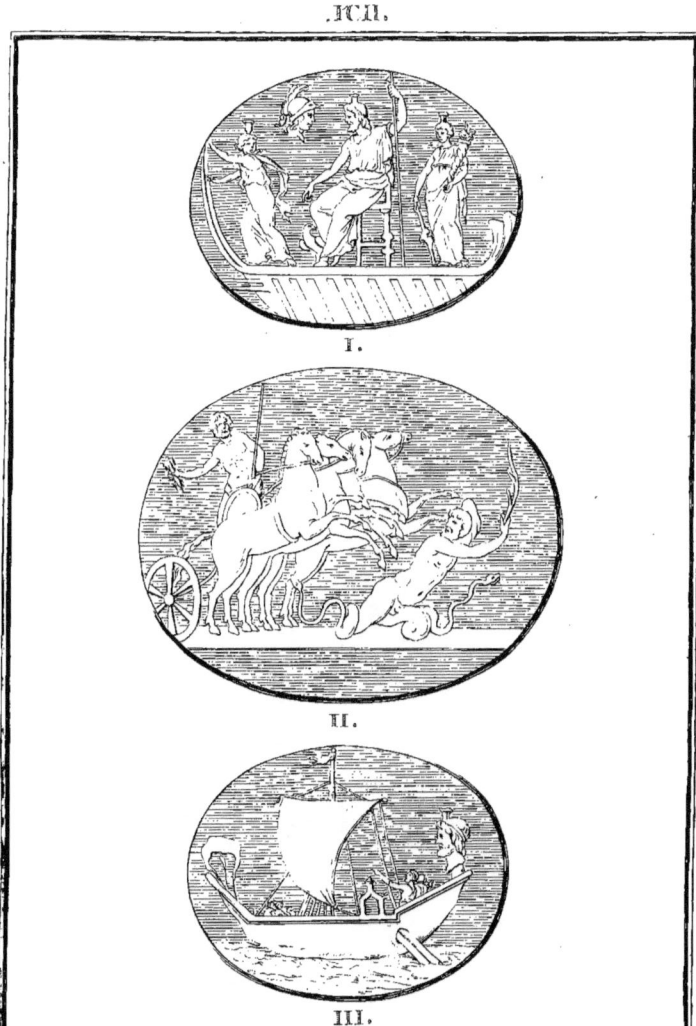

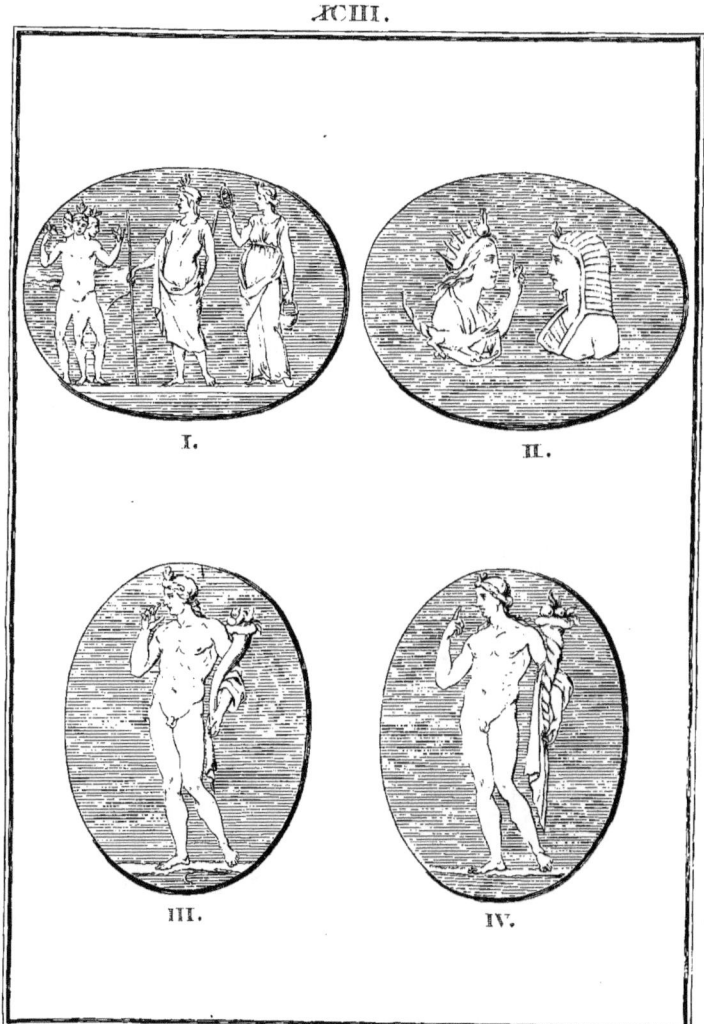

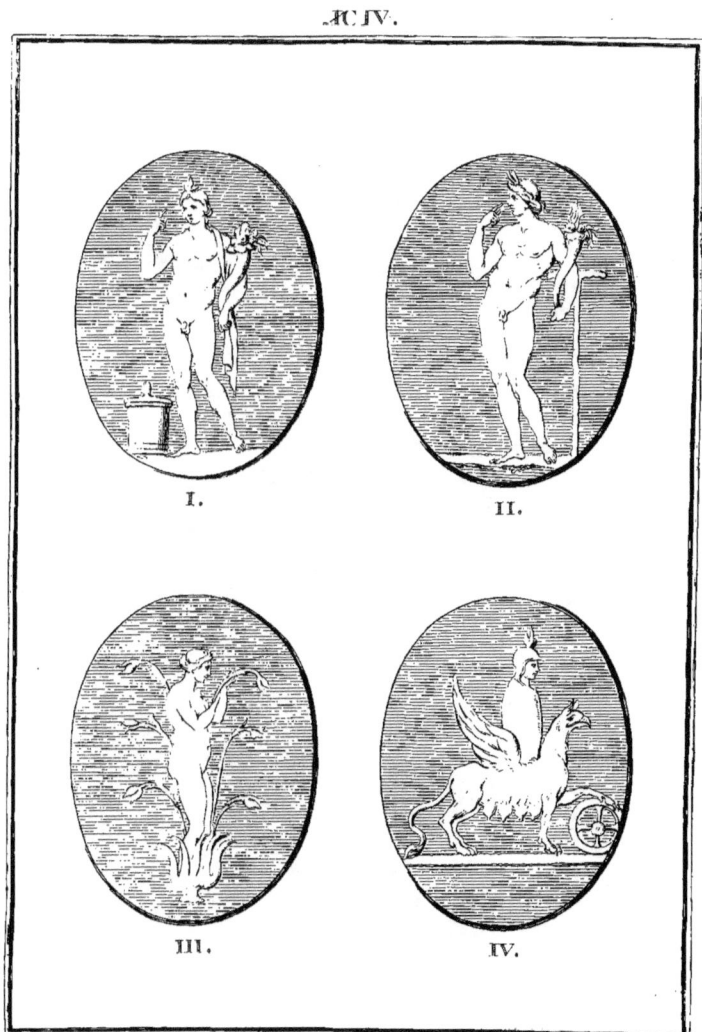

XCV.

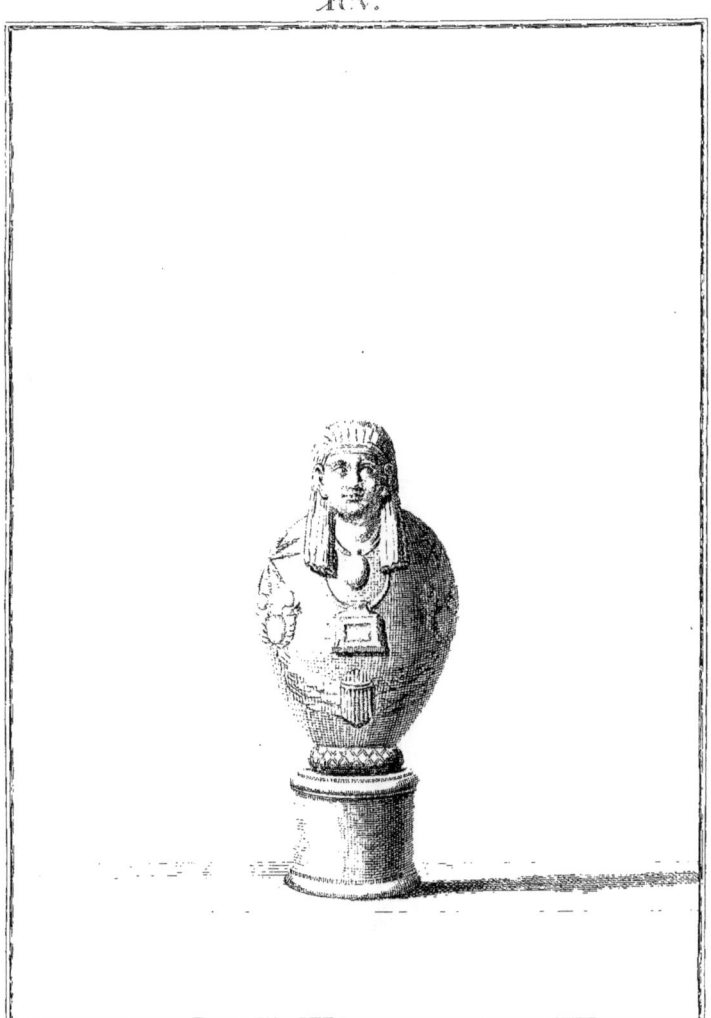

Tom. I.

LE MUSEUM DE FLORENCE,

Ou Collection des Pierres gravées, Médailles, Statues
& Peintures du Cabinet du Grand Duc de Toscane,
avec leurs explications françoises,

DÉDIÉ ET PRÉSENTÉ A MONSIEUR, FRERE DU ROI.

Gravée par F. A. DAVID, Graveur de la Chambre &
du Cabinet de MONSIEUR, Membre de l'Académie
Royale des Beaux-Arts de Berlin, &c. &c.

TOM. premier

N° 2.

Composé de huit Planches, imprimées sur papier vélin &
Explications, Prix . . . . 6 livres.
Et au bistre sanguin Anglois, Prix . . . 9 livres.

A PARIS,

Chez L'AUTEUR, M. DAVID, rue des Cordeliers,
au coin de celle de l'Observance.

LE MUSEUM DE FLORENCE,

Ou Collection des Pierres gravées, Médailles, Statues & Peintures du Cabinet du Grand Duc de Toscane, avec leurs explications françoises,

DÉDIÉ ET PRÉSENTÉ A MONSIEUR, FRERE DU ROI.

Gravée par F. A. DAVID, Graveur de la Chambre & du Cabinet de MONSIEUR, Membre de l'Académie Royale des Beaux-Arts de Berlin, &c. &c.

3.e *LIVRAISON.*

Pierres Gravées

Composé de huit Planches, imprimées sur papier vélin & Explications, Prix . . . . 6 livres.
Et au bistre sanguin Anglois, Prix . . . 9 livres.

A PARIS,

Chez L'AUTEUR, M. DAVID, rue des Cordeliers, au coin de celle de l'Observance.

LE MUSEUM DE FLORENCE,

Ou Collection des Pierres gravées, Médailles, Statues & Peintures du Cabinet du Grand Duc de Toscane, avec leurs explications françoises,

DÉDIÉ ET PRÉSENTÉ A MONSIEUR, FRERE DU ROI.

Gravée par F. A. DAVID, Graveur de la Chambre & du Cabinet de MONSIEUR, Membre de l'Académie Royale des Beaux-Arts de Berlin, &c. &c.

7.ᵉ LIVRAISON

N.º 5. *PIERRES GRAVÉES.*

Composé de huit Planches, imprimées sur papier vélin & Explications, Prix . . . . 6 livres.
Et au bistre sanguin Anglois, Prix . . . 9 livres.

A PARIS,

Chez L'AUTEUR, M. DAVID, rue des Cordeliers, au coin de celle de l'Observance.

LE MUSEUM DE FLORENCE,

Ou Collection des Pierres gravées, Médailles, Statues & Peintures du Cabinet du Grand Duc de Toscane, avec leurs explications françoises,

DÉDIÉ ET PRÉSENTÉ A MONSIEUR, FRERE DU ROI.

Gravée par F. A. DAVID, Graveur de la Chambre & du Cabinet de MONSIEUR, Membre de l'Académie Royale des Beaux-Arts de Berlin, &c. &c.

6. *LIVRAISON.*

n° 4   PIERRES GRAVÉES.

*Composé de huit Planches, imprimées sur papier vélin &
Explications,* Prix . . . . 6 livres.
Et *au bistre sanguin Anglois*, Prix . . . 9 livres.

A PARIS,

Chez L'AUTEUR, M. DAVID, rue des Cordeliers,
au coin de celle de l'Observance.

LE MUSEUM DE FLORENCE,

Ou Collection des Pierres gravées, Médailles, Statues & Peintures du Cabinet du Grand Duc de Toscane, avec leurs explications françoises,

DÉDIÉ ET PRÉSENTÉ A MONSIEUR, FRERE DU ROI.

Gravée par F. A. DAVID, Graveur de la Chambre & du Cabinet de MONSIEUR, Membre de l'Académie Royale des Beaux-Arts de Berlin, &c. &c.

8.ᵉ LIVRAISON.

n° 6. PIERRES GRAVÉES.

Composé de huit Planches, imprimées sur papier vélin & Explications, Prix . . . . 6 livres.
Et au bistre sanguin Anglois, Prix . . . 9 livres.

A PARIS,
Chez L'AUTEUR, M. DAVID, rue des Cordeliers, au coin de celle de l'Observance.

LE MUSEUM DE FLORENCE,

Ou Collection de Pierres gravées, Médailles, Statues & Peintures de la Gallerie & du Cabinet du Grand Duc de Toscane, avec leurs explications françoises,

DÉDIÉ A MONSIEUR, FRERE DU ROI.

Gravé par F. A. DAVID, Graveur de la Chambre & du Cabinet de MONSIEUR, Membre de l'Académie Royale de Peinture, de Berlin, &c. &c.

9. LIVRAISON.

N°. 7. *Pierres Gravées*

Composé de 8. Planches, imprimées sur papier velin & Explications, Prix . . . . 6. livres.
Et *au bistre sanguin Anglois*, Prix . . . . 9 livres.

A PARIS,

Chez L'AUTEUR, M. DAVID, rue des Cordeliers, au coin de celle de l'Observance.

LE MUSEUM DE FLORENCE,

Ou Collection de Pierres gravées, Médailles, Statues & Peintures de la Gallerie & du Cabinet du Grand Duc de Toscane, avec leurs explications françoises.

DÉDIÉ A MONSIEUR, FRERE DU ROI.

Gravé par F. A. DAVID, Graveur de la Chambre & du Cabinet de MONSIEUR, Membre de l'Académie Royale de Peinture de Berlin, &c. &c.

10. *LIVRAISON.*

N°. 8. *Pierres Gravées*

Composé de 4 Planches, imprimées sur papier vélin & Explications, Prix . . . . 6 livres.
Et au bistre sanguin Anglois, Prix . . . . 9 livres.

A PARIS,

Chez L'AUTEUR, M. DAVID, rue des Cordeliers, au coin de celle de l'Observance.

LE MUSEUM DE FLORENCE,

Ou Collection de Pierres gravées, Médailles, Statues & Peintures de la Gallerie & du Cabinet du Grand Duc de Toscane, avec leurs explications françoises,

DÉDIÉ A MONSIEUR, FRERE DU ROI.

Gravé par F. A. DAVID, Graveur de la Chambre & du Cabinet de MONSIEUR, Membre de l'Académie Royale de Peinture de Berlin, &c. &c.

12. LIVRAISON.

N°. 10. Pierres.

Composé de   Planches, imprimées sur papier vélin & Explications, Prix . . . . 6 livres.
Et au bistre sanguin Anglois, Prix . . . . 9 livres.

A PARIS,

Chez L'AUTEUR, M. DAVID, rue des Cordeliers, au coin de celle de l'Observance.

LE MUSEUM DE FLORENCE,

Ou Collection de Pierres gravées, Médailles, Statues & Peintures de la Gallerie & du Cabinet du Grand Duc de Toscane, avec leurs explications françoises,

DÉDIÉ A MONSIEUR, FRERE DU ROI.

Gravé par F. A. DAVID, Graveur de la Chambre & du Cabinet de MONSIEUR, Membre de l'Académie Royale de Peinture de Berlin, &c. &c.

13. LIVRAISON.

N°. 11. *Pierres Gr.*

Composé de   Planches, imprimées sur papier vélin & Explications, Prix . . . . 6 livres.
Et *au bistre sanguin Anglois*, Prix . . . . 9 livres.

A PARIS,

Chez L'AUTEUR, M. DAVID, rue des Cordeliers, au coin de celle de l'Observance.

LE MUSEUM DE FLORENCE,

Ou Collection de Pierres gravées, Médailles, Statues & Peintures de la Gallerie & du Cabinet du Grand Duc de Toscane, avec leurs explications françoises,

DÉDIÉ A MONSIEUR, FRERE DU ROI.

Gravé par F. A. DAVID, Graveur de la Chambre & du Cabinet de MONSIEUR, Membre de l'Académie Royale de Peinture de Berlin, &c. &c.

14 LIVRAISON.

N°. 12 *Pierres* -

Composé de 8 Planches, imprimées sur papier vélin & Explications, Prix . . . . 6 livres.
Et au bistre sanguin Anglois, Prix . . . . 9 livres.

A PARIS,

Chez L'AUTEUR, M. DAVID, rue des Cordeliers, au coin de celle de l'Observance.